廣西銅鼓

郭沫若

国家出版基金项目
NATIONAL PUBLICATION FOUNDATION

广西铜鼓

GUANGXI TONGGU

◎ 蒋廷瑜 主编
◎ 王梦祥 执行主编

上卷

广西民族出版社

前言

广西是少数民族聚居区，壮、瑶、苗、侗等民族自古以来就劳动、生息在这块富饶美丽的土地上，创造了丰富的物质财富和精神财富，给我们留下许多珍贵的文化遗产。铜鼓是其中最令人敬仰的伟大杰作之一，是广西民族文化中非常值得骄傲的一宗无价之宝。

广西之有铜鼓，至少可以追溯到公元前3世纪。田东县大岭坡和南哈坡战国时期墓中出土的铜鼓就是物证。《后汉书·马援列传》说东汉初年伏波将军马援南征交趾"得骆越铜鼓"，其事也可能发生在广西境内。自汉代以后，广西铜鼓见于文献记载者甚多。唐人刘恂所著《岭表录异》就记载了唐昭宗时在龚州（今平南县）修葺州城有铜鼓出土。宋人周去非在《岭外代答》中更明确地说："广西土中铜鼓，耕者累得之。"明代以降，正史、野史、笔记小说、诗词歌赋等，记载广西铜鼓的史籍不胜枚举。这些史籍，从不同角度记录了铜鼓的发现、使用、流传及其有关风俗民情，展现了广西铜鼓多姿多彩的艺术风貌。

广西古代铜鼓出土后，不断没入官府或置于神祠佛寺之中，有的则随之散失。据各地方志记载，民国时期，玉林、北流、平南、容县、陆川、贵港、岑溪、上林、武鸣、隆安、龙州、灵山、合浦、钦州、防城、象州等地的各种祠庙都有铜鼓收藏。

中华人民共和国成立后，人民政府高度重视少数民族的文化遗产，不但花财力、物力将散存于民间的铜鼓搜集起来，加以妥善保管，而且组织专家学者对铜鼓出土地点做细心勘察、记录，对铜鼓资料进行整理、研究，取得了很大的成绩。据不完全统计，到目前为止，广西各级文物管理部门收藏铜鼓总数已达774面，其中广西民族博物馆340多面，各市、县博物馆也有铜鼓收藏。地下埋藏的铜鼓还时有出土。壮、瑶、苗、侗、彝等各族人民至今仍在使用铜鼓，广西民间使用的铜鼓，据粗略估计，也有1400多面。其中传世铜鼓最多的是河池市，仅东兰县就有538面，故东兰县获"铜鼓之乡"的美称。每当欢度新春，或婚嫁丧祀之日，广西的许多村寨都会响起铜鼓声。

如果将出土铜鼓和流传铜鼓的地点填入广西地图，我们即可看到，铜鼓分布面几乎覆盖了整个广西，曾经出土、流传过铜鼓的市、县已达80多个。宋代以前的铜鼓，以左江—邕江—郁江—浔江两岸及其以南地区分布最集中，宋代及其以后各个时期的铜鼓，多集中于桂西和桂黔、桂滇交界的大山区，只有桂东北少数几个县与铜鼓无缘。

广西铜鼓的类型是比较齐全的，如按1980年中国古代铜鼓研究会确定的以铜鼓出土地点命名的原则分类，中国境内的八个类型铜鼓，广西都有出土和收藏。如广西各级文物部门收藏的铜鼓中，有万家坝型4面、石寨山型10面、冷水冲型152面、遵义型10面、麻江型370面、北流型107面、灵山型99面、西盟型5面、异型5面、越南芒鼓2面、不明类型10面，合计774面。冷水冲型、北流型、灵山型都以广西铜鼓出土地点命名，广西也是这三大类型铜鼓分布的中心。

如果说云南中部偏西地区因为出土了大量的年代古老、形态古朴的原始类型铜鼓而被确认为古代铜鼓的发祥地，那么，地处五岭之南，连接云贵高原与南海之滨的广西，因其蕴藏铜鼓数量之众多，类型之齐全，而被称为古代铜鼓的"大本营"，也是当之无愧的。铜鼓文化是广西最为显著的文化符号之一。

广西丰富的铜鼓资料，早已引起民族学、考古学方面的重视。明清以来的地方志书，不断记录广西铜鼓出土、流传和使用情况，一些学者还做了专门的研究。1980年春，首届中国古代铜鼓学术讨论会在南宁召开。会后，文物出版社先后出版了《古代铜鼓学术讨论会论文集》《中国铜鼓研究会第二次学术讨论会论文集》《中国古代铜鼓》等著作，使铜鼓研究在20世纪30年代形成一个高潮。后来又有《铜鼓艺术研究》《壮族铜鼓研究》《广西铜鼓文化》等书的相继出版。

随着铜鼓藏品的日益增加，铜鼓研究成果的不断涌现，编辑出版一部高质量的铜鼓图书，不但是社会学术界进一步推进铜鼓研究的迫切需要，而且在资料和人才准备方面也到了瓜熟蒂落的时候。1991年广西博物馆编辑出版了《广西铜鼓图录》。时间又过去了23年，对铜鼓的研究和认识又有新的突破，亟待重新审视广西铜鼓，编辑出版一部新的铜鼓图书再次被提到议事日程上来。2013—2014年，我们组织专家学者对广西现藏铜鼓逐一观察、测绘、摄影、记录，进行充分研究，编纂了这部书稿（上、下卷）。

铜鼓是中国南方及与之相邻近的东南亚各国少数民族具有代表性的文物，是铸造和使用铜鼓的民族的综合艺术品，是民族历史文化的"活化石"。铜鼓从各个不同侧面反映了这些民族历史上在冶金、铸造、音乐、美术、舞蹈、宗教等经济、科技和文化方面的成就，是研究这些民族历史的"百科全书"。

本书忠实地反映铜鼓的本来面貌，按不同类型、不同时代遴选出最具有代表性、典型性的铜鼓，全方位展现、系统地探讨了广西铜鼓文化，并配以精美的照片和简要的文字说明，充分展示了广西古代铜鼓的精华。

蒋廷瑜

2014年12月

目录

第一章
铜鼓的历史

铜鼓广泛分布于中国西南各地和与之邻近的东南亚各国。广西是古代铜鼓的主要分布区，有80多个市、县曾经出土和流传过铜鼓，整个八桂大地都经过了铜鼓文化的洗礼。

第一节　铜鼓的起源

一说起铜鼓，人们自然会想问：铜鼓是怎么来的？它是从什么东西演化来的？最早出现于什么地方？怎么发展变化和传播开来的？

足部和鼓身纹饰有些区别，现存湖北省博物馆。因为这两件铜鼓都是仿制品，仅具其形，不是真正的击之以作乐的铜鼓，所以甚为罕见。

我们要说的铜鼓则是南方铜鼓，又叫“墩形鼓”，与商周铜鼓是两种完全不同的器物。唐代杜佑在《通典》中写道：“铜鼓，铸铜为之，虚其一面，覆而击其上。”宋人范成大在《桂海虞衡志》中说：“其制如坐墊而空其下，满鼓皆细花纹，极工致，四角有小蟾蜍。”周去非在《岭外代答》中也说：“其制正圆，而平其面，曲其腰，状若烘篮，又类宣座，面有五蟾，分据其上。”这与中原的革鼓显然不同。现代考古学和民族学工作者搜集许多南方铜鼓并进行比较研究，总结出它们的共同特征，确切地概括为五句话：通体皆铜，平面曲腰，一头有面，中空无底，侧附四耳。

铜鼓，顾名思义，都用铜铸。但从严格意义上说，用的不是纯铜，而是铜和其他金属的合金，因此有的学者称铜鼓为“金属鼓”。南方铜鼓正是全身皆合金铜，浑然一体。按铜鼓研究者的习惯，它的每一个部位都有

图 1. 崇阳双面铜鼓

一、铜鼓是什么

铜鼓是鼓的一种。鼓是一种打击乐器，在我国起源很早。相传神农氏时就有“土鼓”，黄帝在征伐蚩尤的涿鹿之战中，玄女用鼓声“以象雷霆”，曾造夔牛皮鼓八十面以壮军威。商周时的甲骨文和铜器铭文已有鼓及击鼓、鼓声的文字。如“□”“□”就是鼓形如实的描绘，为象形字，应为“鼓”字；“□”，左为鼓形，右以手举物似敲击状，当作动词用的“鼓”字；而“□”为鼓形的旁边加上数点，意为击鼓后发出的声音，当为“彭”字。

这时的鼓都是木质的鼓腔，两头蒙上皮革制成的。由于它们的质料是木材和皮革，易于腐朽，很难保存下来，因而至今尚未发现这类实物。现在能看到的最早的鼓是商代模仿这种木腔革面鼓的铜制品，鼓面的鳄鱼皮纹和钉皮的三行鼓钉都模仿得惟妙惟肖。鼓身横置，上踞双鸟，下以四兽首为足，鼓身两侧各饰人首，遍体饰饕餮纹，名为“双鸟饕餮纹鼓”。可惜这件器物早已流到国外，现在日本泉屋博古馆展出，在国内只能看到它的图像资料。1977 年在湖北崇阳县白霓镇大市村河边发现一件形制、大小与双鸟饕餮纹鼓大致相似的铜鼓，只是顶部、

一个约定俗成的名称。从大的方面来看，全身分为面、胸、腰、足、耳 5 个部分。

鼓面是一块大圆片，平展正圆或接近正圆，相当于革鼓的皮面。但铜鼓和革鼓不同，只有一个面，与这个面相对应的另一端是空的。鼓面中心被敲击的地方略微隆起，叫“光体”，旧志书上称为“脐”；光体四周有向外辐射的光芒，简称“芒”。芒数多少不等，一般以 12 芒最为普遍，其次是 8 芒和 10 芒，也有 4 芒、5 芒、6 芒、7 芒、11 芒、14 芒、16 芒的，最多的有 32 芒。光体与光芒合起来称为“太阳纹”，也有人把它叫作“星星纹”。太阳纹之外，有由内向外逐渐扩散开来的同心圆组成的宽窄不等的图案圈带，称为“晕圈”。同心圆有一道的、两道的和三道的，分别叫作“单弦”（或“一弦”）、“双弦”（或“二弦”）、“三弦”。弦与弦之间的空位称为“晕”，填饰各种花纹图案。晕圈的次序以鼓面中心为起点，由内往外数，分别称为“第 1 晕”“第 2 晕”“第 3 晕”……在一个鼓面一般是几晕或十几晕，最多的可达二十几晕。有的鼓在最外一晕塑造一些立体装饰物，最常见的是青蛙，其次为骑士、牛橇、鸟、龟、鱼、螺，等距离旋转排列。鼓面边缘一般与鼓身相衔接，

有的鼓面小于鼓身，有的鼓面大于鼓身。大于鼓身的鼓面有伸出鼓身之外的面檐；有的面檐下垂，形成“垂檐”。

鼓身一般分为三节，最上面一节和鼓面相连，叫作“胸部”“颈部”，或者叫作“胴部”，一般略为外凸，形成一定的球面弧度。鼓胸之下稍内收，称为“腰部”，即如《西事珥》所说的“渐缩如腰形”。鼓腰大多为直筒形，上下两端有界线将胸和足分隔开来。鼓腰之下称为“足部”。足部一般上小下大，略为外撇，形成倒置的截头锥体。晚期的铜鼓，腰和足界线不明，有的鼓身等于截去足部，实际上只有上下两节。鼓身也有类似鼓面的晕圈，晕圈之间层层布满图案花纹。

在鼓胸与鼓腰之间，垂直嵌置鼓耳两对。鼓耳有圆茎和扁茎之分。圆茎耳像粗壮的实心环或半环，表面有一道道的缠丝纹，与鼓身粘接的两端往往散出歧爪。扁茎耳种类很多，一般为桥钮形，扁平而宽，正中有长条形孔，耳的表面饰辫纹、栉纹或交织人字纹。

铜鼓表面上的纹饰丰富多彩，特别是一些写实图案，有展翅翱翔的飞鹭，有头戴羽冠的舞人，有奋发争先的龙舟……充满生活气息；另一些则是几何形图案，有层层叠叠的云雷纹，有密密麻麻的铜钱纹，让人觉得眼花缭乱、神秘莫测。

敲击此类铜鼓，铿然有金属声，后面置以容器加强共鸣，鼓声流转，嗡嗡隆隆，在山谷中回响，经久不息。

这样的乐器，质料、形状和花纹都同中原的革鼓显然不同，它的声音更是别有风韵。

铜鼓是中国西南少数民族的乐器，世世代代传达出人们心头的欢乐和哀愁。人们一代一代地从大地上消失，但铜鼓声却千古不绝，时常回响在那些少数民族村寨中。淳朴的古风像化石一般凝固下来，令人追忆往事。

木棉花映丛祠小，越禽声里春光晓。
铜鼓与蛮歌，南人祈赛多。
客帆风正急，茜袖偎樯立。
极浦几回头，烟波无限愁。

这是五代诗人孙光宪写下的一首吟咏南国风物的《菩萨蛮》词。诗人正在船中倚樯而立，看到那小小的山祠被掩隐在火红的木棉花丛中，飞禽在枝间鸣唱，沐浴着无限春光。就在这大好的春色之中，传来了雄浑的铜鼓声，伴和着粗犷的民歌，唤起了身在异乡的愁绪。

使用铜鼓的民族认为，铜鼓就是心中的太阳，是至高无上的神。铜鼓给他们祖祖辈辈带来欢乐、吉祥和希望。铜鼓文化的华美乐章，绵延至今，融入现代文化的血魄之中，成为民族文化中一棵永不凋谢的常青树。

二、铜鼓来历的民间传说

铜鼓自身的历史迷雾重重，人们为追寻铜鼓的来龙去脉，演绎过许多有趣的故事。有的传说铜鼓是由传奇人物创造的，有的认为是从天上掉下来的，有的认为是从水里冒出来的，不一而足，都带有神秘色彩。广西的壮族、瑶族、彝族都有关于铜鼓来源的传说。

（一）壮族民间传说：铜鼓是布洛陀创造的

图 2. 南方铜鼓

布洛陀是壮族民间传说中的神话人物，是创世神、始祖神和道德神。布洛陀造了天、地和人以后，就在天上安家了。但是他有时打开天门飞下地来倾听人间的意见，看看人间还缺少什么，再继续补造一些东西。

有一次他来到地上，有人说：“大地上样样都好，就是缺少星星。”布洛陀想：“对呀，地上应该有自己的星星。”于是就想办法制造。他马上召集人们，带领他们去挖三彩泥，加水调匀，做成两头大中间小的模子。上山采来孔雀石，砍来青冈柴，烧炼孔雀石。经过三天三夜，孔雀石变成了金光灿灿的熔浆。布洛陀领着大家把熔浆倒进三彩泥模子里。一眨眼工夫，一个个两头大中间小、一头封顶一头空、两旁有四只耳朵的东西就造出来了。这些东西上面有鸟、鱼、耕织、狩猎、航行、游戏的图案，封顶的那一头有一颗又大又亮的星星，大星星周围还有许多小星星。布洛陀拎起来，用拳头照大星星一擂，便“抛曼抛奔”“抛曼抛奔”地响起来。响声像雷一样，震得那些躲在旮旯里的毒虫恶兽和妖魔鬼怪东奔西逃，肝裂胆破。布洛陀大声地说：“这些东西叫‘阿冉’，它们就是地上的星星。”壮语“阿冉”就是铜鼓，从此壮家就有了铜鼓。

布洛陀回到天上去了，人们照他的办法继续造铜鼓，并按照他的嘱咐，如果发现毒虫恶兽和妖魔鬼怪，就擂响铜鼓，把毒虫恶兽和妖魔鬼怪赶走；人们想要唱歌跳舞了，也擂响铜鼓……不久以后，千山万岭上的壮家人家家户户、村村寨寨都照布洛陀造的铜鼓样子，造出了千千万万面铜鼓。铜鼓越造越多，多得像天上的星星一样。人们安居乐业了，壮族世世代代就流传着这样一首歌：

天上星星多，地上铜鼓多。
星星和铜鼓，给我们安乐。①

同样，东兰县大同乡一带民间流传一首《铜鼓歌》也歌颂了布洛陀造铜鼓："布洛陀造天地，造星星日月。造唱歌唱欢，造铜鼓唢呐。"布洛陀造的铜鼓是母鼓，与龙一道降服了红水河的水怪图额后，布洛陀让它长住人间。母鼓感到孤单，常在夜间到河边哭泣，布洛陀又造一个公鼓与之配对。

在红水河流域，有关铜鼓起源的传说充满了神秘色彩。有许多地方把铜鼓视为天上神物，他们认为铜鼓是天上最高神天娘母送给人间、作为人与天庭联系的圣物。流传于东兰县长江乡的壮族祭铜鼓词说道：

古时天无云，天旱九个月。
人在河里口渴死，人在家里死口干。
天娘母动心，放下倾盆雨。
雨滴大如鼓，雨滴大如筐。
雨下几个月，洪水遍天下。
洪水淹大地，只剩祖义坡。
布洛陀得知，上天报天娘。
洪水淹人间，天娘泪涟涟。
不是天娘错，天地相距远。
天娘在天宫，本主持公道。
铸个大铜鼓，造个好铜鼓。
叮嘱布洛陀，送宝给人间。
人间有灾祸，打鼓报天娘。②

（二）布努瑶民间传说：铜鼓是瑶族始祖密洛陀派她的儿子制造的

密洛陀是布努瑶神话传说中的创世之母。大化瑶族自治县七百弄、板升一带流传的瑶族创世史诗《密洛陀》说：远古天地未分，密洛陀在漆黑的宇宙沉睡，突然一声霹雳将她惊醒。她醒来的第一件事就是造天地。她用肩把宇宙上边托起成了天，用脚把下边踩下去成了地。那时天上有 12 个太阳，把大地烤焦了。密洛陀感到不妙，就吩咐她的孩子雅耶、雅仪把山上的石头炼成铜和铁，造一个像太阳那样大的铜鼓。"雅耶舀沙做模型，雅仪马上画图样。雅耶开山采矿石，雅仪筛选铜石矿。雅耶把矿装进炉，雅仪赶忙拉风箱。风箱扑扑叫得欢，火焰烈烈闪红光。矿石熔解成水样，铜铁熔化成液汤。"密洛陀右手拿鼓槌，左手拿鼓棒，右手鼓槌打鼓面，左手鼓棒打鼓腰，这样铜鼓就做成了。把铜鼓抬到世界上最高的山顶上去猛敲，天上的太阳听到铜鼓声，往下一看，见到铜鼓上的星星闪闪发光，以为是某个太阳掉下地，便跑下来营救。密洛陀的孩子们拉开弓箭，连射 11 发，射下 11 个太阳，剩下一个太阳逃回天庭。从此大地恢复了清幽凉爽，瑶族年年敲铜鼓庆贺。

（三）白裤瑶民间传说：铜鼓是从猴王那里要来的

白裤瑶主要聚居在广西南丹县，男子常年上身穿着黑色土布无领无扣的对襟衣，下身穿着用白色土布缝制的、长仅掩膝的扎头裤，因而被称为"白裤瑶"。白裤瑶同胞酷爱铜鼓，他们的铜鼓是怎么来的呢？民间传说：很久以前，居住在深山老林的瑶族老人蓝老宠，一天去地里收黄豆，由于劳累过度，躺在黄豆秆堆里睡着了。这时，有一只母猴带着一群小猴来偷吃黄豆，误将睡在黄豆秆堆里的蓝老宠当成它们死去的祖先。按照猴子的传统习惯，老猴死了要敲铜鼓祭丧，母猴传令小猴到山洞里把铜鼓抬出来，向它们的祖先致哀。铜鼓敲响了，

①蓝鸿恩：《壮族民间故事选》，上海文艺出版社，1984，第 123-126 页。
②覃乃昌：《红水河流域稻作文化研究》，载容小宁主编《红水河民族文化艺术考察研究》，广西人民出版社，2005，第 49-50 页。

所有的猴子都围拢过来跳舞。蓝老宠被铜鼓声震醒，看见那么多猴子打铜鼓跳舞，觉得很有意思。但不知这个舞跳到什么时候才能收场，猴子不走，他不敢起来。蓝老宠又等了很久，暗地里把猴子的舞蹈记熟了。实在等不及了，他突然大喊一声，从黄豆秆堆中站起来，猴子如闻晴天霹雳，母猴尖叫一声，领着猴群四散奔逃，撇下铜鼓，躲回山洞去了。蓝老宠把铜鼓背回村寨，从此世代相传，都有铜鼓敲，都跳铜鼓舞了。

（四）彝族民间传说：铜鼓是彝族祖先波罗和罗里芬夫妇铸造的

那坡县彝族跳弓节唱的经诗《铜鼓王》，详细地叙述了他们历尽艰辛采矿、炼铜、制模、浇铸制成铜鼓的全过程。先是波罗炼铜水，“炼了上百次，次次不成功。铜水变废水，难得成鼓身。起初在地上，挖个土坑坑。铜水倒下去，遍地黄生生。土坑漏铜水，此法不可用……想来又想去，用木做模型。做好木模子，再把铜水淋。铜水淋下去，模上火焰升。过了不多时，木模成灰烬。铜水满地淌，还是搞不成”。接着是他的妻子罗里芬想办法，“自动当助手，用泥做模型。先用黄泥巴，加水拌均匀。揉搓成软泥，做成铜鼓形。等到晒干后，模子算做成。再把铜水灌，冷却成鼓身。铜鼓铸成了，夫妻最高兴”。刚开始铸出来的铜鼓厚重，声音哑，也不好看，后来加以改进，做轻做薄了，敲起来声音也好听了。

这些民间传说虽然引人入胜，但没有说清铜鼓的真正来源。

三、铜鼓来历的历史传说

铜鼓既不是天外飞来，又不是神仙创造，是何人发明的呢？古代文献中也有不同的记载，其中最著名的是伏波造鼓说和孔明造鼓说。

（一）马伏波创制铜鼓

公元1世纪中叶，岭南交趾地区征侧、征贰叛汉，汉光武帝刘秀任马援为伏波将军率兵南征，事后马援被封为“新息侯”。《后汉书·马援列传》曰：“援好骑，善别名马，于交趾得骆越铜鼓，乃铸为马式，还上之。”这是铜鼓进入正史的最早记载。

马援，字文渊，东汉扶风茂陵（今陕西兴平东北）人。先人本姓赵，因能驭马，受赵惠文王赐爵号为“马服君”，子孙因以马为姓。马援本人曾在西北养马和从军驯马多年，对养马、驯马有丰富的经验。他在献铜马时给汉光武帝的奏表中说：“夫行天莫如龙，行地莫如马。马者，甲兵之本，国之大用。安宁则以别尊卑之序，有变则以济远近之难。”历述了古往今来的相马专家，自称尝师事杨子阿，“受相马骨法。考之于行事，辄有验效”。马援所铸铜马，“高三尺五寸，围四尺五寸”，受诏立于洛阳宣德殿下，以为名马式，是当时标准的良马模型，也是汉代骏马塑像的纪念碑。

马援征交趾这件事，在岭南地区的历史上影响巨大，以至世代相传，妇孺皆知，人们还为此造出了许多美好的传说。在越南以及中国广西、广东，凡是大小河流的交通口岸，到处可见伏波庙、伏波祠，都是祭祀马援的祠庙，有无数伏波滩、伏波岭等地名，真可谓“山留铜柱水留船，新息威灵在瘴天”。

由于马援获骆越铜鼓以铸为马式一事已加载正史，唐、宋以来，不少人便把两广地区出土的铜鼓误以为是马援的遗物，称之为“伏波鼓”，有的人甚至误以为铜鼓是由马援一手创制的。最早载诸文字的是南宋静江（今广西桂林）知府范成大所著的《桂海虞衡志》。该书在《志器》中的铜鼓条中说：“铜鼓，古蛮人所用。南边土中时有掘得者，相传为马伏波所遗。”虽然范成大加了“相传”二字，表现了他的审慎，但他此说一出，后人便以讹传讹，演变出许多关于马伏波遗留铜鼓的传说。

这种传说在《桂海虞衡志》成书50年以后就有了。王象之《舆地纪胜》卷一一九钦州条曰：“铜鼓，古蛮人所用，钦州村落土中时有掘得者，相传云，马伏波所余。”明代王士性《广志绎》卷四也说过类似的话。

大地理学家徐霞客也相信铜鼓是伏波所遗之说，他在《徐霞客游记》中记载他在广西南宁所见时说："铜鼓在郡城内城隍庙，为马伏波遗物。"

到了清代，这种传说就更玄了。有关广西桂平铜鼓滩的传说就是如此，说马援征服交趾后班师回朝，利用郁江、浔江水道，乘船北上，船中载有两面铜鼓，到郁江与黔江交汇的大滩时，这两面铜鼓忽然跃起，跳入江中，后来一直沉没在水底。1000多年以后，到了明代万历年间和清代雍正年间，才分别被渔人从水中打捞出来。这个大滩因而就叫"铜鼓滩"，也叫"伏波滩"。

除了马援遗留铜鼓的传说之外，还有马援铸造铜鼓的传说。此事可能也从《舆地纪胜》开始。《舆地纪胜》卷一〇六邕州条曰："铜鼓，马援所制。"嗣后《大明一统志》说："又武宣县西十一里亦有铜鼓山，山下有铜鼓滩，或谓马援铸铜鼓于此。"魏濬《西事珥》说："旧府中有伏波将军所铸鼓，其一尚存。"张穆《异闻录》则说得更详：

> 昔马伏波征蛮，以山溪易雨，制铜鼓。粤人亦谓雷、廉至交趾海滨卑湿，革鼓多痹缓不鸣，无以振威，故伏波铸铜为之，状亦类鼓，名曰"骆越铜鼓"。

清代大金石学家朱彝尊在《曝书亭集》中也说："迨伏波将军平交趾，诸葛丞相渡泸，始铸铜为鼓，流传三川百粤颇多。"

屈大均也相信伏波铸鼓之说，并认为这是销毁少数民族兵器的措施。他在《广东新语》中写道："吾意古时蛮里多以铜为兵。伏波既平交趾，或尽收其兵销熔，既铸铜柱五以表汉疆，又为铜船五、铜鼓数百枚，遍藏于山川瘴险之间，以为镇蛮大器。"

当然，屈大均只说马援铸铜鼓，并不强调马援首创铜鼓，马援只是利用销毁兵器的铜来铸铜鼓罢了。

马援铸铜鼓的说法也为清朝官方所采纳。乾隆时官修《西清古鉴》在著录铜鼓图像时说："此器世多谓之诸葛鼓，盖武侯渡泸后所铸。然考马伏波平交趾亦铸铜为鼓，则先诸葛有之矣。"请注意"然考马伏波平交趾亦铸铜为鼓"句，显然是认为马援用铜铸鼓了。该书接着又说："大抵两川所出为诸葛遗制，而流传于百粤群峒者则皆伏波为之。"也就是说，百粤群峒即今两广地区流传的铜鼓都是马援铸造的。

由于受马援遗铜鼓、铸铜鼓传说的影响以及出于对马援的崇敬，在岭南的许多伏波庙、伏波祠中，都陈列着铜鼓，供人观瞻膜拜。岭南的伏波祠里有铜鼓，明人郑定在《伏波祠怀古》诗中道：

> 荒祠衰草已凄然，犹有居人话昔年。
> 铜鼓苔生秋雨后，石墙花落夕阳边。

这些传说也使铜鼓身价倍增。为了抬高铜鼓的身价，明清以后的不少铜鼓还被铸上"伏波造"等铭文。四川大学历史博物馆有一面足部铸有铭文的铜鼓，铭文是"大汉昭烈贰年长沙太宰永嘉德风吉金万寿置造"。"昭烈"是刘备的谥号，"贰年"为公元222年。鼓高33.7厘米，面径54厘米，鼓面有翔鹭纹。稍加观察就可发现，鼓足有铭文的那一块系后加，焊嵌痕迹十分明显。端方《陶斋吉金录》和刘体智《小校经阁金文拓本》著录的一面铜鼓有阳文篆体铭文"建武十八年伏波造"。建武十八年即公元42年，正是马援南征交趾的时候。这件铭文显然是根据《后汉书·马援列传》杜撰出来的。图录均未拓出铜鼓全形和纹饰，无法判断这面铜鼓的时代，但从铭文拓本来看，和现存四川大学历史博物馆的"昭烈"鼓一样，应是后来加铸或增刻的。正如罗振玉在《金泥石屑》所指出的："铜鼓多无文字，吾乡姚氏咫进斋所藏建武铜鼓，后归端敏公宝华庵者，其文字乃后人增刻。""端敏公"即端方，亦即《陶斋吉金录》的作者。"建武铜鼓"应是指他著录的"建武十八年伏波造"铜鼓。

《岭南琐记》载：南海神庙所藏铜鼓，内镌"汉伏波将军所铸"铭文。李调元《南越笔记》和屈大均《广东新语》同样记录了这面铜鼓。屈大均说，此铜鼓"出庙中所藏，其内有镌云'汉伏波将军所铸'，乃是阳识。凡三代铜器用阴识，其字凹，秦汉用阳识，其字凸。阳识易成，阴识难铸，此必汉物无疑"。其实这是很值得怀疑的。在我们看到的1000多面铜鼓中，迄今并未发现有时代这么早的铸作铭文。无数事实反而证明，马援并未造过铜鼓，铸上"汉伏波将军所铸"铭文的铜鼓绝对不是东汉时代的作品，恰恰只能是流行伏波创制铜鼓的传说之后的产物。而这种传说，充其量最早也不过南宋，真正流行的时代是明代及其以后。

马援制造铜鼓之说，很早就有人指出其谬误。清嘉庆年间任广西巡抚的谢启昆在《粤西金石略》中说："自石湖有'伏波所遗'一语，后人遂误为伏波所制，且因伏波附会于诸葛，至谓大者为伏波鼓，小者为诸葛鼓，真误中之误矣。"

清人张祥河《粤西笔述》也云："马援既得铜鼓铸为马式，若以鼓为援所制，何以自铸而自销之，其非援物可知。铜鼓出于诸葛武侯未生之前，以为孔明所制，亦属附会。"檀萃《滇海虞衡志》说："铜鼓，粤人以为伏波，滇人以为诸葛，而实蛮之自铸也。"所言极是。

据现代学者研究，铜鼓的创始期约为春秋时代，创始者是生活在我国西南地区的古代濮人，并不是某个英雄豪杰。马援时代所见的铜鼓已是铜鼓艺术繁荣时期的作品了。马援在南征交趾时可能见过铜鼓，也可能获得过铜鼓，甚至也真的熔化铜鼓铸过马式，但他不可能铸造铜鼓和到处遗留铜鼓，他应该不会是铜鼓的创始者。因此，清代诗人黄春谷《铜鼓歌》所说是对的：

漫说南征始巧制，非关伏波美骆越。

（二）诸葛亮制造铜鼓

在四川成都南郊，有一座武侯祠，是纪念三国时蜀汉丞相诸葛亮的。武侯祠的主要建筑分为：大门、二门、刘备殿及殿前东西两廊为前半部分，过厅、诸葛亮殿为后半部分。诸葛亮殿高大宽敞，殿内有诸葛亮及其儿子诸葛瞻、孙子诸葛尚的塑像。在诸葛亮塑像前陈列着大小三面铜鼓。右侧一面较大，高 39 厘米，面径 64 厘米；鼓面中心太阳纹 8 芒，晕圈饰鸟纹、变形羽人纹及"四出"钱纹，边沿铸有青蛙六组，累蹲蛙与单蛙相间，蛙均三足，逆时针环列，属于灵山型。木架上刻"咸丰辛酉年清和月中浣吉旦蓉城弟子张瑞颖率子应星置"。咸丰辛酉年即公元 1861 年，蓉城即成都。1861 年成都信士张瑞颖率子应星购置铜鼓奉献给武侯祠。其中一面高 27 厘米，面径 50 厘米；鼓面有 11 晕，中心太阳纹 12 芒，其他晕圈饰酉字纹、S 形勾头纹、游旗纹、乳钉纹、栉纹，属麻江型。另一面高 26 厘米，面径 48 厘米；鼓面有 9 晕，中心太阳纹也是 12 芒，主要纹饰是酉字纹、游旗纹和乳钉纹，也是麻江型。

诸葛亮塑像前为什么要摆设铜鼓呢？

诸葛亮，字孔明，琅琊阳都（今山东沂南南）人，181 年生，27 岁时参加刘备政治集团，为刘备出谋划策，担任蜀汉丞相，对支持刘备与曹操、孙权抗衡，促成三国鼎立之势起过很大作用，对蜀汉开发西南民族地区做出过重大贡献，被封为"武乡侯"。诸葛亮活动的南中，汉代称为"西南夷"，主要包括今云南、贵州西部和四川西南一带，是当时濮、叟、僚等族群居住的地方。诸葛亮本着"西抚夷越"的方针，用以情动人的方式，对待南中的少数民族，演绎出惊心动魄的七擒七纵孟获的活剧，收到了令当地民族首领心悦诚服的效果，改善了民族关系。诸葛亮还为老百姓做了不少好事，西南各族人民都很怀念他，到处设立祠庙祭祀他。当地流传着许多关于诸葛亮的美好传说。南中各族是使用铜鼓的民族，许多传说误以为铜鼓是诸葛亮发明的，他们使用铜鼓的技能也是诸葛亮教会的，把创制和使用铜鼓之功归到诸葛亮名下，于是把铜鼓称为"诸葛鼓"或"孔明鼓"，有的甚至把铜鼓直接叫作"孔明"。在祭祀诸葛亮的祠庙里，供奉铜鼓也就是很自然的事了。

关于诸葛亮南征时制作铜鼓的事在民间有两种传说。

一种说法是，铜鼓是诸葛亮南征时在军中制作的。制作这种铜鼓，白天用来煮饭，夜晚用来敲击报警。明代万历年间做过夔州通判的何宇度，在他撰写的《益部谈资》一书中，对铜鼓的形制、大小、纹饰图案以及敲击的音响做了生动具体的描述。他认为铜鼓是诸葛亮南征时制作的，因而把铜鼓称为"诸葛鼓"。他说，诸葛鼓为"孔明擒孟获时所制"。后来很多人的著作，都援引何宇度的这一说法。

另一种说法是，诸葛亮制作铜鼓散埋于山中，是为了巩固南方政权。《明史·刘显传》说："相传诸葛亮以鼓镇蛮，鼓失，则蛮运终矣！"《蜀中广记》说："父老云：诸葛制以镇蛮夷者，鼓云，则蛮运终，理或然也。"《边防记》对此说得更具体："西南夷部叛服不常，诸葛武侯征抚之，置铜鼓，埋镇诸山，稍就帖服。”

这些传闻，始于明代，宋代以前，没有见到。《三国志》诸葛亮传及其有关征南的记载没有提到铜鼓，就是《三国演义》对七擒孟获的描绘可以说淋漓尽致，也没有提到铜鼓，而在明代文献中则不断出现有关诸葛鼓的记录。据《明史·刘显传》和《蛮司合志》记载，明万历初，四川巡抚曾省吾派大将刘显镇压川南部族，掠得“诸葛武侯铜鼓九十三面”，曾省吾选其中六十四面献给皇帝，并在上疏中称：“都蛮呼铜鼓为诸葛鼓，相传以为宝器。”朱国桢《涌幢小品》称：“凡破蛮必称获诸葛铜鼓，有多至数十面者，此必诸葛倡之，后人仿式而造。”

自明代以后，我国西南地区的地方志书，就常把铜鼓称为“诸葛鼓”。如《叙州府志》说：“铜鼓，相传武侯铸以镇蛮者，今田间往往耕出之。”该志书还录了顾图河的一首诗，诗题就是《诸葛铜鼓》。其诗曰：

武侯未筑祁山垒，先出偏师渡泸水。
人言孟获不足擒，股掌玩之徒戏耳。
岂知北伐用南夷，正欲中原扫仇耻。
僰人笮马供鞭驱，罗鬼乌蛮皆效死。
至今铜鼓散山谷，峒户流传尚夸侈。
精铜其质革其音，想见援桴兵四起。
乌蛇龙虎倏四合，戎机万变人难拟。
曾传八阵有遗迹，更说旗台有故址。
此鼓千年尚宛存，血战消磨土花紫。
君不闻，
定军山下阴雨中，山鸣雷动声隆隆。
埋鼓镇蛮功未毕，反旗走敌憾无穷。

《续修叙永永宁万县合志》载余珍《时园中诸葛铜鼓歌》中有：

儒将风流诸葛公，隐士名士真风流。
镇压百蛮铸铜鼓，物肖其人夺天公。

在云南大姚县的马鞍山和苴坡江坡头有废弃的营垒，传说是诸葛亮用兵的遗址。清乾隆三十一年（公元1766年），阿桂率部南征，途经大姚，驻扎此地，曾叫军士挖掘废垒，挖出铜鼓两面。嘉庆年间，当地老百姓在那里也挖到铜鼓。这事记在道光年间修的《大姚县志》中。当时姚州（今姚安）人王安廷凭吊古迹，写下七律《苴却怀古》一首：

绝塞蜻蛉汉著名，当年问路此南征。
荒营处处埋铜鼓，野菜家家种蔓青。
天遣一江争险要，户存十马验滋生。
风流我欲瞻遗像，那得祠堂似锦城。

四川《庆符县志》卷二说，铜鼓“或即武侯南征战鼓也”。《遵义府志》金石志铜鼓条说：“世传铜鼓，诸葛所遗，此或然也。”

这样铺天盖地的传说，使人不得不相信，铜鼓就是诸葛亮造的。所以清人戴朱纮《铜鼓歌》就说：

蛮溪毒雾苍虬舞，土人架阁悬铜鼓。
问是当年谁所留，尽说传自汉武侯。

图3.“天元孔明”铭坎卦铜鼓

因此，清乾隆时官修《西清古鉴》图录在介绍铜鼓时就说：“大抵两川所出为诸葛遗制。”

古时也讲名人效应，铜鼓一旦与诸葛亮搭上关系，它的身价也就不一般了。因此郭子章《黔记》就说，仲家（今布依族）“土人或掘地得鼓，即夸张言诸葛武侯所藏者”。《戎州志》说：“相传为诸葛亮铸者，值数十镒，次者数镒。”明嘉靖《四川通志》叙州土产称：铜鼓“本府出，相传诸葛亮所铸，上者值银十镒，次者数镒，新铸者非所重”。有的铜鼓在铸造时，甚至直接打上诸葛亮的印记。

广西民族博物馆收藏一面有“天元孔明”铭文的铜鼓，这面铜鼓高27.5厘米，面径47.8厘米。鼓面无蛙，主晕有楷书“福寿”“进宝”“天元孔明”8字和篆书“寿”字铭文。“天元”是北元后主脱古思帖木儿的年号，为公元1379—1388年。“孔明”就是铜鼓的代称。“天元孔明”就是天元年间制造的孔明鼓。

贵州省博物馆收藏的“万历元年”铭文鼓，高27.5厘米，面径48.9厘米。鼓面9晕，第4晕是十二生肖，第8晕是主晕，有楷书“万历元年，孔明置造”8字铭文，第9晕是乳钉纹。明万历元年（公元1573年）

怎么还有孔明呢？“孔明置造”显系伪托。

就是成都武侯祠那面小铜鼓，鼓身刻“汉诸葛武侯制，大清道光元年复制”铭文，说明清道光元年（公元1821年）还有仿诸葛武侯铜鼓复制铜鼓的事。

《广西通志》卷二二九《金石》一五记载：清同治年间，广西桂平白石山获一铜鼓置浔州观风楼，鼓内铸有“诸葛武侯”方印一个。这面铜鼓早已亡佚，未知确否。在云南省博物馆收藏的丁式59号鼓鼓面内壁确有阳文“诸葛武侯”印，可以证明《广西通志》记载的并非无中生有。但从云南这面铜鼓来看，鼓面有青蛙塑像，纹饰多仿中原地区商周青铜器，造型与纹饰极不协调，与我们见到的各类铜鼓都不同，应是一件赝品。它的印记与百年前所见的白石山铜鼓相同，它们很可能是出自同一个工匠之手的假古董。

把铜鼓看作是诸葛亮制造的说法，也影响到海外。奥地利学者黑格尔著《东南亚古代金属鼓》引用了许多这方面的文献。1883年在荷兰阿姆斯特丹国际博览会中展出的一面铜鼓，铜鼓标签上写的就是：“汉诸葛亮铜鼓，地下出土，三千年。”他们应该知道，即使是诸葛亮制造的铜鼓，到1883年也不过1600多年，何来3000年？

说铜鼓是诸葛亮创造显然是错误的。我们在前节已经谈到，马援尚不可能是铜鼓的制造者，何况比马援晚近200年的诸葛亮。对于这种错误说法，古人已多次加以驳斥。清康熙年间有人得一铜鼓，山东人赵秋谷写了一篇《诸葛铜鼓歌》，说铜鼓是诸葛创制，他的同乡桂馥在《札朴》一书中批评赵秋谷的铜鼓歌“皆相传臆度之词”。桂馥列举了《后汉书·马援列传》《林邑记》说明在马援之前已有铜鼓，又列举虞喜《志林》和《晋书·食货志》《隋书·地理志》《南史·欧阳𬱟传》《岭表录异》《唐书》《玉海》等书谈到铜鼓，“无一语及诸葛者”。他认为“铜鼓皆蛮夷自铸，诸葛无此举”，应该是正确的。

四、铜鼓由什么演变而来

铜鼓既不是神仙创造，又不是豪杰铸造，那是由什么演变来的呢？

（一）革鼓

将铜鼓正放，整个形态犹如一个扁形的革鼓放置在一个筒形的鼓座上。法国学者戈鹭波在越南北方少数民族地区曾看到革鼓就是这样被搁置在藤台上的，因此，他推测铜鼓只不过是把革鼓与鼓座合铸在一起而已。日本学者冈崎敬看了云南晋宁石寨山铜鼓后，也主张铜鼓是模仿革鼓制造的说法。

其实，这种铜鼓模仿革鼓的说法，在我国早就有人提出，他们是从铜鼓的地理分布及其自然环境推演出来的。铜鼓分布地区土地卑湿，终年阴晦多雨，革鼓在这种环境下往往容易受潮，失去张力，声音变得低沉短促，鼓本身也容易霉烂。为了达到山鸣谷应的最佳效果，在使用时，只能用火将皮革烘干，但这在指挥战斗的场合是很不合适的。怎么办呢？是否有其他的质料代替皮革呢？铜是不怕潮的，即使在雨地里，同样可以发出清脆的响声。人们由此发明了用铜来代替木鼓腔和革鼓面，而且把鼓面和鼓腔、鼓座铸在一起。根据这种推测，有的人甚至把首造铜鼓的功劳归在东汉马援名下，说他带兵南征时发现革鼓不适用，才造出铜鼓来的。

这些推断显然与事实不符，受到另一些研究家的质疑。他们认为，革鼓是木腔，两头蒙皮；铜鼓通身铜铸，只有一头鼓面。从质料上看，无共通之处，从形态上看，也判然两别，二者之间找不到必然联系。至于扯到马援造铜鼓，更是牵强附会。因为事实证明，早在马援之前，南方铜鼓就已大量存在了。

（二）錞于

有人主张铜鼓是由錞于演变来的。錞于是由錞和盂组成的复合体乐器。錞于比之于革鼓，与铜鼓有许多相同的地方。比如二者都是通体皆铜，一头有面，上大下小，中空无底。錞于在春秋时代就有了，而且从长江流域向西南发展，在湘西、黔东与铜鼓分布地区重叠。因此，在17世纪末就有学者提出铜鼓脱胎于錞于的说法。如朱彝尊在《南海庙二铜鼓图跋》中说："窃思作錞本以和鼓，度其形亦略似，第鼓穹其腰而錞削其下，鼓蒙两面而錞去其底，铜鼓初铸，必取二器折衷之，蜀人所以名錞于鼓云尔。"也就是说，铜鼓的形式是普通的鼓和錞于二者混合的结果。因此有人跟着就说："今鼓制与錞于等而来自粤，盖蛮仿錞于而为之。"[①]唐兰也说：交趾铜鼓"则錞于之所孳乳"。

20世纪30年代，在越南清化东山出土的一件有钮小铜鼓，在鼓面中央有半环形钮，像錞于一样可以悬挂起来。于是有人就认为它是錞于演化而来的物证。50年代末，徐中舒在《巴蜀文化初论》一文中还说錞于起源于蜀，铜鼓即由錞于器形所蜕变，认为那面有钮的小铜鼓是錞于向铜鼓过渡的中间类型。

但是，只要认真观察，人们还是很容易把铜鼓和錞于分开的。这两种乐器，除了上面讲的共同点之外，它们的明显区别是：从整体来看，錞于的面部和身部的横切面是椭圆的，面部边缘翘起，形成浅腹盆状，可以盛水，正中有钮，用时系绳垂直悬挂，敲击腹部；铜鼓的面部和身部的横切面则为正圆，面部平展，顶上无钮，身侧有四耳，用时横挂，敲其面部。在形态上和使用方法上两者很难找到因革嬗变的关系。在时代上，西南铜鼓也有早到春秋时代的，并不比錞于晚出，它的传播又恰恰从西南往北，与錞于传播的路线正相反。在文献上，錞于与铜鼓是同时使用、互相配合的一组乐器。在云南晋宁石寨山汉墓出土的贮贝器上的人物活动塑像中，有铜鼓与錞于合悬于一架，同时并击的形象，说明二者有共存关系，而非先后关系。至于越南东山出土的有钮铜鼓，它只是一个模型明器，而且是公元1世纪的东西，铜鼓在当时已发展得十分成熟了。因此，有钮铜鼓不是铜鼓的原始形态，恰恰应是铜鼓的变态物。

（三）木鼓

我国西南地区以及东南亚、太平洋岛屿地区流行一种将一段完整的木头凿空、一端蒙皮的原始木鼓。这种木鼓两端粗，中段细，因似象腿，又称"象脚鼓"。有的学者认为早期铜鼓的许多特征从象脚鼓中可以找到，因而主张铜鼓是由原始木鼓演变来的。这种说法也受到一些学者的反对。因为象脚鼓很高瘦，与铜鼓形态相差太远；而且象脚鼓本身是时代较晚的产物，没有资料证明它比铜鼓更古老。所以铜鼓来源于象脚鼓的说法也不能成立。

越南学者黎文兰在20世纪60年代初提出铜鼓起源于木臼说。在越南的一些铜鼓上，刻画着有人站在或坐在高架子上，手持长棍撞击架子下的铜鼓的情景。奥地利学者黑格尔认为这是在庆祝铜鼓铸造成功的典礼上敲击铜鼓，法国学者H. 巴门特和戈鹭波认为是舂米表演。黎文兰说，在东南亚地区的许多民族中，每个家庭院子里都有木臼，每当一早一晚，妇女们都用木臼舂米，以便做饭。有木臼舂米习俗的地区基本上也是铜鼓分布的地区，铜鼓和木臼的使用方法和发出的声音也十分相似。因此他认为，越南出现的第一批铜鼓可能起源于舂米习俗。这种说法看起来很新颖，但也离谱，他本人也没有多少把握，所以无人附和。

（四）铜釜

那么铜鼓究竟是从什么东西演变来的呢？难道果真是来历不明的怪物吗？

人类是由原始猿类逐渐进化而来的，人们研究人类的进化是由近及远不断往远古追溯的。研究铜鼓的"始祖"也只能由近及远往前追寻它们的原始形态。

人们经过千辛万苦，搜集了大量的铜鼓资料，进行分类比较，分析时代特征，一步一步地往前探索，终于找到了铜鼓的"老祖宗"。

① 李锴：《三器歌》粤鼓注，转引自《睫巢集》卷五。

我国学者很早就注意到铜鼓的形状像倒过来放置的炊具或容器。有一本叫《游梁杂记》的书就说："诸葛鼓，其形圆，上宽而中束，下则敞口，大约若今楂斗之倒置也。"又有一本叫《戎州记》的书说铜鼓"状似覆盆"。近人曾瓶山有《铜鼓歌》说："腰间束缩腹底空，兀若坐墩宛覆釜。"正因为如此，在晚近还有人把铜鼓倒放着当容器储存粮食或杂物，甚至用作炊具。也正因为早期铜鼓很像倒置的铜釜，荷兰、德国、英国的一些学者最初都不约而同地将铜鼓称为"釜鼓"（KettleEh-urn）。

1948 年，法国学者来维也提出铜鼓起源于炊具倒置的看法，但他只是推想，并没有提供具体证据。20 世纪 50 年代初，云南省博物馆在金属回收部门采集到一面形制古朴的铜鼓，在《云南省博物馆铜鼓图录》出版时，就认为这面铜鼓代表的是最早的一种类型。1961 年，在云南楚雄东北境内的大海波，因修小型水电站，在河沙层中挖出一面全身无花纹的铜鼓。这面铜鼓被带回昆明，在云南省博物馆的入库卡片上最初填为"铜鼓"，但因鼓面太小，足部很短，两对耳很细小，又不大像铜鼓，的。同年 10 月，在第 23 号墓的棺底垫木之下挖出 4 面铜鼓、大量的青铜工具和武器。这几面铜鼓外形都很粗糙，鼓面小，胸部特别鼓突，腰细而长，足短，向外张开。有意思的是，这些铜鼓的外壁没有花纹，内壁却有花纹，很可能原先就是脚朝天倒放着的，不然内壁的花纹怎么能让人看得见呢？这些铜鼓出土时也确确实实是倒放着的，和那些铜釜完全一致，鼓面上有烟熏痕迹，事实也说明它们确曾用作炊具，这就更证实了铜鼓来源于铜釜的推断。

这一次又一次的新发现，使铜鼓研究专家们产生一系列联想。万家坝墓葬的发掘报告指出："万家坝所出铜鼓是迄今为止我国经科学发掘所获铜鼓中之最原始者。这批铜鼓器身似釜，而且大部分表面有烟痕，明显曾作炊爨之用；与此同时，有的釜又是利用铜鼓改制的……这些都足以证明本地的铜鼓不但是从釜发展而来，而且尚停留在乐器、炊器分工不十分严格的初期阶段。这对于解决铜鼓产生的时代、地点以及追溯其发展的源流，都具有重要的意义。"

图 4. 东兰出土的铜釜

遂改填为"铜釜"。但再仔细察看，又像是铜鼓，而且胸部有两处各开一孔，显然不能做炊具，才又改填为"铜鼓"。三易其名，说明填卡者对这件器物是铜鼓还是铜釜很拿不准，表明这件铜器的形态还处在铜鼓与铜釜之间，可以认为是还没有定型的铜鼓。1964 年，在云南祥云县东南的大波那的木椁铜棺墓中出土一面铜鼓，形体高瘦，鼓面只有一个 4 芒的光体，和它一起出土的一个铜釜，大口鼓腹，底小而平，翻转过来，和这面铜鼓十分相像。发表考古发掘报告时，印出了一张将铜釜倒放的照片，报告指出："过去对于铜鼓来源于何物有颇多揣测，迄无定论，此式釜之出现，又增添了一个值得注意的线索。"这种铜釜和当地出土的陶釜样子是接近的，而陶釜出现很早，流行时间很长，显然是先有陶釜，然后才有用铜仿制的铜釜，和铜釜相像的铜鼓就是从铜釜发展变化而来的。

云南楚雄良种场员工在城东南约 3 公里处的万家坝搞农田基本建设时发现一群古墓。1975 年 5 月，云南省博物馆的考古工作者在其中一座大墓的腰坑内挖出一面铜鼓、3 件铜釜、6 件铜编钟和 100 多件其他青铜器，其中有一件铜釜是在铜鼓足边加上一对辫索形耳改制成

由此可见，万家坝铜鼓是目前公认的铜鼓的原始形态。铜鼓的"老祖宗"就这样被人们确定了下来。

那么，用于炊煮的铜釜是怎么演变为作为乐器的铜鼓呢？

艺术起源于生活。表达人们思想感情的音乐也是从生活和劳动中来的。在原始社会里，人类使用劳动工具，由于碰撞，发出各种不同的声响，人们便将这类声响按强弱、快慢有意识地组合起来，使其变得更加悦耳动听，而这种敲击作响的工具也就成了最原始的打击乐器，鼓也就由此而产生。普列汉诺夫说："生产者简单地敲击自己劳动对象的工具，一定比其他都更早地经历这种变化。大家都知道，鼓在原始民族那里是非常普遍的，而且在某些民族那里，至今仍然是唯一的乐器。"

我国古代有不少关于敲击器具以为乐的记载。战国时代楚国爱国诗人屈原在《离骚》中说："黄钟毁弃，瓦釜雷鸣。"借用把本来是庙堂上的铜钟丢弃，用那些做炊煮用具的陶釜代替，来比喻人事关系的颠倒。这说明炊具瓦釜和乐器黄钟之间还有颠倒使用的现象。《庄子·至乐》记载，庄子的妻子死了，惠子前去吊丧，庄子却盘着腿坐在那里，一边拍打着瓦盆，一边哼着曲子。

盛饭菜的瓦盆成了庄子手中的打击乐器。古时的陶缶是装酒浆用的，因为它大腹小口，翻转过来敲打，声音很好听，也常被用来“鼓之以节歌”。战国时代关中的秦人“击瓮扣缶”也是出了名的，这里有一则渑池会上蔺相如威逼秦王击缶的故事：

公元前279年，秦王和赵王相会于渑池。在筵席上，秦王假装酒醉，故意戏弄赵王说：“我听说赵王喜欢弹瑟，趁着酒兴，不妨弹奏一曲？”赵王怕秦王，只好遵命勉强弹奏了。秦国的史官赶紧上前，把这件事写入史册，说：“某年某月某日，秦王和赵王在一起饮酒，秦王令赵王弹瑟。”与赵王一起赴宴的蔺相如气恼不过，立即对秦王说：“赵王也听说秦王擅长秦国的乡土音乐，打酒坛子相当出色，也请大王敲奏一曲，彼此快乐快乐。”秦王开始不从，蔺相如却抱着一个酒坛冲到他的面前，递了上去，说：“你如果不肯动手，在这五步之内，我就和你拼了。”秦王无可奈何，只好随便在酒坛上敲了一下。蔺相如马上将赵国的史官叫来，也嘱咐在史册上记下：“某年某月某日，秦王为赵王击缶。”为赵国挽回了面子。

这则故事表明，古代乐器有许多是代用品，它们大都是生活用具，炊煮饮食之器是随时可以用来做打击乐器使用的。

陶釜（瓦釜）的主要用途是煮饭烧菜，但翻过来敲击，也会发出具有一定音乐效果的声响。当铜釜取代陶釜之后，其声响效果更好。可以想见，当人们吃饱喝足以后，随手将身边的铜釜翻过来，用筷条或树枝敲打，伴和手舞足蹈，是很自然的。久而久之，这种铜釜演变为打击乐器，与煮饭的铜釜分开，就成了铜鼓，并逐渐追求音响效果，不断改进，从形态上越来越远离铜釜，以至发展到后来就和它们的“始祖”完全两样了。

五、铜鼓最早出现于何处

在没有找到原始铜鼓之前，关于铜鼓的发祥地人们也展开过许多有意思的讨论。

（一）中原地区

主张铜鼓是从革鼓演变而来的人，毫不例外地都从中国内地去找源流，认为革鼓传到南方多雨地区，因气候不适应，才用铜仿造，同时把创制铜鼓之功归于马援或诸葛亮。

南宋范成大说过铜鼓为“伏波所遗”，后人就以此造出了马援造鼓的许多传说。明代以后，在马援造铜鼓的传说以外，又增加了诸葛亮创造铜鼓的传说。朱国桢《涌幢小品》就明说铜鼓“必诸葛倡之，后人仿式而造”。《明史・刘显传》也说：“相传诸葛以鼓镇蛮。”《西清古鉴》在著录铜鼓时也说：“此器世多谓之诸葛鼓，盖武侯渡泸后所铸。”大金石学家朱彝尊也认为“伏波将军平交趾，诸葛丞相渡泸，始铸铜为鼓”。所以清人戴朱纮的《铜鼓歌》就说：“蛮溪雾毒苍虬舞，土人架阁悬铜鼓。问是当年谁所留，尽说传自汉武侯。”

后来西方一些学者也沿用这些说法，认为铜鼓是马援和诸葛亮创造的。

正是因为如此，在广东、广西的伏波庙中，西南广大地区的武侯祠里，总陈列着一些铜鼓，让人们礼拜。

但是这些传说是与历史事实不相符的，文献清楚地记载，早在马援之前，铜鼓已经出现并发展成熟。《后汉书・马援列传》说马援南征“得骆越铜鼓，乃铸为马式”，并不是说马援铸铜鼓，更不用说比他晚约200年的诸葛亮了，这一事实早已为中外学者所熟知。我国学者谢启昆在《粤西金石略》中指出：“自石湖（即范成大）有‘伏波所遗’一语，后人遂误为伏波所制，且因伏波附会于诸葛，至谓大者为伏波鼓，小者为诸葛鼓，真误中之误矣。”张祥河在《粤西笔述》中也说：“马援既得铜鼓铸为马式，若以鼓为援所制，何以自铸而自销之，其非援物可知。铜鼓出于诸葛武侯未生之前，以为孔明所制，亦属附会。”檀萃《滇海虞衡志》也说：“铜鼓，粤人以为伏波，滇人以为诸葛，而实蛮之自铸也。”所以黄春谷在《梦陔堂诗集》载《铜鼓歌》同戴朱纮唱反调：“漫说南征始巧制，非关伏波美骆越。”日本学者松崎复在《谦堂遗文》中也说出了同样的道理。

再从铜鼓本身来看，也确找不到革鼓的痕迹，这在前节已经讲了，怎么能说铜鼓是在中原地区发源的呢？

（二）柬埔寨沿海地区

西方学者研究铜鼓，也很注意追溯它的发源地。德国学者迈尔和夫瓦主张铜鼓起源于柬埔寨沿海地区，他们的根据只是在印度尼西亚的萨拉亚发现一个铜鼓的身上有象和孔雀的图样，此外，并无其他证据。这种推论在当时也是很轻率的。事实已经证明，柬埔寨发现铜鼓的数量很少，而且时代都是偏晚的，没有早期铜鼓，无发源地的可能。

（三）印度

在我国，由于元代马端临《文献通考》说过：大铜鼓“出于南蛮天竺之国也”，小铜鼓“唐乐图传天竺部用之”。《清朝文献通考》也说“天竺伎有铜鼓”。因此有人主张铜鼓发源于印度。近人梁岵庐撰《铜鼓渊源》，甚至将铜鼓上的卍形纹同佛经上的梵文联系起来，把它

图 5. 云南万家坝鼓

作为铜鼓从印度传入的根据。

其实，有卍形纹的铜鼓不是早期铜鼓，把天竺国简单理解为印度也是一种误会。据后来学者研究，这些古籍上记载出土铜鼓的所谓天竺之国实际上是指我国云南西部和南部，《云南备征》载《云南纪游》说，大理即古时天竺妙香国，并非今日的印度。这和后来铜鼓出土的事实是相符的。而地处南亚的印度，不但历史上不曾创造过铜鼓，就是直到现在为止，也从未发现过古代铜鼓，根本就在铜鼓的分布地域之外，当然谈不上是发源地。

（四）云南中部

铜鼓究竟起源于何地，研究者们把注意力集中到出土铜鼓最集中而年代又偏早的越南北部及中国的云南中部、广西东南部这三个地区。

云南中部、云贵高原被许多呈折扇状分布的河流切割成平顶的高山和陡峭的河谷，丘陵和盆地交错并存，蕴藏着丰富的矿藏和水力资源。这块地方很早就有人类生活。在距今 3100 年前的云南大理剑川海门口铜石并用时代的人们就已开采铜矿和使用铜器。从云南楚雄、祥云古墓出土的青铜器来看，滇池地区开始使用铜器的时间很早，到春秋战国时代就有了发达的青铜文化，这种青铜冶铸业是生产铜鼓必不可少的技术条件。铸造铜鼓需要有大量的青铜原料，从《汉书·地理志》记载可知，云南中部的江川、玉溪出铜，通海、河西、个旧、蒙自、峨山出锡，在西汉以前就很著名。另外，从目前发现铜鼓的情况来看，原始形态的铜鼓都集中发现于云南中部偏西地区，如楚雄、弥渡、祥云、昌宁等好几个地方，在这个地区以外，没有发现过这么古老的铜鼓。这种铜鼓产生的时代是公元前 7 世纪至公元前 4 世纪，不论国内或国外，其他任何地区出土的铜鼓的年代都没有它们久远。

万家坝型铜鼓往后发展，就是石寨山型。云南中部地区出土的铜鼓从早期到晚期可以排成队列，自成系统，发展脉络清晰。而原始类型的铜鼓又从当地出土的铜釜、陶釜的形态上可以找到渊源关系，证明它们完全是土生土长的。

元江发源于中国云南西部，穿过高山，向东南奔向南海，在越南北部山区的东南面形成肥沃的红河三角洲。大江两岸及其支流附近，也是铜鼓分布比较密集的地区。法国学者首先从这块土地上获得铜鼓的出土资料，他们在 20 世纪初提出了铜鼓起源于越南北部的看法。他们认为越南出土的玉缕铜鼓是最古老的类型，其他铜鼓都是从这种类型发展来的。这种观点至今已十分陈旧，它不但被中国考古新发现早期铜鼓的事实所否定，也为越南新发现的铜鼓资料所否定。新中国成立以来，中国考古工作者在云南、贵州、广西等地先后发现大量的早期铜鼓，极大地丰富了铜鼓研究的内容，改变了原来认为只有越南北部铜鼓最集中的观念。特别是云南楚雄、祥云、弥渡、昌宁发掘出土的形制古朴的铜鼓，是越南没有的全新资料。这些铜鼓有大量共存物可资断代，加上科学的放射性碳素测定，年代是可靠的。某些学者认为年代最早的玉缕铜鼓、黄下铜鼓、沱江铜鼓和出于中国的开化铜鼓，大都胸部较高，鼓面和胸部有回纹、菱形和长方形图案，主题花纹以写实房屋、舞乐、翔鹭、竞渡等为主；形体较大，结构稳定，纹饰繁缛，工艺水平很高，不是铜鼓的原始形态。这些铜鼓不但比云南中部偏西地区发现的

万家坝型铜鼓进步，甚至比云南晋宁石寨山、江川李家山、曲靖八塔台，贵州赫章可乐，广西田东锅盖岭、西林普驮屯和贵港罗泊湾等地战国至西汉时代墓中出土的石寨山型铜鼓也要进步，应是比较成熟和比较晚的作品。越南一些学者也承认，要制成像玉缕、沱江、黄下、开化那样精美和谐的铜鼓，需经许多世纪的摸索，要有一个积累经验的过程。因此，在它们之前必然还另有一些开创期的铜鼓。但直到现在，这种开创期的铜鼓在越南土地上还没有找到。既然找不到开创期的铜鼓，又怎能说它是铜鼓的发源地呢？中国云南中部偏西地区出土成群的开创期铜鼓，为什么不能是铜鼓的发源地呢？

西方学者在 20 世纪 50 年代以前不可能接触到中国在 20 世纪 50 年代以后才发现的新材料，得出一些片面性的结论是情有可原的。但在 20 世纪 70 年代，当中国云南发现大批原始铜鼓的材料公布以后，有些人仍然抱着那种陈旧观点不放，这是令人遗憾的。

广东西南和广西东南连接的地带是东北至西南走向的云开大山。这里岗峦起伏，森林密布，也是铜鼓发现最多的地区。此地的铜鼓有别于云南、越南的铜鼓，自成一个体系，有一定的地域性，有人认为它是土生土长的，推断这个地区也是铜鼓的发源地之一；而另一些学者认为，这个系统的铜鼓是滇系铜鼓东传与北方来的汉文化融合的产物，只是滇系铜鼓的歧出类型而已。这个系统的铜鼓多是分散埋藏的，出土资料十分零碎，目前还没有见到从古墓中出土的。由于共存情况不明，断定其年代还比较困难，因而上述两种推断都缺乏坚实的时代根据。但看得出来，这个地区铜鼓的发展是大起大落的，发生得较迟，来势迅猛，一出现就是形体硕大、纹饰繁复、铸造技术精良的铜鼓；消失得也快，一进入唐代后期就去向不明。究明其来龙去脉还是铜鼓研究中的一大难题。

由以上分析可知，铜鼓的真正老家应在中国云南滇池以西地区。那里是原始铜鼓集中的地方，是铜鼓的真正发祥之地。

图 6. 贵港罗泊湾汉墓出土的罗泊湾 10 号鼓

第二节　史书中记载的广西铜鼓

翻阅中国古代文献，读者会时不时发现“铜鼓”二字，自汉代以来，有关铜鼓的记载真可以说“史不绝书”。这其中，既有正史、野史，也有笔记小说、诗词歌赋，林林总总。它们从不同角度记录了铜鼓的发现、使用、流传及有关的风俗民情。通过这些记载，可以追溯铜鼓的来龙去脉，看到铜鼓在各地的大致分布范围，使用铜鼓的民族的经济、文化面貌等。

一、东汉马援已见骆越铜鼓

1963 年春，中国著名历史学家郭沫若来南宁出席广西历史学会成立大会，到广西博物馆参观铜鼓，填了一阕《满江红》词，内有“东汉马援曾此见，道光年号界其下”句，把广西铜鼓上下限的悠久历史一语道尽。所谓“东汉马援曾此见”，是指《后汉书・马援列传》中的一段记载：“援好骑，善别名马，于交趾得骆越铜鼓，乃铸为马式，还上之……有诏置于宣德殿下，以为名马式焉。”讲的是东汉马援喜爱骑马，善于识别良马。东汉初年，岭南交趾地区征侧、征贰两姊妹叛汉，很快占领了六十余城。汉光武帝刘秀决定派兵进剿，任马援为伏波将军带兵。马援在进军岭南的过程中，获得骆越铜鼓，将这些铜鼓熔化了，用来铸成良马模型，班师回朝时，献给汉光武帝。光武帝下令把良马模型放在宣德殿下，作为识别良马的标本。

《后汉书・马援列传》关于铜鼓的这段话是正史中关于铜鼓的最早记录。自此以后，有关广西铜鼓的记载，连绵不绝。

《后汉书》作者范晔是南朝宋时人，他利用《东观汉纪》和其他有关东汉史实著作等资料，写成《后汉书》这部正史，其中《马援列传》是写得很有生气的列传之一。研究铜鼓的人都十分重视这段记录，很多文章对此做过详细考证和阐述。但这段关于铜鼓的文字过于简略，给后人留下许多疑问。马援获得铜鼓的地点究竟在哪里？

他是采取什么方式获得铜鼓的？骆越铜鼓是什么样的铜鼓？仅从这段文字难以猜度。但汉代的交趾地区的范围很大，也是马援征战活动的地区，在这里获得铜鼓则是不成问题的。

二、晋代俚僚铸铜鼓

在《后汉书》成书之前，晋代人裴渊写过《广州记》一书，已记载过铜鼓，但是这本书已经失传。到唐朝章怀太子李贤为《后汉书》作注时曾引用到它。李贤引用《广州记》中的一段记载来为马援获骆越铜鼓事件做注释。《广州记》记录了东晋时代广州境内的俚僚人铸造铜鼓的仪式：

> 俚僚铸铜为鼓，鼓唯高大为贵，面阔丈余。初成，悬于庭，克晨置酒，招致同类，来者盈门，豪富子女，以金银为大钗，执以叩鼓，叩竟，留遗主人也。

当包括今广西北海、钦州、玉林等地。生活在这一带的乌浒人使用铜鼓，他们敲击铜鼓，唱歌、跳舞，以助酒兴。

唐代开始设置史馆编修国史，贞观十八年（公元644年）唐太宗下诏，命令宰相房玄龄领衔对南齐臧荣绪撰写的《晋书》进行重修，两年后修成。在这部《晋书》的《食货志》中记录了东晋太元三年（公元378年）的一份孝武帝司马曜的诏书：

> 孝武太元三年诏曰："钱，国之重宝，小人贪利，销坏无已，监司当以为意。广州夷人，宝贵铜鼓，而州境素不出铜。闻官私贾人，皆于此下贪比输钱，斤两差重，以入广州货与夷人，铸败作鼓。其重为禁制，得者科罪。"

《食货志》是正史中的经济篇。经济篇中出现毁钱铸铜鼓的记载，说明当时广州境内"夷人"毁钱铸鼓的事，已构成对国家货币流通的威胁。

晋时的"夷人"也就是俚僚。他们因为特别珍视铜鼓，不惜熔化流通货币（铜钱）来铸造铜鼓。为此皇帝不得不下诏令，指出：铜钱是国家的重宝，有人因贪其小利

俚僚是生活在古代岭南地区的少数民族，他们用铜铸鼓，铸成的铜鼓以高大者为贵重，有的鼓面宽"丈余"。每铸成一面大铜鼓，都要举行一次重大仪式，把刚铸造出来的铜鼓悬挂在庭院里，摆上丰盛的酒席，邀请宾朋好友前来聚会，豪富人家的子女用金银做铜鼓钗，拿来敲击铜鼓，敲完后把金钗银钗留赠给主人。

晋代的广州是一个很大的行政区，它与现在的广州市不是一回事。晋代的广州管辖南海、郁林、苍梧、宁浦、高凉、晋兴等郡，其中苍梧、郁林、宁浦大部分在今广西境内，包括现在的梧州、玉林、贵港、北海、钦州、南宁等市。所谓俚僚就是当时生活在这一带的少数民族。他们铸造的大铜鼓，鼓面直径"丈余"，即是我们现在说的北流型、灵山型大铜鼓。

比《广州记》还要早记载铜鼓的著作是三国时吴国人万震写的《南州异物志》。该书记载：交广之界的乌浒人，"击铜鼓，歌舞饮酒"。所谓交广即交州和广州。三国东吴时的交州治所在龙编（今越南河内），辖境相当于今越南承天以北诸省和中国广西防城港、钦州、北海地区及广东雷州半岛。广州治所在番禺（今广州市），辖境相当于今广东、广西大部分地区。交广二州交界处

而把它废坏，必须引起有关部门注意。广州境内不产铜，听说官私商人磨研铜钱，短斤缺两输入广州，卖给当地少数民族，让他们熔毁铸作铜鼓。这种行为必须严加禁止，抓到就要治罪。

三、南朝欧阳献铜鼓

唐太宗在命令房玄龄修《晋书》之前，曾于贞观三年（公元629年）命令姚思廉修《陈书》，贞观十年（公元636年）《陈书》完成。《陈书》是反映南朝陈的历史官书，在这部书的《欧阳頠传》中记载了欧阳頠跟随兰钦南征夷僚缴获大铜鼓的事：

> 故（欧阳）頠常随（兰）钦征讨……钦南征夷僚，擒陈文彻，所获不可胜计，献大铜鼓，累代所无……及頠至岭南，皆慑伏，乃进广州，尽有越地……时頠弟盛为交州刺史，次弟邃为衡州刺史，合门显贵，名震南土。又多致铜鼓、生口，献奉珍异……

欧阳頠常跟随兰钦打仗，兰钦南征，抓到俚帅陈文彻，缴获了多得不可胜数的战利品，在献给皇帝的战利品中有历代都未见过的大铜鼓。欧阳頠来到岭南，进军广州，占领了全部俚僚居住区。欧阳頠之弟欧阳盛做交州刺史，次弟欧阳邃做衡州刺史，整个家族都很显贵，威名震动南土，又常得到别人给他们奉送的铜鼓、俘虏和珍异之物。

后来，李延寿收集梁、陈各朝的史料写成《南史》一书，把《陈书·欧阳頠传》的这一部分抄下来。《南史·欧阳頠传》记载与《陈书·欧阳頠传》所载大致相同。兰钦所征之“夷僚”就是《广州记》中的“俚僚”，也就是《晋书》所说的“夷人”，《南州异物志》所说的“乌浒”。这些记载中的“夷僚”“俚僚”“夷人”“乌浒”，实是古代同一个族群的不同称呼。他们主要生活在广西东南部和广东西南部相连接的地区。兰钦征讨他们，不但擒获了他们的首领陈文彻，掳掠了俘虏，而且缴获了大量铜鼓。可见这些“夷僚”是拥有和使用铜鼓的民族。

都老，群情推服”，铜鼓已成为权力的象征。

五、唐代视出土铜鼓为怪异

铜鼓沉埋地下，已经被人遗忘。忽有一日，重新出土，则被视为“怪异”。这种怪异，最早被《岭表录异》记录下来。

《岭表录异》，又名《岭南录异》，也叫《岭表记》或《岭表录》，是唐代末年的一部著作。作者刘恂，在唐昭宗时任过广州司马。当时，各镇节在镇压黄巢起义后，羽翼正丰，兵逼京城，火拼中原。刘恂在任满后，正准备回京，碰上兵荒马乱，道路不通，只好留下来，寓居番禺（今广州）。在乱世逆境中，刘恂没有沉顿荒疏，而是利用这无所事事的机会，广采博闻，撰成此书。

《岭表录异》记述岭南地区的风物，草、木、虫、鱼、鸟、兽和风土人情，内容十分丰富。《新唐书·艺文志》

四、隋代铸铜为大鼓

隋朝灭亡不久，唐太宗就组织编修了《隋书》。《隋书》记载隋代38年的历史。其中《地理志》记载了岭南各族“铸铜为大鼓”，鸣鼓集众的习俗：

> 自岭已南二十余郡，大率土地下湿，皆多瘴疠，人尤夭折。南海、交趾各一都会也，并所处近海，多犀象、瑇瑁、珠玑、奇异珍玮。故商贾至者，多取富焉。其人性并轻悍，易兴逆节，椎结踑踞乃其旧风。其俚人则质直尚信……并铸铜为大鼓，初成，悬于庭中，置酒以招同类，来者有豪富子女，则以金银为大钗，执以叩鼓，竟乃留遗主人，名为铜鼓钗。俗好相杀，多构仇怨，欲相攻，则鸣此鼓，到者如云。有鼓者，号为“都老”，群情推服。本之旧事，尉佗于汉自称蛮夷大酋长、老夫臣，故俚人犹呼其所尊为“倒老”也，言讹，故又称“都老”云。

所记录的庆贺铜鼓铸成的仪式和《广州记》记载的完全相同。不同的是，这些铜鼓有特殊的号令作用，“欲相攻，则鸣此鼓，到者如云”；而拥有铜鼓者，“号为

把它列入地理类著作。到宋代，这本书就被视为了解岭南社会的权威之作了，《太平寰宇记》《太平广记》《太平御览》等书征引甚多，尤以明代《永乐大典》所录的最详。但因该书早已亡佚，现在我们看到的《岭表录异》主要是从《永乐大典》中辑录出来的。

《岭表录异》是由一位直接接触过铜鼓的人所写的书，也是最早直接描绘岭南铜鼓的书，在铜鼓文献上占有极为重要的地位。现将《岭表录异》有关铜鼓的文字抄录如下：

> 蛮夷之乐有铜鼓焉。形如腰鼓而一头有面。鼓面圆二尺许。面与身连，全用铜铸。其身遍有虫鱼花草之状，通体均匀，厚二分以外，炉铸之妙，实为奇巧。击之响亮，不下鸣鼍。贞元中，骠国进乐，有玉螺铜鼓，即知南蛮酋首之家皆有此铜鼓也。咸通末，幽州张直方贬龚州刺史，到任后，修葺州城，因掘得一铜鼓。牵复，载以归京。到襄汉，以为无用之物，遂舍于延庆禅院，用代木鱼，悬于斋室，今见存焉。僖宗朝，郑絪镇番禺日，有林蔼者，为高州太守。有乡墅小儿，因牧牛，闻田中有蛤鸣，牧童遂捕之。蛤跃入一穴，遂掘之，深大，即蛮酋冢也。

穴中得一铜鼓，其色翠绿，土蚀数处损阙，其上隆起，多铸蛙黾之状。疑其鸣蛤即铜鼓精也。遂状其缘由，纳于广帅，悬于武库，今尚存焉。

由这段文字可以看到，刘恂对铜鼓观察得很仔细，记录得也很周详。他不但记录了铜鼓的外形，“形如腰鼓而一头有面”“面与身连”；还记录了铜鼓的颜色，“其色翠绿，土蚀数处损阙”；记录了铜鼓的尺寸，“鼓面圆二尺许”，鼓身“通体均匀，厚二分以外”；记录了铜鼓的装饰花纹，“其身遍有虫鱼花草之状”“其上隆起，多铸蛙黾之状”；记录了铜鼓的音响，“击之响亮，不下鸣鼍”。总之，有关铜鼓的几个要素都已记录齐全。更重要的是，他还记录了三件有关铜鼓的具体事件。一是唐德宗贞元年间骠国进乐，其中有铜鼓一项，反映了铜鼓在中外文化交流中的作用。二是唐懿宗咸通末年任龚州（今广西平南）刺史的张直方在主持修葺州城时从地下挖出铜鼓，并将这面铜鼓携带到了湖北的襄汉，留在延庆禅院，禅院代作木鱼。三是唐僖宗时，有牧童在高州因追捕青蛙，在“蛮酋冢”中挖出一面铜鼓，这面铜鼓由当时高州太守林蔼献给广州都督府。更为可贵的是，刘恂不但记录了龚州、高州铜鼓出土、流传的情况，还注意到了它们当时的现状，如龚州铜鼓是咸通末年出土的，张直方把它带到湖北襄汉，到刘恂著书时已有二三十年，刘恂注明这面铜鼓仍在襄汉，“悬于斋室，今见存焉”；高州铜鼓是僖宗朝出土的，到刘恂著书时，已一二十年，也还“悬于武库，今尚存焉”。刘恂不但明确铜鼓是“蛮夷之乐”，而且认定铜鼓是“南蛮酋首之家”的东西，认定高州铜鼓出土的地方是“蛮酋冢”。这些都是符合实际的。

但是《岭表录异》也有一个不小的错误。据饶宗颐先生考证：郑絪是唐宪宗元和五年三月出任岭南节度使的，《岭表录异》说成是僖宗朝，显然弄错了。[1]假若此铜鼓真是献给郑絪的话，其出土时间应是在唐宪宗元和年间。

在《岭表录异》之前，文献所载铜鼓都是一个民族或部族正在使用的灵物，对外族人来说是很神秘的，所以只有浮光掠影的描述，并没有真正接触到实物。《岭表录异》不但说到还在使用的骠国铜鼓，而且首次记载了从地下出土的铜鼓。这些从地下出土的铜鼓，当时已不是现实中的灵物，而是被人们遗忘了的无用之物，因而被发现者用作木鱼的代用品，或作其他摆设，或悬于斋室，或悬于武库，失去了原有的灵光宝气，因而也更便于士大夫及文人观察、摩挲和考究。从这方面来看，《岭表录异》在有关铜鼓的文献中具有划时代的意义。

由于《岭表录异》有关铜鼓的记载对研究岭南铜鼓有很重要的史料价值，历来受到铜鼓研究家们的特别推崇。

六、宋代铜鼓耕者屡得之

到宋代，广西出土铜鼓的事例更多了，也更加引起文人学士们的重视，有不少书记载了广西铜鼓的情况。

《宋史·蛮夷列传》记载生活在广西的少数民族使用铜鼓，并将铜鼓作为最珍贵的礼品和权力的象征献给中央王朝：宋太宗淳化元年，南丹州众首领莫洪皛卒，其弟莫洪皓袭称刺史，为了求得中央王朝认可，派儿子莫淮通向宋王朝进贡方物，贡品中有二十个银碗和三面铜鼓。

《宋史·五行志》记载：宋神宗熙宁元年至元丰元年，十年时间内横州（今横县）共获古铜鼓十七面；元丰七年十一月，宾州（今宾阳）又获铜鼓一面。

南宋孝宗乾道九年（公元1173年）至淳熙二年（公元1175年），吴郡（今江苏省苏州）人范成大到桂林任广南西路经略安抚使兼静江府知府，旅桂三年，离任后，将在广西所见所闻写成《桂海虞衡志》一书。这本书明确记载：“铜鼓，古蛮人所用，南边土中时有掘得者，相传为马伏波所遗。”范成大在广西可能见到过铜鼓，有条件对铜鼓的形制、纹饰和使用方法做形象的描述：“其制如坐墩，而空其下，满鼓皆细花纹，极工致，四角有小蟾蜍。两人舁行，以手拊之，声全似鞞鼓。”

---

① 饶宗颐：《铜鼓余论》，载《选堂集林·史林》，中华书局香港分局，1982。

比范成大稍晚，永嘉（今浙江省温州）人周去非，在南宋淳熙年间到桂林做桂州通判，并分管宁越（今钦州）。为回答亲朋故友对岭南风物的询问，他以《桂海虞衡志》为蓝本，将自己在广西耳闻目睹的风土人情、奇闻异趣，条分缕析，写成《岭外代答》一书。这本书中，关于广西铜鼓的记载比《桂海虞衡志》更加详细和具体，如：

广西土中铜鼓，耕者屡得之，其制正圆，而平其面，曲其腰，状若烘篮，又类宣座。面有五蟾，分据其上。蟾皆累蹲，一大一小相负也。周围款识，其圆纹为古钱，其方纹如织簟，或为人形，或如琰璧，或尖如浮屠，如玉林，或斜如豕牙，如鹿耳，各以其环成章，合其众纹，大类细画圆阵之形，工巧微密，可以玩好。铜鼓大者阔七尺，小者三尺，所在神祠佛寺皆有之，州县用以为更点。交趾尝私买以归，复埋于山，未知其何义也……或谓铜鼓铸在西京以前。此虽非三代彝器，谓铸当三代时可也。亦有极小铜鼓，方二尺许者，极可爱玩，类为士夫搜求无遗矣。

七、明代铜鼓已分类

明朝人对铜鼓的兴趣大增，有不少文献涉及铜鼓，但具体说到广西铜鼓的不是很多。广东南海人邝露，曾亲临广西游历，为瑶女云亸娘留掌书记，回乡后，整理见闻，写成《赤雅》一书，其中就记载铜鼓，将铜鼓区分为伏波铜鼓和诸葛铜鼓，略见铜鼓分类的端倪：

伏波铜鼓，深三尺许，面径三尺五寸，旁围渐缩如腰形，复微展而稍弇其口，锦纹精古，翡翠焕发。鼓面环绕作蛙黾十数，昂首欲跳。中受击处，平厚如镜。两粤、滇、黔皆有之。东粤则悬于南海神庙，西粤则悬于制府厅事。东粤二鼓，高广倍之，雌雄互应。夷俗赛神宴客，时时击之。重资求购，多至千牛。制度同而小过半者，诸葛鼓也，价差别矣！

这里所说的“伏波铜鼓”是指两广云开大山区所出的云雷纹大铜鼓，该地区是汉代伏波将军马援南征经过

周去非《岭外代答》对广西铜鼓的形制、纹饰描述得相当细致和准确，并且明确指出“所在神祠佛寺皆有之，州县用以为更点”。

在宋朝人的眼中，铜鼓造型美观，纹饰精细，蟾蜍（青蛙）形象富于变化，生动传神，能给人以美感，“可以玩好”。为此，引起文人士大夫们的搜求兴趣。可以说，这时的铜鼓，在文人士大夫心目中已是一种有着很高艺术价值的艺术品了。

铜鼓使用习俗和铜鼓地名的出现，也引起地理学家们的重视。在南宋理宗宝庆年间由王象之撰成的地理总志《舆地纪胜》，以南宋十六路版图宝庆年代以前建置为标准，叙述了当时各地的沿革、风俗，其中记载了许多州郡的铜鼓地名、使用铜鼓的习俗和与铜鼓有关的传闻。有关广西各州的铜鼓地名，包括容州、象州、邕州、藤州、浔州、融州、钦州、郁州的铜鼓山、铜鼓滩、铜鼓潭、铜鼓濑等，都载入《舆地纪胜》一书中。如钦州铜鼓，“古蛮人所用，钦州村落中时有掘得者。相传云，马伏波所余，又云，乃诸葛武侯征蛮所具”。又如郁州铜鼓山，“在南流县，旧经云：昔有铜鼓现于此山”。

的地方，误以为这里出土的铜鼓都是马伏波南征所遗留的，故称为“伏波铜鼓”。所谓诸葛鼓则是指西南地区当时民间还在使用的小铜鼓，因为诸葛亮南征所到之处是西南地区的四川、重庆、贵州、云南，把这里流传的铜鼓误以为是诸葛亮所遗留，故称之为“诸葛鼓”。

福建松溪人魏濬于万历年间来广西任提学佥事，注意搜集民族奇观，写成《西事珥》一书，记载了旧府中的铜鼓，其中有一面铜鼓被税监献给了内庭，只剩木架；制府厅事左右也有铜鼓两架。村民偶于土中掘得铜鼓，动辄就称是伏波将军或诸葛丞相所藏者，土豪富室争相重价求购，即至百牛不惜，与售赝品古董者没有什么区别。

明代以降，正史、野史、笔记小说、诗词歌赋，有关铜鼓的载籍更是不胜枚举。它们从不同角度记录了铜鼓的发现、流传及有关的风俗民情，展现了铜鼓多姿多彩的艺术风貌，诉说了铜鼓与人们生活和精神文化意识的密切关系。

八、清代铜鼓入图录

乾隆十四年（公元 1749 年），梁诗正、蒋溥等人领衔奉敕编纂内府储藏铜器大型图录《西清古鉴》，收录铜鼓 14 面；乾隆五十八年（公元 1793 年），由王杰、董诰等人领衔奉敕编纂《西清续鉴》甲、乙编，又收录铜鼓 9 面。这 23 面铜鼓中有不少是广西的铜鼓，应是广西铜鼓保存下来最早的图像。如《西清古鉴》中的“汉铜鼓一”就是鼓面有四蛙，蛙间有二骑士塑像的冷水冲型铜鼓；“汉铜鼓二”是鼓面有四蛙，布满云雷纹，胸腰间有两对环耳的北流型铜鼓；“汉铜鼓五”是鼓面上有三累蹲蛙和三单蛙，布满方孔钱纹的灵山型铜鼓；“汉铜鼓六”是鼓面有四蛙，中心太阳纹 8 芒，胸腰间附两对圆茎环耳的北流型铜鼓。《西清续鉴》（甲编）“汉铜鼓一”“汉铜鼓二”也是冷水冲型铜鼓。冷水冲型、北流型、灵山型铜鼓都是以广西出土铜鼓地点命名的，也是广西特有的铜鼓。《西清古鉴》在“汉铜鼓一”之后说道：“今岭南一道，廉州（今合浦）有铜鼓塘，钦州有铜鼓村，博白有铜鼓潭，则因以为地名矣。”明白指出铜鼓地名的方位都在广西境内。《西清古鉴》首次将伏波鼓和诸葛鼓两类铜鼓的分布范围划分了出来：“大抵两川所出为诸葛遗制，而流传于百粤群峒者则皆伏波为之。”

嘉庆年间，广西巡抚谢启昆编纂《广西通志》时作《铜鼓考》，从 23 种文献中辑录出记载铜鼓的资料 30 条，抄录原文之后，加上自己的考证，表明了他自己的观点，驳正了前人的一些错误，开了铜鼓专题研究的先河。谢启昆认为，铜鼓无款识年号可考，但其制作之精，必定是汉晋时期的遗物。他指出有一类没有蟾蜍（青蛙）塑像而纹饰稍粗的铜鼓，也应是唐宋时期所铸造，粤西边徼州郡所在都有。谢启昆在辑录了宋人范成大《桂海虞衡志》铜鼓条全文之后作按语说：“铜鼓为獠蛮所铸，马伏波前已有之……自石湖有‘伏波所遗’一语，后人遂误为伏波所制，且因伏波附会于诸葛，至谓大者为伏波鼓，小者为诸葛鼓，真误中之误矣。”说得很有道理。

嘉庆、道光年间，有关铜鼓的诗词大量出现，洋洋洒洒，到处唱和。其中尤以广西巡抚梁章钜发动的铜鼓联吟最为后人称道，这次唱和，有 40 多位政府官员和文人墨客参与。这些诗歌多为借物咏志或应酬之作，但也有论到铜鼓的来源、形制、用途和神威，对研究铜鼓有一定的参考价值。梁章钜将这些诗歌搜集起来，加上金鉷的《铜鼓记》，袁枚的《铜鼓赋》，谢启昆、钱楷的《铜鼓歌》，汇编成集，由吕璜作序，并自撰一篇《后铜鼓记》记述此举的经过，将集子名为《铜鼓联吟集》。这次联吟活动，是迄今为止最多文人参加的一次以铜鼓为题材的诗歌大赛，如果可以称之为“铜鼓笔谈会”的话，大概也是铜鼓研究史上最壮观的一幕。

梁章钜在《后铜鼓记》中指出，金鉷《铜鼓记》记述的那面铜鼓“面有蟾蜍叠踞，大小各六，重之为数十二”，与当时存于铜鼓楼中的那面铜鼓并不完全相合，铜鼓楼所存铜鼓“实只六蟾，蟾各四足，不见有叠踞之迹”。而许芝友所献的铜鼓“亦六蟾”，但“各三足”。梁章钜还说：“今粤西铜鼓，径尺余者颇多，面四旁有蟾者绝少，或出后来仿造。”可见他对铜鼓的观察是细致的。

此期间各地编纂的地方志书，也屡有铜鼓的记载，为以后研究铜鼓的分布、收藏和流传，留下了许多宝贵资料。

图 7.《西清古鉴》著录的广西铜鼓（组图）

第三节　地方志中记载的广西铜鼓

地方志是一个地方的百科全书，为了解各地的地理概貌、自然资源和历代政治、经济、社会、文化，提供丰富资料。广西明清以来的省、府、州、县志记载了铜鼓的发现和收藏情况，是重要的文化遗产。

一、明代

景泰元年（公元 1450 年）陈琏《桂林郡志》抄录范成大《桂海虞衡志》有关铜鼓的条文。

嘉靖十年（公元 1531 年）林富修、黄佐纂《广西通志》，在《山川志》中记载永福县有铜鼓圩，融县有铜鼓山，郁林也有铜鼓山。郁林铜鼓山在城南七十里，唐时有铜鼓，弘治间获焉，解赴都府，又载博白城北二十里有铜鼓潭。在《沟洫志》中记载南宁城北八里有铜鼓陂，宜山城东南六里有铜鼓庙泉。在《关梁志》中记载庆远府有铜鼓桥。在《古迹志》中说：铜鼓，相传为马援所置者，形如座墩，满腹皆有花纹，极工致，四角有小蟾蜍，击之，其声清越。

嘉靖十八年（公元1539年）林希元修纂《钦州志》，在卷七古迹条中首次记载钦州永乐乡团光村有铜鼓井：塘曰铜鼓塘，相传掘地得铜鼓，遂成井泉，因名。民有告争其塘者，询之云然。

嘉靖四十三年（公元1564年）方瑜修纂《南宁府志》，在卷一《地理志》中提到从左右溪洞得到铜鼓，并说南宁城隍庙后寝有小铜鼓，其制有如范成大的记述，似有古鸟篆，不能辨。

万历五年（公元1577年）甘东阳修纂《太平府志》，记载太平府（今崇左）城隍庙有伏波铜鼓，相传马援所置。

万历二十七年（公元1599年）苏濬纂《广西通志》，记载永福有铜鼓水，马平县（今柳州）有铜鼓岭，融县有铜鼓山，宾州（今宾阳）有铜鼓岭，平乐县有铜鼓山，昭平县有铜鼓山，博白有铜鼓潭。

二、清代

康熙五十七年（公元1718年）王维准《西林县志》录王维准《丙申除夕》诗，有“铜鼓驱残腊，蛮歌迟晓春”句，注曰“俗尚岁暮敲诸葛鼓”。

雍正元年（公元1723年）董绍美《钦州志》记载永乐乡团光村有铜鼓，掘出铜鼓的地方成为井泉，名为“铜鼓井塘”。

雍正四年（公元1726年）甘汝来《太平府志》崇善古迹条记载城隍庙有伏波铜鼓，相传马援所制。

雍正八年（公元1730年）盛熙祚《灵山县志》记载灵山县东南十里有铜鼓岭，宋泰乡有铜鼓村。

雍正十一年（公元1733年）金鉷修，钱元昌、陆纶纂《广西通志》记载昔人于桂平县铜鼓滩得铜鼓，因以名滩。宾州城东南三里有铜鼓岭，博白县北二十里有铜鼓潭，宜山城东南六里铜鼓泉上有铜鼓桥，在宣化县城北二十五里有铜鼓陂，融县也有铜鼓陂。桂平县白石山所获铜鼓置于观风楼，铜鼓滩所获铜鼓置于文庙。崇善县城隍庙有铜鼓。

乾隆四年（公元1739年）何梦瑶主修《岑溪县志》，说铜鼓粤西所在皆有，见于岑溪的有三。其一，明季连城乡凤凰山崩而出，置城内关帝庙；其二，康熙四十年，有穿圹于归义乡六络山者，得之，置文庙；其三，雍正元年西乡村贵洞土自松，因掘得之，置南渡埠邓公祠。

乾隆八年（公元1743年）苏士俊《南宁府志》记载在南宁城北十里有铜鼓陂，城北山下农人犁田得铜鼓，邑人刘元清为此作《铜鼓歌》，又城隍庙后寝有小铜鼓。

乾隆十一年（公元1746年）谢钟龄《横州志》卷四古迹条记载在横州（今横县）山麓中挖土偶得铜鼓，相传为伏波将军所制。

乾隆二十年（公元1755年）李文琰《庆远府志》卷十杂志类·琐言条记载庆远（今河池）有使用铜鼓的风俗，说“瑶壮俱尚铜鼓，而所用之时不同，有用之于吉礼，有用之于凶礼；南丹惟丧事用之，犹须吉日，可击则击，不可击则止”。

乾隆二十一年（公元1756年）周硕勋《廉州府志》记录了廉州府（今合浦）所见铜鼓，并有概括：铜鼓传为汉制，无款识，面径约尺有奇，高如之，腰杀四分之一，中空有盖，四围镂水波黾缩等纹，重自数十斤至百余斤不等。旧州圩存者一，张姓存者二，何姓存者一，武利梁姓存者一，皆数十年前掘地得之。此书引用了《岭外代答》《西清古鉴》相关记载，作者说，他曾在粤西做官，屡见士大夫珍为玩好。今廉州所见亦相同，皆斑驳陆离，古质古色。询之诸峒长，皆云父老相传，千百年来，无有能铸之者，惟佥称汉铜鼓云。

乾隆二十九年（公元1764年）王锦《柳州府志》载融县城西南有铜鼓山，后人得铜鼓于此山，下为铜鼓滩。

乾隆二十九年（公元1764年）舒启《马平县志》载马平县（今柳州）有铜鼓岭。

乾隆二十九年（公元1764年）黄元基《灵山县志》

载灵山县东七十里有铜鼓山，县南十里有铜鼓岭，县西旧州练有铜鼓岭，平山练有铜鼓村。

乾隆三十五年（公元 1770 年）吴九龄《梧州府志》记载：总府旧有铜鼓数十面，体绝薄，受击处稍厚，绿沈精古，旁环蛙黾，昂首欲跃，梧呼虾蟆鼓。云是伏波所遗者。《岭表录异》云：唐时有牧童闻蛤鸣，捕之，蛤入深穴，乃冢也，掘得铜物，体制与此合。或云：诸葛武侯物。

嘉庆六年（公元 1801 年）谢启昆修、胡虔纂《广西通志》记载：广西巡抚署铜鼓尺寸大小及其来历，记载郁林州铜鼓三，批评伏波造铜鼓说。

道光二年（公元 1822 年）黄金声《上林志稿》记载：上林县巷贤乡留仙村莲花寺有铜鼓两面，相传庙自始建即有铜鼓，叩之久而欲裂，村人即别掘得以代。自始至今，更代数面不绝，以是为灵验云。

道光六年（公元 1826 年）孙世昌《浔州府志》登载了袁枚《铜鼓赋》、金鉷《铜鼓记》目录，记载了雍正八年秋浔江铜鼓滩获铜鼓的故事。

同治十三年（公元 1874 年）蒯光焕、罗勋《苍梧县志》说原制府的铜鼓因制府已废，无复存在。

光绪元年（公元 1875 年）重刊《横州志》记载：横州山麓中挖土偶得铜鼓，相传为伏波将军所制。

光绪三年（公元 1877 年）胡醇仁《平乐府志》记载：平乐上五都铜鼓岭下有铜鼓庵。

光绪四年（公元 1878 年）徐作梅《北流县志》记载了明清时期该县铜鼓出土及存放情况：明景泰三年，舟人自潭中获铜鼓一，送本县谯楼。雍正八年，北流县民获铜鼓一，献给巡抚金铁。嘉庆二年六月石一里庞陂上里许溪边水潦冲激，见铜鼓一，乡人移入泗洲庵，以为更鼓。在平陵里新圩玉虚宫有铜鼓，禄厚村三教堂，沙埒村护龙寺三教堂，均有铜鼓。在下三里水埇村宝兔庵有铜鼓，道光六年四月初二日下一里乡民掘地种竹获铜鼓，送龙山寺；波一里龙虎岩掘出送将军庙。道光十八年四月初十日大雨，扶来里大伦村山崩出铜鼓，存城隍古庙。

光绪九年（公元 1883 年）《平南县志》记载：道光十七年以前平南有六面铜鼓，分别在乌江伏波庙、西村永隆市庙、大乌圩庙、三村庙、木鱼岭、文昌阁。经咸丰初年寇掠，均各遗逸。数定后，大乌里民农振世，于同治四年因耕山烈草，忽获一铜鼓于丛荒中，负以归，蓝垌杨氏以制钱六千买置里中三甲庙。又越九年，会二里山塘人辟地，更得一铜鼓，存里内登明寺。

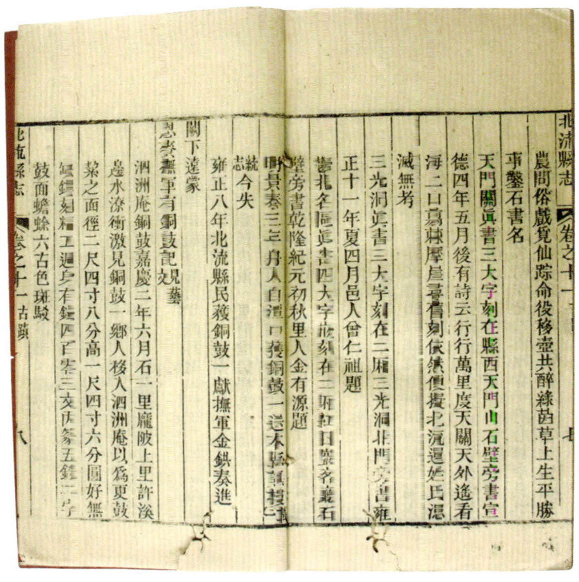
北流縣志　卷之十一　七
農間俗戲覓仙踪命役移壺共醉綠茵草上生平勝
事鑿石書名
天門關眞書三大字刻在縣西天門山石壁旁書宣
德四年五月後有詩云行行萬里度天關天外遙看
海一山高棘摩崖尋舊刻依然便覆北流還姓氏湮
滅無考
三光洞眞書三大字刻在二廂三光洞北門旁書雍
正十一年夏四月邑人曾仁祖題
碧北名區眞書四大字旋刻在二廂紅日巖右石
壁旁書乾隆紀元初秋里人金有源題
明景泰三年舟人自澶口獲銅鼓一送本縣譙樓
統志今失
雍正八年北流縣民獲銅鼓一獻撫軍金鉷奏進
闕下遠蒙
恩賚無算有銅鼓記見藝文
泗洲庵銅鼓嘉慶二年六月石一里龐陂上里許溪
邊水潦衝激見銅鼓一鄉人移入泗洲庵以爲更鼓
鼓之面徑二尺四寸八分高一尺四寸六分圓好無
缺鐫刻精工邊有錢四面[illegible]
鼓面蟾蜍六古色斑駁
北流縣志　卷之十一　古蹟　八

图 8.《北流县志》记载的铜鼓出土情况（蒋廷瑜　摄）

道光八年（公元 1828 年）英秀《庆远府志》卷三抄录了乾隆二十年李文琰《庆远府志》有关铜鼓的全文，增加了道光五年宜邑龙门司交椅村民在铜鼓岩前田内掘得一铜鼓的记载。时人争购，经宜山县断令异至神庙安置，以留古迹。

道光十一年（公元 1831 年）刘斯誉《融县志》记载：融县城西南二十里的铜鼓山，相传诸葛武侯埋铜鼓以镇蛮僚，后人得铜鼓于此山，因名。

道光十二年（公元 1832 年）任士谦、杨兆晋《博白县志》记载：博白县城南门外文昌阁铜鼓，道光元年阁成，三堆堡乡民适掘得铜鼓，以为文明之瑞云。陀角堡攀龙庙铜鼓，道光元年建庙祀文昌，乡人于蟠龙山掘得铜鼓，送置庙中。离博白县治北四十里的马禄堡有铜鼓湾，相传夜有铜鼓浮起，波浪相搏，声闻数里，乡人聚观，明弘治十二年五月，邑人获送督府（卷十二）。

同治十三年（公元 1874 年）魏笃《浔州府志》记载：浔州府（今桂平）铜鼓，一为白石山土人开垦所获，一为铜鼓滩渔人网得，都是明万历四十五年中事。适国朝八年，渔人复于铜鼓滩得其一铜鼓，都在乐明盛铜鼓记中（卷二十一，遗迹）。

光绪十二年（公元 1886 年）陆兰生《宾州志》记载：宾州（今宾阳县）东南三里有铜鼓岭，元丰七年十一月，宾州获铜鼓一。嘉庆间，宾州农人耕山得古铜鼓一，乡人醵钱取之置盐仓岭贤良祠，道光元年宾州农人耕山得一小铜鼓，被邑学博滕问海拿走（卷二十二）。

光绪十三年（公元 1887 年）张堉总纂《廉州府志》记载：嘉庆三年春二月州人耕于铜鼓岭下得铜鼓，献给州牧，送入文庙。灵山县的铜鼓都是十年前挖地得之，旧州圩存者一，张姓存者二，何姓存者一，武利梁姓存者一。

光绪二十年（公元 1894 年）梁吉祥《贵县志》卷八载贵县山北里尚龙寺、怀西里思怀圩永兴寺有铜鼓，并说铜鼓土人每获于山溪中，或发土得之，多施以供神佛，庙宇中常有存者。

光绪二十年（公元 1894 年）文德馨、牟懋圻《郁林州志》记载：郁林文昌阁铜鼓有五铢钱纹，为西汉之物。豸岭北帝庙铜鼓，咸丰元年凌匪焚毁庙宇，将其盗走。雍正十年六西村农掘获一铜鼓，被知州李锡泰献给巡抚金铁。乾隆间，城北谷山村村旁掘获一铜鼓，置于三教堂；同治七年，城北农民从镇武山掘获铜鼓，被放置旺水玉皇庙；道光二十一年二月二十二日城西荔枝根村东北二里旺岭山旁园地得一铜鼓置于荔枝根寺。道光二十六年，城西北藤龙堡村民耕获铜鼓，岁贡杨英募众资购置于傻头圩金顺庙。道光年间，城西南高沙堡流表村有游者入山，见一大鼠入穴，随以薪斧发掘，不数尺即见铜鼓，舁归，村众敛赀买置尚书庙中。道光三十年，北流新圩人锄田偶获铜鼓，府同知职曾重光，购悬城东印岭村寒山庙。

光绪三十四年（公元 1908 年）封祝唐《容县志》记载：容县南门外水月宫存大铜鼓一枚，此铜鼓乃嘉庆癸酉岁一里农民所掘得，知县会礼以十金购之，欲置西门城楼以配东钟，或言其不利，故归之水月宫（卷二十五）。

宣统元年（公元 1909 年）何鲲《南宁府志》记载宣化城北山下农人犁田拾得铜鼓。

三、民国时期

民国三年（公元 1914 年）刘运熙《灵山县志》记载：灵山县西十里有铜鼓山。钦州冯翰林敏昌家收藏铜鼓多至六七面。朱千岁坟铜鼓、高山大庙铜鼓都在宣统二年为知县马维骢取去。光绪二十年大化村人掘出铜鼓，为知县阮萃恩购去。宣统三年二月石塘练竹校村掘出铜鼓，为兴业梁姓购去。同治间峡口村梁姓掘出铜鼓，存烟墩圩文武庙。光绪末年铜鼓塘村掘出铜鼓，存茅金圩文武庙。光绪初年在牯牛峰掘出铜鼓，存宋泰练仇介祠。在镇南附近掘出的铜鼓，存镇南圩庙。平力村福成寺、新圩文武庙、平山练阳山盘古庙、新圩文武阁、六峰山三清殿都有铜鼓（卷二十）。

民国四年（公元 1915 年）曾唯儒《武鸣县志》记载：村人时获铜鼓于天马山。铜鼓泉相传是昔有人于其地掘得铜鼓而名。

民国七年（公元 1918 年）陈赞舜、覃祖烈《宜山县志》记载：在宜山县城东南六里铜鼓泉上有铜鼓桥。道光五年龙门司交椅村民在铜鼓岩前田内掘得一铜鼓，太平圩人争购买，经宜山县断令舁到神庙安置，以留古迹。

民国八年（公元 1919 年）黎德宣《河池县志》记载：在河池县三旺里班头村有铜鼓潭，相传昔有铜鼓由潭内逐水涌出，村人获而击之。地方多古代铜鼓，凡遇年节及有婚丧事等，皆击铜鼓，并挝革鼓以和之。击鼓者多瑶人，击必跳舞，多数以次轮击，每三通辄饮酒，呼喝以为礼（卷二）。

民国九年（公元 1920 年）黄占梅、程大璋《桂平县志》记载：在桂平县北二十五里的甘王庙有铜鼓一面，其神最为乡人所信仰，自县城以及崇姜里各乡，皆结坛迎神拜祷。明万历四十五年戊午端阳日，白石山人动土，获一铜鼓。同日，铜鼓滩渔人亦网举一，悉献官。以得自铜鼓滩渔人者置府文庙中，以得自白石山人者，置清风楼。明天启丙寅，学正乐明盛有记。清雍正八年，渔人又于铜鼓滩下得一铜鼓，舁献巡抚金铁，金铁有记。至同治间，关上排夫又购得铜鼓一面，献知府魏笃。光绪二十四年，上秀里旺安村姚岐存于村外掘得铜鼓一面。弩滩甘王庙，旧亦有铜鼓一面，不知何时所得。

民国十二年（公元 1923 年）吕濬坤《陆川县志》记载在陆川上甲上洞村上洞庙中有铜鼓。

民国十六年（公元 1927 年）区震汉、叶茂茎《龙州县志》根据黄庭修氏遗稿，考知同治初年上龙司曾出土铜鼓。又载：光绪十六年苏军门子熙（苏元春）经过其地，将铜鼓携归连城，民国八年谭勋帅月波（谭浩明）祖祠落成时，将铜鼓移存祠内，民国十年龙城失陷，不知流落何所。

民国十八年（公元 1929 年）陈美文、李繁滋《灵川县志》载在灵川县七区西北有铜鼓山。

民国二十二年（公元 1933 年）曾瓶山、杨北岑等纂修《同正县志》载道光年间同正县农人耕于山麓得铜鼓，存旧县北帝庙中。

民国二十二年（公元 1933 年）卢世标总纂《钟山县志》记载：在英家东北有铜鼓岭，凤翔团有铜鼓坝，公安团有铜鼓岭，离城五十里以上有铜鼓圩。

民国二十三年（公元 1934 年）谢嗣农《柳城县志》记载：民国三年在柳城五塘发现一只诸葛铜鼓。

民国二十三年（公元 1934 年）杨盟修、黄诚沅纂《上林县志》载，按旧县志：上林北关五显庙、里民圩三圣宫、县东南三教寺，旧时俱有铜鼓一面。大山圩关帝庙旧有铜鼓二面，下无虞乡一里莲花寺、清平寺，二里白圩寺、演德庵旧俱有铜鼓一面。今罗圩、古蓬亦各有铜鼓一面。考铜鼓为旧时蛮僚所铸，凡宾宴祭享及召集人众皆击之，故视之极其尊贵。广西在昔，本属蛮方，故至今屡获之于土壤之中，或河流之内。旧志所载，各寺庙旧有之铜鼓，今虽一无所存，然三里城于光绪间在公塘团又获一面，且闻近年山中之人，尚往往有掘得之者。

民国二十三年（公元 1934 年）刘振西《隆安县志》载乔建圩雷霆庙内铜鼓，乃龙床渔人昔年获于江中者。

民国二十四年（公元 1935 年）梁崇鼎《贵县志》记载：清宣统三年，北山下里福庆村农人，于山间掘得铜鼓；民国三年，同里沙龙村人复得一鼓，均货诸武宣。民国十八年，山东桥哲村覃某，于大农村背之亭滩岭掘得铜鼓，木梓高山村黄祖欢家藏一鼓。县之南岸近岁出土铜鼓，县人陈又柏等醵资得之，存县城同福堂。在山北里尚龙寺、怀西里思怀圩永兴寺还有铜鼓。

民国二十四年（公元 1935 年）关锡琨修、李寿祺总纂《北流县志》记载：嘉庆二年六月，石一里庞坡上里许溪边水潦冲激，见铜鼓，乡人移入河村泗洲庵，以为更鼓。周身有钱纹四百零三文，内篆“五铢”二字。道光六年四月初二日，下一乡民在岭洞掘地种竹获铜鼓送龙山寺。道光十八年四月初十日大雨，扶来里大伦村山崩出铜鼓，存扶来里城隍古庙。民国初年，小一里村人掘土得铜鼓，送置北容高山庙。此前一年因捣毁该庙偶像，东坪卢姓已运该鼓回家私藏。民国初年小二里冲头村之附近山林中发现铜鼓一个。民国二十二年，罗下区仁德乡寨肚坡村民梁某，扩辟旧宅地堂角掘出铜鼓，那排村民众出铜仙六千枚，买送那排庵。扶来大畲冲天观有铜鼓，西新区新圩初小校有铜鼓，下二里社峒水口禄蓬寺有铜鼓，下三里水埇村宝兔庵有铜鼓。

民国二十六年（公元 1937 年）莫炳奎《邕宁县志》载：邕宁县东所见鼓三，县西一鼓，乾隆年间出，上坐立马将军，盔甲戈戟皆具，与县东之鼓异。县南一鼓未见。

民国二十六年（公元 1937 年）《兴业县志》记载：兴业石南宾兴馆藏铜鼓鼓面镌有‘己酉科举人任江西卢州卫千总庞安国置买汉代铜鼓一面敬送石南关帝庙前永久供奉嘉庆辛酉年蒲月吉旦献”等字，说明原是供奉武庙的遗物。

民国二十七年（公元 1938 年）岑启沃《田西县志》列出田西县（治所在今广西田林县）七处铜鼓收藏地点及收藏者姓名。

民国三十一年（公元 1942 年）刘润纲《合浦县志》记载：嘉庆二年，府北二百七十里白立市土人挖获铜鼓，公购入文昌阁。福旺圩护民庙藏铜鼓，故老相传在道光年前自泗洲山麓掘得出土。光绪四五年间，渔人从白龙城南门外二里许烟墩岭脚海沙内挖出铜鼓五，其最大者送入白龙三清庙，一鬻入城南李氏安园，一鬻入矶屯王宅，其较小者一鬻入城南李氏平园，一鬻乾体藏天后宫。

民国三十五年（公元 1946 年）陈必明《龙津县志》追记龙州铜鼓，说此鼓民国八年尚陈列于督军谭浩明祖祠，民国十年邑遭兵燹城陷，不知流落于何所。

民国三十五年（公元 1946 年）谢次颜、黄文观《凤山县志》开列梅林乡、乔音乡八位铜鼓所有人姓名表。

民国三十五年（公元 1946 年）陈维周《钦县县志》记载：明嘉靖时钦县已有铜鼓，游击陈培祺送古铜鼓入文庙。雍正年此鼓尚存，后不知失落何处。嘉庆间土人掘地得铜鼓，知州尚廷鸣而贮之学宫。又说，嘉庆六年，土人于石滩村掘得铜鼓，以为奇异，因呈于州，遂舁而藏之。县内先后出土之铜鼓，以十数，如城东李家祠，城内外冯树荫堂、冯树茂堂、冯坡研斋、冯荣喜堂、马侯庙、学官等处，均藏有铜鼓，或一或二。内有特殊形制者，惟冯树荫堂之一铜鼓，系民国初年出土于板城市之近乡，面之周围有大虾蟆六，复有小虾蟆三，分三角，趺在大虾蟆之背。左右耳环各双，当一耳之下，腰腹之间，独有飞凤一，最为殊制。腹内平底，正中又有六寸圆规深痕，规旁左右，复有突出折扇形，深痕各一，皆为铸造奇特之状。不意此次日寇侵犯，各处所有铜鼓皆失传，遍查未知失落何处，或被日寇掳去，亦未可知。

民国三十五年（公元 1946 年）姜玉笙《三江县志》载和里乡杨成杰家、福安乡廖村韦建民家、高基乡桐叶村覃庆祥家、高基乡后旦村覃海龙家，各藏孔明鼓一个。

民国三十七年（公元 1948 年）黄福海《靖西县志》载民国十一年于靖西县之南区出土铜鼓一面。

民国三十七年（公元 1948 年）朱昌奎《宾阳县志》记载：宋元丰元年十一月，宾州获铜鼓一。清嘉庆间，宾州农人耕山得古铜鼓一，乡人醵钱取之，置盐仓岭贤良祠。道光元年，宾州农人耕山得小铜鼓一，为邑学博滕问海携去。光绪间，黎塘区塘村农民耕山得铜鼓一，为粤商购去。民国元年，黎塘那业村农人耕山得铜鼓一，为士人购送广西都督府。民国二十年，黎塘梁村农人挖山种树，得铜鼓一，置梁村国民学校。民国三十一年，武陵农人耕山得铜鼓一，县立国民中学以七百元购得，置校内（中册第五编）。

民国三十七年（公元 1948 年）刘策群《象县志》记载：象州铜鼓，清光绪二年出土，城人购置于五显庙，式朴古雅，花纹精致，惜无款识。又一铜鼓，环以藻绘十数通，旁有四蛙蹲伏，又有两小驷对立。后被无赖子以利刃铲去，鼓面又击破一孔如拳大。

民国三十七年（公元 1948 年）吴尧宽、陆庆祥《隆山县志》记载：隆山县属中、西、南各乡村街童子，每于残腊将尽，辄十数群，敲锣击鼓，游行取乐，一为恭喜旧年，欢迎新岁，至元旦后，则老少参加，作大规模之赛鼓会，或于本村自热闹，或会合数村，而作集团竞赛，情况极为热烈。录有曾昌霆《赛鼓词》。

民国三十七年（公元 1948 年）黄知元《防城县志初稿》记载：铜鼓之发见于防城邑境内者，前后若干，无从统计。昔有一鼓，陈于县街清惠宫神庙。清宣统元年夏，本县大令取为馈上官礼物，邑人劝阻弗听。今间有一二鼓藏于地方人士之家，不敢公然陈列，盖前车同鉴，恐有大力者篡之以去，无可如何也。为保存古物计，当亦深谅其苦衷焉。

民国三十八年（公元 1949 年）王彭年、罗增麒《广西凌云县县志》记载：铜鼓尝见瑶人歌舞，扣之中节，其音沉洪，闻者动心。故俗传为神物，谓能自遁，往往以铁链镉之。城乡所在，迄今数不盈十，为私家或一屯保有，多珍秘（第六编金石）。

第四节　广西铜鼓的分布与流动

广西铜鼓的历史，是一个历时的发展过程，同时也是一卷依附于时间轴上的动态空间分布、流传图，勾勒出这一脉络，对还原立体、全息的铜鼓历史十分重要。

从文献记载的铜鼓地名和出土铜鼓地点看，广西铜鼓主要集中于南部，桂东北不是铜鼓主要分布区。从历史文献和地方志书记载有铜鼓和以铜鼓二字命名的地名出发，划出的铜鼓分布范围较现知的出土、流传范围大。体形高大、装饰高度图案化，翔鹭纹、变形羽人舞蹈纹和变形船纹、蛙及骑士塑像并有的冷水冲型铜鼓集中分布在邕江—郁江—浔江两岸、柳江和黔江以东、桂江以西各县，直至右江沿岸的广大地区内；以云雷纹为主的北流型铜鼓和装饰钱纹的灵山型铜鼓，分布范围东到苍梧、岑溪、陆川、博白，北到西江、浔江，西到龙州，南到北海。有的学者认为，历史上铜鼓的源流复杂，除铸造之外，还可以通过掳掠、赏赐、进贡、买卖等手段传播到很远的地方，而现存铜鼓大多又是来历不明的传世品。因此根据收集地点的记录来判断铜鼓的分布地域，不一定可靠；根据史籍和地方志书，也只能了解铜鼓使用的大致范围。

一、铜鼓的分布

在广西境内，哪些地方使用、出土过铜鼓，我们试从历代至今的铜鼓出土情况、历史上遗留下来的铜鼓地名两个角度加以考察，并对这些信息分别加以梳理统计，即可看出铜鼓在广西的产生、发展、变化和流动的来龙去脉，画出铜鼓在广西的分布图。至于铜鼓的流传，那是被人带着流动到不是使用铜鼓地区的遗存，可为追溯这些铜鼓的来源提供依据。

（一）历代至今的铜鼓出土情况

历代关于铜鼓出土的文献记载，零星见于史书和地方志中，如明代广西的左右溪洞、廉州、钦州、浔州、北流、博白、岑溪都有铜鼓出土的记录，清代出土的铜鼓记载更多。新中国成立后的铜鼓记录浩如烟海，根据《广西古代铜鼓研究》[①]《中国古代铜鼓》[②]《广西铜鼓图录》[③]等文献可以看到广西铜鼓在1950年以后的出土概况，另有一些铜鼓出土情况见于《中国古代铜鼓研究通讯》[④]的报道。我们将这些文献和信息资料按时间排序梳理成表格，以资考论。

广西铜鼓出土信息表

出土时间	出土地	出土纪要
唐咸通末年	龚州修葺州城	掘土得一铜鼓[⑤]
宋熙宁元年至元丰元年（公元1068—1078年）	横州[⑥]	共获古铜鼓一十七面
元丰七年（公元1084年）十一月	宾州	获铜鼓一[⑦]
嘉定五年（公元1212年）	罗城镇	村民掘得铜鼓[⑧]
	钦州村落中	时有铜鼓掘得[⑨]
	郁州南流县	有铜鼓现于铜鼓山
明代		铜鼓，左右溪峒时得之[⑩]
明代	廉钦村落	土中尝有掘得铜鼓[⑪]
景泰三年（公元1452年）	北流县	舟人自潭中获铜鼓一[⑫]
弘治十二年（公元1499年）	博白县铜鼓潭	得铜鼓一
正德十年（公元1515年）	博白县铜鼓潭	得铜鼓一
万历四十五年（公元1617年）	浔州[⑬]白石山	土人开垦获铜鼓
明末	岑溪连城乡凤凰山	山崩出铜鼓
清康熙四十年（公元1701年）	岑溪	有穿圹于归义乡六络山者，得一铜鼓
雍正元年（公元1723年）	岑溪西乡村贵洞	土自松，因掘得铜鼓[⑭]
雍正八年（公元1730年）	北流县	村民获一铜鼓[⑮]
雍正八年（公元1730年）秋	桂平浔江铜鼓滩	出铜鼓[⑯]
雍正十年（公元1732年）	郁林六西村	农民掘获铜鼓一
乾隆年间（公元1736—1795年）	郁林六西村	村旁掘获铜鼓
嘉庆二年（公元1797年）六月	北流县石一里庞陂上里许溪边	水潦冲激出铜鼓
嘉庆二年（公元1797年）	廉州府北古立市	土人挖获铜鼓
	藤县二十五都祝村	村民掘地获一铜鼓
嘉庆六年（公元1801年）	钦县	土人于石滩村掘得铜鼓
嘉庆十年（公元1805年）	藤县随化里黄坡村	村民掘地得铜鼓[⑰]
嘉庆十八年（公元1813）	容县一里	农民掘得铜鼓[⑱]
嘉庆年间（公元1796—1820年）	宾州	农人耕山得一古铜鼓
道光元年（公元1821年）	宾州	农人耕山得一小铜鼓[⑲]
	博白三埠堡	乡民掘得铜鼓[⑳]
	博白陀角堡	乡人于蟠龙山掘得铜鼓[㉑]

①洪声：《广西古代铜鼓研究》，《考古学报》1974年第1期。
②中国古代铜鼓研究会：《中国古代铜鼓》，文物出版社，1988。
③广西博物馆：《广西铜鼓图录》，文物出版社，1991。
④中国古代铜鼓研究会：《中国古代铜鼓研究通讯》第1—19期（1980—2002年）。
⑤刘恂：《岭表录异》。咸通末的龚州即今广西的平南。
⑥宋代横州即今横县。
⑦脱脱：《元史》。宾州即今宾阳。
⑧⑨王象之：《舆地纪胜》。
⑩李贤：《大明一统志》。
⑪王士性：《广志绎》。明代廉州即今合浦一带。
⑫关锡琨修、李寿祺总纂：《北流县志》，民国二十四年。
⑬浔州即今桂平。
⑭何梦瑶：《岑溪县志》。
⑮⑯孙世昌：道光《浔州府志》。
⑰边其晋、胡毓璠：同治《藤县志》。
⑱封祝唐：光绪《容县志》。
⑲陆生兰：光绪《宾州志》。
⑳㉑任士谦、杨兆晋：道光《博白县志》。

续表

出土时间	出土地	出土纪要
道光二年（公元 1822 年）	同正县①	农人耕于山麓得铜鼓
道光五年（公元 1825 年）	宜州龙门司交椅村	村民在铜鼓岩前田内掘得一铜鼓②
道光六年（公元 1826 年）四月初二日	北流县卞一里	乡民掘地种竹获一铜鼓
道光十八年（公元 1838 年）四月初十日	北流县扶来里大伦村	山崩出一铜鼓③
道光二十一年（公元 1841 年）二月二十二日	郁林里旺岭	山旁园地得铜鼓
道光二十六年（公元 1846 年）	郁林藤龙堡	村民耕获铜鼓
道光三十年（公元 1850 年）	北流新圩	圩人锄田偶获一铜鼓
同治初年	龙州县上龙司	于近地山沟得一铜鼓
同治四年（公元 1865 年）	平南县大乌里	村民农振世耕山烈草，获一铜鼓于丛荒中
同治七年（公元 1868 年）	郁林镇武山	农民掘获铜鼓④
同治十三年（公元 1874 年）	平南县会二里	山塘人辟地得一铜鼓
同治年间（公元 1862—1874 年）	灵山县峡口村	梁姓掘出铜鼓
光绪元年（公元 1875 年）	灵山县牯牛峰	掘出铜鼓
光绪二年（公元 1876 年）	象县⑤	出土铜鼓，城人购置于五显庙
光绪四五年间（公元 1878—1879 年）	合浦县白龙城	南门外二里许烟墩岭，渔人从海沙内挖出铜鼓五面⑥
光绪二十年（公元 1894 年）	灵山县大化村	村人掘出一铜鼓
光绪末年	灵山县铜鼓塘村	掘出铜鼓
光绪年间（公元 1875—1908 年）	宾州黎塘区	农民耕山得铜鼓一⑦
宣统三年（公元 1911 年）二月	灵山县石塘练竹校村	掘出一铜鼓⑧
民国元年（公元 1912 年）	宾阳县黎塘那业村	农人耕山得铜鼓一⑨
	北流县小一里北容	村人掘土得铜鼓⑩
	北流县小二里冲头村	附近山林中一泥穴发现铜鼓⑪
	钦县	板城市近乡多次出土铜鼓⑫
民国三年（公元 1914 年）	柳城县五塘	发现一面铜鼓
民国四年（公元 1915 年）	武鸣	村人于天马岭获铜鼓
民国八年（公元 1919 年）	河池县三旺里班头村铜鼓潭	逐水涌出铜鼓
民国十一年（公元 1922 年）	靖西县	南区出土铜鼓一面⑬
民国十九年（公元 1930 年）	柳城县五塘	发现二只铜鼓⑭
民国二十年（公元 1931 年）	宾阳县黎塘梁村	农人挖山种树得铜鼓一
民国二十二年（公元 1933 年）	北流县罗卞区仁德乡寨肚坡	村民梁某扩辟旧宅地堂角掘出铜鼓⑮
民国二十三年（公元 1934 年）	隆安县龙床码头	渔人于江中获一铜鼓
民国二十四年（公元 1935 年）	贵县	南岸出土铜鼓
民国三十一年（公元 1942 年）	宾阳县武陵镇	农人耕山得铜鼓一
1950 年	藤县和平镇古竹村	出土铜鼓
1951 年	藤县和平镇	出土铜鼓
	藤县和平镇志成村	山坡出土铜鼓
1952 年	陆川县沙湖街长沙乡石狗塘	吕永珍兄弟在竹山头锄木薯挖出铜鼓
1953 年	横县六景镇大浪村	出土铜鼓
	横县南乡镇红宜村葫芦岭	出土铜鼓
	岑溪县岑城镇共青路	出土五铢钱纹铜鼓
	陆川县良田镇石洞香根村	农民贾连昌在松嘴岭挖出铜鼓
1954 年 1 月	岑溪县南渡	出土铜鼓
	玉林十一区	出土铜鼓

①道光时的同正县今属扶绥县。
②英秀：道光《庆远府志》。
③徐作梅：光绪《北流县志》。
④文德馨、牟懋圻：光绪《郁林州志》。
⑤象县即今象州县。
⑥刘润纲：《合浦县志》，民国三十一年。
⑦朱昌奎：《宾阳县志》，民国三十七年。
⑧刘运熙：民国《灵山县志》。
⑨⑩⑪⑫陈德周：《钦县县志》，民国三十六年。
⑬黄福海：《靖西县志》，民国三十七年。
⑭谢嗣农：《柳城县志》，民国二十三年。
⑮关锡琨修、李寿祺总纂：《北流县志》，民国二十四年。

续表

出土时间	出土地	出土纪要
1954 年	大新县雷平镇太平村振武街南岭坡	出土铜鼓
	博白县	出土铜鼓
	陆川县大桥镇良村	杨玉洲在村背岭修祖坟挖到铜鼓
	平南县	出土面径 122 厘米的大铜鼓
1955 年	贵县	贵县高中第 8 号汉墓发掘出土铜鼓
1956 年冬	平南县东华乡白竹村	山坡出土铜鼓
1956 年	金秀长垌乡平道村	东南出土铜鼓
1957 年	平南县丹竹区白竹水库	出土铜鼓
	邕宁县昆仑镇八塘村六增屯六鸣山	出土足部有小鸟的冷水冲型铜鼓
1958 年	平南县大新镇安福村南铜鼓岭	出土铜鼓
	平南县上渡乡下渡	水闸处坡地出土一面四蛙间有两群小累蹲蛙的铜鼓
	平南县大新区铜鼓山	出土铜鼓
1959 年	岑溪县樟木乡灯草塘	出土铜鼓
	陆川县良田镇新垌村黄泥塘	村民丘清龙开荒挖出铜鼓
	陆川县大桥镇雅松乡大岭头书房岭	出土铜鼓
1962 年 2 月	灵山县新圩镇绿水村绿水屯	半山坡出土铜鼓
1962 年 3 月	南宁市	心圩公社振兴大队社员在北岭挖出铜鼓
1962 年	贵县桥圩镇蒙垌村尿岗堆岭	岭嘴挖出铜鼓
	平南县思旺镇三江村下陶屯	出土铜鼓
	灵山县烟墩半边岭村那昌山	出土铜鼓
1963 年 3 月 25 日	柳州市飞鹅路	出土铜鼓
1963 年 8 月	陆川县大塘乡木威塘	村人在鹤岭修水塘挖到铜鼓
1963 年	玉林县沙田镇	出土铜鼓
	邕宁县昆仑镇那漏村	出土铜鼓
	邕宁县昆仑镇八塘村郑崇屯	出土铜鼓
	宾阳县邹圩镇长村岭东村	村东出土铜鼓
1964 年	横县南乡镇谷山村山口屯	出土铜鼓
	横县南乡镇广龙村龙水屯	出土铜鼓
	钦州贵台镇那略村高黎屯	屯东岽尖山出土铜鼓
	藤县濛江镇西山坡	出土铜鼓
	藤县古龙镇东	出土铜鼓
	北流县白马镇大伦农场下浪湾山	山腰出土铜鼓
1965 年 9 月	陆川县平乐镇三安村	修水利在十四岭挖到铜鼓
1965 年 11 月	陆川县平乐镇	开梯田种油茶挖到一面铜鼓
1965 年 12 月 9 日	陆川县平乐区	粮站挖树坑得铜鼓一面
1965 年	北流县平政六沙牛岭	出土铜鼓
	贵县平悦乡泉索村	水利工地出土铜鼓
	浦北县寨圩镇乌石村	出土铜鼓
1966 年	桂平县大洋镇	出土面径 121 厘米的大铜鼓
	桂平县寻旺乡	乡署附近出土一面铜鼓
	武宣县武宣乡武宣村东车渡码头	出土铜鼓
1967 年 6 月	邕宁县良庆镇新村坡狮子头	出土面径 94.6 厘米的冷水冲型大铜鼓
1967 年	合浦县营盘镇坪底村	村后背岭出土铜鼓
1969 年 7 月	浦北县龙门镇中南村长山蓬屯	出土铜鼓
1970 年 4 月 23 日	横县云表镇六合村	出土铜鼓
1970 年	灵山县烟墩镇连塘村狮子屯狮子冲	出土铜鼓
	灵山县新圩镇塘败村塘败屯掘冲岭	西坡出土铜鼓
	北流县荔枝场	果园出土铜鼓
	陆川县温泉镇万丈村越利塘	出土铜鼓
1971 年 6 月	隆林猪场乡那伟村为尝屯马洞山	山腰出土铜鼓
1971 年 10 月	容县容城镇宁冲村牛地顶	出土铜鼓
1971 年	龙州县响水镇龙江村派浪屯	出土铜鼓
	平南县思旺镇花石村	村北坡地出土有两组乘骑塑像的铜鼓
	北流县府城松花村肖屋园	出土铜鼓
	北流县白马镇玉塘村黄叶塘屯	出土铜鼓

续表

出土时间	出土地	出土纪要
1972 年 4 月	北流县	出土铜鼓
1972 年 5 月	陆川县良田镇覃村中垦岭	出土铜鼓
1972 年 8 月	浦北县江城乡文山村大颈塘	半山坡出土铜鼓
1972 年 10 月	北流县白马镇茶新村菠萝根屯黄京圩山	出土铜鼓
1972 年 11 月	北流县大坡外公社大坡内大队西北白马山东坡	发现铜鼓
1972 年	西林县普合乡普驮屯	普驮屯铜鼓墓出土四面铜鼓
	桂平县南木镇渡头村樟村屯	浔江岸台地上出土一面有龟塑像的铜鼓
	桂平县石嘴镇石鼓岭村西南约 150 米处	河边水田出土人骑牛拉橇塑像的铜鼓
	平南县丹竹公社	两蛙间各有一乘骑和小马塑像的铜鼓
	平南县东华乡兴华村村前	出土两蛙间各有一乘骑和小马塑像的铜鼓
	平南县大新镇西义村	出土四青蛙背负小龟和两大龟塑像的铜鼓
	宾阳县思陇镇六谷村	出土铜鼓
	浦北县龙门镇莲塘村搭竹寮岭	出土铜鼓
	玉林县小平山乡解放村	出土铜鼓
	陆川县温泉镇万丈村越利塘	出土铜鼓
1973 年 1 月 10 日	宾阳县新桥公社新桥大队中团生产队	发现铜鼓
1973 年 1 月 30 日	陆川县	出土铜鼓
1973 年 4 月 23 日	横县云表公社六河大队	发现铜鼓
1973 年 7 月	平南县环城乡西村铜鼓岭脚屯	出土铜鼓
1973 年 9 月 1 日	藤县天平镇新兴村北芦塘岗	山坡出土铜鼓
1973 年 10 月 2 日	崇左县左州镇陇合村布逻屯	出土铜鼓
1973 年 12 月 9 日	北流县清湾镇中龙村东北大人岭	出土铜鼓
1973 年 12 月	博白县新田镇马田村铜鼓埇	出土铜鼓
	博白县江宁镇江宁村绿屋屯塘派山	出土铜鼓
1973 年	武宣县通挽乡龙鹏村	村东出土铜鼓
	横县马山乡大塘村	出土铜鼓
	浦北县北通镇根竹屯	出土铜鼓
	苍梧县大坡镇马王村富华屯	村边山坡出土铜鼓
	岑溪县南渡镇永固村	出土铜鼓
	陆川县良田镇石垌村	出土铜鼓
1974 年春	岑溪县南渡镇义新村	村东北清塘冲出土铜鼓
1974 年 4 月 5 日	象州县	寺村公社寺村大队力畲生产队帮寺村小学建校在荷岭挖出铜鼓
1974 年 4 月 26 日	桂平县	蒙圩公社蒙圩大队社员上磨勾山挖松头柴挖出乘骑带驹塑像的铜鼓
1974 年 5 月 29 日	宾阳县	芦圩公社雇明大队覃村三队社员在水甑山半山腰种芝麻挖出铜鼓
1974 年 6 月 8 日	藤县横村屯	濛江镇新城村村民何炳德在横村屯濛江至和平公路边的冷水冲山腰发现铜鼓①
1974 年 6 月 18 日	钦州县	贵台公社屯良大队于岽尖山得铜鼓
1974 年 6 月	藤县象棋镇甘村	村东南出土铜鼓
1974 年 9 月	浦北县官垌镇平石村三叉江岭头坡	出土铜鼓
1974 年秋	浦北县北通镇中屯村公租屯	屯西出土铜鼓
1974 年 11 月	上林县塘红村上棠屯铜鼓岭	塘红公社塘红中学开荒挖出铜鼓
1974 年 11 月	北流县六靖镇水冲村大屋屯	出土铜鼓
1974 年	桂平县蒙圩镇新德村鸡公山	出土二乘骑塑像铜鼓
	贵县大岭乡古平村南圆窿山	出土铜鼓
	横县石塘镇水燕村	出土铜鼓
	宾阳县芦圩镇覃村水甑山	出土铜鼓
	灵山县武利镇桥山村碰垌屯	竹叉出土铜鼓
	藤县平福乡平福村	出土铜鼓
	北流县白马镇玉塘村黄叶塘	出土铜鼓
	陆川县米场镇米场村谷仰屯	屯东北出土铜鼓

①这面铜鼓，即“冷水冲型”这一器形的命名由来与标准器。

续表

出土时间	出土地	出土纪要
1975 年春	浦北县龙门镇茅家村松木败岭	出土铜鼓
1975 年 3 月 9 日	宾阳县黎塘公社司马大队荒茅山	出土铜鼓一面
1975 年 3 月 25 日	上林县大丰公社万古大队塘桃屯	在安灶山林道上挖出一面铜鼓
1975 年 3 月	玉林县玉林镇新民村	村东南出土铜鼓
1975 年 4 月 1 日	藤县	壤南公社杨村大队十三队社员在村头冲西石磅山挖储水坑挖出一面铜鼓
1975 年 4 月 17 日	平南县城厢公社大成村旺石竹根坪	出土四蛙间有两组乘骑塑像的铜鼓
1975 年 5 月 22 日	武鸣县	两江公社三联大队东怀屯社员在岽丘坡开木薯地排水沟挖出一面冷水冲型铜鼓
1975 年秋	浦北县江城镇北河村	村后山顶出土铜鼓
1975 年 10 月 16 日	桂平县蒙圩镇新阳村沙岗	朱屋背掘获两面铜鼓。一面是北流型雷纹铜鼓，一面是冷水冲型变形翔鹭纹铜鼓
1975 年	贵县蒙公乡新岭村西牛坳山	出土铜鼓
	宾阳县黎塘镇林村荒茅头山	出土铜鼓
	钦州县那蒙镇那蒙村廷朗山	出土铜鼓
	北流县清湾镇龙南村东风屯	出土铜鼓
	北流县白马镇黄金村龙塘屯园山	出土铜鼓
	北流县民乐镇万平村鸡头屯堡山	出土铜鼓
	容县灵山公社华壤大队陈村双头岭	出土铜鼓
1976 年 2 月	陆川县米场公社谷昂生产队	出土铜鼓
1976 年 2 月 12 日	宾阳县新桥公社黑石顶	出土铜鼓
1976 年 4 月上旬	平南县六陈公社邦基大队木屯生产队上冲腰岭嘴	村民开山地种茶时发现铜鼓
1976 年 6 月	邕宁县五塘镇橄村青山	出土冷水冲型铜鼓
1976 年 12 月 22 日	象州县中平乡罗汉村	村南水田中出土铜鼓
1976 年	西林县马蚌乡浪吉大队邦岩村	出土铜鼓
	贵县罗泊湾	汉墓出土两面铜鼓和一件铜鼓改制的铜案
	横县良圻镇滕山村	出土铜鼓
	宾阳县新桥镇里村黑石顶山	出土铜鼓
	钦州贵台镇那略村岽琅山	出土铜鼓
	北流县荔枝场	果园出土铜鼓
	北流县新田镇新塘圩下坎坪门口岭	出土铜鼓
	北流县六靖公社镇南大队甘竹塘生产队泽塘岭	出土铜鼓
	陆川县古城公社陆落大队何莫生产队	出土铜鼓
	陆川县米场公社新街大队李屋生产队	出土铜鼓
	陆川县沙湖乡新街村蒋村	出土铜鼓
1977 年 1 月	平南县同和镇利道村上巷屯	在坡地出土四蛙间各饰一组累蹲龟塑像的铜鼓
1977 年 2 月	宜山县矮山乡梁山冲鸡罩山	山脚坡地挖出铜鼓
1977 年 5 月 8 日	北流县六靖公社镇南大队长塘生产队担水岭	出土铜鼓
1977 年 5 月 13 日	桂平县麻垌镇南乔大队第三生产队牛巴岭	在山腰挖出铜鼓一面
1977 年 8 月	玉林县小平山乡金华村岭头屯	修渠时挖出铜鼓
1977 年	百色市龙川乡平乐村	出土铜鼓
	田东县祥周公社莲塘村锅盖岭	锅盖岭战国墓出土铜鼓
	平南县同和公社上村大麦山	出土铜鼓
	平南县官城镇官南村大彭屯	出土一块铜鼓残片
	灵山县佛子镇睦象村高连塘南坡	出土铜鼓
	北流县六靖镇镇南村长塘屯担水岭	出土铜鼓
	陆川县大桥镇雅松村	出土铜鼓
1978 年 4 月	平南县富藏乡富藏村第一碑村	山坡挖出铜鼓
1978 年 8 月 6 日	贵县庆丰镇万新村西南	出土铜鼓

续表

出土时间	出土地	出土纪要
1978 年	桂平县大洋镇	镇内出土铜鼓一面
	桂平县油麻镇六平村朱冲山	出土鸟塑像铜鼓一面
	平南县镇隆公社中三队第一坡	发现铜鼓
	北流县大坡外镇南盛村南六屯	党玉田屋边出土铜鼓
1979 年 1 月	桂平县沙坡镇太平村佛子山	出土面径 103 厘米的云纹铜鼓一面
1979 年 2 月	平南县官城镇八宝村东胜屯灯盏窝	坡地出土铜鼓
1979 年 3 月 7 日	武鸣县太平镇新联村皇庙屯牛角山	出土冷水冲型铜鼓
1979 年 3 月	藤县古龙镇木河村底村屯	山坡出土铜鼓
1979 年 6 月 20 日	邕宁县大塘镇板碰村	发现大铜鼓
1979 年 10 月 19 日	邕宁县大塘镇坛敏村特虎山	发现冷水冲型铜鼓
1979 年 11 月 8 日	藤县新庆镇庆旺村陈村二掘冲	出土铜鼓
1979 年	桂平县西山镇坪冲村	南黔江北岸半山腰出土铜鼓
	田东县祥周乡六大队九队酸水坡	出土铜鼓
	平南县同和乡陈龙村白坟坪	发现五只鸟和三头牛塑像的铜鼓
1980 年 4 月	北流县华东乡	出土铜鼓
1980 年 6 月	桂平县西山乡福山村鹤岭	发现人饲马塑像铜鼓
1980 年 7 月 2 日	陆川县山鸡塘	乌石公社双垌大队大沙田生产队女社员陈可娟在山鸡塘发现铜鼓一面
1980 年 7 月 25 日	柳江县百朋乡镇西村拉尧屯	出土铜鼓
1980 年 9 月 24 日	合浦县南康乡雷田村竹仔塘	出土铜鼓
1980 年秋	浦北县大成镇六平村破石山屯	出土铜鼓
	浦北县安石镇安石村螺壳埇屯	屋脚底出土铜鼓
1980 年	灵山县三海镇大武村石龙屯匕头岭	出土铜鼓
	北流县白马镇玉塘村	村边坡地出土铜鼓
	北流县	白马公社金头大队高坡屯社员邓进瑞在览嘴岭半山腰挖出铜鼓
1981 年 1 月	灵山县文利镇驲面旧村	村后背山出土铜鼓
1981 年 1 月 5 日	玉林县新桥镇长屏村大岭脚屯	屯东南出土铜鼓
1981 年 7 月 1 日	藤县天平镇三益村都厚屯福本岗	农民唐云标在积肥时挖出铜鼓
1981 年	平南县官城镇八宝村深塘中央岭	发现仓囷模型铜鼓
1982 年 1 月 7 日	北流县白马镇黄金村垌尾屯	村民李荣清在屋背果场锄地挖得铜鼓
1982 年 1 月	靖西县湖润镇华利村西大庭毫山	发现铜鼓一面
	博白县城厢镇新仲村江南岭	岭脚出土铜鼓
1982 年 2 月	灵山县伯劳镇宦楼村六槛屯红塘尾	出土铜鼓
1982 年 4 月	贵县东龙镇柳蓬村东北长岭	出土铜鼓
1982 年 9 月 14 日	藤县岭景镇罗算村	出土铜鼓
1982 年 9 月	容县杨梅镇红石村大庙岗	出土铜鼓
1982 年 11 月	博白县宁潭镇大车塘村莫屋屯	出土铜鼓
	灵山县石塘镇红星村乐彩屯	出土铜鼓
1982 年 12 月	博白县江宁镇木旺村冲头塘	出土铜鼓
1982 年	桂平县金田乡里村	出土残铜鼓一面
1983 年 1 月 20 日	北流县平政镇六沙村寨顶屯	村民陈开宫锄宅基地时挖得铜鼓
1983 年 2 月 8 日	武鸣县府城镇喜庆村那浪屯椠床坡东江河东岸	发现冷水冲型铜鼓
1983 年 3 月 24 日	桂平县寻旺乡西南村	李永泉在浔江岸边劳动发现一面有双鱼双骑塑像的冷水冲型铜鼓
1983 年 4 月	陆川县米场镇乐平村大头冲屯牛角冲	出土铜鼓
1983 年 5 月中旬	北流县石窝镇煌炉村旺祖屯六月垅岭	村民吕培雄在除木薯草时挖得铜鼓
1983 年 6 月 4 日	桂平县江口镇理塘村	半山腰出土铜鼓
1983 年冬	田东县祥周乡康元村塘槐屯	修水利挖出铜鼓
1983 年	西林县那劳乡洞坚村	出土铜鼓
	灵山县太平镇那谐村高塘岭	半山腰出土铜鼓
	陆川县米场镇桥鲁村吕屋屯	出土铜鼓
1984 年 2 月 18 日	桂平县金田镇田江村四方墩	出土铜鼓

续表

出土时间	出土地	出土纪要
1984 年 3 月	灵山县丰塘镇潭龙村榕树岭	半山腰出土铜鼓
	灵山县丰塘镇潭龙村榕树岭	北面半山腰出土铜鼓
1984 年 4 月	灵山县平南镇石基村石基屯	出土铜鼓
	横县镇龙乡凤丹村北田村那顶山	出土铜鼓
1984 年 5 月中旬	北流县白马镇白马村石龙塘屯石径岭	村民刘天秀妻李氏挖得铜鼓
1984 年 5 月	玉林市石南镇东龙村三龙屯	屯东出土铜鼓
1984 年秋	贵县东龙镇同闭村马槽山	出土铜鼓
1984 年 10 月	来宾县石牙乡南阳村	村北马鞍山出土铜鼓
1985 年 2 月	扶绥县昌平乡四和村恒丰屯石柱岭	出土铜鼓
1985 年 5 月 18 日	北流县新丰镇大罗垌村	村民吴广林夫妇在屋背山开荒种木薯时挖得铜鼓
1985 年 6 月 2 日	桂平县石龙镇新隆寺村黑石岭	出土铜鼓
1985 年 6 月	乐业县逻沙乡全英村长湾屯漏岩	出土铜鼓
1985 年 8 月	平南县思旺镇双上村上宋屯	发现二乘骑塑像铜鼓
1985 年 9 月中旬	北流县隆盛镇中和村西岸屯	村民黄礼才在屋边挖石灰窑时挖得铜鼓
1985 年 10 月 10 日	田阳县洞靖乡靖安村那鸡屯达米山	出土铜鼓
1985 年	那坡县那隆乡果刚屯纳元山	出土铜鼓
	武宣县三里乡龙头村	发现残铜鼓
	鹿寨县中渡镇西北广崖山	出土铜鼓
1986 年 2 月	灵山县白木村屋背山	西坡出土铜鼓
1986 年 3 月	博白县亚山镇亚山农场	发现铜鼓一面
1986 年 6 月	邕宁县吴圩镇那佳村子鹤山	系鼓胸内壁有一对青蛙塑像的灵山型铜鼓
	灵山县丰塘镇大丰村大丰屯西猫岭	山顶出土铜鼓
1986 年 7 月	上林县三里镇双吴村板寨屯二岭	出土铜鼓
	上思县在妙镇那凤村南山坡	修公路时挖出铜鼓
1986 年 8 月 12 日	桂平县金田镇上江头村三家下垌	出土铜鼓
1986 年秋	鹿寨县拉沟乡背塘村古罗屯	出土铜鼓
1986 年	玉林市大平山镇埠头村	村东江山岭出土铜鼓
1987 年 2 月 16 日	苍梧县广平镇古泻冲	出土铜鼓
1987 年 6 月 18 日	灵山县旧州镇长基村尚坪屯鹿跳山	出土铜鼓
1987 年 8 月	灵山县旧州镇青松村富致岭屯大坑口	出土铜鼓
1987 年 9 月	浦北县北通镇兰田村沙梨山	出土铜鼓
1987 年	平南县寺面乡新隆村龙胆塘	出土铜鼓
	灵山县丰塘镇六颜村	村东北出土铜鼓
1988 年 1 月	武宣县东乡石崖村	村北出土铜鼓
1988 年 3 月	灵山县丰塘镇高华村华龙屯村背岭	出土铜鼓
1988 年 4 月 24 日	藤县太平镇永平村下寨村六隐山	山坡出土铜鼓
1988 年 4 月	灵山县武利镇珠理村南金岗岭	出土铜鼓
	博白县永安乡永安村杉木麓屯老雅岭	出土铜鼓
1988 年 6 月	钦州那蒙镇四维村紫眼屯双镇岭	南坡出土铜鼓
1988 年 8 月	岑溪县诚谏镇陀村古藏屯	水沟边出土铜鼓
1988 年 9 月 27 日	平南县富藏乡平界村新地弓白面崖山	出土铜鼓
1988 年	横县板路乡圭壁村	出土铜鼓
	钦州犀牛脚镇鹿耳环村	村南海边沙滩出土铜鼓
1989 年 1 月	象州县中平乡苏村	村西约 500 米水田中出土铜鼓
1989 年 2 月 19 日	邕宁县吴圩镇康宁村敢渌屯邑卡岭	发现腰部有骑士的灵山型铜鼓
1989 年 5 月 9 日	邕宁县吴圩镇那德村那审坡那口岭	发现足部有小鸟塑像的灵山型铜鼓
1989 年 5 月	北流县隆盛镇南六村	出土铜鼓
1989 年 6 月 20 日	北流县隆盛镇中和村	村干部在果园给果树松土施肥时挖出铜鼓
1989 年 7 月	来宾县北五乡白山上马寨村古防崖榕树山	出土铜鼓
1989 年 12 月	平南县大塘乡莲塘村斤半肉冲	出土铜鼓

续表

出土时间	出土地	出土纪要
1989 年	横县清江	从江中打捞出铜鼓
1990 年 2 月	武鸣县附城乡清江村	村南面郁江边北岸出土铜鼓
1990 年 3 月	灵山县平南镇岭平村六潭屯杉木麓	北山脚出土铜鼓
	灵山县檀圩镇东岸村天顶山屯六局塘岭	出土铜鼓
	浦北县福旺镇华新村华木垌	出土铜鼓
1990 年 7 月 4 日	容县黎村镇六振村	村南海拔 1100 米高的三夺山出土铜鼓
1990 年 9 月	隆林扁牙乡八组村	村旁小河崩塌处出铜鼓
	蒙山县西河镇高堆村	村南出土铜鼓
1990 年 12 月 2 日	平南县大坡乡莲塘村	农民在山上挖树坎时发现铜鼓
1990 年	上思县南屏乡米强村岑排屯	出土铜鼓
1991 年 3 月 21 日	玉林市小平山乡小平山乡浪平村	农民在用地坑车挖树坎时发现面径 124.5 厘米的大铜鼓
1991 年 6 月 28 日	北流县白马镇大伦村长塘组	村民李秀荣挖得铜鼓
1991 年 6 月	平南县平南镇牛栏塘	发现有两组鸟塑像的铜鼓
1991 年 7 月	平南县安怀镇高荔村莲塘屯大岭	山顶上出土铜鼓
1991 年夏	贺县沙田乡龙中村红朱山	山上岩洞中发现铜鼓
1991 年 8 月 30 日	博白县博白镇	那十中学修建校舍时发现铜鼓
1991 年 10 月 19 日	博白县沙河镇山桥村马面垌东屋背岭	出土铜鼓
1991 年 10 月 20 日	桂平县木根乡秀南村母鸡头岭	西北坡露出一面有穿山甲塑像的大铜鼓
1991 年 10 月 28 日	陆川县沙坡镇北安村风塘屯牛角冲	出土铜鼓
1991 年 11 月 20 日	象州县中平乡大普化村	鼓面有鱼塑像
1992 年 2 月	上林县三里镇双罗村云聪屯	坡地上挖出四面铜鼓
1992 年 3 月 1 日	博白县松旺镇鸡麻岭	出土铜鼓
1992 年 4 月 10 日	玉林市	大塘乡阳山村村民在牛壕塘岭挖树坎时发现铜鼓
1992 年 10 月 7 日	玉林市	成均镇古城村村民在三井坑岭迁坟时发现铜鼓
1993 年 1 月 31 日	桂平县金田镇张凌彭村	村民在牛利田挖淮山时挖出铜鼓
	合浦县西塘乡禾沟村崇表岭	近海沙滩取沙时挖出铜鼓
1993 年 2 月 3 日	那坡县下华乡上华村那岩下屯	那铁烟帮墓坡（古经商之路）出土铜鼓
1993 年 2 月 23 日	玉林市	沙田镇六龙村农民在莲塘坪火烧岭挖树坎时发现面径 133.5 厘米的大铜鼓
1993 年 3 月 18 日	田东县祥周镇联福村南哈坡	南哈坡战国墓出土两面铜鼓
1993 年 8 月	邕宁县蒲庙镇广良村佃坡屯	出土铜鼓
1993 年 9 月 2 日	马山县合群乡造华村下康屯	村民挖塘泥时挖出铜鼓
1993 年 10 月 22 日	大新县桃城镇大岭村慢侣屯	出土铜鼓
1993 年	柳江县流山乡流塘村	发现有乘骑塑像的铜鼓
	钦州板城镇板城圩北新塘麓山	出土铜鼓
1994 年 1 月 29 日	陆川县乌石镇坡脚村坡尾屯山坡	出土铜鼓
1994 年 2 月 15 日	龙州县逐卜乡锦阁村板阁屯空排竜坡	出土铜鼓
1994 年 5 月 25 日	北海市营盘镇坪底村红九匡	海边沙滩出土铜鼓
1994 年 6 月 13 日	田东县林蓬乡和同村小沙屯大岭坡	出土铜鼓
1994 年 7 月 21 日	桂平市南木镇联江村过山路屯	黔江南岸崩塌露出一面铜鼓
1995 年 2 月 18 日	浦北县	民乐镇西角村士子屯村民陆宝生在水井麓大圆排半山坡整理荔枝坎时挖到铜鼓
1995 年 2 月 20 日	武鸣县宁武镇张朗村西香屯	农民磨巨芬、马桂梅夫妇在其屯附近的武鸣河边荒地种植芭蕉挖坑时发现铜鼓
1995 年 4 月 11 日	北流市新丰镇	水垌村村民潘永振在横岭山半山腰锄荔枝草时挖出铜鼓
1995 年 5 月 17 日	北流市	大坡外镇大坡外村村民李成枝夫妇在木鸡岭半山坳挖瓷土时挖出铜鼓
1995 年 10 月 4 日	北流市	六麻镇六楼村村民胡日海夫妇在大坟地岭锄荔枝草时挖出铜鼓
1995 年 12 月	贵港市覃塘区石卡镇凤凰林场	出土铜鼓

续表

出土时间	出土地	出土纪要
1996年4月16日	钦州长滩镇那谷村委沙坡村	农民潘福辉等4人在村外泧学岭上种荔枝树时发现铜鼓
1996年7月15日	北流市	六麻镇六楼村村民李夏强在塘梨根砍柴时发现铜鼓
1996年8月20日	钦州长滩镇	镇北出土铜鼓
1996年11月2日	龙州县武德乡武德街	西南面出土铜鼓
1997年2月	横县郁江清江段	打捞出水一面铜鼓
1997年3月5日	北流市	六麻镇大旺村村民樊惠芬在南蛇岭半山腰开荒种木薯时挖出铜鼓
1997年4月21日	浦北县张黄镇	国营东方农场十字分场十六区六十三队职工石永丰在张黄镇十字村单竹坑白坟岭割鱼草时发现铜鼓
1997年4月22日	鹿寨县四排乡西南那当村桂兰屯麻盖岭	出土铜鼓
1998年5月	宜州市西北郊冲英村	发现铜鼓两面
1998年8月5日	北流市平政镇凌云冲	建设北宝高等级公路时，司机罗广驾驶掘土机掘出铜鼓
1998年12月24日	陆川县乌石镇坡脚村	荖豆岭东兴丰果场出土铜鼓
2000年5月上旬	灵山县	新圩镇绿一村村民冯发强在马麓塘山打柴时发现铜鼓
2000年8月	浦北县江城镇	小江中学学生回到江城镇平马村委李屋村文头麓茅车塘子京麓加宽荔枝坎时挖到一面铜鼓
2002年8月10日	灵山县丰塘镇丰塘村三叉弓长麓岭	出土铜鼓
2002年10月10日	浦北县寨圩镇土东村六虹弓尾背岭	出土铜鼓
2003年6月4日	南宁市江西镇同宁村	出土铜鼓
2003年10月26日	平南县同和镇武全村武多屯	修公路时挖到有田螺塑像的铜鼓
2005年10月	南宁市郊区	捞沙工人在郊区邕江沙井段捞出一面铜鼓
2007年1月	陆川县乌石镇黎垌	出土铜鼓
2008年4月	环江县东兴镇	营兴砖厂坡麓地取烧砖土时挖出铜鼓
2009年12月	扶绥县	在左江打捞出面径91厘米的冷水冲型大铜鼓
2010年4月	容县	灵山镇六古村朱全生在独山岭木薯地除草挖出一面铜鼓
2011年4月7日	北海市银海区福成镇竹林村	村民挖虾塘得铜鼓
2014年6月2日	武鸣县罗波镇凤林村	村内韦禄修公路时挖出一面青蛙背负小鸟的冷水冲型铜鼓

（二）从铜鼓地名看分布

从历史文献上看，铜鼓地名最早见于晋郦道元的《水经注》，其中《温水注》引《林邑记》曰："通通铜鼓、外越、安定、黄岗心口。盖借度铜鼓，即骆越地。有铜鼓，因而得名。"文中前两处"铜鼓"都是指一个地名，而且这个地名是在骆越地区，因为当地有铜鼓，才叫这个地方为"铜鼓"。唐代《元和郡县志》有两处铜鼓地名，都是铜鼓山。其中一处在广西融水县西南二十五里，传说诸葛武侯以铜鼓散埋于山，后来从此山得到铜鼓，故名"铜鼓山"。宋代《舆地纪胜》提到铜鼓地名13处，其中在广西桂平县（今桂平市）有铜鼓滩，在广西博北县（今博白县）有铜鼓潭，在武仙县（今武宣县）铜鼓山下有铜鼓濑。但大多数铜鼓地名的记载出现于明代以后，说明此时汉人已深入使用铜鼓的少数民族地区，铜鼓文化已引起广泛注意，如《大明一统志》《大清一统志》《广东新语》《南越笔记》《西清古鉴》《粤述》，以及岭南许多地方志，都有铜鼓地名记载。

铜鼓地名大都因为出土铜鼓而得。清屈大均《广东新语》说：廉州有铜鼓塘，钦州有铜鼓村，灵山有铜鼓岭，文昌万州亦有铜鼓岭，"皆以掘得铜鼓而名"。桂平的铜鼓滩，宋代已有其名，明万历四十五年（公元1617年）、清雍正八年（公元1730年）渔人又两次从此滩捞出铜鼓，称它为"铜鼓滩"，更是名副其实。[①]南宁市郊安吉乡苏卢村北约5公里处有一座铜鼓陂水库，据文献记载，早在宋皇祐年间邕州司户参军孔宗旦就在这里建了铜鼓陂水利，可见宋代已有铜鼓陂地名。[②]北流的铜鼓潭，因明景泰三年（公元1452年）出过铜鼓而得名。[③]博白的铜鼓湾，因在明弘治十二年（公元1499年）乡人于其地获一铜鼓而得名。[④]河池三旺里的铜鼓潭，传说昔有铜鼓由潭内逐水涌出，村人获而击之，因此把这个水潭称为"铜鼓潭"。[⑤]钦州的铜鼓岭，因清嘉庆三年（公元1798年）在岭下掘得铜鼓而得名。[⑥]玉林市南七十里的铜鼓山，"相传昔有铜鼓现于此山"。宜州的铜鼓岩，因清代村民在岩前田内掘得铜鼓而得名。[⑦]

灵山县现有铜鼓地名23处，其中铜鼓村3处、铜鼓塘村2处、铜鼓塘5处、铜鼓岭5处、铜鼓麓2处，而铜鼓顶、铜鼓冲、铜鼓洞、铜鼓江、铜鼓湾、铜鼓滩各1处。[⑧]新圩镇塘败村铜鼓岭，以掘得铜鼓而得名，烟墩镇莲塘村铜鼓塘，清雍正六年（公元1728年）挖出过铜鼓；烟墩镇司练村铜鼓塘，清嘉庆五年（公元1800年）在池塘中挖出过铜鼓；旧州镇樟木村铜鼓塘，清嘉庆七年（公元1882年）开辟屋基时挖出过铜鼓；烟墩镇长麓铜鼓冲，1957年挖出过铜鼓；新圩镇绿水村铜鼓岭，1961年出土过铜鼓；沙坪镇旺尾洞村东的铜鼓塘、沙坪镇旺尾洞村北的铜鼓塘、沙坪镇双元村的铜鼓塘、平南镇杨梅村的铜鼓路，都因出土铜鼓而得名。

平南县现有铜鼓地名8处，其中铜鼓村2处、铜鼓洲2处、铜鼓岭2处，铜鼓脚、铜鼓塘各1处，也因曾出土铜鼓而得名。贵港市桥圩镇铜鼓村的铜鼓岭、木格镇木格村的铜鼓岭、覃塘镇龙凤村的铜鼓岭，都因曾出土铜鼓而得名。

铜鼓地名因铜鼓出土得名，说明这些地方当时已不再使用铜鼓了。铜鼓的出土，成为当地的一种怪异之事，遂以铜鼓命名其地的村、岭、江、滩、塘，一提起某个铜鼓地名，大家会不约而同地想到是出土铜鼓的地方。

①清道光《浔州府志》。
②嘉靖《南宁府志》卷一。
③《大明一统志》卷八四。
④《大清一统志》卷一七七。
⑤黎德宣《河池县志》卷二。
⑥清乾隆《廉州府志》卷二二《金石》。
⑦道光《庆远府志》卷三。
⑧蒋廷瑜：《铜鼓地名研究》，载北京大学中国传统文化研究中心编《文化的馈赠——汉学研究国际会议论文集》，北京大学出版社，2000，第143-154页。

比如：铜鼓出在岭顶，则称岭顶为“铜鼓顶”，出在岭脚则称其地为“铜鼓脚”或“铜鼓麓”，如其地后来成了水塘，则称“铜鼓塘”“铜鼓池”，靠近铜鼓出土地点的居民点也就跟着称为“铜鼓塘村”或“铜鼓村”了。

铜鼓地名也因地形像铜鼓而得名。如《武宣县志》载：武宣县禄村的铜鼓山，是因为“田垌中起一土山，形如铜鼓”。钟山县同古街附近的铜鼓岭，因土岭像铜鼓而得名。钟山县英家东北的铜鼓岭，因岭顶圆平，下有石，一线环绕，“俨如鼓状”而得名。[①]桂平市社坡乡复安村铜鼓坡，因坡圆，形似铜鼓而得名；南木乡渡头村的铜鼓岭，因岭形似铜鼓而得名。[②]钦州西的铜鼓岭“形如鼓”，钦州南区“铜鼓有二，均在南八九里，形如铜鼓”[③]。横县站圩邕江中有石像铜鼓，因名“铜鼓石”。横县六景镇布纹村西南有一石灰岩山洞，洞内有钟乳石如铜鼓状，名此洞为“铜鼓岩”。

铜鼓地名也有因流水冲击声像铜鼓声而得名的。如陆川县北西四十里的南中堡铜鼓湾，“流水响如擂鼓”[④]。灵山县三海镇英爪行政村的铜鼓村，“村前水坝，流水声如铜鼓”。罗城县四把乡的铜鼓山，山下水击有声如铜鼓。[⑤]

也因附近有铜鼓声而命名的。如桂平市紫荆乡铜鼓坪，“相传曾闻铜鼓声”；玉林市城西四十五里的铜鼓山，“山下有潭，闻铜鼓声”[⑥]；灵山县旧州镇旧州圩东有铜鼓岭，“阴雨岭上作铜鼓声”；灵山县东南一里的铜鼓岭，“其岭高秀，世传阴雨有铜鼓声”；铜鼓山“地方不时闻有铜鼓声，故名”[⑦]；来宾县迁江有铜鼓滩，岸右有一石，水干涸时击之，如铜鼓声；东兰县大同乡板那屯有铜鼓岩，岩内钟乳石敲出的声音有如铜鼓声。

也有因曾放置过铜鼓的地方而用铜鼓名之的。广西桂林的铜鼓楼、武鸣府城的铜鼓亭，都因曾放置铜鼓而命名，后来楼亭废弃，名亦消亡。

以铜鼓形象命名有两种原因：一种是当地已不使用铜鼓了，偶尔从地下出土或江河捞出铜鼓，大家以为稀奇，把它置放在神祠佛寺等公众活动场所，见其形体诡异，附近山岭、土石与之相似而名之；一种是当地还在使用铜鼓，大家本来就熟悉铜鼓形状，很自然地联想到附近的山岭、土石，比附名之。以铜鼓声音命名则多是当地还使用铜鼓，时时听到铜鼓声音，铜鼓声与别的打击乐器声音不同，当听到流水冲击声像铜鼓声时，也联想到铜鼓，而习以相传，把那些有水浪声的河段称为“铜鼓滩”“铜鼓湾”“铜鼓濑”“铜鼓塘”等。但是，还在使用铜鼓的少数民族地区，如桂西和云南东南部，铜鼓地名反而很少，原因是他们视铜鼓为常物，不必把铜鼓作为地名挂在嘴上。

在广西，铜鼓地名最大的行政区划是乡镇，钟山县有铜鼓（同古）乡，横县有铜鼓区。在明代，岑溪县有铜鼓营，永福县有铜鼓市。最多的则是铜鼓村、铜鼓寨，广西有铜鼓村13处，还有铜鼓圩、铜鼓街、铜鼓路、铜鼓屯、铜鼓铺等。[⑧]

以铜鼓为名的山水很多。其中，广西有铜鼓山12处，铜鼓岭28处，铜鼓坡4处，铜鼓岩2处，铜鼓洞3处，铜鼓顶7处，铜鼓崖4处。南宁有铜鼓坳，昭平县有铜鼓地、铜鼓峡，钟山县有铜鼓冲，贵港市有铜鼓田。此外，广西有铜鼓河1处，铜鼓滩5处，铜鼓塘9处，铜鼓潭3处。铜鼓井在钦州有1处，永福县有铜鼓水，罗城县也有铜鼓水。钟山县有铜鼓溪，兴业、陆川、博

---

①民国《钟山县志》。
② 1990年《桂平县地名志》，资料由陈小波提供。
③民国《钦县县志》。
④民国《陆川县志》。
⑤《天河县乡土志》。
⑥光绪《郁林州志》卷二《舆地山川》。
⑦民国《灵山县志》卷二。
⑧蒋廷瑜：《铜鼓地名研究》，载北京大学中国传统文化研究中心编《文化的馈赠——汉学研究国际会议论文集》，北京大学出版社，2000，第143-154页。

白有铜鼓湾[1]。武宣县有铜鼓濑，钟山县有铜鼓坝，武鸣县、宜山县都有铜鼓泉[2]，平南县有铜鼓洲，宜山县、隆林县有铜鼓桥[3]。

有时一个铜鼓地名衍化出好几个铜鼓地名，如清光绪六年（公元1880年）徐作梅修《北流县志》在卷四舆地志所附“波二里图”中，在其西南思贺水西标有“铜鼓山”，而在同一卷村庄条中波二里有“铜鼓坡”（村），在卷十武备志堡寨条中波二里则有“铜鼓寨”，而在卷五山川志水利条中二厢陂塘有“铜鼓陂”。显然这些山、坡（村）、寨、陂都在一个地方，由一处地名衍化出来的。

铜鼓地名是不断变化的，一些铜鼓地名自然消失了，一些新的又冒出来。历史上一些铜鼓地名，后来不知所终，如明代的铜鼓潭，广西有两处，在北流的一处已经消失；博白的铜鼓潭原是博白八景之一，明弘治十二年（公元1499年）铜鼓被取走，此景则已消失。清代钦州的铜鼓岭、铜鼓塘，武鸣的铜鼓泉，现在也已查不到确切地点。有的铜鼓地名后来改称了别的地名，如明宣德年间纂修的《桂林郡志》卷首郡里图中有“铜鼓市”，明嘉靖十年（公元1531年）黄佐纂《广西通志》称“铜鼓圩”。明万历四十年（公元1612年）魏濬《峤南琐记》和崇祯七年（公元1634年）邝露《赤雅》两书都把流经铜鼓圩的河称为“铜鼓水”。此地在今永福县罗锦镇，现名“桐古街”，人们已经不知道它与铜鼓的关系了。又如容县容厢乡的同古村，原名“封屋”，清初有人在此掘出过铜鼓，改名“铜鼓村”，现在则称“同古村”了。钟山县的铜鼓乡、铜鼓街、铜鼓村，近几十年来也分别改写成了“同古乡”“同古街”“同古村”，人们也不知道它们本来的含义了。藤县新庆镇庆旺村有同古寨，宁康乡新旺村有同古村，原都出土过铜鼓。同样，一些新发现铜鼓的地点，又被习惯冠以铜鼓之名，为铜鼓地名增添了新成员。

铜鼓地名是该地曾经出土或使用铜鼓的生动标志，铜鼓地名的留存反映了铜鼓文化的不断延续。

广西的铜鼓分布范围很大，而且很早见于文献记载。有人认为东汉马援获骆越铜鼓的地方就在今广西境内，三国两晋南北朝活跃在两广境内的俚人、乌浒等，已普遍使用铜鼓。唐代“西原蛮”用铜鼓已见于李贺《黄家洞》诗，唐代冯氏家族也使用铜鼓。唐代龚州（今平南县）修葺州城出土铜鼓，也见于《岭表录异》。宋代广西南丹州酋向中央王朝进献方物已有铜鼓。桂东南、桂西南各县，桂东北自贺州、昭平、蒙山以南都有铜鼓出土，桂西北自龙胜、三江沿桂黔、桂滇边境各县，晚近时期仍有不少民族使用铜鼓，只有桂北少数几个县不是铜鼓的分布区。铜鼓出土最密集的地区是玉林、贵港、钦州、北海、梧州南部、柳州及南宁，传世铜鼓最多的是河池和百色。壮族、瑶族、苗族、侗族、彝族仍在使用铜鼓。

桂东南主要流行东式铜鼓，即粤桂系统铜鼓，也就是灵山型和北流型铜鼓。桂西和桂西北主要流行西式铜鼓，即滇桂系统铜鼓，也就是万家坝型、石寨山型、冷水冲型和麻江型铜鼓。西盟型铜鼓则见于沿中越边境的几个县。

二、广西铜鼓的流动

铜鼓是一种可以移动的器物，从它产生的那一天起，就被人们带着流动。除了在使用它的民族之间流传以外，还通过掳掠、赏赐、贡纳、买卖等手段流传到并不使用铜鼓的地区去。这就使我们看到，在铜鼓分布区之外的许多城市和许多国家，也有铜鼓遗存。

南朝梁左卫将军兰钦“南征夷僚”，从两广地区掳获不少铜鼓上献皇室，岭南铜鼓就流入建康（今南京）。唐咸通年间张直方在平南做龚州刺史，把修葺州城时挖到的铜鼓带到湖北襄汉，一面广西铜鼓就流动到了襄樊。宋淳化元年（公元990年），广西南丹州酋莫洪皓袭称刺史，派他的儿子莫淮通向宋王朝进贡，其中也有铜鼓三面；景德元年（公元1004年），广西象州的民族首领也向宋王朝贡献过铜鼓。这些岭南铜鼓就流入了当时的都城开封。明代，广西桂林府税监曾将一面铜鼓“献之

①《大清一统志》卷一七七，民国《兴业县志》第四编，民国《陆川县志》。
②民国《武鸣县志》卷二，民国《宜山县志》卷一。
③民国《宜山县志》卷一。

内廷”，广西铜鼓流入北京。

武汉、南昌、南京、杭州、福州、厦门、济南、郑州、新乡、西安、北京、天津、大连、沈阳等城市的博物馆、大学或研究机关里收藏的铜鼓，基本也都是从岭南和西南流传过去的。

19 世纪下半叶，随着资本主义殖民势力的东进，一些铜鼓作为东方文化艺术品，被源源不断地远渡重洋，运往西方。岭南和东南亚国家的铜鼓，珠散星落，遍布世界的许多大都会。在德国的柏林、汉堡、德累斯顿，法国的巴黎，英国的伦敦，瑞典的斯德哥尔摩，奥地利的维也纳，荷兰的阿姆斯特丹，意大利的罗马，乌克兰的基辅，美国的纽约、芝加哥，印度的加尔各答等城市的博物馆和私人收藏家手里，都有了铜鼓。

（一）平南铜鼓流往襄汉

唐咸通年间，幽州（今北京）人张直方被贬作龚州刺史，这龚州就是现在的平南。他到任后，组织修葺州城，在取土时，无意中挖出一面铜鼓，张直方任满之后，想把这面铜鼓带回京城长安。车载船装，溯桂江，过灵渠，下湘江，入洞庭，从长江转至汉水，好不容易运到湖北襄阳，反以为是无用之物，就把它留在当地的延庆寺了。延庆寺的僧人并不知道铜鼓的价值，只是将它悬挂在斋室，当作木鱼敲打。30 年后，刘恂到广州任司马，路过襄阳，仍见此铜鼓悬挂在延庆寺的斋室。

这面铜鼓后来的下落如何，不得而知。但直到清末民初，在襄阳隆中的诸葛武侯祠里还有一面铜鼓。从顾燮光的《襟堪墨话》记载来看，武侯祠这面铜鼓高二尺，鼓面“驻龟四枚，跃跃如生”，花纹斑驳可爱。平南这个地方至今还不时从地下挖出铜鼓，这里出土的铜鼓大多是属于冷水冲型的，制作规整，纹饰繁茂，鼓面上常有立体的青蛙和骑士塑像。1972 年出土一面，高 52.5 厘米，鼓面直径 76 厘米，鼓面上环列四只大青蛙，青蛙背上各驮一只小乌龟，每两只青蛙之间还有一只大乌龟。张直方带到湖北襄阳去的铜鼓很可能就是这类铜鼓。顾燮光在武侯祠看到的那一面与此很相像，也可能就是张直方从平南带去的那一面。如果真是这样的话，这面铜鼓从唐朝流传下来达 1000 年之久，到民国时期就没有了消息。

（二）灵山铜鼓流往浙江

民国《灵山县志》记载：光绪二十年，灵山县大化村人掘出一面铜鼓，被当时的知县阮萃恩购去。阮萃恩是浙江省温岭泽库人，光绪中任广东灵山县知县。据清末浙江省温岭王棻轩著《太平续志》记载：阮萃恩在任广东灵山县知县时，于光绪二十二年至百灵，合理地解决了当地施、杨两姓争讼的一个积案，当地父老为了感谢他，送他一面铜鼓。阮萃恩把这面铜鼓带回浙江老家，作为传家之宝加以收藏。《太平续志》卷十古迹志铜鼓条附有阮萃恩自己撰写的一份记录，说这面铜鼓是在一座有龙神庙的大山下掘得的，重一百四十来斤，高二尺，盖围一丈二尺，腰杀四分之一；鼓面中心如车毂，平分十辐（太阳纹 10 芒），中心以外如月晕十余层（10 余晕）；每层绫纹各异，如古钱，如织簟，如水波，如龟坼，如花碎瓣，如“巨”字相背相倚，盖雷形也，如“回”字两角相向，盖雷纹也，其余不可名状，身之晕尤密，其纹尤精；腰左右各有两耳，盖四围有六蟾蜍，状皆左旋；近鼓心处有捶击痕，试敲击之，铿锵之声彻于户外。

阮萃恩带回浙江温岭的这面铜鼓现在仍存于世，收藏在温州博物馆内。系一面北流型晚期铜鼓，面径 102.5 厘米，高 56.3 厘米，重约 70 千克；鼓面三弦分晕，晕圈窄而密，共 15 晕。中心太阳纹 10 芒，芒间为如意云纹，其外为雷纹、复线角形纹、席纹、云纹、连钱填线纹、雷纹填线纹等。面沿原有等距逆时针方向环立三足蛙 6 只，现存 5 只。

温州博物馆还收藏一面也是清代浙江人从广西带回的铜鼓。浙江瑞安人孙锵鸣于道光二十九年（公元 1849 年）曾主试广西，留督学政，得到一面铜鼓。咸丰二年（公元 1852 年）四月太平军围攻桂林，孙锵鸣偕僚属上城守御，解围后，又值任满，便请假回家省亲，将铜鼓携回。

这面铜鼓是灵山型的，铸作精良，纹饰精美，面径 81.7 厘米，高 51.5 厘米，重 47.5 千克。鼓面大于鼓胸，鼓胸圆突，胸腰际缓缓收缩，以两周凸线为界，附辫纹扁耳两对，腰足间以一道凸棱为界。鼓足略外侈，中部一侧附一只头朝下的小鸟塑像。鼓面边沿有逆时针环立的三足蛙 6 只，其中 3 只累蹲蛙间以 3 只单蛙。鼓面二弦分晕，18 晕，中心太阳纹 12 芒，芒间饰连钱纹和图案化蝉纹。其外依次是：鸟纹、四瓣花纹、复线角形纹、"四出"钱纹、变形羽人纹、钱纹填线纹、鸟纹、虫纹、席纹、弧形兽面纹、复线交叉纹、连钱填线纹、蝉纹。主晕是二晕鸟纹和一晕变形羽人纹。原是瑞安孙衣言家藏。孙衣言是孙锵鸣的胞兄，光绪十四年（公元 1888 年）建玉海楼（藏书楼），收藏甚丰，铜鼓也就转到了他的名下。

其实早在清乾隆时期就有人从广西将铜鼓带往浙江了。其中有浙江太平县长屿人李南湖。李南湖在乾隆二十一年（公元 1756 年）以州同职发往广西，试补柳州武阳镇巡检，补实土思州州同，并曾随使节出使安南（今越南）。武阳镇在今河池罗城境内，土思州治所在今宁明县东海渊镇思州村。这些地方在清代前期都还使用铜鼓。李南湖从柳州获得一面铜鼓。这面铜鼓"重二十九斤八两，高二尺，腰微束而空其中，圆六尺，皆细花面纹，分十层。三层、七层皆细钉如乳，三层凡钉一百三十五，七层凡钉七十五。六层为位三十六，每位旗一炮一箭一。内层分十二位，每位纹似旋螺，细长。旁作四纽，可舁以行。拊之，声隆隆然。岁久，铜花皆晕绿。形制甚古。或云诸葛忠武遗物，或云马伏波征蛮时所留也。其家至今宝之"[①]。从描述情况看，其重不到 15 千克，鼓面有 3 晕乳钉纹，有游旗纹（旗炮箭），应是麻江型铜鼓。

浙江省博物馆收藏五面铜鼓，其中北流型两面、冷水冲型两面、麻江型一面。最大的铜鼓编为 005 号，是北流型大铜鼓，面径 134 厘米，在世界大铜鼓排名中为第 5 位，但这面铜鼓仅存胸以上部分，胸以下被平整锯去，腰、足全部缺失。鼓面有四蛙塑像，两两相对环列。青蛙瘦削，四肢支撑平伏。鼓面边缘下垂成裙边，三弦分晕，太阳纹 8 芒，光体圆突如饼，其他晕圈都密布云纹，胸部饰雷纹。004 号鼓也是北流型，面径 84.2 厘米，高 48 厘米，面有四小蛙，也是两两相对，其中一蛙已残失，三弦分晕，鼓面七等晕，饰菱格云纹，大部分已模糊；胸部 10 晕，腰部 13 晕，足部 9 晕，都是云纹。胸腰间有两对圆茎小环耳。003 号鼓是冷水冲型鼓，面径 66.5 厘米，高 33.7 厘米，鼓面单弦分晕，共 17 晕，太阳纹 12 芒，第 2、7、9、11、13、17 晕是水波纹，第 3、6 晕是栉纹，第 4、5 晕是同心圆纹，第 8 晕是菱形雷纹，第 10 晕是主晕，是图案化羽人纹和云纹，第 12 晕又是主晕，是鹭鸟纹，第 14、16 晕是菱形同心圆纹。鼓胸上部纹饰与鼓面纹饰相似，是水波纹、栉纹、同心圆纹纹带，下部是图案化背向船纹。

该馆收藏的北流型铜鼓和冷水冲型铜鼓应是从岭南地区流传去的。

（三）广西铜鼓曾置焦山寺

黑格尔在《东南亚古代金属鼓》一书中所记载的"银岛鼓"，引起很多人的猜测。一是它所在的"银岛"究竟在什么地方，书上说在扬子江口，有人怀疑到了上海附近；二是这是一面很大的Ⅱ型鼓，Ⅱ型鼓主要分布在岭南的两广地区，怎么会跑到那么远的地方去？据黑格尔所述：1896 年 7 月 23 日奥地利驻上海领事哈斯接到罗逊鲍姆寄自江苏镇江的一封信，信中附有这面铜鼓的侧身照片，说此鼓放在银岛庙宇里。由此可见银岛应在镇江，当是焦山岛。镇江是长江下游的重要港口城市，所以误以为是扬子江口。信中说此鼓是约 200 年前由一个道台作为赠品送给这个庙宇的。从道光年间广西巡抚梁章钜编的《铜鼓联吟集》所载有关铜鼓歌看，这个赠送铜鼓的道台应是河道张井（芥航）。梁章钜曾任江苏布政使，似乎见过这面铜鼓，为河道给焦山寺送铜鼓的事写过诗，诗说："忆为焦山供长物，隔江酬唱岁在庚。"《焦山诗汇》载有几首关于粤西铜鼓入焦山的诗，反映出这面铜鼓的来历。此鼓原藏于润州司马万承纪家，鼓高 67 厘米，直径 100 厘米，于道光十年（公元 1830 年）由河东河道总督张井送来焦山定慧寺。时任吏部考功司

①嘉庆《太平县志》卷十八。

主事的王钦霖在《和张芥航河督送铜鼓入焦山韵》一诗中，介绍这面铜鼓说：“我闻伏波将军铸铜鼓，分布三十六种诸苗家。南人歃血誓不反，终汉之世无疵瑕。余威震荡慑诸国，风行真腊兼爪哇。千年遗器出南诏，月轮未蚀金虾蟆。”对于送来焦山供佛，他说：“此鼓沉沦弃蛮越，千金价值无人加。持配周鼎质相当，有如干将与莫邪……佛庐从此闷幽异，不与铜柱留荒遐。大声应可发聋聩，人间俗耳哀筝琶。”

有一位曲阜孔府后裔，时任内阁中书的孔宪彝，写有一首《张诗舲方伯以伏波铜鼓送焦山寺中，作诗纪事，依韵和之》，诗曰：

宝气夜上贯东斗，蛟龙拜舞江声吼。
无人知是铜鼓来，但讶虹光满户牖。
此鼓流传自峤南，伏波将军手亲叩。
斑斓古色青且苍，神物犹存千载后。
张公得之桂岭西，万里携归达江口。
草堂藏弃多吉金，独此神奇宝永久。
兴至摩挲日千百，诗成落笔驱蛟虬。
忽思位置焦山巅，径买扁舟载之走。
雁堂有鼎属定陶，诸葛鼓左此在右。
昔染蛮云瘴雨寒，今依佛火祥灯黝。
词坛歌咏诗人豪，寺门镇压老僧守。
千秋雅举传名山，真州延安同不朽。

这首诗详述了汉伏波鼓的来历，河督张公送鼓来焦山的经过，人们对这件文物的钟爱，与寺中原有诸葛鼓、阮元所赠汉鼎同为镇寺之宝的盛况，辞简意明。“此鼓流传自峤南”“张公得之桂岭西”，明明白白地说，这面铜鼓出自广西。

这面铜鼓后来下落如何？是奥地利驻上海领事哈斯委托罗逊鲍姆去银岛收购这面铜鼓的，据罗逊鲍姆1898年1月23日从汉口写给黑格尔的信说，寺里和尚说这面铜鼓是不能出售的，所以他没法买走。

到抗战时期这面铜鼓不知去向。1980年我们做全国馆藏铜鼓普查，沿长江两岸大中城市搜索，没有找到，却在中国历史博物馆的藏品中发现一面形制、尺寸、纹饰相似的铜鼓。中国历史博物馆藏C5·3284号铜鼓面径106厘米，高63厘米，足径105厘米，鼓面有六蛙，已残失其二。青蛙皆三足，逆时针环列。纹饰是二弦分晕，鼓面19晕，太阳纹12芒，芒间饰钱纹、四瓣花纹，有两晕主晕，分别是变形羽人纹和鸟形纹，其他晕是蝉纹、“四出”钱纹、连钱纹、席纹、虫形纹和雷纹；胸部8晕，主晕是变形羽人纹，其他晕是蝉纹、席纹、虫形纹、“四出”钱纹、连钱纹、四瓣花纹；腰部9晕，主晕是变形羽人纹，其他晕是虫形纹、连钱纹、席纹、“四出”钱纹、四瓣花纹；足部7晕，主晕也是变形羽人纹，其他晕是席纹、虫形纹、“四出”钱纹、连钱纹和蝉纹。胸腰间有两对羽状纹的扁耳。此鼓面径、身高都与银岛鼓相似，鼓面六蛙也是相同的，只是C5·3284号鼓残失其二，黑格尔没有记录银岛鼓的纹饰，无法比对。青蛙塑像残失其二，可能是搬动时弄丢的。因此可以推断，C5·3284号鼓很可能就是镇江焦山寺的铜鼓。这面铜鼓原存于上海，1959年由上海文物仓库拨交给中国历史博物馆。我们推测，抗战时期，这面铜鼓被人掠持，搬出焦山寺，从镇江顺流而下，运到上海。

图9. 中国历史博物馆藏C5·3284号铜鼓

图10. 成都武侯祠的灵山鼓

（四）武侯祠有广西铜鼓

我们已经谈到，唐代张直方从龚州（今平南县）带往湖北襄阳的那面铜鼓，很可能后来移入隆中武侯祠，到清末民初还存于世。

在隆中武侯祠大殿东北角，有一座铜鼓台。此铜鼓台是民国二十二年（公元1933年）刘骥为安放铜鼓所建的一座亭阁式建筑。所安放的铜鼓是清同治初年在广西出土的，由广西藩司（布政使）李承恩捐给武侯祠。鼓高二尺许，阔一尺八寸左右，旁铸四蟾蜍，工艺精细，传为诸葛亮南征七擒孟获时用的战鼓。此鼓横架在木座上，可敲打作乐，声音响亮；倒放可做炊具，一物二用。1936年上海出版的《良友》杂志第115期在“三国史迹”栏中刊出这面铜鼓的照片，照片下方用中英两种文字说明：“孔明七擒孟获时所用铜鼓，上有青天白日形徽。蒋委员长见而善之，为建亭而藏焉。”可见蒋介石曾到过隆中武侯祠，看到过这面铜鼓。但说此铜鼓是诸葛孔明七擒孟获所用，则纯属信口开河，附会了历史传闻。从模糊的照片看，这是一面冷水冲型铜鼓，当是岭南出土的。铜鼓台于1950年倒塌，到2004年才加以恢复。

四川成都南郊的武侯祠诸葛亮殿内，有诸葛亮及其儿子诸葛瞻、孙子诸葛尚的塑像。在诸葛亮塑像前陈列着大小三面铜鼓。两面较小的铜鼓都是麻江型。右侧一面较大的铜鼓是灵山型，高 39 厘米，面径 64 厘米，木架上刻“咸丰辛酉年清和月中浣吉旦蓉城弟子张瑞颖率子应星置”。鼓面中心太阳纹 8 芒，晕圈饰鸟纹、变形羽人纹及“四出”钱纹，边沿铸有三足青蛙 6 组，累蹲蛙与单蛙相间，逆时针环列，应是来自广西的灵山型铜鼓。

（五）广西铜鼓流往全国其他地方

明清以来，铜鼓被携往他乡的事例不胜枚举。北京、上海、武汉、南京、杭州、福州、厦门等大中城市的博物馆、大学或其他研究机关收藏的铜鼓中，也有广西铜鼓。

1. 北京

北京有许多研究机关珍藏铜鼓。这些铜鼓都是外地流入的。北京是明清王朝的国都，地方官员向中央王朝进贡方物就有铜鼓一项，还有其他一些渠道也会将铜鼓携往北京。

北京故宫博物院有铜鼓 25 面，除 4 面是皇宫旧藏外，其他都是 1949 年以后收藏的，其中编号 40621、40622、40623 三面铜鼓都是广西博物馆 1956 年拨交的。195414 号是广西博物馆 1976 年拨交的。[1]40621 号铜鼓，鼓面有 6 组青蛙塑像，其中 3 组是累蹲蛙，胸部有扁耳两对，耳边饰珠瘤，鼓足一侧有半环小钮。40622 号铜鼓，鼓面六蛙，太阳纹 10 芒，背面有扇形调音铲痕。40623 号铜鼓，鼓面饰西字纹和游旗纹。195414 号铜鼓，鼓面六蛙，其中三累蹲，鼓足一处有双鸟塑像，鼓内粉笔书写“灵山土产经理部，1972 年 9 月 19 日”，另有白油漆喷印“广西博物馆藏品”字样。说明此鼓是广西博物馆从灵山县土产经理部征集的藏品，后转拨给故宫博物院珍藏。

中国国家博物馆有铜鼓 19 面，其中在它的通史陈列部展出的一面五铢钱纹铜鼓是 1953 年在广西岑溪县城修公路时挖出的，1959 年上调到北京，参加中国历史博物馆（现中国国家博物馆）的开馆大展，此后就成了该馆的珍藏品。广西西林县普驮粮站西汉铜鼓墓出土 4 面铜鼓，其中一面翔鹭纹铜鼓（即西林 281 号鼓）于 1989 年上调至中国历史博物馆，成了该馆的珍藏。清代供奉在江苏镇江焦山寺的广西铜鼓后来流落到上海，被中国国家博物馆征集，现在也藏于中国国家博物馆。

中央民族大学博物馆有铜鼓 10 面，其中编号 7/15292 号铜鼓是 20 世纪 50 年代初中央民族调查团从壮族地区征集到的；8/15283 号铜鼓是中央民族调查团从苗族地区征集带回北京的。

北京民族文化宫有铜鼓 3 面，除一面是贵州送展的外，另外两面都来自广西：723237 号鼓是 20 世纪 50 年代初从广西宾阳县黎塘区合作社收购的，面径 68.5 厘米，高 45.6 厘米，鼓面逆时针环列四蛙，两蛙间还各有一鸟。鼓面中心太阳纹 12 芒，芒间夹坠形纹，二弦或一弦分晕，共 15 晕，两晕主晕，分别是变形羽人纹和变形翔鹭纹间两条鱼纹，其他晕是水波纹、栉纹夹同心圆纹、复线交叉纹、眼纹。鼓胸下部为变形船纹，腰上部是变形羽人纹，足部有圆心垂叶纹和眼纹，是广西浔江流域的铜鼓。730715 号鼓是广西博物馆拨交的，面径 77.2 厘米，高 53 厘米；鼓面逆时针环列四蛙，两蛙间一处有乘骑二，一处有乘骑一带一小马，鼓面中心太阳纹 12 芒，芒间夹坠形纹，一弦分晕，18 晕，有两晕主晕，分别是变形羽人纹和变形翔鹭纹，其他晕是水波纹、栉纹夹同心圆纹、复线交叉纹、羽纹、眼纹夹双行同心圆纹；鼓胸下部有相背两层船纹，腰上部是变形羽人纹，足部有圆心垂叶纹和眼纹，也是典型的浔江流域铜鼓。

中国人民革命军事博物馆陈列的一面冷水冲型铜鼓，标明是广西博物馆提供的。

2. 上海

上海博物馆收藏铜鼓 220 多面，其收藏铜鼓数仅次于广西民族博物馆，在中国，也是在世界名列第二。上海博物馆所藏的铜鼓大都是从中国西南流传过去的。除

---

①孙关根等：《故宫博物院所藏铜鼓的类型与时代》，《故宫博物院院刊》2001 年第 2 期。

了明清时期一些官员从西南和岭南地区将铜鼓带往江浙，流入上海之外，自20世纪50年代以来，广西、贵州、云南等省（区）的铜鼓，不断作为废杂铜卖给废旧物资收购部门，然后调拨到上海、北京、天津、株洲等大中城市。上海博物馆经常派人从上海冶炼厂的废杂铜中鉴选出铜鼓，这些被当作废杂铜调拨到上海冶炼厂的铜鼓，绝大部分来自广西和贵州。有一面编号为38235号的铜鼓，在鼓身内壁保留了一段墨书文字，记载了这面铜鼓的来历：“广西蒙垌大队第六生产队社员刘明荣、顾绍雄在1962年4月20日下午2时半在尿岗堆岭嘴开荒种木薯挖出。”这面铜鼓厚重坚实，满布云雷纹，是云开大山区特有的大铜鼓。查此“蒙垌大队”，隶属广西贵县（今贵港市）桥圩公社（今桥圩镇），说明这面铜鼓是从广西来的。现上海博物馆青铜器馆展出6面铜鼓，其中一面面径145厘米的北流型铜鼓，是仅次于北流水埇庵铜鼓之王、在世界铜鼓排名中位居第二的大铜鼓；一面是灵山型铜鼓，鼓耳下方有小鸟塑像。这些都是云开大山区的铜鼓。

图11. 上海博物馆的贵港蒙垌鼓

图12. 旅顺博物馆的广西铜鼓（蒋廷瑜 摄）
（采自《旅顺博物馆馆藏文物选粹·青铜器卷》）

3. 辽宁

旅顺博物馆位于大连市旅顺口区一个公园内，收藏5面铜鼓，其中一面高43.9厘米，面径79.5厘米，足径76.5厘米，腰径64厘米；鼓面大于胸径，边沿环列六蛙，其中三只背上负小蛙，三只背上负小龟，胸腰间收缩曲度较缓，胸有双耳，腰足以一道凸棱为界，足外侈；鼓面中心太阳纹8芒，有16晕花纹，有“四出”钱纹、席纹、棱形雷纹；鼓身饰有贝纹、席纹、雷纹，是常见的灵山型铜鼓。另外一面大铜鼓除了鼓足有些残缺外，也基本完整，三弦分晕，鼓面12晕，中心太阳纹圆突如饼，10条光芒四射，鼓面边沿有六蛙塑像，三单蛙和三累蹲蛙相间，顺时针环列，蛙皆三足；鼓身花纹细而密，胸部10晕，腰部11晕，足部6晕，饰钱纹、四瓣花纹和小虫纹，也是常见的灵山型铜鼓。这些铜鼓都是该馆“旧藏”，来源不详。灵山型铜鼓分布于广东、广西交界的云开大山区，这面铜鼓应是来自岭南广西。

4. 山东

山东临沂市博物馆珍藏一面铜鼓，面径73.5厘米，高46.5厘米，足径77厘米，残重38.75千克，鼓面中心太阳纹8芒，芒间夹云雷纹，其他晕圈饰以卷云雷纹和菱形雷纹，鼓身也饰卷云雷纹和菱形雷纹，是比较典型的北流型铜鼓。这面铜鼓原为临沂市东村世族大家王殿麟后人所藏。王殿麟是清道光二十五年（公元1845年）进士，“以知县需次广西”，先后在武缘（今武鸣）、昭平、隆安等地做官。这面铜鼓就是他从广西带回山东的。

山东苍山县图书馆收藏一面铜鼓，面径50厘米，高20.9厘米，足径50.5厘米，鼓面中心太阳纹12芒，芒间夹复线角形纹，其他晕圈有酉字纹、游旗纹、乳钉纹，是麻江型铜鼓。原是苍山大族宋家之物。据《临沂县志》记载：宋澍之外甥王寿，“以县令分发广西，历任柳城知县，洊擢龙胜通判，平乐同知，借補云南楚雄州知州，置大理知府”。王寿“宦游四十年”，所到之处都是铜鼓产地，这面铜鼓可能就是他从广西或云南带回山东作为礼物送给他的舅父宋澍的。[1]

山东曲阜孔子博物馆收藏一面铜鼓，原为孔府旧藏，鼓面径74厘米，足径74厘米，高53.5厘米。胸腰间有两对两两相靠的叶脉纹扁耳和一对叶脉纹的环耳。鼓面、鼓身满布细密花纹，鼓面中央大小太阳纹相叠，小太阳纹9芒，大太阳纹12芒，芒间有翎眼纹。面沿立雕四足青蛙4只，蛙间还有对称的骑士牵牛塑像：一人手执缰绳骑在马上，另一人牵着一头牛。鼓面各晕宽窄不等，以翔鹭、变形羽人图案为主晕，次为水波纹、绹纹、同心圆圈纹、菱形纹等。鼓身胸部以载鱼覆船纹为主晕，次为同心圆圈纹、栉纹、羽纹等。腰部以变形羽人纹为主晕。足部主纹饰为垂叶纹，次为眼纹、网纹、羽纹等，是典型的冷水冲型铜鼓。这类铜鼓只出现于广西浔江流域。孔府衍圣公是世袭罔替的封建贵族以及孔氏家族以其在中国封建社会的特殊历史文化地位，得以保存了大量的珍贵文物，这使孔府珍藏成为中国最大的私家收藏。[2]

山东省博物馆现藏铜鼓5面，其中4面麻江型，1面灵山型。灵山型鼓藏品编号为6491，鼓身直径72厘

①史红卫：《山东省临沂市、苍山县馆藏铜鼓》，《考古》1986年第10期。
②唐丽：《曲阜孔府所藏铜鼓》，《中国古代铜鼓研究通讯》2000年第16期。

米，高 40 厘米，足径 68 厘米，重 36.9 千克。体积大而浑重，鼓面大于鼓胸，胸壁微凸，胸腰相交处有鼓耳两对。鼓面中心太阳纹光体圆凸如饼，10 芒，芒线长短、粗细不一，尖细如针。三弦分晕，鼓面 14 晕，饰钱纹，边沿有顺时针排列 6 只素面三足蛙。鼓身 23 晕，饰席纹、钱纹和山形纹，腰部有菱形雷纹，鼓耳两边饰对称的 16 枚乳钉。[①]这种铜鼓显然出自岭南桂东南和粤西南交界的山区。

5. 江苏

南京博物院收藏铜鼓 23 面[②]，其中有两面灵山型铜鼓，4·457 号鼓，面径 89.4 厘米，高 52 厘米，底径 89.3 厘米；面有六蛙，皆三足累蹲，顺时针环列；三弦分晕，共 13 晕，中心太阳纹 7 芒，芒间雷纹、四瓣花纹，第 2、6、10、13 晕是“四出”钱纹，第 3、5、7、9、11 晕为云纹（主纹），第 4、8、12 晕为半圆填线纹。鼓身三弦分晕，胸部 6 晕，第 1、4 晕为“四出”钱纹，第 2 晕为云纹，第 3、6 晕为云纹和雷纹，第 5 晕为雷纹，腰部 8 晕，第 1、7 晕是雷纹，第 2、4 晕为四瓣花纹，第 3 晕是云纹，第 5 晕是“四出”钱纹，第 6 晕是云纹填线纹，第 8 晕是钱纹；足部 6 晕，第 1 晕是雷纹，第 2 晕是“四出”钱纹，第 3 晕是半圆填线纹，第 4、5、6 晕是四瓣花纹加“四出”钱纹。扁耳两对，饰辫纹，每耳上下各有一孔，是典型的灵山型铜鼓。4·458 号鼓，面径 80 厘米，高 48.9 厘米，底径 81 厘米，面有六蛙，皆三足，其中一蛙特小，逆时针环列，三弦分晕，共 11 晕，中心太阳 8 芒，芒间雷纹，第 2、9 晕是虫形纹，第 3、4、7 晕为雷纹；第 5、10 晕为“四出”钱纹，第 6、8 晕为四瓣花纹。身三弦分晕，胸部 7 晕，腰部 10 晕，足部 7 晕，大致为席纹、半圆或半圆填线纹层层相间环列。环耳两对，饰缠枝纹；身有两道合范线；面露垫片痕，背面有调音铲痕，是典型的灵山型铜鼓。

南京大学历史系的大铜鼓，闻宥《古铜鼓图录》第十一图已著录，他不知存何处。据秦浩考证，此鼓原为金陵大学中国文化研究所所藏，曾到北京故宫博物院展出。体型浑厚凝重，纹饰繁缛瑰丽，面径 86.5 厘米，高 52 厘米，胸腰间有叶脉纹扁耳两对，鼓身一侧足部有小鹿塑像，鼓面大于鼓身，太阳纹 10 芒，边沿逆时针环列 6 组三足累蹲蛙，遍饰“四出”钱纹、鸟纹、蝉纹、四叶瓣纹、席纹、兽纹[③]，也是典型的灵山型铜鼓。

扬州博物馆所藏晋义熙铜鼓也是岭南铜鼓。晋义熙铜鼓器型大、铸造精良、保存完好，鼓面直径 74.5 厘米、鼓身高 44.5 厘米、底部直径 73 厘米。鼓面以三弦或二弦分晕，分成距离不等的 5 晕。鼓面中心饰以 8 芒太阳纹，光体凸起呈圆饼状，直径 4.5 厘米，光芒细长。晕圈中均饰以细小密集的凸起云雷纹。鼓面边缘微微下折，形成“垂檐”。面沿大致等距离对称环立蛙饰 4 只，两两相对。鼓胸斜直鼓起，最大径偏下，腰部内凹呈反弧形，足部外侈呈喇叭状。足部直径与鼓面径大约相等。胸鼓、腰际缓慢收缩，以一道浅凹槽作为胸腰分界，腰足间以一道凸棱分界。鼓身以二弦或三弦为一组构成晕圈带，晕圈窄而密。鼓胸、腰、足晕圈内间隔饰以云雷纹、斜方格纹。纹饰细小，均为阳纹。胸腰际有圆环耳两对，饰缠丝纹。铜鼓的表面留下很多小块芯垫、两道竖行合范缝和四处立体蛙饰镶嵌痕迹。鼓面背部，即内壁，留下明显的调音铲痕。底足内壁刻有铭文：“义熙四年十月寘（虞）军官鼓（鼓）广三尺五分前鏠（锋）宁远率行铠曹杜遂”。笔画质直，有汉隶风貌。此铜鼓原是阮元家藏，后流散民间，1957 年由扬州博物馆征集收藏。[④]

在苏州网师园万卷堂有一面北流型铜鼓，全身完整，仅鼓足有约 1/4 残缺，纹饰清晰，中心太阳纹 6 芒，边沿有四蛙塑像，青蛙个体较小，尖头方臀，两两相对。鼓面边缘下垂，胸腰间有两对圆茎环耳。花纹都是三弦分晕，鼓面 6 晕，宽窄相同，其中第 1、2、5、6 晕是雷纹，第 3、4 晕是云纹；胸部 6 晕、腰部 9 晕、足部 6 晕，全是雷纹。从造型和纹饰来看，是典型的北流型铜鼓。[⑤]

---

①杨波：《山东省博物馆收藏的五面铜鼓》，《中国古代铜鼓研究通讯》1995 年第 5 期。
②罗宗貞：《略说南京博物院所藏铜鼓》，1980 年古代铜鼓学术讨论会论文。
③秦浩：《南京大学历史系所藏大铜鼓简析》，1980 年古代铜鼓学术讨论会论文。
④周长源：《东晋四蛙军鼓介绍》，《文物》1996 年第 2 期。
⑤蒋廷瑜：《在苏州意外见铜鼓》，载《广西铜鼓文献汇编及铜鼓闻见记》，广西师范大学出版社，2014。

当来自岭南云开大山区。

6. 福建

福建省也有一些地方是用铜鼓来命名的，如永春县城关镇有铜鼓山，政和县有铜鼓石，永定县有铜鼓寨。但是，福建并不是铜鼓分布区，福建的铜鼓一般都是从外地传来的。

福建晋江文昌庙中有一面铜鼓，据《福建通志》记载，是“乾隆中吾乡人得于广西怀集县者”。清代怀集县今属广东省。

又据福建《南安县志》记载：南安县黄龙新步乡的一面铜鼓，是乾隆嘉庆年间生员吴锦骏在广西开典铺，有一天走到郊外，在一个山坡上，看到当地村民挖得两面铜鼓，他花重金买了其中的一面，后来运回老家，筑铜鼓亭把它保藏起来，世守为传家宝器。

福建侯官（今福州市）人李彦章于道光年间先后任广西浔州府、思恩府、庆远府的知府，在任思恩府（府治在今武鸣府城镇）时视察宾州（今广西宾阳）得一铜鼓，携往府城榕园，修建铜鼓亭存放，离任后将此鼓带回福建老家。

福建省现仍存铜鼓13面，分别属北流型、冷水冲型、麻江型和西盟型。[①]其中泉州海外交通史博物馆藏雷纹铜鼓，面径80厘米，高44厘米，鼓面太阳纹8芒，光芒辐射四出，细长如针。三弦分晕，鼓面6晕，晕圈宽而疏朗，饰细密方形雷纹，边沿铸有四蛙，小而朴拙，胸腰间有两对缠丝纹圆茎实心环耳。胸部饰细小方形雷纹，腰部、足部饰菱形雷纹，是典型的北流型铜鼓。福建博物院所藏的北流型铜鼓，面径76.7厘米，高43.2厘米，鼓面以三弦分晕，共6晕，宽而疏朗，中心太阳纹8芒，其他晕圈饰细密方卷云纹，边沿铸四蛙，小而朴拙，胸腰间有两对圆茎环耳，耳身实心，表面饰细密缠丝纹，鼓身晕圈窄而密，饰菱形雷纹，也是典型的北流型铜鼓。厦门大学人类学博物馆藏四蛙大铜鼓，通高55厘米，足径78厘米，鼓面宽大，中心太阳纹12芒，双弦分晕，鼓面9晕，分别饰栉纹、同心圆圈纹、复线交叉纹、变形羽人纹、变形翔鹭纹、雉眼纹，边沿铸有四蛙。胸腰间有宽大的绳纹扁耳两对，腰的上半部由栉纹和同心圆纹组成的纹带纵向分成六格，格中光素，是冷水冲型晚期铜鼓。厦门大学人类学博物馆藏变形羽人纹铜鼓，面径70厘米，通高52厘米；鼓面以双弦分晕，共10晕，中心太阳纹11芒，芒间饰羽纹和翎眼纹，其他晕圈分别饰水波纹、同心圆圈纹、栉纹、复线交叉纹、变形羽人纹、变形翔鹭纹，边沿原有四蛙，已失。胸腰间有两对宽大的绳纹扁耳，胸中部饰栉纹和同心圆圈纹，腰部饰变形羽人纹，足部饰同心垂叶纹，也是冷水冲型晚期铜鼓。这些北流型、冷水冲型铜鼓都应是广西铜鼓。

7. 河南

据河南省文物研究所赵世纲统计，河南省不少文物单位收藏铜鼓，总数为13面。从他的描述来看，有1面石寨山型、2面灵山型、10面麻江型。因为没有公布图像，难以判断它们的产地和族属。但那两面灵山型铜鼓应是岭南地区的。其中一面是新乡市博物馆的藏品，原藏于安阳天宁寺，1952年送交平原省文管会，平原省撤销后交给新乡市博物馆。这面铜鼓体形较大，面径88.5厘米，高51.5厘米，胸腰间有两对对称的扁耳，鼓面中心太阳纹10芒，芒外有14晕，面沿铸有6只青蛙，两两相对环列，其中3只青蛙背负小青蛙，晕圈内饰钱纹、云纹和波浪纹，是典型的灵山型铜鼓。另一面藏于漯河市博物馆，形制与新乡市博物馆所藏灵山型铜鼓相似，鼓面铸有6只青蛙，两两相对环列，鼓面和鼓身都饰有钱纹。[②]

图13. 苏州网师园展出的北流型铜鼓（蒋廷瑜　摄）

8. 湖南

湖南省博物馆收藏古代铜鼓28面，这些铜鼓是湖南省博物馆历年在长沙、株洲等废品仓库拣选出来的。傅聚良在《湖南省博物馆馆藏铜鼓》一文中做过详细介绍[③]，其中A型两件，鼓面大于鼓身，上铸蹲蛙，胸腰部有四个扁耳，纹饰主要有钱纹、鸟纹、蝉纹、虫形纹等。馆藏汉（八）2：1号，面径94.4厘米，高57.2厘米；鼓

①郑国珍等：《中国音乐文物大系·福建卷》，大象出版社，2011，第2页、第60—72页。
②赵世纲：《河南收藏铜鼓简介》，《中国古代铜鼓研究通讯》1996年第12期。
③傅聚良：《湖南省博物馆馆藏铜鼓》，《江西文物》1990年第3期。

面有蹲蛙6只，鼓面纹饰双弦分晕，共18晕，由内向外，分别饰蝉纹、鸟形纹、钱纹、虫形纹、席纹，主纹为兽纹；鼓身饰有蝉纹、虫形纹、钱纹、鸟形纹、席纹、兽纹、花叶纹和贝纹。馆藏汉（八）2 ：2号，面径75.4厘米，高46厘米；形制与汉（八）2 ：1号相似，但足部有一立鸟，鸟身饰简单的刻画纹；鼓面有蹲蛙4只，后腿合并，蛙背及后腿饰圆圈纹，前腿饰半圆圈纹；鼓面以双弦纹分晕，共14晕，中心太阳纹8芒，芒间饰花叶纹，晕间纹饰与汉（八）2 ：1号鼓面纹饰相同；鼓身有20晕，分别饰蝉纹、花叶纹、席纹、虫形纹、钱纹、鸟形纹。傅聚良认为A型鼓属灵山型，属南朝至隋唐时期；汉（八）2 ：2号鼓，蹲蛙三足，足部有立鸟一只，是典型的灵山型铜鼓。这类铜鼓应是从两广地区传入湖南的。

9. 四川

四川大学历史博物馆收藏冷水冲型铜鼓3面。4887号鼓，面径64厘米，足部已失，鼓面中心太阳纹12芒，芒间饰复线角形纹，边沿有四蛙，其他晕饰变形羽人纹、变形翔鹭纹间定胜纹、栉纹、同心圆纹、复线交叉纹。9226号鼓，面径57厘米，高39厘米，足径60厘米，纹饰与4887号鼓相同。1135号鼓，面径54厘米，高33.7厘米，足径55.4厘米，纹饰也与4887号鼓大致相同，只是足部有一半为后来焊接，有“大汉昭烈贰年”铭文。这种冷水冲型铜鼓四川不产，也应是从广西浔江流域传过去的。

10. 贵州

1983年2月8日，贵州省文物管理委员会和贵州省博物馆在贵阳联合召开“李俶元教授亲属捐献文物表彰大会”，表彰贵州大学中文系教授李俶元亲属向国家捐献118件珍贵文物。在这些珍贵文物中，有一面面径84厘米、高53.5厘米的大铜鼓。这面铜鼓鼓面边沿有4只大青蛙塑像，主晕是变形的翔鹭纹，纹饰生动，形制优美，是典型的冷水冲型铜鼓。这种铜鼓主要分布于广西浔江两岸，沿浔江上溯，在黔江、柳江及右江流域也有分布，贵州则没有这类铜鼓。李俶元教授是贵阳人，早年留学日本，毕生从事教育工作，对宋元戏曲音韵学有很深的造诣，对历史文物也颇有研究，新中国成立初期是贵州省文教厅文物鉴定委员会的成员。他的祖父李守和在清光绪年间曾到广西思恩县（今环江毛南族自治县）做官，这面铜鼓是他祖父于光绪十八年（公元1892年）从思恩县带回贵阳的，在他家祖孙三代保存了整整90年。

贞丰县龙场镇对门山村布依族“老魔”余学端藏有一面灵山型铜鼓，面径55厘米，高35.5厘米，据说是祖传下来的。据推测，应是从广西流传过去的铜鼓。[①]

11. 云南

云南是铜鼓的发源地，拥有很多早期铜鼓，但是它的铜鼓类型不齐全，缺北流型和灵山型铜鼓。20世纪90年代，云南省博物馆要办铜鼓专题展，为补齐类型，曾拿万家坝型铜鼓和西盟型铜鼓与广西博物馆交换北流型铜鼓和灵山型铜鼓，于是广西的一面北流型铜鼓和一面灵山型铜鼓就被交换到云南昆明，后来一直在云南省博物馆展出。

12. 广东

清光绪年间广西宾阳黎塘农民耕山得一铜鼓，被广东人买走[②]；清末，广东普宁人方耀在广西获得两面铜鼓并带回普宁老家[③]。在广东恩平杨桥聂小学陈列的一面铜鼓是民国十年（公元1921年）“崇一军次获自广西南宁”，是从南宁被带回恩平的。[④]广东省博物馆现藏一面有“万代进宝，永世家财”铭文的铜鼓，内壁有墨书文字注明来自广西宣化（即今南宁）。[⑤]

13. 台湾

台湾也有铜鼓10多面。

台湾历史博物馆陈列着一面北流型大铜鼓。

台湾历史语言研究所收藏两面麻江型铜鼓，其中一面的胸部贴着一张纱纸字条，上书“诸葛鼓，桂林，广

①吴晓秋等：《贵州贞丰发现一面粤式铜鼓》，《中国古代铜鼓研究通讯》1997年第13期。
②《宾阳县志》中册第五编，民国三十七年。
③《普宁县志·金石》。
④《恩平县志·金石》。
⑤杨耀林：《广东发现的带铭文铜鼓》，《考古》1982年第1期。

西博物馆”，说明它原是广西博物馆之物。

台湾省立博物馆旧藏6面铜鼓，根据登记册知道，这些铜鼓原是日本占领台湾时留下来的。其中1713号鼓面沿有三蛙三牛塑像，是产自广西浔江流域典型的冷水冲型铜鼓。

台湾大学考古人类学系的一面铜鼓与广西浔江流域出土的冷水冲型铜鼓相同，应来自广西浔江流域。

台北故宫博物院所藏的铜鼓，都是中央博物院（现为南京博物院）接收奉天行宫的古物。其中，451号大铜鼓鼓面除有四蛙塑像之外，还有立鸟一双，显然系广西浔江流域的冷水冲型铜鼓。

14. 澳门特别行政区

1976年5月，香港基督教中国宗教文化研究社出版秦维廉编著的《香港古石刻》一书，第37页刊布了一面铜鼓的照片。这面铜鼓当时藏于澳门艺术博物馆，是典型的北流型铜鼓。鼓面大于鼓身，中心太阳纹圆饼突起，鼓面边沿环踞六蛙，青蛙形象瘦削。从侧面看，胸部略直，最大径偏下，腰部内收弧度不大，足部外扩，斜度平缓，

图14. 台湾历史博物馆陈列的北流型大铜鼓（蒋廷瑜 摄）

胸腰之间有一道凹槽分界，搭在这分界处有两对扁茎环状耳，腰足间有一道凸棱分界。从腰部摄取的纹饰特写图像可以看出其纹饰是三弦分晕，晕间饰几何纹带。几何纹带有两种不同的雷纹：一种是中心有点的菱形纹，一种是中心填菱形框的、较大的三重菱形纹。鼓高55厘米，鼓面直径99厘米。

（六）广西铜鼓流往国外

1. 新加坡

饶宗颐在《选堂集林·史林》第876页至第914页的《铜鼓余论》一文中，谈到海外私人所藏的铜鼓时，确证只有新加坡的林博士所藏的一面铜鼓（乙鼓）出自广西。他在第986页至第937页中指出：“此乙鼓分明出自广西，其旗旂文与闻氏（闻宥）《古铜鼓图录》第四十图贵阳私人藏者图案相同。《西清古鉴》铜鼓之八、十二、十三及中央博物院之三小鼓，花纹皆与此接近。《广西铜鼓初探》图十，在广西柳州采集者亦与之相同。可知此种图纹在广西极为普遍，故此鼓为中国所制之鼓传入南洋者，绝无疑问。”

2. 日本

日本的许多博物馆和大学都收藏有铜鼓。日本东京国立博物馆有7面铜鼓，东京大学文学部考古系、东京国学院考古资料馆、东京庆应大学、东京上智大学、东京出光美术馆、京都藤井有邻馆、泉屋博古馆、冈山县仓敷市大原美术馆、大阪市美术馆、大阪国立民族学博物馆等单位都有铜鼓收藏。从这些铜鼓的形制来看，有北流型的、灵山型的，有冷水冲型的、麻江型的，也有西盟型的，其中不乏来自中国广西的。

在东京国立博物馆东洋馆陈列室有4面铜鼓，其中有一面是灵山型铜鼓，鼓足被截去，鼓面有6只三足青

图15. 东京出光美术馆的广西铜鼓（蒋廷瑜 摄）

蛙塑像，主要纹饰是钱纹，显然是中国两广地区南部的铜鼓。库房中有4面铜鼓，其中一面为北流型铜鼓，足部也被截去，青蛙瘦小，圆茎环耳，也是岭南铜鼓。

东京出光美术馆有一面冷水冲型铜鼓，通高64厘米，口径81厘米，鼓面突出鼓颈，但仍在胸部最大径之内，胸部圆突，但较扁矮，腰较长，足较高，胸腰间有两对辫耳，鼓面边沿有4只大青蛙塑像，胸部主晕是变形船纹，腰部是骑兽纹，其他晕圈是栉纹、切线同心圆纹等，足部光素。从形态来看，与左江—邕江流域的冷水冲型铜鼓相似。在其腰部的兽纹之上，錾刻有9行汉字，从铭文可知，这面铜鼓于清嘉庆十四年（公元1809年）供奉在广西大新县境某个寺庙里的，不知何时流落到日本。

东京庆应大学所藏的铜鼓也是冷水冲型铜鼓，面径65.5厘米，高45.2厘米，鼓面微出沿，足较高，胸腰间

有4个宽扁大耳和两个窄条小耳，鼓面太阳纹12芒，芒间夹坠形纹；其外18晕，分别饰翔鹭纹、变形羽人纹、复线角形纹、复线交叉纹、同心圆纹、栉纹、羽纹、眼纹；边沿有青蛙塑像4只，另有小狗、小鸟塑像各1只；胸部有正倒相置的变形船纹，腰部有变形羽人纹、细方格纹，足部有垂叶纹、细方格纹和眼纹，应是中国广西浔江流域冷水冲型铜鼓。

京都藤井有邻馆展出4面铜鼓，依次是北流型、灵山型、冷水冲型和麻江型。主人在说明卡上将前三面铜鼓都标示“中国广西南部出土”。

泉屋博古馆展出的四蛙纹铜鼓是冷水冲型向灵山型过渡的形态，极像广西灵山县旧州出土的铜鼓。

大阪市美术馆收藏的铜鼓是北流型铜鼓，鼓面广于鼓身，有垂檐（唇边），太阳纹8芒，三弦分晕，饰云雷纹，腰间有四环耳，应来自中国两广的云开大山地区。

运到桂林再运往欧洲。黑格尔称此鼓为“南宁府大鼓”，面径127厘米，鼓面有青蛙塑像六组，其中两组累蹲，鼓壁下沿（即足部）有两只鸟塑像，应是灵山型铜鼓。

瑞士苏黎世丽特贝格博物馆收藏一面有鱼塑像的冷水冲型铜鼓，应来自广西浔江流域。

美国芝加哥菲尔德自然历史博物馆中国展厅至今还陈列着一面灵山型铜鼓。这面铜鼓置放在一个六角形的红木座垫上，在整个展厅中相当显眼。鼓面中心略微隆起，周围有向外辐射的光芒和浮雕图案，边沿有六蛙，鼓身两侧有两对耳。整个造型厚实庄重，对称和谐，起伏有序，遍体纹饰十分优美。①

在美国弗莱尔美术馆有一面灵山型铜鼓，面径118厘米—120厘米，高71厘米，鼓面六蛙叠踞，另有虫纹、圆孔钱纹、“四出”钱纹和云纹，鼓耳下方足部有小鸟塑像。这面铜鼓早在1964年就一直陈列在日内瓦的Chow家，1994年6月4日在英国伦敦索士比拍卖会上卖出，Chow基金会随即捐赠给弗莱尔美术馆。②

图16. 美国弗莱尔美术馆的灵山型铜鼓（蒋廷瑜　摄）

3. 欧美

在欧洲、美洲许多大城市珍藏有广西铜鼓。

据黑格尔《东南亚古代金属鼓》一书载：19世纪末至20世纪初，在德国、法国、瑞士等国的博物馆都有中国南方铜鼓。香港有一家德国公司，先后搜集到39面铜鼓，其中维也纳皇家博物馆3号鼓来自广西。据卖主说，他去广西的安老购药途中，看到有人从山上挖出此鼓，色泽灿烂，就用一大笔费用把它买下来，运到上海。1892年2月19日维也纳皇家博物馆通过当时的上海领事哈斯买到。德累斯顿9534号鼓“来自中国的广西”；9535号鼓是麻江型，“出自中国华南的广西”。莱顿奥德海顿博物馆的铜鼓“来自中国广西”。书中特别提到一面“北海鼓”，拓片来自中国南方的北海地区。梧州Ⅰ号鼓是奥地利驻梧州海关助理科·安德斯的收藏品，梧州Ⅱ号鼓为中国官吏所有。

德国柏林博物院收藏一面大铜鼓，是德国雷克斯公司在广西南宁购得的，应是广西南部地区出土的，后来

在美国赛克勒艺术馆也有一面灵山型铜鼓，面径101厘米，高59厘米，太阳纹10芒，二弦分晕，三累蹲蛙间三单蛙，鼓身有22道晕。

广西铜鼓不胫而走，带着它丰富的文化信息，流散到世界的各个角落。

第五节　广西铜鼓的收藏

1963年春，郭沫若来广西博物馆参观时，该馆已经收藏铜鼓将近200面，但还没有开设专门的铜鼓陈列室，这些铜鼓都还堆放在狭窄的文物库房里。得知郭老要看铜鼓，馆长只好领他到文物库房去。打开文物库房大门，一眼看去，无数的铜鼓层层叠叠地堆垒着，令郭老震惊

①何绍榜等：《芝加哥的广西铜鼓》，《今日广西》2001年第7期。
②江瑜：《记弗莱尔美术馆所藏灵山型铜鼓》，《广西考古文集》2007年第3辑。

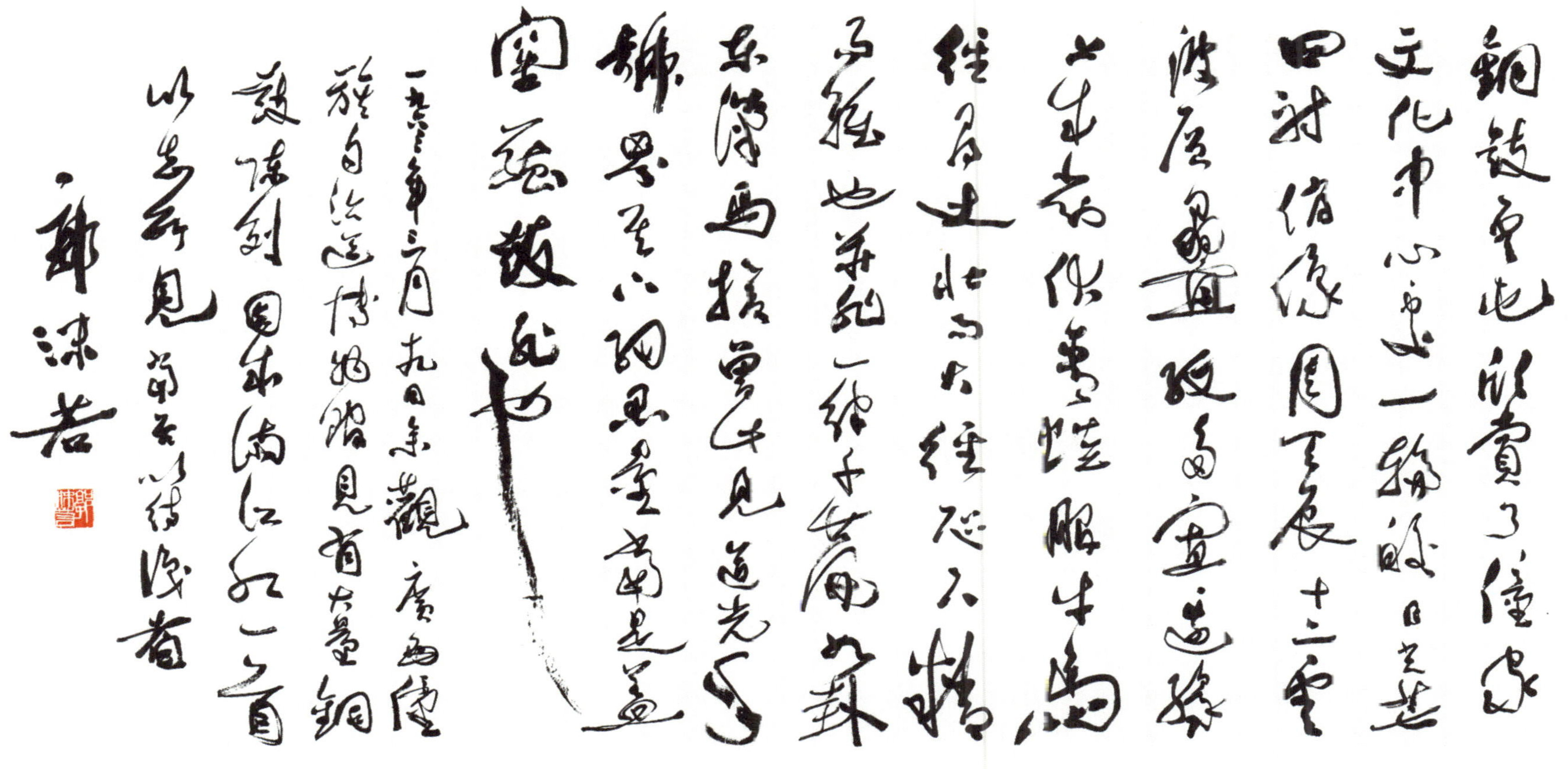

图 17. 郭沫若为广西博物馆填写的《满江红》

不已。他在当时填写《满江红》词的第一句就说：“铜鼓云屯，欣赏了僮（壮）家文化。”用“云屯”一词来形容广西博物馆铜鼓之多，真是再恰当不过了。

一、以前铜鼓大多藏于寺庙和官府

广西历代都有铜鼓出土，何止成百上千！这些铜鼓，后来去哪里了呢？据当时文献记载，这些铜鼓都被认为是稀有之物，“非人间所宜私宝”（清·金铁《铜鼓记》），大部分被没入当时的省、府、州、县府衙及学宫，有的流入神祠佛寺，有的被士大夫私藏。

远的已不可追忆，只能从明代说起。

明嘉靖年间《南宁府志·地理志》记载，当时南宁的城隍庙后寝有小铜鼓。明朝末年，旅行家徐霞客到南宁考察，还在府城城隍庙内看到铜鼓，并说广西所属各道也有铜鼓一二。

天启年间，浔州学正（学官）乐明盛写了一篇《浔州双获铜鼓记》，记载万历年间在桂平浔州铜鼓滩打捞出的一面铜鼓被放入浔州府文庙，同时从白石山挖出的一面铜鼓被置于浔州府城清风楼。

据清道光十二年（公元1832年）任士谦、杨兆晋修《博白县志》记载：明弘治年间，在博白县铜鼓潭捞获一面大铜鼓被解送到梧州，存于梧州制府。张穆《异闻录》证实梧州镇府左廊悬挂着一面铜鼓。明朝魏濬在《西事珥》提到，在桂林府衙署中有铜鼓。所以邝露在《赤雅》一书中总结说：铜鼓“东粤则悬于南海神庙，西粤则悬于制府厅事”。

乾隆时期《梧州府志》记载：梧州府“旧有铜鼓十数面”。嘉庆年间兴业县石南关帝庙供奉着铜鼓。光绪年间两广盐运同知金武祥在《粟香随笔》一书中记载，他在辛亥（公元1851年）春，途经浦北、博白时，在浦北县的六硍圩（今六硍镇）和博白县的六凤圩，都看到庙中有铜鼓。

村民得到铜鼓，将铜鼓献给寺庙的事，在地方志中有许多记载。

光绪十七年（公元1891年）《郁林州志》卷二十《艺文》记载：玉林城西北馒头圩金顺庙有一面铜鼓，是道光二十六年藤龙堡村民耕地所获的，当地被选送入国子监读书的生员杨英出面向大众募集资金把它买下，送到庙里供奉。该书还说：玉林城西南高沙堡流表村尚书庙的一面铜鼓，是道光年间有游人进山游玩，看到一只大鼠逃入地洞，此人随即用砍柴的斧头挖掘，不到数尺就挖到了这面铜鼓，把它抬回家，也是村民凑钱把它买下来，送到庙中供奉的。此书还说：玉林城东印岭村寒山庙的那面铜鼓，是道光三十年北流新圩人锄田偶然得到的，梧州府同知曾重光把它买下，悬挂在庙中。

光绪四年（公元 1878 年）徐作梅纂《北流县志》记载：明景泰三年，一位撑船的人从铜鼓潭中捞获一面铜鼓，不敢私藏，送至北流县谯楼；清嘉庆二年六月，北流石一里庞陂上一里多的溪边水潦，冲出一面铜鼓，乡人发现，合力移入泗洲庵，用作更鼓；相传卞三里水埇村黄式中在行潦中拾得一面大铜鼓，送给宝兔庵祭祀；道光六年四月初二日卞一里乡民掘地种竹挖到一面铜鼓，约重三百斤，送给了龙山寺庙；道光十八年四月初十大雨，扶来里大伦村山崩，出土一面大铜鼓，约重四百斤，村民把它送给城隍古庙；波一里龙虎砦掘出一面铜鼓，送给将军庙；咸丰七年北流城被农民起义军攻陷，铜鼓下落不明。该县志还记载，光绪初年，在平陵里新圩玉虚宫有铜鼓，禄厚村三教堂、沙埒村护龙寺、河村泗洲庙、水埇庵内都有铜鼓。

光绪九年（公元 1883 年）《平南县志》记载：同治四年，平南县大乌里村民农振世耕山烈草，在草丛中挖到一面铜鼓，蓝垌一位姓杨的人以制钱六千买下，送入里中三甲庙。

光绪二十年(公元 1894 年)梁吉祥修《贵县志》记载：贵县农民在山谷中挖土，经常获得铜鼓，多数被供祀神佛，在庙宇中常有保存，当时的山北里尚龙寺、怀西里思怀圩永兴寺，都有铜鼓收藏。

光绪三十年（公元 1904 年）《容县志》记载：嘉庆癸酉岁，容县一里农民掘得一面铜鼓，知县会礼用十金把它买下，原想把它放置在西门城楼以配开元寺铜钟，有人说这样做不吉利，就把它改送水月宫了。

民国《兴业县志》记载：兴业县石南关帝庙原有一面铜鼓，民国十五年移至石南宾兴馆。这面铜鼓鼓面镌有字：“己未科举人任江西卢州卫千总庞安国置买汉代铜鼓一面敬送石南关帝庙前永久供奉，嘉庆辛酉年蒲月吉旦献”。嘉庆辛酉年为公元 1801 年，由此可知，这面铜鼓原是清嘉庆己未年（公元 1799 年）举人庞安国在辛酉年(公元 1801 年)买来供奉在关帝庙的。

民国二十三年（公元 1934 年）《贵县志》记载：民国十八年在贵县县城南岸也出土一面铜鼓，存放在县城同福堂。

民国二十三年（公元 1934 年）《岑溪县志》记载：岑溪有三面铜鼓，其中一面是明代连城乡凤凰山崩出土的，放置在城内的关帝庙；一面是清康熙四十年有人于归义乡文络山挖地洞获得的，放置在文庙；第三面是雍正元年西乡封贵洞土自松露出，被挖出来后，放置在南渡埠的邓公祠。

民国二十三年（公元 1934 年）《上林县志》记载：上林县北关五显庙、里民圩三圣宫、县东南三教寺，旧时都各有铜鼓一面；大山圩关帝庙旧有铜鼓两面；下无虞乡一里莲花寺、清平寺，二里白圩寺、演德庵旧都各有铜鼓一面；罗圩、古蓬也都各有铜鼓一面。

图 18. 曾放置过大铜鼓的北流水埇庵（图中庵名“水冲庵”为后人重写）（蒋廷瑜 摄）

民国二十四年（公元 1935 年）《北流县志》记载：卞一里北容高山庙的铜鼓，是民国初年村人掘土时得的，送置庙里。此铜鼓面径二尺余，高与面径相当，中空无底，有四耳，腰束而脐隆起，通体作络索连钱及水漾纹，鼓面蟾蜍四个。民国二十三年因捣佛像，东坪卢姓将它运回家中私藏。那排庵铜鼓，系民国二十二年罗卞区仁德乡寨肚坡村民梁某，扩辟旧宅地堂角时掘出，那排村民众出铜仙六千枚买下送置庵内。将军庙铜鼓，由波一里龙虎寨掘出送庙内。卞一里岭垌龙山寺那面清道光六年出土的铜鼓，仍在寺庙中。在扶来大嵛冲天观、西新区新圩初小学校、卞二里社峒水口禄隆寺亦放有铜鼓。

民国三十一年（公元 1942 年）刘润纲修《合浦县志》记载：清嘉庆二年，农民在古立挖获一面铜鼓，民众花钱买下送入文昌阁。道光年间在泗洲山麓掘得的一面铜鼓藏福旺圩护民庙。光绪四五年间，渔人在白龙城南门外二里许的烟墩岭脚海沙内挖出五面铜鼓，其中最大的一面送入白龙三清庙，一面卖入城南李氏安园，一面卖入玑屯王宅，较小的一面卖给城南李氏平园，一面卖给乾体，入藏天后宫。

民国三十七年（公元 1948 年）《象县志》记载：象

州有一面光绪二年出土的铜鼓，被城内人购置于五显庙。

在清朝，除了上述寺庙供奉铜鼓，平南县的乌江伏波庙、西村永隆寺、六乌圩庙、韦村庙、木鱼岭文昌阁、大中圩观音庙、蓝垌三甲庙等，也都有铜鼓（光绪《平南县志·金石略》）；博白县新文阁、攀龙庙藏有铜鼓（道光《博白县志·金石》）；桂平甘王庙（民国《桂平县志》）、崇左城隍庙（雍正《太平府志·崇善古迹》）、龙州玄协寺（民国《龙津县志·金石》）等，也有铜鼓。乾隆五年（公元 1740 年）七月，灵山县苏村农民王邦俊挖获一面铜鼓，“解贮司库”；道光《廉州府志》记载乾隆六年夏六月，合浦县藤黎村农民谭海鳌刨获一面铜鼓，“藏学宫”。崇霖《铜鼓歌》谈到，道光年间永淳（今属横县）甘棠圩莽将军庙也有铜鼓。

辛亥革命以后，散见于各地寺庙的铜鼓更多，上述一些寺庙里的铜鼓有的继续保存。此外，还有民国《北流县志》记载北流北一里北容高山庙、罗片那排庵、下二里社垌水口禄隆寺、扶来大崙冲天观也藏有铜鼓。民国《陆川县志·坛庙》记载陆川上甲上垌庙有铜鼓；民国《贵县志·金石》记载贵县北里上龙寺、怀西里永兴寺有铜鼓；民国《岑溪县志·杂记篇》记载岑溪关帝庙、归义文庙、南渡邓公庙有铜鼓；民国《钦县县志·金石》记载钦州文庙、马侯庙、李家祠有铜鼓；民国《灵山县志·金石类》记载灵山高山大庙、烟墩圩文武庙、茅金圩文武庙、新圩文武庙、平山练阳山盘古庙、宋泰练仇介祠、平力村福成寺、六峰山三清殿有铜鼓；民国《合浦县志·金石·汉铜鼓》记载合浦福旺圩护民庙、白龙三清庙、乾体天后宫有铜鼓；民国《防城县志初稿·金石》记载防城清惠宫、民国《象县志·金石》记载象州五显庙、民国《宾阳县志》记载宾阳盐仓岭贤良祠、民国《隆安县志·古迹》记载隆安乔建圩雷霆庙，都有铜鼓收藏。

钦州犀牛角乌雷村有伏波庙，又称“乌雷庙”，庙祀东汉马援将军，在正殿东边放有面径约一米的大铜鼓一面，配以铁钟，每祭祀时都要鸣钟击鼓。

二、私家收藏铜鼓渐成风气

明清以来，私家收藏铜鼓也渐成风气。

清乾隆时的太平知府查礼拥有一面铜鼓，将自己的书斋命名为“铜鼓书堂”。乾隆太平府在今崇左市。

嘉庆年间广西巡抚谢启昆的儿子谢学崇，在道光年间《和张芥航河帅送铜鼓焦山歌韵》诗中说他家有两面铜鼓，是“泗城土人所献”。这两面铜鼓，质薄而坚，文镂精细，“泗城有鼓制颇殊，亦复镂致方圆花”。嘉庆泗城府治所在今凌云县泗城镇。

道光年间，广西布政使张祥河拥有四面铜鼓，桂林知府许芍友也有一面铜鼓。

咸丰时，贺州信都兴安乡社洞村人柳家槐任西隆州（今隆林各族自治县）教谕时，从农民手中得到一面铜鼓，带回信都老家收藏。[①]

光绪四五年间，在合浦白龙城南门外烟墩岭脚先后挖出五面铜鼓，除一面送入白龙三清庙，一面送给乾体天后宫外，另三面都被私人取走。[②]光绪二十年灵山县大化村人掘出铜鼓，被知县阮萃恩索去；宣统二年朱千岁坟铜鼓、高山大庙铜鼓和新圩文庄铜鼓，都被知县马维骢据为己有。[③]

金石学家罗振玉《俑庐日记》记载：周松霭曾任岑溪知县，获一铜鼓收藏。

据黑格尔《东南亚古代金属鼓》一书说，他在 20 世纪初托人在中国调查，当时梧州一位官员藏有铜鼓。

民国《钦县县志·金石》记载：钦州大寺冯敏昌家藏铜鼓六七面，冯树蕡堂、冯树茂堂、冯荣喜堂、冯坡研斋都有铜鼓。

民国三十五年（公元 1946 年）《凤山县志》记载：当时凤山县隆梅乡九龙村黄文观，隆梅村黄伯器，砦牙村罗文书、龙昌运、罗明园、罗淮芝、罗明总和乔音乡大同村罗广都有铜鼓。

图 19. 东兰县铜鼓收藏大家韦万义先生

①民国《信都县志》卷五。
②民国《合浦县志》卷六。
③民国《灵山县志》卷二十。

民国三十五年（公元 1946 年）《三江县志》记载：和里乡杨成杰家、福安乡廖村韦建民家、高基乡桐叶村覃庆祥家、高基乡后里村覃海龙家，都各“藏孔明鼓一个”。

刘锡蕃在《岭表纪蛮》一书第十九章中记载，他在百寿县（今属永福县）老家也收藏一面铜鼓。

三、当代广西收藏铜鼓的国有文博单位

铜鼓作为古老的历史文物和现实的民族文物，都有极珍贵的收藏价值。广西各级文物部门都很重视铜鼓的征集和研究。

1934 年成立的广西博物馆，从一开始就很重视对铜鼓的调查和搜集。1935 年出版的《广西一览》记载当时广西博物馆已藏铜鼓 4 面。该馆在 1935 年向 11 个县发出书面调查之后，即于第二年（1936 年）就从南宁、宾阳、永淳（今属横县）、南丹、都安等地征集到 7 面铜鼓。到 20 世纪 40 年代，该馆收藏铜鼓已达 20 面。50 年代以后，该馆对铜鼓的搜集研究更加积极，不但花人力、财力将散存各地的铜鼓集中起来，而且对铜鼓的出土地点做细心调查和记录，建立科学的资料档案。60 年代初，广西博物馆已拥有铜鼓 160 多面，到 90 年代初，增至 345 面，是当时中国乃至世界收藏铜鼓最丰富的博物馆，铜鼓陈列也就成为它最具特色的基本陈列。这些铜鼓中的一部分于 2008 年移交给新成立的广西民族博物馆，广西民族博物馆则成为当今世界上拥有铜鼓最多的博物馆。

桂林、柳州、梧州、钦州、百色等地博物馆也有不少铜鼓收藏。其中桂林博物馆有 20 面，柳州博物馆有 18 面，右江民族博物馆有 17 面。自 20 世纪 70 年代以来，一些县和县级市陆续建立文物管理所或博物馆，负有搜集收藏铜鼓的责任，收藏铜鼓的数量也很可观。

北流县（现北流市）境内留存的铜鼓，在 20 世纪 50 年代有 7 面被广西博物馆收藏，其中包括水埇庵大铜鼓（即“铜鼓王”）；60 年代至 70 年代初，北流县出土的铜鼓又有 5 面入藏广西博物馆。自 1979 年成立北流县文物管理所起，北流境内出土的铜鼓则为北流县文物管理所收藏，1989 年成立北流县博物馆，则转藏北流县博物馆。1994 年北流县博物馆改称“北流市博物馆”。至 1998 年，北流市博物馆收藏该市境内出土的铜鼓已达 34 面，成为广西收藏铜鼓最多的县级市博物馆。

灵山县出土的铜鼓，20 世纪 50 年代至 60 年代前半期，多被广东省博物馆收藏；1965 年 8 月灵山县划归广西壮族自治区管辖后，该县出土的铜鼓则为广西博物馆收藏；1975 年成立灵山县文物管理所，1980 年成立灵山博物馆，之后灵山出土的铜鼓均为灵山博物馆收藏。灵山博物馆现藏铜鼓 24 面，是仅次于北流市博物馆收藏铜鼓最多的县级市博物馆。

桂平市博物馆有铜鼓 23 面，平南县博物馆有铜鼓 14 面，浦北县博物馆有铜鼓 12 面，藤县博物馆有铜鼓 10 面，陆川县文物管理所有铜鼓 8 面，博白县博物馆有铜鼓 8 面，贵港博物馆有铜鼓 7 面，玉林市博物馆有铜鼓 6 面，上林县文物管理所、宜州市文物管理所各有铜鼓 5 面，容县博物馆、武鸣县文物管理所、西林县博物馆、象州县博物馆各有铜鼓 4 面，龙州县博物馆有铜鼓 3 面，那坡县博物馆有铜鼓 2 面，罗城的仫佬族博物馆展出有铜鼓 1 面等。

这些铜鼓的来源主要是向社会征集。广西东部和东南部地区，自唐代以后已不再使用铜鼓，在地下埋藏的铜鼓，经常有出土。这些零星出土的铜鼓，以往除了没入官府、置放于神祠佛寺和其他公共场所外，大部分随出随毁，没有保存下来。各地建立博物馆以后，出土的铜鼓有了正当的归宿。改革开放以前，农民挖到铜鼓，大都作为废杂铜卖给当地的供销社或其他废旧物资收购部门，文物主管部门获知后及时予以征集，转送给博物馆收藏。有的农民知道铜鼓珍贵，则直接献给博物馆。桂东南各县市博物馆收藏的铜鼓，大部分是通过这一渠道搜集的。广西博物馆收藏的唐以前的各式铜鼓也是通过这些渠道，或是通过各县市及乡镇废旧物资回收部门调拨而来。桂西地区一直还在使用铜鼓，大部分铜鼓还散藏民间，除了 20 世纪五六十年代作为废旧物资或封建迷信用品收缴外，一般则根据陈列展览和科学研究的需要，有计划、有目的地到民族地区，直接从使用民族群众手中征集。广西博物馆收藏的许多年代较晚的铜鼓就是在 20 世纪 50 年代至 70 年代的时候通过这样的方

图 20. 北流市博物馆铜鼓陈列室一角（蒋廷瑜　摄）

式收集起来的。如1955年一次从南宁供销社征集到铜鼓9面，1958年一次从柳州收购站征集到铜鼓32面，1962年又从柳州征集到22面，1964年再到柳州二级站征集到9面。1970年在南宁废旧物资公司鉴选出34面，1972年从河池废旧物资公司鉴选出35面。南宁、柳州、河池这些铜鼓除极少数是地下出土的以外，绝大多数是从河池、百色民族地区流散出来的，当时如不及时鉴选收藏，则将作为废杂铜送到冶炼厂熔化成铜材。20世纪50年代以来，广西、贵州已有不少铜鼓作为废杂铜，通过物资部门调往上海和湖南株洲，上海博物馆收藏的200多面铜鼓中有140多面是从上海冶炼厂鉴选出来的。

改革开放以后，一些藏家也收藏铜鼓。

四、实用铜鼓散藏民间

特别值得提出的是，桂西地区，自明清以来，还在使用铜鼓，民间收藏铜鼓极为丰富。虽经20世纪50年代至70年代的损毁，但到现在为止，还有数以千计的铜鼓散藏民间。河池地区文物站于1991—1992年对该地区（现为河池市）所辖11个县市进行全面调查，发现其中9个市、县50多个乡镇存有铜鼓，总数达1417面。其中仅东兰县就有538面，南丹县有380面，大化瑶族自治县有274面，巴马瑶族自治县有141面，天峨县有41面，凤山县有16面，都安瑶族自治县有16面，罗城仫佬族自治县有2面，宜州市有2面，河池市（今金城江区）有1面，地（市）直属单位有6面。据说这些数字还是比较保守的，实际数字还要增加10%以上。与此毗邻的百色市，在田林、西林、那坡等县的壮、苗、瑶、彝等民族也还在使用铜鼓，民间保存铜鼓也不少。这些铜鼓是"活"的，是铜鼓文化生生不息的最好见证。

图21. 河池铜鼓大展示

第二章 铜鼓的类型及其特征

铜鼓流行的时间长，分布的地域广，品类繁多，在研究和表述过程中，人们把它们分成各种不同的类型。元代马端临在《文献通考》中把铜鼓分成大、中、小三类，只从大小来分类，过于简单化，不够科学。明代邝露作《赤雅》，把铜鼓分为『伏波鼓』和『诸葛鼓』两种，认为大的是伏波鼓，小的是诸葛鼓。清代乾隆时期官修《西清古鉴》根据这种称谓，认为『大抵两川所出为诸葛遗制，而流传于百粤群峒者则皆伏波为之』。他们虽然注意到了地区和时代的差别，但附会了马援和诸葛亮创制铜鼓的传说，也不科学。

第一节 铜鼓分类法

最早对铜鼓采取科学分类的要算德国学者迈尔和夫瓦，他们在1898年发表《东南亚的青铜鼓》，将52面铜鼓按形制和纹饰的不同分为六个类型；而奥地利学者黑格尔在1902年出版的《东南亚古代金属鼓》一书中，将165面铜鼓分成四个基本类型和三个过渡类型，为铜鼓的科学分类奠定了基础[①]。

黑格尔概括这七个类型铜鼓的主要特征如下：

Ⅰ型，差不多都是大型或特大型鼓。鼓面中心星体（即太阳纹）一般是12道芒，边沿大都有向上突出的4只单体青蛙，有时还夹有2个骑士塑像。大多数鼓面突出鼓体外的部分明显。鼓身从上往下明显分为3节，上部突出，中部凹陷，下部垂直或先收后张。鼓耳一般是4只，成对排列，耳上有编织状花纹，中轴线上常常有隙孔。有的鼓在4只鼓耳旁还附有2只副耳。鼓体表面大都有略为相似的有规律排列的纹饰。一切特征表明，Ⅰ型是所有鼓的基本型，其他类型都是它在新的地区的流行中渐次演化而成的。

Ⅱ型，差不多都是大型或特大型鼓。星体一般为8道芒，芒线纤细，鼓面边沿都有蛙饰，大多是6只，罕有4只者，每只蛙背上又蹲1只小蛙。鼓面总是大于鼓身，鼓体外型简朴，没有大的起伏，但胸、腰、足三节还是相当分明。4只鼓耳成对地分列两边，每边的两只鼓耳挨得很近。装饰纹样异常精美，图案化程度很高，而且多是简洁的几何图案。

Ⅲ型，一般为中等体型，是各种类型中最精美的鼓。鼓面明显突出鼓身之外，中心星体不是12道芒就是8道芒。鼓面边沿总是四组青蛙，很少是单层的，一般都是两三层，甚至四层的累蹲蛙，自上而下，一只比一只大。鼓体上部有一小节呈圆柱形，往下陡然缩小，直到鼓的底部才又呈圆柱形，分辨不出鼓胸、鼓腰和鼓足。鼓面有为数众多的晕圈，充填着为数众多、风格鲜明的装饰性图案，还有飞鸟和立鸟、鱼和蔷薇等动植物图形。鼓耳细小而精美。

Ⅳ型，又将它称作“中国鼓”。大型鼓不多见，很少有超过中型的，星体都是12道芒，鼓面和鼓身都没有塑造的图像。鼓面直接和鼓身相连，鼓体分为两节，胸腰已融为一体，腰和足也没有明显的分界。鼓耳4只，成双成对排列，纹饰一般都是中国的图案和动物图像。

三个过渡类型是ⅠⅣ型、ⅠⅡ型、ⅡⅣ型。

ⅠⅣ型，清楚地表现出Ⅰ型鼓与Ⅳ型鼓之间的联系。

ⅠⅡ型，大多数纹饰居于Ⅰ型与Ⅱ型之间。

Ⅱ Ⅳ型，兼具这两种类型鼓的特征。

中国学者闻宥在20世纪50年代编著《古铜鼓图录》时，介绍了34面铜鼓，把它们分成甲、乙、丙三式。闻宥把黑格尔Ⅱ型升为甲式，把黑格尔Ⅰ型降为乙式，其丙式相当于黑格尔Ⅳ型。[②]

1964年黄增庆发表《广西出土铜鼓初探》，对广西的铜鼓进行了分类研究。黄增庆将广西铜鼓分为四类：第一类的特征是鼓面中央太阳纹6—12芒，多数是8芒，各晕宽窄差不多相等，边沿蛙像一般4个，纹饰以雷纹为主，鼓耳多为4只竹节纹环形耳，分布于广西东南部，年代为战国；第二类的特征是太阳纹10—12芒，以12

①黑格尔：《东南亚古代金属鼓》，石钟健等译，上海古籍出版社，2004。
②闻宥：《古铜鼓图录》，上海出版公司，1954。

芒居多，鼓面各晕宽窄不等，饰以翔鹭纹、羽人纹，胸部饰以船形纹，分布于广西中部、西部，年代为汉至唐；第三类的特征是太阳纹12芒，花纹较细，有飞鸟纹、小虫纹、蝉纹、金钱纹，主要分布于广西东南部和南部，年代为汉至唐；第四类的特征是太阳纹12芒，以游旗纹和十二生肖纹为主，还有云头纹、同心圆圈纹、乳钉纹，有的有汉字铭文，主要分布于广西中部和西部，年代是唐至清代。[1]

1974年洪声在《广西古代铜鼓研究》中公布广西铜鼓325面，将其划分为甲、乙、丙、丁四型，每型下分若干式，共20式。洪声的甲、乙二型相当于黑格尔的Ⅱ型，丙型相当于黑格尔的Ⅰ型，丁型相当于黑格尔的Ⅳ型。大型之下分小式，比黑格尔的分类更细、更准确，各类铜鼓之间的细微差别、发展脉络和相互关系也就更清晰。[2]

1980年在广西南宁市召开古代铜鼓学术讨论会，各地学者提出了许多分类方案。经过反复讨论，大多数学者倾向于用标准器出土地命名的方法分类，将中国境内的古代铜鼓分成八个类型：万家坝型、石寨山型、冷水冲型、遵义型、麻江型、北流型、灵山型、西盟型。前面五个类型主要流行于滇、桂、黔，可称为“滇桂系统”，因处于铜鼓分布区西部，又称为“西式”；后面三个类型主要流行于粤、桂、琼，可称为“粤桂系统”，因处于铜鼓分布区东部，又称为“东式”。广西两个系统八个类型的铜鼓兼而有之。[3]

第二节 滇桂系统铜鼓

滇桂系统铜鼓即是中国西式铜鼓，包括万家坝型、石寨山型、冷水冲型、遵义型和麻江型五个类型铜鼓。此类型铜鼓鼓面小于鼓身，胸部膨大突出，花纹大都用单弦分晕，晕圈有宽窄主次之分。五个类型发展序列清晰。

一、万家坝型

万家坝型铜鼓，以云南省楚雄万家坝春秋战国时期墓葬出土的一批铜鼓为代表，是原始形态的铜鼓。这类铜鼓鼓面特别小，鼓胸特别外凸，鼓腰极度收束，鼓足很矮，但足径大，足沿内有一周折边，胸腰之际有四只小扁耳；花纹特点是简单、古朴，有一种稚拙味，给予人以稳重感。鼓面的太阳纹有的仅有光体而无光芒，有的有光芒而芒数不定。鼓胸和鼓足都素面无纹，腰部也只是由几条纵线划分成几个空格。

黑格尔在写作《东南亚古代金属鼓》一书时，还没有发现这类铜鼓。那时他只看到一面，就是“东京盖列特Ⅱ号”鼓。因为仅此一例，黑格尔没法将它归类，只好在介绍完第Ⅳ型铜鼓之后，作为“奇特的鼓”单独介绍。这面铜鼓鼓面很小，鼓足很矮，鼓胸特别膨胀，鼓耳像辫带，每对相距甚远，鼓面中心有三个带状环，缺乏太阳纹和大多数铜鼓上常见的纹饰。20世纪50年代以后，这类铜鼓陆续在中国云南楚雄、弥渡、祥云、昌宁等地的春秋战国时期墓中发现。

在20世纪90年代以前广西还没发现此类铜鼓。后来，因为业务需要，云南省博物馆和广西博物馆互换铜鼓，广西拿一面灵山型铜鼓和一面北流型铜鼓换取云南一面万家坝型铜鼓和一面西盟型铜鼓，才凑齐八个类型。

1993年3月在广西田东县祥周镇联福村联合小学大门前南哈坡发现一座战国时期越人墓，出土铜鼓两面，同时出土铜罍一件和铜凿钉、玉管、玉玦、玉钏。所出铜鼓正是万家坝型，填补了广西铜鼓发展序列的空白。[4]这两面铜鼓分别命名为“南哈坡A鼓”和“南哈坡B鼓”。

①黄增庆：《广西出土铜鼓初探》，《考古》1964年第11期。
②洪声：《广西古代铜鼓研究》，《考古学报》1974年第1期。
③广西博物馆：《古代铜鼓学术讨论会纪要》，《文物》1980年第9期。
④陈其复等：《田东发现新型铜鼓》，《广西日报》1993年4月26日。

南哈坡 A 鼓，面径 50 厘米，高 32 厘米。鼓面太阳纹中心隆起，周围有不规则的太阳纹 15 芒，腰部由正、倒 V 形纹带纵分成空格，近足处有一周雷纹。现藏田东县博物馆。

南哈坡 B 鼓，面径 50 厘米，高 37 厘米。鼓面太阳纹隆起，有短小杂乱的太阳纹 22 芒，芒外又有杂乱的晕圈，外围饰以绳索纹。腰部有绳索纹夹曲折纹纵向分割的界格，近足处有一周倒 Y 形纹、绳索纹夹雷纹。现藏田东县博物馆。

1994 年 6 月于广西田东县林逢乡和同村大岭坡的战国早期墓中出土一面原始形态铜鼓，即田东大岭坡鼓。[①]面径 34 厘米，高 29 厘米。鼓面太阳纹中心隆起，11 芒。胸腰间有两对小扁耳。腰上半部用绳索纹夹对角三角纹纵分成格，下半部分别饰倒 Y 形纹一道，雷纹、绳索纹各两道。现藏田东县博物馆。

年代是从战国时期至东汉初期，前后延续了 500 多年。

贵县高中鼓 1955 年在广西贵县高中 8 号西汉墓出土。出土时已残破，拿到北京故宫博物院修复，修复后鼓足向外撇，略有变形。面径 42.3 厘米，高 43.2 厘米，鼓面双弦分晕，共 9 晕，太阳纹 8 芒，芒间饰叶脉纹，第 2、4、6、8 晕是栉纹，第 3、7 晕是圆圈圆点纹，第 5 晕是主晕，饰 4 只逆时针环飞翔鹭，边缘素白。现藏广西博物馆。

锅盖岭鼓 1977 年 6 月在田东县祥周公社甘莲大队锅盖岭战国墓出土。[②]铜鼓腰以下崩残，耳已残去，鼓面径还是 23 厘米，中心太阳纹 8 芒，芒间饰斜线纹，主晕为翔鹭 4 只。胸部突出，另有三角齿纹、回形纹、旋纹，腰以下崩残。现藏广西博物馆。

1976 年发掘广西贵县（今属贵港市）罗泊湾一号汉墓，出土两面铜鼓和一件由铜鼓改制的铜案，两面铜鼓分别名为 10 号鼓和 11 号鼓。[③]

罗泊湾 10 号鼓 面径 56.3 厘米，高 36.8 厘米，胸径 63.6 厘米，腰径 50.9 厘米，足径 67.4 厘米。腰部有辫纹小扁耳两对。鼓面 12 晕，太阳纹 12 芒，芒间填斜线。第 2—4 晕为点纹夹同心圆纹，第 5 晕为变体勾连雷纹、绳纹，第 6 晕素，第 7 晕为翔鹭，第 8—12 晕和胸上部、腰下部均为点纹、锯齿纹夹同心圆纹。胸部饰 6 组船纹，每船 6 人。船间有鹭、凫、龟。腰部纵分为 10 格，其中 8 格饰舞人 2—3 名。足部刻“百廿斤”3 字。现藏广西博物馆。

罗泊湾 11 号鼓 面径 28.8 厘米，高 24.4 厘米，足径 37 厘米，鼓面中心太阳纹 10 芒，芒间饰斜线纹，芒外 6 晕圈，第 3 晕为主晕，晕圈空白，第 2、4、5 晕圈饰栉纹；鼓身 6 晕圈，胸部上方和腰部下方都饰栉纹；胸部下方是两组羽人划船纹，每船 2 人，皆裸体。第 4 晕圈由竖行栉纹带分隔成 6 格，格内无任何纹饰。4 只扁耳等距离地跨附在胸腰之间，耳下方饰网纹。现藏广西博物馆。

图 22. 万家坝型田东南哈坡 A 鼓

图 23. 罗泊湾 10 号鼓

二、石寨山型

石寨山型铜鼓，以云南省晋宁石寨山汉代墓葬出土的一批铜鼓为代表，是成熟期铜鼓。这类铜鼓面部宽大，胸部突出，腰部呈梯形，足部短而直，布局对称，纹饰丰富华丽。鼓面中心是太阳纹，光体与光芒浑然一体，三角光芒之间填以斜线，太阳纹之外是一道道宽窄不等的晕圈，窄晕中饰锯齿纹、圆圈纹、点纹等构成的花纹带。宽晕是主晕，饰以旋转飞翔的鹭鸟。胸部也饰与面部相同的几何纹带，其主晕则是人物划船的写实画像。腰部除晕圈组成的纹带之外，还有由竖直纹带分隔成的方格，方格中饰以牛纹或用羽毛装饰的人跳舞的图像。此类铜鼓造型较雄伟，而纹饰刻画细腻。岭南西部出土此类铜鼓，如田东祥周锅盖岭战国墓、贺州龙中岩洞葬、贵港罗泊湾西汉墓、西林普驮西汉铜鼓墓出土的铜鼓都属此类，百色龙川、隆林共和也出土过此类铜鼓。此类铜鼓流行

①陈其复等：《广西田东再次出土万家坝型铜鼓》，《中国古代铜鼓研究通讯》1994 年第 10 期。
②广西壮族自治区文物工作队：《广西田东发现战国墓》，《考古》1979 年第 6 期。
③广西博物馆：《广西贵县罗泊湾汉墓》，文物出版社，1988。

1972 年广西西林县普驮粮站开辟晒谷场时发现汉代铜鼓墓一座，其葬具用 4 面铜鼓互相套叠而成[1]，这 4 面铜鼓分别被名为“普驮 280 号鼓”“普驮 281 号鼓”“普驮 282 号鼓”“普驮 283 号鼓”。

西林普驮 280 号鼓 面径 77.5 厘米，高 52 厘米，胸径 85.6 厘米，腰径 71 厘米，足径 90 厘米。鼓面 13 晕，太阳纹 16 芒，芒间填斜线，第 2、4、6 晕为勾连点纹带，第 3 晕素，第 5 晕为勾连云纹，第 7 晕饰 20 只翔鹭，第 8—12 晕为勾连点纹、锯齿纹夹勾连圆圈纹。胸上与腰下饰点纹、锯齿纹夹勾连圆圈纹，胸中部饰 6 组船纹，每船有 8—11 人，皆项髻。船间有鹭鸶和鱼。腰分 12 格，每格又分上下两层，上层饰鹿，下层饰舞人。现藏广西博物馆。

西林普驮 281 号鼓 面径 72 厘米，高 49 厘米，足径 83.3 厘米，鼓面纹饰已锈蚀，只见中心太阳纹 14 芒，芒间饰斜线角形纹，鼓身纹饰也已锈蚀，隐约可见胸部有船纹，腰部有翔鹭纹和羽人舞蹈纹，在胸的上下部和腰的分格间饰锯齿纹、同心圆纹或锯齿纹、羽状组成的纹带。现藏中国国家博物馆。

西林普驮 282 号鼓 面径 52 厘米，高 41 厘米，足径 56 厘米。鼓面中心饰太阳纹 10 芒，芒间饰斜线三角纹，双弦分晕，8 晕，主晕是翔鹭，次为大方形雷纹，另有勾连圆圈纹、栉纹。鼓面有精细的纺织品印痕和羽毛痕，并粘有小铜铃和大量排列整齐的细小串珠。现藏广西博物馆。

西林普驮 283 号鼓 仅存上半部，腰以下被锯去。面径 57 厘米，鼓面双弦分晕，共 9 晕，中心太阳纹 8 芒，芒间填复线角形纹，第 2 晕是变体雷纹，第 3、7 晕是勾连圆圈圆点纹，第 4、6、8 晕是栉纹，第 5 晕是主晕，饰 6 只逆时针翔鹭，边缘素白。现藏广西博物馆。

龙川鼓 1977 年 9 月在百色县（今百色市右江区）龙川公社平乐大队第四队村后背山坡半山腰出土。鼓面直径 41 厘米，高 28.5 厘米，鼓面花纹 4 晕，太阳纹 10 芒，芒间饰复线角形纹，另有锯齿纹、涡纹，主晕空白。鼓胸纹饰与鼓面相同；腰部以羽状纹纵分为 8 格，4 格空白，间隔 4 格锈蚀，隐约可见牛纹；下部饰齿纹和涡纹。现藏右江民族博物馆。

共和村鼓 1990 年 9 月于隆林扁牙乡共和村八组村旁小河崩塌处出土。出土时鼓足倾斜向上，无伴随物。面径 44.4 厘米，高 30 厘米，重 9 千克。鼓面中心饰太阳纹 8 芒，芒间饰羽状纹，双弦分晕，主晕饰翔鹭纹，其内外饰锯齿纹夹切线圆圈纹纹带各一道。胸饰锯齿纹、切线圆圈纹。腰以宽条锯齿纹竖分 6 格，每格内伫立一公牛。[2]现藏隆林各族自治县博物馆。

贺州龙中鼓 1991 年夏在贺州沙田镇龙中村红朱山岩洞墓葬出土。[3]铜鼓高 26.6 厘米，面径 36 厘米，鼓面中心太阳纹 18 芒，芒间饰斜线纹，芒外 6 晕圈，第 2 晕最宽，但空白。第 3、5 晕饰点纹，第 4 晕饰锯齿纹；鼓胸饰羽人划船纹 4 组，每船 4 人，皆裸体；胸腰之间隔以斜线纹带，腰部以羽纹纹带竖行分隔成 10 格，每格内饰一立牛，牛颈后有凸峰。鼓足饰锯齿纹和点纹纹带。属石寨山型早期鼓，现藏贺州博物馆。

三、冷水冲型

冷水冲型铜鼓，以藤县濛江乡横村冷水冲出土的铜鼓为代表，是发展期铜鼓。这类铜鼓体型高大轻薄，面径 63.5 厘米—87.7 厘米，身高 43.7 厘米—66.0 厘米。鼓面宽大，伸不出沿或稍稍出沿。鼓胸略大于面径或与面径相等，稍微膨胀，但不凸出，鼓腰上部略直，最小径在中部，鼓足较高，与胸部高度略等，鼓耳宽扁，饰辫纹，有的在四耳之外，还有半圆茎拱形小耳一对。纹饰总的特点是瑰丽而繁缛。鼓面中心太阳纹基本固定为

①广西壮族自治区文物工作队：《广西西林铜鼓墓葬》，《文物》1978 年第 9 期。
②陈应生：《隆林县首次出土石寨山型铜鼓》，《中国古代铜鼓研究通讯》1999 年第 15 期。
③贺县博物馆：《广西贺县龙中岩洞墓清理简报》，《考古》1993 年第 4 期。

12芒，芒间夹实心双翎眼坠形纹，鼓面边沿有立体青蛙，有的在青蛙之间再饰马、骑士、牛褛、水禽、龟、鱼等动物塑像，鼓面、鼓身遍布各种图案花纹。鼓面主晕为高度图案化的变形翔鹭纹，有一晕勾连雷纹及由此演变而来的复线交叉纹。鼓胸多有图案化的变形船纹，鼓腰有变形舞人图案和细方格纹，鼓足多有圆心垂叶纹。冷水冲型铜鼓以桂平、平南、藤县一带最集中，分布于邕江—郁江—浔江—西江两岸，遍布大半个广西。流行年代为东汉晚期至隋唐，以两晋南朝时期最为繁盛。

广西的冷水冲型鼓可分为形成期、成熟期和晚期三个类型。

（一）冷水冲型形成期铜鼓

这个时期的冷水冲型鼓带有过渡性质，保留有石寨山型铜鼓的一些特质，如鼓面小于鼓胸，胸部明显突出；与石寨山型不同的是，鹭鸟有腿有爪，合翅引颈伸长嘴，不是展翅飞翔，而是停落，呈向前走动姿势，与成熟期图案化翔鹭不同。如宜州冲英鼓、环江坡麓地鼓、南宁沙井鼓、桂平理村鼓。

冲英鼓 1998年5月在宜州市西北城郊14公里处的冲英村出土，大小两面。出土时，大铜鼓罩着小铜鼓，鼓面都朝上，无任何器物伴出。①

冲英大鼓 腐蚀严重，鼓面与鼓身分离，鼓身一分为二，断裂痕迹参差不齐，没有人为锯割迹象，整个外形轮廓仍然清楚，纹饰仍然清晰。鼓面直径49.5厘米，高32厘米，足径56厘米。鼓胸向外鼓出，大于鼓面，鼓腰近似垂直，胸腰之际有两对窄条辫纹扁耳。鼓足略微外撇，腰足间有一道凸棱。鼓面圆整，不出沿。鼓面有补丁，中心太阳纹光体因被敲打留下的痕迹很深。二弦分晕，鼓面10晕，太阳纹13芒，芒间填饰复线角形纹和菱形翎眼纹，由内至外，第2晕是复线角形纹，第3晕为双层切线同心圆圈纹，第4晕栉纹，第5晕勾连雷纹，第6晕是主晕，饰变形羽人纹，第7晕又是主晕，两个簪形定胜纹将晕圈分隔成两半，每半各饰4只逆时针方向行走的鹭鸟纹，第8晕栉纹，第9晕方格纹与双层切线同心圆圈纹相间，第10晕又是栉纹，边沿光素。鼓身是二弦分晕间三弦分晕，鼓腹上部是栉纹夹切线圆圈纹纹带，中部是竖向栉纹夹切线圆圈纹纹带分隔成6个长方格，格中空白，下部又是栉纹夹切线圆圈纹纹带；鼓足上部是三条弦线间饰细小的突点纹，接着是在突点纹间加饰较大同心圆点圆纹和相连续的双层复线角形纹。

冲英小鼓 相对较为完整，鼓面无黏附物，但有大面积残破，曾经多次修补，留下许多补丁，有的补丁多次重叠。鼓面直径22厘米，胸径36厘米，足径40厘米，高24.5厘米。鼓面正圆，也不出沿，鼓胸圆弧突出，鼓腰稍为内弧，鼓足略外撇。胸腰之间有两对窄条辫纹扁耳。鼓面纹饰二弦分晕，共8晕，中心太阳纹10芒，芒间间隔夹复线角形纹和翎眼纹，第2晕是勾连雷纹，第3晕是切线圆圈纹，第4、6、8晕都是栉纹，第5晕是主晕，由两个勾连雷纹组成的菱形纹间隔两组逆时针方向行走的4只鹭鸟，第7晕是切线圆心圆圈纹，边沿光素。鼓身也是二弦分晕，胸部4晕，除两晕栉纹外，其他光素；鼓腰纹饰是竖行栉纹夹双层切线圆圈纹纹带分隔成6个空格，下方是横行栉纹夹切线圆心圆圈纹纹带。鼓足为双层圆圈圆点纹和复线角形纹。

图24. 宜州冲英小鼓

冲英大小两面铜鼓都是石寨山型向冷水冲型过渡阶段的铜鼓。现藏宜州市文物管理所。

坡麓地鼓 2008年4月环江毛南族自治县东兴镇营兴砖厂坡麓地取烧砖土时，被推土机推出，地点离东兴街西约500米处。面径51.5厘米，高31.8厘米。鼓面中心太阳纹12芒，单弦分晕，有骑兽纹、栉纹、鹭鸟纹、定胜纹。边沿有四蛙逆时针环列，鹭鸟未展翅。现藏广西博物馆。

沙井鼓 2005年10月南宁市捞沙工人在邕江沙井段捞沙时捞出。纹饰基本清晰，鼓面有一晕变形羽人纹和一晕行走的鹭鸟纹夹定胜纹，腰部有带切线圆圈纹和栉纹组成的垂直纹带划分的方格，足部饰圆点圆圈纹和三角垂叶纹，带有从石寨山型向冷水冲型过渡的性质。

① 李楚荣：《广西宜州发现的铜鼓、画马崖画与古代马市、驿铺关系初探》，《广西民族研究》2001年第2期。

现为南宁私人收藏。

理村鼓 1982年2月于桂平县金田乡理村高车出土。鼓面完整，鼓身已残。面径37厘米，面沿略伸出颈外。鼓面中心太阳纹12芒，芒间间隔施以翎眼纹和羽纹，围以一道特别粗大的凸弦纹。太阳纹外共有7晕，由内向外分别施S形曲折纹、切线同心圆纹。第4、5晕为主晕，第4晕是变形羽人纹，第5晕是4只屈腿有爪、呈逆时针方向行走姿势的鹭鸟图像，另有两个定胜纹居于对称的两侧，将鹭鸟两两分开，第6—8晕是栉纹夹切线同心圆纹，最外一晕空白，其上环踞4只青蛙塑像，蛙像已缺失。[①]

武鸣东丘鼓、武鸣那浪鼓等为代表。

六谷村鼓 1972年在宾阳县思陇公社六谷村出土。面径83.1厘米，高58.8厘米。鼓面太阳纹13芒，芒间饰坠形纹，晕间饰栉纹、同心圆纹、水波纹，有3晕较宽，分别饰复线交叉纹、图案化鸟形纹、变形翔鹭纹，最外4道窄晕上等距离逆时针环列四蛙，边沿空白。胸部3晕，分别饰水波纹、同心圆纹、栉纹，腰部饰重叠羽人变形纹，足部饰圆心垂叶纹。

水燕村鼓 1974年在横县石塘公社水燕村出土，胸以下残失。面径82.6厘米，胸径83.2厘米。有辫纹宽耳两对。鼓面太阳纹12芒，芒间饰坠形纹，共10晕，分别饰栉纹、切线圆圈纹、复线交叉纹。两道主晕，第5晕饰图案化鸟形纹，第6晕饰变形翔鹭纹，其间有定胜纹四处，边沿空白，有青蛙塑像4只。胸部饰高度图案化船纹。

东丘鼓 1975年5月22日于武鸣县两江乡三联村东怀屯北东丘坡出土。面径68.5厘米，高47.8厘米，重23.5千克。鼓面太阳纹12芒，晕圈已到鼓面边沿。面沿

图25. 宾阳六谷村鼓

（二）冷水冲型成熟期铜鼓

成熟期的冷水冲型铜鼓分布面广，有一定地域特征，可分为邕江式、浔江式两个亚型。

邕江式铜鼓主要分布在邕江及左、右江流域，而以宾阳、邕宁、武鸣、横县等地最集中。此式铜鼓鼓面多伸出鼓颈之外，鼓面边沿光素。青蛙塑像4只，嘴尖上翘，素朴少纹。太阳纹12芒，芒间皆饰翎眼纹。单弦或二弦分晕，二弦者弦间光素，主晕为变形羽人纹和变形翔鹭纹，羽人纹有头饰2—3组，翔鹭间多饰定胜纹4组。其他各晕饰复线交叉纹、栉纹和同心圆纹或切线同心圆圈纹，无对向三角纹或S形曲折纹。鼓胸、鼓足纹饰较少，鼓胸仅个别有船纹，鼓腰上半部多有用直线、栉纹和同心圆纹组成的纵向分格纹带。鼓足饰圆心垂叶纹。邕江式铜鼓流行于东汉时期，也可分早、晚两期。

早期邕江式铜鼓以宾阳六谷村鼓、横县水燕村鼓、逆时针环列四蛙，胸腰间有辫纹扁耳两对，面饰变形羽人纹、变形翔鹭纹、圆心垂叶纹、复线交叉纹等。身饰勾连同心圆纹带，足饰圆心垂叶纹，是冷水冲型早期鼓的代表。[②]

那浪鼓 1983年2月8日在武鸣县府城镇喜庆村那浪屯西岩床坡东江河东岸出土。面径76.6厘米，高52.5厘米，重41千克。鼓面中心饰太阳纹11芒，面沿逆时针环列四蛙，胸腰间扁耳两对，面饰栉纹、同心圆纹、变形羽人纹、变形翔鹭纹和圆心垂叶纹等。身饰同心圆纹，足饰圆心垂叶纹。现藏武鸣县文物管理所。

这类铜鼓多为双弦分晕，晕弦较宽，弦间光素，变形羽人纹不规整，羽冠上的毛发或短或弯，颜面为两个同心圆。翔鹭纹以直嘴为多，体形不定，间置定胜纹4个。

晚期邕江式铜鼓以邕宁五塘六鸣山鼓，横县大塘鼓，武鸣牛角山鼓、西香鼓，宾阳荒茅山鼓、黑石顶鼓，大新慢侣鼓为代表。鼓胸、鼓足纹饰较少，鼓腰上半部多

①农学坚：《桂平理村铜鼓研究》，载《铜鼓和青铜文化的新探索》，广西民族出版社，1993。

②广西博物馆：《广西铜鼓图录》，文物出版社，1991。

有用直线、栉纹和同心圆纹组成的纵向分格纹带。

六鸣山鼓 1957年于邕宁县昆仑镇八塘村六增屯六鸣山出土。面径68.2厘米，高47.2厘米，胸径66.4厘米，腰径53厘米，足径65.7厘米。辫纹带孔扁耳两对，面沿逆时针环列四蛙。鼓面单弦分晕，共21晕，太阳纹12芒，芒间饰坠形纹，晕间饰图案化羽人纹、变形翔鹭纹间定胜纹、复线交叉纹，其他晕为栉纹、切线圆圈纹和羽状纹，边沿光素。腰部分成6个空格，足部饰一周圆心垂叶纹。

大塘鼓 横县陶圩大塘出土。面径72.6厘米，高51.5厘米，胸径74.5厘米，腰径60.6厘米，足径72.5厘米。辫纹大宽扁耳两对，面沿立线带纹大蛙4只，逆时针环列，鼓面以一弦分成13晕，中心太阳纹12芒，芒间翎眼纹；第2、3、4晕为波浪纹、同心圆纹和栉纹；第5晕复线交叉纹；第6、7晕为主晕，分别饰变形羽人纹和变形翔鹭纹；第8—12晕为席纹、同心圆纹与眼纹。胸上部为栉纹夹同心圆纹纹带，其下为两重变形船纹。鼓腰上部为变形羽人图案，其下环布栉纹、同心圆纹、

荒茅山鼓 1975年在宾阳县黎塘公社林村荒茅山出土。面径66厘米，高45.2厘米。鼓面中心太阳纹12芒，芒间饰坠形纹。主晕饰图案化鸟形纹、变形翔鹭纹间定胜纹，另有栉纹、同心圆纹、复线交叉纹。边沿光素，在最外3晕处饰4只青蛙塑像。鼓胸饰栉纹和同心圆纹，腰部以栉纹夹同心圆纹带纵分成格，格空白，格下亦饰栉纹夹同心圆纹，足部饰垂叶纹。

黑石顶鼓 1976年在宾阳县新桥镇里村黑石顶山出土。面径82厘米，高56厘米。鼓面中心饰太阳纹13芒，边沿逆时针环列四蛙。胸腰间有扁耳两对，饰栉纹夹双行同心圆纹纹带、复线交叉纹、变形羽人纹、变形翔鹭纹和定胜纹等。

大新慢侣鼓 1993年10月22日在大新县桃成镇大岭村慢侣屯出土。面径64厘米，高47厘米，重29千克。鼓面中心饰太阳纹12芒，边沿逆时针方向环列四蛙。鼓面饰圆圈纹、复线交叉纹、变形羽人纹、变形翔鹭纹，胸部有栉纹、同心圆圈纹、正覆船纹，腰部有变形羽人舞蹈纹，足部有细方格纹和蕉叶纹。现藏大新

细方格与波浪纹。鼓足上为席纹、细方格纹，中为圆心垂叶纹，下为羽纹与眼纹。此鼓胸内壁有小环钮三对。

牛角山鼓 1979年3月7日在武鸣县太平镇新联村皇庙屯牛角山出土。距地面约25厘米，出土时鼓面朝下。面径50厘米，高50厘米，重35千克。鼓面中心饰太阳纹12芒。面沿逆时针环列四蛙，胸腰间有辫纹扁耳两对，面饰栉纹夹双行勾连同心圆纹纹带、复线交叉纹、变形羽人纹、变形翔鹭纹等。身饰同心圆纹带，足饰圆心垂叶纹。现藏武鸣文物管理所。

西香鼓 1995年2月20日武鸣县宁武镇张朗村西香屯农民磨巨芬、马桂梅夫妇在其屯附近的武鸣河边荒地种植芭蕉挖坑时挖出。面径81厘米，高63.5厘米，足径79.5厘米，重65千克。鼓面中心饰太阳纹12芒，芒间饰坠形纹，面沿环列三足蛙4只。胸腰间有辫纹扁耳两对，每耳上下各开一长方孔；面饰变形羽人纹、变形翔鹭纹；胸、腰饰变形鸟纹和栉纹夹双行切线圆圈纹纹带，足部素面。[①]

县博物馆。[②]

浔江式铜鼓主要分布在浔江流域，尤以桂平、平南、藤县最密集，旁及贵港、上林、武宣、象州、金秀、柳江、鹿寨、蒙山。此式铜鼓鼓面略向颈外伸展，足部较高，除扁耳两对外，还有环耳一对，鼓面青蛙塑像4只。蛙嘴尖略下倾，装饰华丽，蛙双臀、背侧和头部边缘均饰绳索纹带。此外，蛙间多铸有乘骑、鸟、鱼、龟等塑像。鼓面和鼓身满布晕圈和纹饰，纹饰布局高度一致，较少变化。以单弦、双弦或三弦分晕，三弦者弦间多饰羽状纹。芒间均为翎眼纹。变形羽人纹高度图案化，仅一组头饰，颜面为双层同心圆中央加一个实心小圆点，羽冠上的线条纤细平直，末端与隔栏相连。翔鹭纹之颈和嘴皆细长弯曲，翅膀简化成折线，全无飞翔之意。鼓面近边沿处多饰有两晕眼纹。鼓胸饰高度图案化的变形船纹，鼓腰上半部饰变形羽人纹，鼓足饰圆心垂叶纹。其他各晕一般饰水波纹、方格纹、羽纹、同心圆纹、栉纹、复线交叉纹。此式铜鼓以藤县冷水冲鼓、藤县古竹乡鼓、桂平南木渡

①黄民贤：《武鸣新出土一面变形羽人纹铜鼓》，《中国古代铜鼓研究通讯》1999年第15期。
②何农林：《大新县出土铜鼓简介》，《中国古代铜鼓研究通讯》1995年第11期。

头鼓、武宣车渡码头鼓为代表。

藤县冷水冲鼓 1974年6月8日在藤县濛江镇横村冷水冲出土。面径83.7厘米，高60.2厘米。太阳纹12芒，芒间饰翎眼纹，边沿有逆时针环列线带纹大青蛙4只，蛙间有两组乘骑塑像。共17晕，晕圈直布到鼓边，一点空白都不留，其间有水波纹、同心圆纹、栉纹、羽纹、眼纹、复线交叉纹，主晕两道，分别是图案化鸟形纹和变形翔鹭纹。鼓身从顶到底布满纹饰，鼓胸饰水波纹、同心圆纹、栉纹与两重变形船纹；鼓腰为变形羽人图案、羽纹、细方格纹、同心圆纹、波浪纹；鼓足饰羽纹、细方格纹、圆心垂叶纹与复线半圆纹、水波纹、眼纹等。有辫纹带孔大宽扁耳两对，在另两侧又有半圆茎环耳两只；鼓的胸足内壁两侧有小钮四对，是冷水冲型铜鼓的标准器。现藏广西民族博物馆

藤县古竹乡鼓 20世纪50年代初于藤县和平镇古竹村出土。面径87.7厘米，高66.2厘米。胸腰间有宽大辫纹有孔扁耳两对和方茎半环耳一对。鼓面二弦分晕，共10晕，中心太阳纹12芒，芒间饰坠形纹，主晕有一变形翔鹭纹、复线交叉纹、眼纹、羽纹、相背变形船纹等。

下渡鼓 1958年于平南县上渡乡下渡水闸坡地出土。面径76厘米，高52.8厘米。鼓面中心饰太阳纹12芒，面沿环列四蛙，两蛙间各有一群小累蹲蛙及一动物塑像。芒间坠形纹，其余有波浪纹、复线交叉纹、羽纹、变形羽人纹、变形翔鹭纹等。现藏广西民族博物馆。

花石鼓 1971年于平南县思旺镇花石村北坡地出土。面径81厘米，高57.5厘米。鼓面中心饰太阳纹12芒，芒间坠形纹，面沿逆时针环列四蛙，二蛙间有两组乘骑塑像；胸腰间有扁耳两对，鼓腔内有小耳三对。鼓面主要纹饰有变形羽人纹、翔鹭纹；鼓胸有相背船纹，鼓腰有变形羽人纹，鼓足有蕉叶纹。现藏平南县博物馆。

西义鼓 1972年于平南县大新镇西义村西坡地出土。面径76厘米，高54.5厘米。鼓面中心饰太阳纹14芒，芒间坠形纹；面沿逆时针环列四蛙，青蛙背负小龟，二蛙间各有一大龟塑像；胸腰间有辫纹扁耳两对，半环耳一对；面饰变形羽人纹、变形翔鹭纹，胸饰相背变形划船纹。现藏广西民族博物馆。

图26. 藤县冷水冲鼓

晕复线交叉纹，两晕变形羽人纹，一晕变形翔鹭纹，两晕眼纹，边沿逆时针环立线带纹大蛙4只，蛙间有乘骑三处、水鸟一处，乘骑是一处单骑、两处双骑，水鸟为双鸟并立。鼓胸有两两相背的变形船纹，腰部是变形羽人舞蹈纹和叶脉纹、细方格纹，足部有叶脉纹、细方格纹、蕉叶纹和眼纹，鼓胸内壁两侧各有小环钮一对。

志成鼓 1951年在藤县和平镇志成村山坡出土。面径63.5厘米，残高45厘米，残重21千克。鼓面中心饰太阳纹12芒，边沿逆时针环立线带纹大蛙4只，相对二蛙间一处立一乘骑，另一处立一马及一动物立体装饰。饰变形羽人纹、水波纹、同心圆纹、栉纹、眼纹、复线交叉纹、变形船纹、变形翔鹭纹。有辫纹带孔大扁耳两对。

藤县平福鼓 1974年在藤县平福乡四方村出土。面径82.5厘米，高60厘米，重48千克。鼓面中心饰太阳纹12芒，面沿逆时针环列四蛙，蛙间有二龟；胸腰间有扁耳两对、半环耳一对，足部内壁两侧有小钮四对。主要纹饰为变形羽人纹、变形翔鹭纹、两重变形船纹。

甘村鼓 1974年6月在藤县象棋镇甘村东南出土。面径64.5厘米，残重14千克。鼓面中心饰太阳纹12芒，面沿逆时针环列四蛙，两蛙间各饰一乘骑。饰变形羽人纹、

竹根坪鼓 1975年3月在平南县大成乡大成村旺石竹根坪出土。面径75厘米，高55厘米。鼓面中心饰太阳纹12芒，芒间坠形纹，面沿逆时针环列四蛙，蛙间立两组乘骑塑像；胸腰间有辫纹扁耳两对、小环耳一对。主要纹饰有变形羽人纹、变形翔鹭纹、方格纹等，胸部有正覆船纹，腰部有变形羽人纹，足部有蕉叶纹。现藏平南县博物馆。

白坟坪鼓 1979年3月在平南县同和乡陈龙村白坟坪出土。面径69.3厘米，高48厘米。鼓面中心饰太阳纹12芒，面沿逆时针环列四蛙，相对二蛙间立一组5只鸟和一组3头牛，其中一头上坐有牧人；胸腰间有扁耳两对、环耳一对。主要纹饰是波浪纹、复线交叉纹、变形羽人纹、变形翔鹭纹和栉纹夹同心圆纹，鼓胸有变形船纹等。现藏平南县博物馆。

莲塘鼓 1990年12月在平南县大坡镇莲塘村与大新乡大和村交界处出土。面径71.5厘米，高50厘米，重40千克。面沿逆时针环列四蛙，蛙间饰两组双马单骑士塑像。胸腰间有辫纹扁耳两对，腹腔内有小耳两对。太阳纹12芒，芒间饰坠形纹。其他晕为席纹、变形羽人纹、复线交叉纹和变形翔鹭纹。身饰相背船纹。现藏平

南县博物馆。

平南大岭鼓 1991年7月于平南县安怀镇高荔村莲塘屯大岭顶上出土。面径68厘米，高46.3厘米，足径66厘米，重32.5千克。太阳纹12芒，面沿逆时针环列四蛙，蛙间饰两组立鸟；胸腰间有扁耳两对、环耳一对。面饰变形羽人纹、复线交叉纹和变形翔鹭纹，胸饰变形相背划船纹，腰饰变形羽人纹、网纹。现藏平南县博物馆。

平南武多鼓 2003年10月23日在平南县同和镇武全村武多屯修公路时挖到。面径69厘米，高52厘米，重25千克。鼓面中心太阳纹12芒，芒间饰坠形纹，最内一弦粗，其他为三弦分晕，主晕是变形翔鹭纹、变形羽人纹，其他为水波纹、栉纹、眼纹、复线交叉纹、羽状纹；边沿逆时针环列四蛙塑像，其间两处为田螺塑像，一处两只并列，一处三只呈三足鼎立之势。胸上部密集弦纹间同心圆纹，背向变形船纹；腰部主晕是变形羽人纹，其他为同心圆纹、栉纹、细方格纹；鼓足饰细方格纹、同心垂叶纹、水波纹、眼纹，胸腰间附两对辫纹扁耳。现藏平南县博物馆。

饰变形船纹。现藏桂平市博物馆。

鸡公山鼓 1974年在桂平县蒙圩镇新德村西鸡公山出土。面径73厘米，高52厘米，足径72厘米，重40.5千克。鼓面中心饰太阳纹12芒，面沿逆时针环列四蛙，相对二蛙间各有一乘骑塑像；胸腰间有辫纹带孔大宽扁耳两对，半环耳一对。主要纹饰有变形羽人纹和变形翔鹭纹。现藏桂平市博物馆。

桂平鹤岭鼓 1980年6月于桂平县西山乡福山村东屯鹤岭出土。面径81厘米，高58.5厘米，重43千克。鼓面中心饰太阳纹12芒，鼓面沿环列四蛙，蛙背饰线带纹，蛙间另有一女童喂马塑像。三弦分晕为主，饰复线交叉纹、变形羽人纹、变形翔鹭纹和两晕眼纹。胸腰间有扁耳两对，胸部有正覆船纹，腰部有变形羽人舞蹈纹，足部有细方格纹、蕉叶纹和眼纹。现藏桂平市博物馆。

西南村鼓 在桂平市寻旺乡西南村东浔江岸边台地出土。面径73.6厘米，高40.5厘米。鼓面中心饰太阳纹12芒，边沿逆时针环列四蛙，蛙背饰辫纹和缠丝纹，两蛙间有双鱼和双乘骑塑像；胸腰间扁耳两对，环耳一对。

南木渡头鼓 又称“桂平樟村铜鼓”。1972年在桂平县南木镇渡头村樟村屯西浔江岸台地上出土。面径85.7厘米，高61.5厘米，腰径70.3厘米，足径84.2厘米，重59千克。鼓面中心太阳纹12芒，芒间饰翎眼纹；环绕周围的是复线交叉纹、变形羽人纹、变形翔鹭纹、眼纹，边沿逆时针环列四蛙，相对二蛙间各有龟立体装饰。胸腰间有扁耳两对，胸部饰两两相背的正覆船纹，腰部饰变形羽人舞蹈纹，足部饰细方格纹、眼纹夹蕉叶纹。现藏桂平市博物馆。

桂平石鼓岭铜鼓 1972年于桂平石嘴镇石鼓岭村西南河边水田中出土。面径75厘米，高48厘米，重36.5千克。面沿逆时针环列四蛙，相对二蛙间有人骑牛拉橇和三棵花树立体装饰，胸腰间有辫纹扁耳两对。鼓面中心饰太阳纹12芒，芒间饰坠形纹。主要纹饰有变形羽人纹和变形翔鹭纹。现藏桂平市博物馆。

磨勾山鼓 1974年4月26日桂平县蒙圩镇新德村村民上磨勾山挖柴时发现。面径74.8厘米，高53.5厘米，重47.5千克。面沿逆时针环列四蛙，蛙间饰二乘骑，其一乘骑带马驹；胸腰间有扁耳两对，环耳一对。鼓面中心饰太阳纹12芒，面饰变形羽人纹和变形翔鹭纹，胸

鼓面主要纹饰为变形翔鹭纹、变形羽人纹，胸饰变形船纹。现藏桂平市博物馆。

母鸡头岭鼓 1991年10月20日桂平县木根镇秀南村村民在村东母鸡头岭发现。出土时鼓面倒置，腹内倒置一四系陶罐。面径86厘米，残高50.7厘米，重42千克。鼓面中心饰太阳纹12芒，芒间夹实心双翎眼坠形纹。面沿环列四立蛙和一穿山甲（鲮鲤）。胸腰间有扁耳两对。主要饰变形羽人纹，次为变形翔鹭纹、水波纹、栉纹、切线同心圆纹、复线交叉纹、雷纹等。现藏桂平市博物馆。

桂平张凌彭鼓 1993年1月31日桂平县金田镇张凌彭村村民在牛利田挖淮山时发现。面径74厘米，高49.5厘米，足径72.3厘米，重26.5千克。鼓面中心饰太阳纹12芒，面沿逆时针环列四蛙，两蛙间有一组“孩童戏鸭”立体装饰，与另两蛙间的“人牛播耕”立体装饰相对。鼓面纹饰以图案化羽人纹为主，次为羽纹交叉填线纹、变形翔鹭纹和同心圆眼状纹，胸腰间有扁耳两对，胸饰变形船纹，腰饰变形羽人纹、细方格纹。现藏桂平市博物馆。

贵港万新鼓 1978年7月在贵县庆丰乡万新村西南出土。面径77.5厘米，高52.7厘米，胸径78厘米，腰

径 65.2 厘米，足径 75.3 厘米，重 40 千克。太阳纹 13 芒，面沿逆时针环列四蛙，相对二蛙间一处有一乘骑，骑者背负小孩。胸腰间有辫纹扁耳两对、半环耳一对。鼓面饰波浪纹、羽状纹、复线交叉纹、变形羽人纹、变形翔鹭纹，胸部饰变形船纹等。现藏贵港博物馆。

武宣车渡码头鼓 1966 年在武宣县武宣乡武宣村东车渡码头出土。面径 89.2 厘米，高 65.7 厘米。鼓面中心饰太阳纹 12 芒，芒间饰坠形纹，面沿逆时针环列四蛙，蛙间原有两座观蛙台模型（观蛙俑已失）。台面有一四方形浅池，内铸四蛙分踞四角，相对而视，做争鸣。胸腰间有辫纹扁耳两对；鼓面纹饰密布到边沿，鼓身纹饰从顶到底，层层叠叠。主要饰变形羽人纹、变形翔鹭纹、正覆船纹和蕉叶纹等。现藏柳州博物馆。

寺村鼓 1974 年 4 月 7 日在象州县寺村镇寺村小学内出土。面径 80 厘米，高 57 厘米。鼓面中心饰太阳纹 12 芒，面沿逆时针环列四蛙，二蛙间饰有单乘骑。胸腰间有扁耳两对，环耳一对。面、身主要饰变形羽人纹、水波纹和鱼纹等。现存象州县博物馆。

崇山鼓 1974 年 4 月 7 日在象州县寺村镇崇山村崇山南出土。面径 76.5 厘米，高 53 厘米。鼓面中心饰太阳纹 12 芒，面沿逆时针环列四蛙，二蛙间饰一乘骑。胸腰间有扁耳两对、半环耳一对。主要饰变形羽人纹、水波纹、圆心垂叶纹等。现存象州县博物馆。

象州罗汉村鼓 1976 年 12 月在象州县中平乡罗汉村南水田中出土。面径 88 厘米，残高 55 厘米。鼓面中心饰太阳纹 12 芒，边沿逆时针环列四蛙，蛙间饰有乘骑塑像与牛塑像。胸腰间有扁耳两对、半环耳一对。主要饰变形羽人纹、星点纹、水波纹等。现藏象州县文物管理所。

苏村鼓 1989 年 1 月于象州县中平乡苏村西水田中出土。面径 64.5 厘米，残高 41 厘米。鼓面中心饰太阳纹 13 芒，边沿逆时针环列四蛙，二蛙间饰一乘骑和一马。胸腰间有扁耳两对。主要饰变形羽人纹、水波纹、菱形纹等。现藏象州县博物馆。

大普化鼓 1991 年 11 月 20 日在象州县中平乡大普化村北出土。面径 82 厘米，高 57.5 厘米。鼓面中心饰太阳纹 12 芒，边沿逆时针环列四蛙，二蛙间各饰一条大鱼，鱼均用绳索系住尾部拴于柱上。胸腰间有扁耳两对、半环耳一对。主要饰变形羽人纹、云雷纹、圆心垂叶纹等。现藏象州县博物馆。

平道鼓 1956 年在金秀县长垌乡平道村东南出土。鼓面略伸于鼓颈之外，面径 62 厘米，高 42 厘米，胸径 61.7 厘米，腰径 49.3 厘米。面沿逆时针环立线带纹蛙四只，蛙间饰有二乘骑，其一残失；面饰变形羽人纹、变形翔鹭纹和复线交叉纹。有辫纹宽扁耳两对。现藏广西民族博物馆。

流塘鼓 1993 年在柳江县流山乡流塘村出土。面径 65.6 厘米，高 51.2 厘米，足径 66.8 厘米。鼓面中心饰太阳纹 12 芒，主晕饰变形纹。面沿有蛙和乘骑塑像。胸腰间有扁耳两对。现藏柳江县博物馆。

鹿寨广崖山鼓 1985 年在鹿寨县中渡镇西北广崖山山腰出土。面径 68.7 厘米，残高 43 厘米。鼓面中心饰太阳纹 12 芒，面沿逆时针环列四蛙，蛙间有乘骑塑像。胸腰间有瓣纹扁耳两对、半环耳一对。芒间饰坠形纹，其余晕饰有水波纹、栉纹、同心圆纹、复线交叉纹、羽纹、变形羽人纹等。现藏鹿寨县文物管理所。

上林云聪鼓 1992 年 2 月于上林县三里镇双罗村云聪屯北偏东约 500 米坡地上挖出。共 4 面，面径 74 厘米—81 厘米，高 54 厘米—63.5 厘米，足径 73 厘米—82.5 厘米，重 33 千克—48.5 千克。鼓面中心饰太阳纹 12 芒，面沿逆时针环列四蛙；有的蛙间立一只屎壳郎，有的蛙背饰小蛙纹，有的蛙负鱼一尾或蛙间立一龟等塑像。胸腰间有扁耳两对。现藏上林县文物管理所。

蒙山高堆鼓 1990 年 9 月在蒙山县西河镇高堆村南约 80 米处出土。面径 70 厘米，高 47 厘米，足径 68.5 厘米。鼓面中心饰太阳纹 10 芒，面沿逆时针环列四蛙，蛙间立乘骑塑像。胸腰间有扁耳两对、半环耳一对。芒间饰坠形纹，其余饰同心圆纹、羽纹、勾连雷纹、变形羽人纹、变形翔鹭纹、眼纹、水波纹、变形船纹等。现藏蒙山县文物管理所。

以上这些冷水冲型鼓，鼓面 4 只大青蛙间都另有骑士或其他塑像，是冷水冲型最繁荣时期的产物。

（三）冷水冲型晚期

冷水冲型晚期铜鼓，鼓面仍饰四蛙，但蛙体不如中期硕大，逐渐变小而无神，光体无纹。花纹的共同点是：太阳纹的十二角间填以复线翎眼纹；仅使用栉纹夹同心圆纹的简单几何纹带，翔鹭纹变成了直颈或无颈大头形，完全没有翔鹭形象的痕迹。最晚的鼓，羽人纹或变形鸟形纹变成了游旗纹，足部仅用复线角形纹。

特虎山鼓 1979 年 10 月 19 日在邕宁县大塘镇坛敏村特虎山出土。面径 47 厘米，高 43.3 厘米。鼓面中心饰太阳纹 12 芒，面沿环列四蛙，芒间饰坠形纹，其余饰辫纹与栉纹夹双行勾连同心圆纹纹带、复线交叉纹、变形羽人纹、变形翔鹭纹等。腰上部被纹带纵分为 6 格，格中素。

两江鼓 在武鸣两江镇出土。面径 68.5 厘米，高 67.8 厘米，胸径 53.4 厘米，腰径 42.3 厘米，足径 67.5 厘米。面沿逆时针环立四蛙，鼓面以一或二弦分成 12 晕，太阳纹 12 芒，芒间夹翎眼纹，其余饰栉纹夹勾连同心圆纹纹带、圆心垂叶纹。①

万古鼓 1975 年 3 月在上林县明亮乡万古村塘桃屯北安灶山水沟边出土。面径 82 厘米，高 54 厘米。鼓面中心太阳纹 12 芒，芒间饰心形纹，其余饰素晕与栉纹夹双行同心圆纹纹带、复线交叉纹、羽纹、变形羽人纹、变形翔鹭纹间定胜纹。边沿逆时针环列四蛙。胸上部和腰下部为纹带，腰上部被纹带纵分 6 格，足部有两晕圆心垂叶纹。现藏上林县文物管理所。

飞鹅路鼓 1963 年在柳州市飞鹅路出土。面径 69.5 厘米，高 46 厘米。鼓面中心饰太阳纹 12 芒，面沿逆时针环列四蛙。胸腰间有扁耳两对。面、身饰栉纹夹同心圆纹纹带、复线交叉纹、变形羽人纹、变形翔鹭纹等。现藏柳州博物馆。

梁山冲鼓 1977 年 2 月于宜山县矮山乡梁山冲屯鸡罩山山脚坡地挖出。面径 66.5 厘米，高 44.5 厘米。鼓形高瘦，鼓面大于鼓胸，广出有沿。鼓面中心饰太阳纹 10 芒，芒间夹翎眼纹，边沿逆时针环列四立蛙，蛙身光体无纹。胸腰间有扁耳两对。主纹饰是变形羽人纹和变形翔鹭纹带、复线交叉纹、变形羽人纹、变形翔鹭纹与定胜纹等。辫纹带孔扁耳两对。腰部分成 6 空格。足部饰栉纹与圆心垂叶纹。

图 27. 柳州飞鹅路鼓

长村岭鼓 1963 年于宾阳县邹圩镇长村岭出土。面径 66.4 厘米，高 47 厘米。面沿逆时针环列四蛙，鼓面中心饰太阳纹 12 芒，芒间饰心形纹，其余饰羽纹、栉纹夹双行同心圆纹带、复线交叉纹、变形羽人纹、变形翔鹭纹间定胜纹等。腰上部被纹带纵分 6 格。

下康鼓 1993 年 9 月 2 日在马山县合群乡造华村下康屯挖出。面径 69.5 厘米—70.5 厘米，高 45 厘米，重 25 千克。鼓面出檐 2.8 厘米，鼓胸、腰、足三段高度略同。鼓面中心太阳纹 12 芒，芒间为双翎眼纹和重叠 V 字形纹间隔分布。面沿逆时针环列四蛙，蛙背素面无纹。胸腰间有编织纹扁耳两对，每耳上下各有一长孔。腹内存 4 个小环钮。面饰双翎眼纹、栉纹夹双行同心圆纹、复线交叉纹、变形羽人纹、翔鹭纹和定胜纹，边沿素。鼓胸为素晕和栉纹夹双行同心圆纹纹带；腰部由六组栉纹夹双行同心圆纹纹带垂分成空格；足部为素晕夹栉纹 8 只鹭鸟逆时针展翅环飞，变形呆板。鼓身所饰的栉纹夹双层圆圈点纹形成几何纹带，足部为圆心垂叶纹。现藏宜州市文物管理所。

塘槐鼓 1983 年冬在田东县祥周乡康元村塘槐屯修水利时挖出。面径 63.8 厘米，高 44.8 厘米，足径 64.8 厘米。鼓面边缘突出，中心饰太阳纹 12 芒，共 20 晕，边沿逆时针环列四蛙。胸腰间有扁耳两对。鼓面饰变形羽人纹、定胜纹、同心圆纹、栉纹等，定胜纹有的两个相连，有的三个相连。足部饰蕉叶纹。现藏田东县右江革命纪念馆。

四、遵义型

遵义型铜鼓，以贵州省遵义市南宋播州土司杨粲夫妇墓出土的铜鼓为代表。这类铜鼓的特点是：鼓面沿略伸于鼓颈之外，面径、胸径、足径相差甚微；胸、腰、

①农学坚：《广西马山县出土一面铜鼓》，《中国古代铜鼓研究通讯》1993 年第 9 期。

足各部的高度相当接近，胸腰间缓慢收缩，无明显分界线，胸腰间附大跨度扁耳两对，鼓面边沿无青蛙塑像，但有蛙趾装饰。纹饰简单，几何纹用同心圆纹、连续角形图案、羽状纹、雷纹构成，主纹则是一种由一个圆圈缀两条飘动的带子组成的游旗纹。流行年代从唐代到宋代，延续了600年左右。

部分遵义型铜鼓与冷水冲型晚期鼓比较接近。如桂平出土的11号鼓，面径61厘米，高35厘米，胸径62.7厘米，足径61.2厘米，胸腰间有线纹和缆纹扁耳两对。鼓面一弦分晕，共16晕。中心太阳纹12芒，芒间填以三角坠形纹，其余饰栉纹、勾连同心圆纹，主晕是斜阳图案和变形鸟纹。鼓面边沿有蛙趾4组。鼓胸和鼓腰下部环绕栉纹夹勾连同心圆纹纹带。腰上部有竖道纹饰，并有阴刻"第榜子子孙孙永宝"双勾体铭文。足部饰同心圆纹及复线三角纹。

广西民族博物馆295号鼓 从北流收集。面径37.8厘米，高23.7厘米，胸径37.8厘米，腰径30.2厘米，足径37.3厘米。胸部有辫纹边扁耳两对。鼓面一弦分晕，共9晕。鼓面中心为12芒太阳纹和图案三角形纹，其外为栉纹、同心圆纹、人字足游旗纹等。鼓胸有栉纹、同心圆纹，腰有竖道纹饰，足饰复线角形纹。

那坡下华鼓 1993年在那坡县下华乡出土。鼓面有太阳纹12芒，饰西字纹、游旗纹、同心圆纹，4道大面积同心圆纹十分罕见。鼓腰有竖道纹饰。有辫纹扁耳。腰足饰同心圆纹。现藏那坡县博物馆。

拉牙2号鼓 大化瑶族自治县板升乡弄雷村拉牙屯蒙正文家藏。面径44厘米，高28厘米，足径42.8厘米。鼓面大于鼓胸，广出成沿，鼓足外撇，辫纹大扁耳。鼓面中心太阳纹12芒，芒间光素。单弦分晕，共9晕，主晕饰游旗纹，其余晕饰云纹、水波纹、同心圆纹、乳钉纹。

廷锐1号鼓 东兰县大同乡和龙村廷锐屯覃造利藏。面径51.5厘米，高28.5厘米，足径47.2厘米。鼓面大于鼓胸，广出成沿，鼓足外撇，辫纹大扁耳。鼓面边沿有四蛙趾纹，太阳纹12芒，芒间夹翎眼纹。二、四弦分晕，主晕是十二生肖纹，十二生肖全部写实；另有波浪形云纹、S形云纹、雷纹、绹纹、羽人纹、游旗纹。

图28. 那坡下华鼓

第三节 粤桂系统铜鼓

粤桂系统铜鼓即中国东式铜鼓，包括灵山型、北流型和西盟型等三个类型。此式铜鼓普遍高大、厚重，铸作精良。鼓身明显分为胸、腰、足三节，鼓面大于鼓胸，腰部微束，足部起一道凸棱。鼓面中心太阳纹光体凸起像一块厚实的圆饼，光芒纤长如针，光芒道数少，常见的是8道或10道；而且芒端常突破第一道弦，有的甚至开叉。鼓面边沿几乎都有立体青蛙装饰。全身花纹以几何图案为主，晕圈密而窄。

目前学术界意见分歧较大的主要是北流型、灵山型铜鼓的断代问题，尤其是北流型的上限。关于北流型的上限，至少有三种意见：有的人主张在春秋晚期，有的人主张在东汉中叶，有的人主张始于魏晋。第一种意见主要认为北流型大铜鼓纹饰简单，通体饰云雷纹，与商周时代中原地区青铜器上习见的云雷纹具有共同点，也与西江流域古文化遗址中几何印纹陶上的云雷纹相似，而且岭南地区春秋时期已有比较成熟的青铜文化，有条件铸造铜鼓。有的学者不同意这种说法，他们认为，岭南铜鼓分布地区，其青铜文化在春秋时代并不发达，考古上也没有发现原始形态的岭南铜鼓。他们认为，商周青铜器上的云雷纹多作为地纹出现，纹样与铜鼓花纹差别较大，中间缺乏连接环节，几何印纹陶上确有一些云雷纹和铜鼓上的云雷纹相近，但并不相同，而且岭南云雷纹陶片的重点地区不出铜鼓，出土云雷纹铜鼓的中心地区又不见云雷纹陶器，看不到两者的直接联系；而西汉晚期和东汉的墓葬中出土的铜器上却有与铜鼓上相同的云雷纹。因此，他们主张将上限断在西汉晚期或东汉时代。这类铜鼓的下限定在唐代，一般并无异议。由于粤桂系统铜鼓多是单独出土，缺乏共存物和确切的文化层位关系，年代问题目前还是铜鼓研究中的一个难题。

一、北流型

北流型铜鼓，以出土于北流的铜鼓为代表。通体大而浑厚，鼓面都大于鼓胸，有的边缘下折成垂檐。鼓胸略直，最大径偏下。鼓腰呈反弧形收缩，胸腰间斜度平缓，只有一道凹槽分界。鼓身多有圆茎环状耳。纹饰以三道弦纹组成晕圈，鼓面晕圈宽而疏朗，鼓身晕圈窄而密集。太阳纹一般是8芒，晕圈内以云雷纹为主体。因此，有人把这类鼓称为“云雷纹铜鼓”。有的还装饰菱形纹、水波纹、席纹、方格纹、钱纹、四瓣花纹，纹饰精细而少变化。立体青蛙瘦小，蛙身无纹饰。

以广西北流和广东信宜为中心的云开大山区的几个县是北流型铜鼓的大本营。北流型铜鼓流行的年代是西汉到唐代。

北流型铜鼓以高大著称。20世纪80年代，有人将已知面径超过120厘米的超级大铜鼓排了一个座次，从水埇庵铜鼓一直排列到第八位。原存广西北流六靖乡水埇庵的大铜鼓，面径165厘米，残重299千克，是迄今所知最大的一面铜鼓，被誉为“铜鼓之王”。上海博物馆6597号铜鼓，面径145厘米，高78.8厘米，排列第二；广州南海神庙铜鼓，面径138厘米，高77.4厘米，列为第三；广西桂平麻垌小学铜鼓，面径137.8厘米，高72.5厘米，列为第四；浙江省博物馆005号铜鼓，面径134厘米，排列第五；广西兴业县小平山乡浪平村铜鼓，面径124.5厘米，高66厘米，排列第六；广西北流市白马乡铜鼓，面径123.1厘米，高68.9厘米，排列第七；广西平南县出土的143号铜鼓，面径122.2厘米，高67.3厘米，排列第八。20世纪90年代以来，出土的铜鼓有将近百面，其中有的面径超过122厘米，打乱了原来排定的铜鼓名次。就目前所知，至少有两面进入前八名。一面是1993年2月23日在玉林市沙田镇六龙村莲塘坪发现的，鼓面最大直径133.5厘米（鼓面非正圆），足径124.9厘米，高73.4厘米，重约175千克，仅次于原来排名第五的浙江省博物馆005号铜鼓；另一面是2009年4月13日广东阳江市阳东县大八镇周亨村村民李学辉在周亨村四桌河放牛时发现的大铜鼓，面径142厘米，高82厘米，是广东最大的铜鼓，在全国铜鼓中仅次于广西北流水埇庵铜鼓和上海博物馆6597号铜鼓，排列第三。将这两面新发现的超级大铜鼓加入，大铜鼓的座次从第二名之后必须重新排列。广州南海神庙铜鼓位居第四，广西桂平麻垌小学铜鼓位居第五，浙江省博物馆005号铜鼓位居第六，广西玉林市沙田镇六龙村莲塘坪鼓位居第七，德国柏林博物院所藏铜鼓则位居第八，广西玉林市小平山乡浪平村铜鼓位居第九，广西北流市白马乡铜鼓位居第十，广西平南县143号铜鼓列十名之外。

这些庞然大物，都是北流型铜鼓。除灵山型铜鼓有的面径可达120厘米以外，其他类型铜鼓的面径没有超过100厘米的。而北流型铜鼓除上述10面面径122.2厘米以上的大铜鼓之外，还有很多铜鼓的面径超过100厘米，最小的北流型铜鼓面径也超过了50厘米。

北流型铜鼓的另一个特征是：鼓面大于鼓身，鼓面边缘都伸出鼓胸之外，其中很大一部分北流型铜鼓的边缘下折，形成“裙边”（垂檐）。《晋义熙铜鼓考》说，边缘下折，“若飞檐状”。因此，有的人又称这种下折的裙边为“垂檐”。这种垂檐也只有北流型铜鼓才有，其他类型铜鼓是没有的。

北流型铜鼓每面鼓的腰胸间都有两对提耳。别的类型铜鼓的提耳都是各种各样的桥形扁耳，唯独北流型铜鼓除了少数扁耳外，绝大多数为圆茎环耳。这种环耳的耳身是实心体，呈环状或半环状固定在胸腰间，表面饰一道道细密的缠丝纹，脊背上凸起有节，粗看像蛇，有人称之为“蛇纹环耳”。耳根饰有三爪。环耳比起扁耳来，更为强固有力，能承受悬挂数百斤重的东西。有的铜鼓除了两对环耳之外，还在相对应的位置上另铸两只小环耳。耳为圆茎状，也只见于北流型铜鼓。

北流型铜鼓鼓面中心受击处的太阳纹和灵山型铜鼓的相同，光体都呈圆饼状凸起。明人魏濬在《西事珥》中所说“中受击处即平，但略厚如镜耳”，指的就是这类铜鼓太阳纹的光体。光芒辐射四出，细长如针，常常穿透一两道晕圈，有的芒端还开叉。光芒的道数，绝大部分为8芒，极少数为12芒、10芒或6芒。

北流型铜鼓鼓面和鼓身的纹饰分晕，都以三道弦纹为一组来分隔。一般来说，鼓面晕圈宽而疏朗，晕圈宽窄相等，少数略有宽窄之分；鼓身晕圈则窄而密集，也是宽窄相等。无论鼓面还是鼓身，晕圈内的纹样主要是以单线或复线圆圈、方格、菱格、三角、半圆，以及圆点、圆涡、斜方格、方勾等为基础的多种形式的云雷纹。

北流型铜鼓在其演变过程中经历了早、中、晚三期。[①]

（一）北流型早期鼓

早期鼓主要是云雷纹铜鼓。多为圆茎环耳，太阳纹8芒，鼓面纹样单一，只有云纹和雷纹，边沿有四蛙塑像。如北流水埇庵鼓、北流下浪湾鼓、独山岭鼓、小江鼓等。

北流水埇庵鼓 即著名的"铜鼓王"。1955年征集于北流县水埇庵，足部残失。面径165厘米，胸径150厘米，腰径140厘米。胸腰间有缠丝纹圆茎环耳两对，每耳有脊线两道，耳根有三趾纹。鼓面三或四弦分晕，五等晕，中心一晕有8芒太阳纹，其外晕间遍布云雷纹。鼓身环以层晕，晕窄而密，逐晕间饰云纹或雷纹和菱形纹。现藏陆川县文物管理所。

独山岭鼓 2010年4月容县灵山镇六良村村民朱全生在独山岭木薯地除草时发现。面径83厘米，高49厘米，足径83厘米，重46千克。铜色斑驳，纹饰繁密且较清晰。鼓面边缘伸出鼓胸外3厘米，边缘下折成垂檐。鼓面中心饰8芒太阳纹，边沿均匀雕塑素身青蛙4只，其中一只背负小蛙。青蛙两两相对，高2.5厘米，身长4厘米，宽2.8厘米。胸腰间有圆茎环状耳两对，耳茎上有细密的绳索形凸纹缠绕。三弦分晕，鼓面7晕，晕圈较宽；鼓身32晕，晕圈较窄。晕圈内都布满形式多样、繁密而富于变化的云雷纹。鼓身两侧对称凸起两道铸造时留下的垂直合范痕[②]。现藏容县博物馆。

小江鼓 在浦北县小江出土。面径96.6厘米，高53.5厘米，胸径88.5厘米，腰径83厘米。胸腰间有缠丝纹环耳两对。面沿逆时针环立六蛙。三弦分晕，鼓面7晕，中心太阳纹8芒。遍体逐晕间饰云纹或雷纹。

图29. 北流型铜鼓

纹。现藏广西民族博物馆。

北流下浪湾鼓 1964年在北流县白马镇大伦农场下浪湾山腰出土，足部残损。面径74.4厘米，高43.4厘米，胸径68.9厘米，腰径63.5厘米，重62.25千克。面沿逆时针环列小蛙4只。三弦分晕，鼓面8晕，中心太阳纹8芒，晕间遍布小云纹。鼓身遍施小雷纹。胸腰间有缠丝纹圆茎环耳两对。

垌尾鼓 1982年1月7日北流县白马镇黄金村垌尾屯村民李荣清在其屋后果场锄地时挖得。面径104厘米，高58厘米。鼓面中心饰太阳纹8芒，边沿环列四立蛙，蛙两两相对。胸腰间有环耳两对，耳根有三趾纹。鼓面饰雷纹，身饰雷纹填线纹，皆以三弦分晕。

蕃豆岭鼓 1998年12月24日在陆川县乌石镇坡脚村蕃豆岭兴丰果场出土。面径65厘米，高37厘米，重37千克。鼓面中心饰太阳纹8芒，三弦分晕，晕间饰雷纹。面沿环列四蛙，其中三蛙顺时针方向排列，一蛙是逆时针方向。胸腰间有环耳两对。鼓身饰相间的云雷纹和菱形纹。

（二）北流型中期鼓

中期鼓开始出现各类填线纹、钱纹、水波纹。如岑溪共青路鼓、牛岭鼓、北流大屋鼓、朱屋背鼓、三龙鼓、尿岗堆鼓、牛地顶鼓、坪底鼓等。

岑溪共青路鼓 1953年在岑溪县岑城镇共青路出土。面径90厘米，高53厘米，胸径85.6厘米，腰径72.6厘米，足径88厘米。面沿环立六蛙，两两相对。鼓面二或三弦分晕，9晕，中心为12芒太阳纹，其宽晕间施云纹，窄晕间施水波纹和五铢钱纹。鼓身双弦或三弦分晕，晕距相等，所施花纹与鼓面相同。胸腰间有辫纹扁耳两对。现藏中国国家博物馆。

牛岭鼓 1965年在北流县平政镇六沙牛岭出土。面径68.4厘米，高37.4厘米，胸径59.5厘米，腰径56厘米，足径66.9厘米。胸腰间有缠丝纹环耳两对。面沿逆时针环立小蛙4只。三弦分晕，鼓面中心饰8芒太阳纹，其他晕饰云纹、雷纹。鼓身也饰云纹、雷纹。

①中国古代铜鼓研究会：《中国古代铜鼓》，文物出版社，1988。
②邓敏乔：《简论容县出土的北流型铜鼓》，载广西博物馆主编《广西博物馆文集》第七辑，广西人民出版社，2010。

北流大屋鼓 1974年11月在北流县六靖镇水冲村大屋屯出土。面径92厘米，高54.3厘米，胸径87厘米，腰径81厘米，足径92厘米。胸腰间有缠丝纹环耳两对。面沿环列4只小蛙，两两相对。三弦分晕，鼓面8等晕，花纹与牛岭鼓基本相同。鼓胸、腰、足各部上、下一晕为同心圆纹，余晕皆雷纹。

朱屋背鼓 1975年在桂平县蒙圩镇新阳村沙岗朱屋背出土。面径62厘米，高34.5厘米，足径62.9厘米。胸腰间有环耳两对。面沿逆时针环立4只小蛙。三弦分晕，鼓面6等晕，中心太阳纹8芒。面、身各晕遍布雷纹。

三龙鼓 1984年5月在玉林市石南镇（今属兴业县）东龙村三龙屯东南出土。面径98厘米，高52.5厘米，重70千克。鼓面中心饰太阳纹8芒，面沿顺时针环列相间的四单蛙和二累蹲蛙。胸腰间有辫纹扁耳两对。面饰云雷纹、席纹，身饰辫纹。

尿岗堆鼓 在贵港蒙垌尿岗堆出土。面径77.2厘米，高44.5厘米，胸径71厘米，腰径65.6厘米，足径76厘米。胸腰间有环耳两对。面沿逆时针环立四蛙。三弦分晕，鼓面6等晕，中心太阳纹8芒，晕间饰云纹或雷纹。鼓身晕间施云纹或雷纹填线纹。现藏上海博物馆。

牛地顶鼓 在容县牛地顶出土，足残缺。面径77.8厘米，高47厘米，胸径72.5厘米，腰径66.7厘米。胸腰间有环耳两对。面沿顺时针环立四蛙。三弦分晕，鼓面6等晕，中心太阳纹8芒。面、身皆逐晕间施雷纹填线纹与云纹。

坪底鼓 1967年在合浦县营盘镇坪底村后背岭出土。面径86厘米，高48.5厘米，胸径78.9厘米，腰径71.7厘米，足径83厘米。胸腰间有缠丝纹环耳两对。面沿逆时针环立四蛙，一蛙已失。三弦分晕，鼓面5晕，中心太阳纹8芒，晕间遍布雷纹填线纹，晕间叠印“四出”钱纹。鼓身晕间施逐层相间的雷纹填线纹与云纹。现藏合浦县博物馆。

越利塘鼓 1970年于陆川县温泉镇万丈村越利塘西出土。面径68.5厘米，高39厘米，足径69.5厘米。鼓面中心饰太阳纹8芒，面沿逆时针环列四蛙。胸腰间有环耳两对。三弦分晕，面纹不清，身饰相间的云纹、雷纹。现藏陆川县文物管理所。

三夺山鼓 1990年7月在容县黎村镇六振村南三夺山出土。面径102.5厘米，高57厘米，足径101厘米，重75.5千克。鼓面中心饰太阳纹8芒，边沿顺时针环列四蛙。胸腰间有大环耳两对、小环耳一对。鼓面饰云雷纹、钱纹，鼓身饰斜方格填点纹。现藏容县博物馆①。

中垦岭鼓 1972年5月在陆川县良田镇覃村中垦岭出土。面径103.1厘米，高59.5厘米，足径101.8厘米。鼓面中心饰太阳纹8芒，边沿环列四蛙。蛙两两相对，蛙间另有两处塑像（向鼓心），已失。胸腰间有缠丝纹环耳两对。鼓面饰雷纹、云纹和水波纹，鼓身饰雷纹、云纹、水波纹、半云填线纹、“四出”钱纹；面背部有调音刮痕。现藏广西民族博物馆。

何莫鼓 1976年在陆川县何莫村出土。面径106厘米，高55.2厘米。面有六蛙，其中对称两处为累蹲蛙。三弦分晕，中心太阳纹8芒，雷纹、云纹相间，布满全身，其中第3—6晕间印有对称的“文”字，字用长方形双行圆圈圆点纹印模压印而成，字盖过鼓面晕圈中的云纹和雷纹，本身又被弦纹划破。胸腰间有合身环耳两对，耳根有歧爪纹。

北流六月圳岭鼓 1983年5月中旬北流县石窝镇煌炉村旺祖屯村民吕培雄在六月圳岭除草时挖得。面径112厘米，高59.5厘米，重112.5千克。鼓面中心饰太阳纹8芒，面沿顺时针环列六蛙。胸腰间有缠丝环纹耳两对。面、身皆以三弦分晕，饰逐层相间的云纹、雷纹。现藏北流市博物馆。

北流大坡外鼓 1995年5月17日北流市大坡外镇大坡外村村民李成枝夫妇在木鸡岭半山坳挖瓷土时挖出。面径104厘米，高56.5厘米，重83千克。鼓面中心饰太阳纹12芒，面沿顺时针环列四蛙。胸腰间有大圆茎环耳两对和小圆茎环耳一对，在一侧大圆茎环耳近足处有一只小虎塑像，塑像长5厘米，宽1.7厘米，高2.5厘米，头朝下，长尾下垂。鼓面、鼓身皆三弦分晕，饰相间的云纹、雷纹。现藏北流市博物馆。

图30. 玉林三龙鼓

①高守忠：《容县在千米高山上出土铜鼓》，《中国古代铜鼓研究通讯》1991年第7期。

下坎坪鼓 1976年在博白县新田镇新墟圩下坎坪门口岭出土。面径88.8厘米，高49.6厘米。鼓面中心饰太阳纹8芒，芒间饰云纹，太阳纹外遍饰雷纹；面沿逆时针环列六蛙。胸腰间有环耳两对，耳饰缠丝纹，耳根饰三趾纹。身饰逐层相间的云纹、雷纹。

崇表岭鼓 1993年1月在北海市西塘乡禾沟村崇表岭屯东约1公里处近海沙滩上挖出，距沙滩地面深约60厘米。面径83厘米，高48.5厘米。太阳纹8芒，面沿顺时针环列四蛙。胸腰间有缠丝纹环耳两对。面饰羽状纹、云纹、"四出"钱纹，身遍饰雷纹填线纹。现藏北海市文物管理所。[①]

红九匡鼓 1994年5月25日在北海市营盘镇坪底村红九匡海边沙滩出土。面径75厘米，高39厘米，足径71厘米。有垂檐，缠丝纹环耳，太阳纹8芒。主要纹饰是雷纹。[②]

古藏鼓 1988年8月在岑溪县诚谏镇陀村古藏屯水沟边出土。面径73.5厘米，高44厘米，足径71厘米，重37.5千克。鼓面中心饰太阳纹8芒，面沿环列四蛙，蛙两两相对。胸腰间有缠丝纹环耳两对。面饰相间的菱形纹和雷纹填线纹，身饰菱形纹。[③]

岭头鼓 1977年3月在玉林县小平山乡（今属兴业县）金华村岭头屯西北约800米处修渠时挖出。面径71.5厘米，高42.4厘米，重34.5千克。鼓面中心饰太阳纹8芒，面沿逆时针环列六蛙。胸腰间有扁耳两对，中开一长条孔。面饰云纹、鸟纹，身饰云纹和雷纹填线纹。现藏玉林市博物馆。

新民鼓 1975年3月在玉林县玉林镇新民村东南出土，足残缺。面径59.5厘米，高31.6厘米，胸径52.8厘米，腰径50厘米。胸腰间有带孔扁耳两对。面沿逆时针环立六蛙。三弦分晕，鼓面5等晕，中心为8芒太阳纹，晕间遍布雷纹。鼓身逐晕间施雷纹填线纹与水波纹。

牛壕塘鼓 1992年4月10日在玉林市大塘镇阳山村南牛壕塘岭出土。面径58.7厘米，残高34.5厘米。鼓面中心饰太阳纹8芒。三弦分晕，面饰云纹、半圆填线纹、云雷纹、四瓣花纹、钱纹。面沿逆时针环列三足小蛙6只。胸腰间有扁耳两对。身饰云纹、雷纹、雷纹填线纹、四瓣花纹、钱纹等。

图31. 陆川何莫鼓

（三）北流型晚期鼓

晚期鼓除了圆茎环耳外，出现扁耳，纹饰有鸟纹、变形羽人纹和四瓣花纹，鼓面边沿的青蛙多为6只，接近灵山型铜鼓。

板础鼓 1979年6月20日在邕宁县六塘镇板础村出土。面径98.5厘米，高58.8厘米，足径98.5厘米。胸腰间有缠丝纹半环耳两对。鼓面边沿立6只小蛙，两两相对。三弦分晕，鼓面7晕，中心太阳纹8芒，晕间皆饰流云填线纹。鼓身皆施云纹。

根竹鼓 1973年在浦北县北通镇根竹屯出土。面径88.9厘米，高52厘米，胸径83.4厘米，腰径73.6厘米，足径87厘米。胸腰间有缠丝纹宽扁耳两对。面沿逆时针环立四蛙。双弦或三弦分晕，鼓面6等晕，中心饰太阳纹8芒，晕间皆施大云纹。鼓身逐晕间施大云纹与半圆纹。

佛子山鼓 1979年1月在桂平县沙坡镇太平村佛子山出土。面径103厘米，高57厘米，胸径93.9厘米，腰径87.3厘米，重72.5千克。鼓面中心饰太阳纹8芒，面沿逆时针环列四蛙。三弦分晕，鼓面8等晕，晕间遍布大云纹。胸腰间有带孔扁耳两对。鼓身晕间施雷纹填线纹与云纹。现藏桂平市博物馆。

木花鼓 1976年4月于平南县六陈镇邦机村木花屯坡地出土。面径59.7厘米，高32.4厘米。鼓面中心饰太阳纹8芒，面沿逆时针环列六蛙。胸腰间有扁耳两对，每耳有两孔。面饰云纹和波浪纹，身饰云纹、雷纹填线纹。现藏平南县博物馆。

福本岗鼓 1981年7月1日藤县天平镇三益村村

①周德叶：《北海市郊区首次出土铜鼓》，《中国古代铜鼓研究通讯》1996年第12期。
②邓兰：《北海市海滩又出土一面北流型铜鼓》，《中国古代铜鼓研究通讯》2000年第15期。
③谭丽坤：《岑溪古藏铜鼓》，《中国古代铜鼓研究通讯》1991年第7期。

民唐云标在都厚屯福本岗积肥时挖出。面径 88.5 厘米，高 51.5 厘米，重 66.5 千克。鼓面伸出鼓颈外，鼓胸最大径居中。鼓面中心太阳纹 8 芒，饰青蛙塑像 6 只。三弦分晕，共 8 晕，其中第 2、5 晕是主晕，饰图案化羽人纹，第 3、6、7、8 晕及芒间为云雷纹。鼓身纹饰也有主晕，饰图案化羽人纹，其他晕为云雷纹和水波纹。从形制和纹饰特征看，既像北流型，又像灵山型，明显具有这两类铜鼓融合的特点。

广平鼓 1987 年 2 月 16 日于苍梧县广平镇古泻冲出土。面径 88 厘米，高 41 厘米，重 50 千克。鼓面中心饰太阳纹 10 芒，面沿环列四蛙，其中三蛙逆时针，一蛙顺时针。胸腰间有环耳两对。面、身皆饰云雷纹。

二、灵山型

灵山型铜鼓，以灵山县出土的铜鼓为代表。这类铜头朝下。灵山型铜鼓也较巨大，1993 年在玉林市沙田镇六龙村莲塘坪出土的一面，鼓面最大直径为 133.5 厘米。灵山型铜鼓的分布中心是灵山县及与之毗邻的横县和浦北县，流行年代是东汉至唐代。[①]

灵山型铜鼓与北流型铜鼓同属粤式铜鼓，相同之处很多。但是，两相比较，区别还是明显的。灵山型铜鼓虽然也是大鼓，但其形体不如北流型硕大。北流型铜鼓最大者面径达 165 厘米，还有 9 面面径超过 120 厘米的。灵山型铜鼓最大的一面是莲塘坪铜鼓，面径为 133.5 厘米，在灵山型铜鼓中排名第一；与北流型铜鼓相比，可以排到第七位。其次是德国柏林博物院收藏的一面大铜鼓，面径 127 厘米，以前我们误把它归在北流型内[②]，细读黑格尔《东南亚古代金属鼓》，知这面铜鼓鼓面有青蛙塑像 6 组，其中两组累蹲，鼓壁下缘（即足部）有双鸟塑像，应是灵山型铜鼓。此鼓被黑格尔称为“南宁府大鼓”，在灵山型铜鼓中排名第二，是德国雷克斯公司在广西南宁购得的。1991 年 3 月，广西玉林市小平山乡出土的兴业浪平鼓，面径 124.5 厘米，在灵山型

鼓形制接近北流型，外观上，通体凝重，形象精巧。鼓面平展，稍广于或等于鼓身，边沿伸出，但不下折；胸壁微凸，最大径居中。胸以下逐渐收缩成腰，胸腰间仅以细线为界。附于胸腰间的鼓耳均为带状叶脉纹扁耳。鼓面所饰青蛙塑像都是后面两足并拢为一的三足蛙，蛙背上饰划线纹或圆涡纹，装饰华丽。有的青蛙背上有小青蛙，即成累蹲蛙；青蛙的数目一般为 6 组，有的 6 组全是累蹲蛙，但大多数为 3 只单蛙与 3 组累蹲蛙相间并逆时针方向环列。鼓面中心太阳纹圆凸如饼，光芒细长如针，芒数不一，7 芒、8 芒、9 芒、10 芒、11 芒、12 芒都有，以 10 芒较普遍。装饰花纹多以二弦分晕，鼓面和鼓身各有三道较宽的主晕，以骑兽纹、兽形纹、鹭鸟纹（或鹭鸶含鱼纹、鸟形纹）为主体纹样，其他晕圈饰云纹、雷纹、半圆纹、半圆填线纹、席纹、四瓣花纹、“四出”钱纹、连线纹、虫形纹、水波纹、蝉纹等。其中一些鼓的鼓耳下方接近鼓足处，装饰动物塑像，常见的是一对或一只小鸟，也有虎、牛、鹿，这些动物都铜鼓中排第三位；日本京都藤井有邻馆藏一面灵山型铜鼓，直径 123.6 厘米—124 厘米，在灵山型铜鼓中应排在第四位。1966 年在广西桂平大洋出土的一面鼓，面径为 121 厘米，在灵山型铜鼓中排名第五；美国弗莱尔美术馆所藏铜鼓，面径 118 厘米—120 厘米，在灵山型铜鼓中排第六；1995 年 12 月在广西贵港市覃塘区石卡镇凤凰林场出土的贵港石卡鼓，面径 118.5 厘米，在灵山型铜鼓中排第七；1965 年在广东高州出土的福芳鼓，直径为 118 厘米，1988 年在广西横县板露乡圭壁出土的一面直径也是 118 厘米，在灵山型铜鼓中并列第八；1972 年在广西浦北县小江文山村大颈塘出土的一面铜鼓，直径为 115 厘米，在灵山型铜鼓中排第十。但是，不管怎么样，灵山型铜鼓都不如北流型铜鼓大。从铜鼓外形看，北流型铜鼓边缘突出很多，而且有许多鼓的外缘下折形成垂檐；灵山型铜鼓边缘突出较少，没有发现有垂檐的现象。鼓耳：北流型有一些是圆茎环状耳，灵山型一律是带状扁耳，绝无圆茎环状耳。鼓面青

①姚舜安等：《论灵山型铜鼓》，《考古》1990 年第 10 期。
②姚舜安等：《北流型铜鼓探秘》，广西人民出版社，1990。

蛙：北流型都是四足青蛙，形象呆滞、笨拙，但刀笔简练；灵山型都是后两腿并拢的三足青蛙，形象肥硕生动，背部装饰划线纹或圆涡纹，繁复华丽。装饰花纹：北流型多是三弦分晕，鼓面、鼓身的晕圈宽窄相等，密集而又深刻，纹样多为单调的云雷纹等几何纹；灵山型常有三晕较宽的主晕，纹样除几何纹之外，多是各种动物、植物变体纹。所以，同是粤式铜鼓，只要鼓面边缘外伸并下折成垂檐的，鼓耳为圆茎环状的，鼓面青蛙塑像是四足写意的，鼓面、鼓身纹饰是等晕纯几何纹样的，毫无例外都是北流型铜鼓；凡鼓面青蛙塑像是三足，装饰华丽的，鼓耳下方有小动物塑像，鼓面、鼓身纹饰有三圈饰动植物变体纹样的主晕的，都是灵山型铜鼓。这就是二者的区别所在。至于共有有些特征、带有二者过渡性的，就需要细致的分析比较了。

灵山型铜鼓可划分为早期、中期和晚期三个阶段。

则有雷纹、半圆纹、半圆填线纹、同心圆纹、席纹、四瓣花纹、虫形纹、五字钱纹、“四出”钱纹、连钱纹、蝉纹等。

搭竹寮鼓 1972年在浦北县龙门镇莲塘村搭竹寮岭北面出土，足残缺。面径82.7厘米，高46.2厘米，胸径73.9厘米，腰径68.4厘米。胸腰间有羽纹扁耳两对；鼓面逆时针环列划线羽纹三足蛙6只，其中3组累蹲蛙间以3只单蛙；三或四弦分晕，鼓面10晕，中心太阳纹10芒。鼓面、鼓身晕间皆施以雷纹、虾形纹、四瓣花纹、钱纹、轮形纹、云纹等，鼓身还有雷纹填线纹。

那昌山鼓 1962年在灵山县烟墩半边岭村那昌山出土。面径64厘米，高37.5厘米，胸径61.4厘米，腰径52.2厘米，足径62厘米。胸腰间有带孔扁耳两对；面沿顺时针环立三足蛙6只，三弦分晕，鼓面7晕，中心太阳纹8芒。鼓面、鼓身晕间皆饰云纹、轮形纹、半圆填线纹、水波纹。现藏广东省博物馆。

双凤鼓 1973年在灵山县旧州镇双凤村出土。面

（一）灵山型早期鼓

早期鼓鼓面伸出部分较宽，但边缘不下折，胸壁略呈外弧形，最大径在中部偏下，耳为羽纹、网纹或辫纹扁耳。有的在范缝线附近的足上装一对小环耳。鼓面三弦分晕，晕圈较密，宽窄不等，宽晕和窄晕相间；纹饰以云雷纹、云雷填线纹、席纹等几何纹样为主。此外，还有虫形纹、四瓣花纹、轮形纹、“四出”钱纹。鼓面边沿饰三足蛙4只或6只，蛙臀均饰划线纹。如浦北搭竹寮鼓等。

有的鼓面向鼓颈外平伸出去的部分明显减少，胸径最大处逐渐上移至中部，耳为扁耳，足上无环耳，三足蛙开始饰螺旋纹。出现二弦分晕，鼓面晕圈宽窄不等。宽晕的纹饰既有云雷纹、席纹，又有变形羽人纹、变形兽纹；窄晕则只有席纹、云雷纹。如灵山那昌山鼓、钦州廷朗山鼓等。

有的鼓面有三足蛙4只或6只（或杂有四足蛙2只，或为累蹲蛙），蛙身有划线纹。二或三弦分晕，有的晕层很密，有的较疏朗，主要饰云纹。有的有两道主晕，饰由线条组成的四足兽形纹或鸟形纹。其他晕的花纹，

径103.3厘米，高62厘米，足径106.7厘米。胸腰间有羽纹带孔扁耳两对；面沿逆时针环立划线纹蛙6只，其中三足者4只，四足者2只；二弦分晕，鼓面19晕，中心太阳纹12芒。鼓面、鼓身晕间皆施雷纹、云纹、同心圆纹、骑兽纹、卍形线纹、四瓣花纹、虫形纹、席纹等，鼓身还有半圆填线纹、蝉纹。

廷朗山鼓 1975年在钦州那蒙镇那蒙村廷朗山出土。面径89厘米，高56.3厘米，胸径88厘米，腰径75厘米，足径92厘米。胸腰间有羽纹带孔扁耳两对；面沿逆时针环列三足雷纹蛙6只；三弦分晕，鼓面7等晕，中心太阳纹10芒。鼓面、鼓身晕间皆饰变形羽人图案、席纹和半圆加羽纹、叠线三角图案。

葫芦岭鼓 20世纪50年代初在横县南乡镇红宜村葫芦岭出土。面径78.7厘米，高45厘米，胸径72.6厘米，腰径68.4厘米，足径78.2厘米。胸腰间有珠边辫纹扁耳两对；面沿顺时针环立划线羽纹三足蛙6只，其中3只累蹲蛙间以3只单蛙；三弦分晕，鼓面17晕，中心太阳纹10芒，晕间施连钱纹、“四出”钱纹、变形羽人纹。鼓身遍布“四出”钱纹和连钱纹。

兴业浪平鼓 1991年3月在玉林市小平山乡（今

属兴业县）小平山村浪平屯出土。面径 124.5 厘米，高 66 厘米，足径 120 厘米，重 166.3 千克。在灵山型鼓中是第三大鼓。鼓面中心饰太阳纹 12 芒，面沿逆时针环列六蛙，一蛙前有一立鸟。胸腰间有辫纹大环耳两对、小环耳一对。鼓面沿有垂檐，面饰雷纹、连钱纹、小鸟纹、水波纹；身饰逐层相间的席纹与细方格纹。鼓面背面有扇形刮痕。现藏玉林市博物馆。[①]

肖屋园鼓 1971 年在北流县府城松花村肖屋园出土。面径 65 厘米，高 38.5 厘米，胸径 60.5 厘米，腰径 53.8 厘米，足径 64.5 厘米。胸腰间有带孔扁耳两对；面沿顺时针环立三足蛙 6 只；三弦分晕，鼓面 9 晕，中心太阳纹 8 芒，晕间饰雷纹、大云纹、席纹、半圆填线纹、连钱纹等。鼓身饰雷纹、光珠纹、席纹、半圆填线纹、连钱纹、四瓣花纹等。

有蝉纹一周。

绿水村鼓 1962 年在灵山县绿水公社绿水村出土。面径 81 厘米，高 49 厘米，胸径 80.3 厘米，腰径 71.4 厘米，足径 79 厘米，重 48 千克。胸腰间有羽纹扁耳两对；面沿逆时针环立同心圆纹三足蛙 6 组，其中 3 组累蹲蛙间以 3 只单蛙。三弦分晕，鼓面 15 晕，中心太阳纹 10 芒。鼓面、鼓身晕间均饰“四出”钱纹、四瓣花纹、虫形纹、骑兽纹、龙形纹、变形羽人纹、斜方填线纹、蝉纹等，鼓身还饰有席纹。鼓身内壁有二弦分晕的 8 晕花纹，为鸟纹、四瓣花纹、“四出”钱纹等。[②]此鼓收藏于广东省博物馆，为灵山型的标准鼓。

帽岭鼓 1964 年在灵山县三海公社新洞大队帽岭出土。面径 79.7 厘米，高 45.5 厘米，足径 80 厘米。胸腰间有羽纹带孔扁耳两对；鼓面边沿饰 3 组累蹲蛙与 3 只单蛙相间，逆时针方向排列。鼓面中心太阳纹 10 芒，芒出 2 晕，晕间纹饰多为“四出”钱纹、钱纹、蝉纹、游旗纹、骑士纹、水波纹、四瓣花纹、垂叶纹等。胸、腰、足纹饰与鼓面纹饰相似。

广西铜鼓 GUANGXI TONGGU

（二）灵山型中期鼓

中期鼓以灵山绿水村鼓、博白城郊鼓、横县滕山村鼓为代表。鼓面、鼓身都以二弦分晕，晕圈层叠繁密，纹饰纤细繁缛。鼓面形成三圈略宽的主晕，饰鸟纹、鸟形纹、变形羽人纹、变形兽纹、骑兽纹等。各主晕两侧各夹一道“四出”钱纹。鼓面边缘及鼓身最上晕和最下晕都饰蝉纹，其他各晕纹饰与早期鼓相同。立蛙 6 只，均饰圆涡纹，背负小蛙或田螺之蛙较多。扁耳下方有动物（如鸟、牛、羊、虎）塑像，鸟背翅膀上饰条状带纹。

中期鼓的花纹表现出一定格局，如：鼓面都有三足蛙 6 只（或 6 组累蹲蛙，或 3 只单蛙与 3 组累蹲蛙相间排列），蛙身饰同心圆纹；二弦或三弦分晕；鼓面、鼓身大都有三道主晕，饰以骑兽纹、变形羽人纹、鹭鸶含鱼纹、鸟形图案、兽面图案或龙形纹等；主晕的上下多陪衬以“四出”小钱纹、轮形纹、连钱纹、四瓣花纹、虫形纹等；一般鼓面的边沿、鼓身的腰部和足边，都置

灵山白木村鼓 1986 年在灵山县三海乡白木村出土。面径 104.4 厘米，高 63.4 厘米。鼓面有三单蛙和三累蹲蛙相间，逆时针环列。太阳纹 10 芒，二弦分晕，晕间饰兽形纹、鸟形纹、席纹、虫纹、蝉纹。有辫纹扁耳两对，一侧耳下方足部有双羊塑像。

灵山大丰鼓 1986 年 6 月在灵山县丰塘镇大丰村大丰屯猫岭顶部出土。面径 100 厘米，高 59.5 厘米，足径 102.3 厘米。鼓面中心饰太阳纹 10 芒，面沿逆时针环立三足蛙 6 组，三累蹲蛙与三单蛙相间，鼓面饰蝉纹、“四出”钱纹、鸟纹、席纹、虫纹等。胸腰间有扁耳两对，一耳下方有一孔，另一侧耳下方足部有立鸟一对。现藏灵山博物馆。

博白城郊鼓 1986 年在博白县城郊区出土。面径 77 厘米，高 46.2 厘米。鼓面有蛙 6 只，其中 3 只背负小蛙，3 只背负田螺，逆时针环列。太阳纹 10 芒，二弦分晕，晕间饰变形羽人纹、兽形纹、“四出”钱纹、四瓣花纹、虫纹、蝉纹。辫纹扁耳两对，一侧耳下方足

①梁俭：《玉林市博物馆藏铜鼓概况》，《中国古代铜鼓研究通讯》1994 年第 10 期。
②何纪生：《介绍广东灵山县出土的古代铜鼓》，《考古》1963 年第 1 期。

部有一对鸟塑像。

横县滕山鼓 1976年在横县良圻镇滕山村出土。面径95.5厘米，高55.9厘米。鼓面有三单蛙和三累蹲蛙相间，逆时针环列。太阳纹10芒，二弦分晕，晕间饰鸟形纹、变形羽人纹、鹭鸶含鱼纹、“四出”钱纹、虫纹、席纹、四瓣花纹、蝉纹。辫纹扁耳两对，一侧耳下方足部有鸟塑像。

大颈塘鼓 在浦北县小江大颈塘出土。面径115厘米，高68厘米，足径115厘米。面沿逆时针环立同心圆纹三足累蹲蛙6组，失2只小蛙；三弦分晕，鼓面15晕，中心太阳纹12芒。鼓面、鼓身晕间皆饰以四瓣花纹、虫形纹、变形羽人纹、蝉纹、波浪纹、钱纹、轮形纹、鸟形纹等。胸腰间有羽纹带孔扁耳两对。

（三）灵山型晚期鼓

灵山型晚期鼓形制与中期鼓基本相同，但花纹种类减少，纹样简化草率，呈现衰落气象。鼓面和鼓身都以二弦分晕，主晕纹饰只有变形羽人纹或小鸟纹，不见兽形纹、骑兽纹、鸟形纹，蝉纹简化，只剩下三角形腹部。以广西横县龙水鼓、钦州高黎鼓等为代表。

龙水鼓 1964年在横县南乡镇广龙村龙水屯出土。面径79.6厘米，高46.8厘米，胸径76.4厘米，腰径68.7厘米，足径75.5厘米。面沿逆时针环立三足蛙6只，其中三单蛙与三累蹲蛙相间排列。一或二弦分晕，鼓面16晕，中心太阳纹10芒。鼓面及鼓身皆饰连钱纹、虫形纹、飞鸟纹、“四出”钱纹、席纹、兽面纹、蝉纹等，鼓身还有变形羽人纹、四瓣花纹。一侧足部还饰有立鸟1只。鼓面背部有扇形调音刮痕。胸腰间有羽纹带孔扁耳两对。现藏广西民族博物馆。

大浪鼓 20世纪50年代初在横县六景镇大浪村出土。面径78.7厘米，高47.3厘米，胸径74厘米，腰径67.5厘米，足径76.7厘米。面沿逆时针环立三足蛙6只，其中三累蹲蛙与三单蛙相间排列。二弦分晕，鼓面18晕，中心太阳纹12芒。鼓面、鼓身晕间皆施以连钱纹、蝉纹、四瓣花纹、“四出”钱纹、席纹、飞鸟纹等，鼓身还有兽面纹、虫形纹。一侧足部铸立鸟一对。胸腰间有辫纹带孔扁耳两对。现藏广西民族博物馆。

横县圭壁鼓 1988年在横县校路乡圭壁村西南出土。大型鼓，面径118厘米，高64厘米，重142.5千克。鼓面中心饰太阳纹12芒，边沿顺时针环列四单蛙和二累蹲蛙，晕圈饰“四出”钱纹、席纹、四瓣花纹、云雷纹。胸腰间有扁耳两对，耳边饰乳钉纹。最特殊的是足部有一怪兽，此兽似虎似鳄，两侧有翅，翅上各坐两个人。现藏横县博物馆。

高黎鼓 1964年在钦州贵台镇那略村高黎屯岽尖山坡出土。面径79厘米，高47.2厘米，胸径73.5厘米，腰径67厘米，足径76厘米。面沿逆时针环立三足蛙6只，其中三累蹲蛙与三单蛙相间排列。二弦分晕，鼓面18晕，中心太阳纹10芒。鼓面、鼓身晕间皆施连钱纹、蝉纹、四瓣花纹、“四出”钱纹、飞鸟纹、席纹等，鼓身还有兽面纹。胸腰间有羽纹扁耳两对。

图32. 横县圭壁鼓

竹仔塘鼓 1980年9月24日在合浦县南康乡雷田村竹仔塘出土。面径99厘米，高61厘米。太阳纹8芒，面沿逆时针环列三足蛙6只。三弦分晕，晕间饰兽纹、席纹、复线半圆填线纹、四瓣花纹、连线纹。胸腰间有辫纹扁耳两对。现藏合浦县博物馆。

子鹤山鼓 1986年6月在南宁市吴圩镇那佳村西北子鹤山出土。面径81厘米，高48厘米，重43.5千克。鼓面中心饰太阳纹10芒，鼓面、鼓身均饰鹭鸟纹、雷纹、连线纹、虫纹、水波纹、四瓣花纹、钱纹、席纹、蝉纹、兽面纹；鼓面边沿逆时针环列三单蛙与三累蹲蛙。较特殊的是，胸内壁立蛙2只，足部立鸟1只。现藏南宁市邕宁区文物管理所。

南宁邕卡岭鼓 1989年2月于南宁市吴圩镇康宁村敢渌屯西南邕卡岭出土。面径91.5厘米，高55厘米。鼓面中心饰太阳纹10芒，边沿逆时针环列三足蛙6只。面饰“四出”钱纹、四瓣花纹、蝉纹、鸟纹、席纹、虫纹、兽纹、雷纹填线纹。身饰“四出”钱纹、蝉纹、连线纹、四瓣花纹、骑兽纹。特殊的是，在一耳下腰部有一乘骑。[1]现藏广西民族博物馆。

那口岭鼓 1989年5月9日在南宁市吴圩镇那德村那审坡那口岭出土。面径79厘米，高48厘米。鼓面中心饰太阳纹8芒，边沿顺时针环列青蛙6只。足部立鸟1只。饰四瓣花纹、鹭鸟纹、半圆填线纹、“四出”钱纹、变形羽人纹、鱼纹、鸟形纹、兽面纹。胸腰间有羽纹扁耳两对。现藏南宁市邕宁区文物管理所。

同宁村鼓 2003年6月4日在南宁市江西镇同宁村一条乡间小道上挖出。面径95厘米，高56.5厘米。鼓面边沿顺时针环列青蛙4只，鼓面和鼓身布满雷纹、云纹和叶脉纹。现藏南宁博物馆。

玉林莲塘坪鼓 1993年2月在玉林市沙田镇六龙村莲塘坪出土。灵山型铜鼓中的最大者，鼓面最大直径133.5厘米，高73.4厘米，重约175千克。鼓面中心太阳纹11芒，双弦或三弦分晕，饰“四出”钱纹、云雷纹；鼓身饰钱纹、云雷纹。鼓面边沿顺时针环列六蛙，其中四蛙背负小蛙，二蛙背负田螺。胸腰间有宽扁耳两对。在近鼓足处饰一虎。虎头朝下，尾上扬，长9厘米，宽1.5厘米，高3.5厘米。现藏玉林市博物馆。[2]

文物管理所。

蒋村鼓 1976年在陆川县沙湖乡新街村蒋村屯东岭坡出土。形体巨大，面径121厘米，高60厘米，重120千克。鼓面中心太阳纹12芒，边沿环列六蛙。面饰席纹、云雷纹、钱纹等，身饰钱纹、云雷纹、四瓣花纹等。胸腰间有扁耳两对。现藏陆川县文物管理所。

牛角冲鼓 1991年10月28日在陆川县沙坡镇北安村凤塘屯牛角冲出土。面径101厘米，高54厘米，重约82千克。鼓面中心太阳纹8芒，边沿逆时针环列三足蛙6组，蛙背刻斜线纹，单蛙与累蹲蛙相间。胸腰间有扁耳两对，耳廓饰乳钉纹。鼓足还有小环耳一对。鼓面、鼓身饰羽纹、“四出”钱纹、席纹、四瓣花纹等。现藏陆川县文物管理所。[3]

崇左布逻鼓 1973年10月2日在崇左左州镇陇合村布逻屯出土。面径50.5厘米，高36.6厘米，重75千克。鼓面中心太阳纹10芒，边沿相间环列三单蛙和三累蹲蛙，其他晕饰钱纹、四瓣花纹、席纹等。现藏崇左市博物馆。

博白莫屋鼓 1982年11月在博白县宁潭镇大车塘村莫屋屯出土。面径84.5厘米，高49.2厘米。鼓面中心太阳纹8芒，边沿逆时针环列四单蛙和二累蹲蛙。饰四瓣花纹、虫纹、鸟形纹、怪兽纹、“四出”钱纹等。其特色是鼓胸内壁有立蛙一对。现藏博白县博物馆。

老雅岭鼓 1988年4月在博白县永安乡永安村杉木麓屯老雅岭出土。面径84厘米，高45厘米。鼓面中心太阳纹12芒，全身饰席纹、雷纹、“四出”钱纹。鼓面边沿逆时针环列六蛙，其中五蛙各背负一田螺，另一蛙背负二田螺。现藏博白县博物馆。

李屋鼓 1976年在陆川县米场镇李屋村出土，足已残。形体巨大，面径121.2厘米，高度不明。鼓面太阳纹12芒，边沿逆时针环列六蛙，饰圆孔钱纹、雷纹、席纹、虫形纹、四瓣花纹、半云填线纹。扁耳两对，耳边有乳钉纹，中间饰羽纹，下有一长条孔。现藏陆川县

板阁鼓 1994年2月15日在龙州县逐卜乡锦阁村板阁屯空排竜坡地出土。面径92厘米，高55厘米，重70千克。鼓面中心饰太阳纹10芒，二弦分晕；面沿逆时针环列6组背饰旋涡纹的三足累蹲蛙。胸腰间有带状扁耳两对。鼓面与鼓身饰鸟形纹、变形羽人纹、席纹、“四出”钱纹、四瓣花纹、蝉纹等。现藏龙州县博物馆。[4]

上思那凤鼓 1986年7月在上思县在妙镇那凤村南修路时挖出。面径77厘米，高46.4厘米，足径78.6厘米，重25千克。鼓面中心饰太阳纹10芒，共16晕；边沿逆时针环列六蛙，三累蹲蛙与三单蛙相间。芒尖开叉，晕间饰变体连钱纹、“四出”钱纹、虫纹、鸟形纹、鸟纹、兽形纹、席纹。胸腰间有辫纹扁耳两对，耳上有一长方形孔。现藏广西博物馆。

---

①农学坚：《广西邕宁新近出土一面灵山型铜鼓》，《中国古代铜鼓研究通讯》1990年第6期。
②梁俭：《玉林市博物馆藏铜鼓概况》，《中国古代铜鼓研究通讯》1994年第10期。
③陈翰：《陆川县近年出土的铜鼓》，《中国古代铜鼓研究通讯》1999年第15期。
④杨统邦：《龙州出土灵山型铜鼓》，《中国古代铜鼓研究通讯》1994年第10期。

三、西盟型

西盟型铜鼓，以云南省西盟佤族地区仍在使用的铜鼓为代表。这类铜鼓器身轻薄，形体高瘦，鼓面宽大，边缘向外伸出，鼓身为上大下小的筒形，胸、腰、足没有分界线；鼓面太阳纹一般为8芒或12芒，晕圈多而密，纹饰多为小鸟、鱼、圆形多瓣的团花、米粒纹；鼓面有立体青蛙，常见两蛙或三蛙甚至四蛙叠踞；有的鼓身纵列立体的象、螺蛳、玉树等塑像。岭南这类铜鼓很少，仅在广西龙州、靖西出土过早期类型。主要分布于龙州、靖西等地，后来沿中越边境向西传播，在今缅甸境发展成为真正的西盟型铜鼓。西盟型铜鼓的年代上限可至唐代（公元7世纪），下限到现代。

龙州龙江村鼓 1971年在龙州县响水镇龙江村派浪出土。面径49.9厘米，高33.4厘米，胸径47厘米，腰径40厘米，足径44.6厘米。面沿逆时针环立青蛙4只，一弦或二弦分晕，鼓面10晕，太阳纹7芒，夹复线单眼纹，其外为栉纹、雷纹填线纹、乳钉套圈纹、变形羽人纹、翔鹭与小鸟纹、飞鸟与团花菱形纹。胸部有羽纹带孔扁耳两对。胸、腰、足部均饰栉纹夹同心圆纹纹带及三角纹图案。

庭毫山鼓 1982年1月在靖西县湖润镇华利村西大庭毫山挖出，残甚，只存鼓面3/4。面径45.2厘米，残高7厘米。鼓面中心饰太阳纹7芒，晕间饰栉纹、雷纹填线纹、同心圆纹和变形翔鹭纹。

柳州直腰鼓 面径43厘米，高28.5厘米。鼓面宽大，有檐伸出鼓胸之外，胸部向内收，腰、足较直，鼓面四蛙较轻薄，形制和纹饰与龙州龙江村鼓近似。[1]柳州博物馆藏。

第四节 麻江型铜鼓

麻江型铜鼓是从遵义型发展而来的，严格意义上应属滇桂系统铜鼓，但它吸收了许多粤桂系统铜鼓因素，是综合型铜鼓。

麻江型铜鼓，以贵州省麻江县谷峒火车站一座古墓中出土的铜鼓为代表。这类铜鼓的特点是：体形小而扁矮，鼓面略小于鼓胸，面沿微出于颈外；鼓胸、鼓腰、鼓足间的曲线柔和，无分界标志；鼓腰中部起凸棱一道，将鼓身分为上下两部分；鼓胸有大跨度的扁耳两对；鼓面无青蛙塑像，太阳纹一般是12芒，似成定制。纹饰以游旗纹、符箓纹、十二生肖纹、鱼龙纹、汉字铭文、莲花纹、串枝花等为主，并与乳钉纹、栉纹并列组成的纹带相配合。麻江型铜鼓遍布广西西部和与之相邻的贵州东南、云南文山地区，在广西以河池红水河流域最集中。麻江型铜鼓的铸造，从南宋到清代晚期，前后延绵了约800年。除极个别为地下出土外，大都是流传使用，没有入过土的传世铜鼓。

广西所见麻江型铜鼓数以千计，根据形制和纹饰可划分为早、中、晚三期。[2]

一、麻江型早期

麻江型早期鼓纹饰，鼓面一般都有两圈乳钉纹，太阳纹芒间填以冷水冲式的翎眼纹或简体翎眼纹，主晕施以游形宽大的大游旗纹或为游尾分叉的燕尾游旗纹，保持变形羽人纹的基本图形；或施以复杂的符箓纹，或配以投影式十二生肖纹。有的主晕中夹有定胜纹。鼓身一般都有上、中、下三段花纹，胸、腰间的凸棱比较低。

板六1号鼓 东兰县金谷乡板路村板六屯韦保德家藏。面径51.5厘米，高32.7厘米，足径50.4厘米。鼓面中心太阳纹12芒，芒间夹翎眼纹。鼓面单弦分晕。第2、9晕是同心圆纹；第3、8晕是栉纹；第4、7晕是复线角形纹；第5晕是主晕，饰游旗纹；第6晕也是主晕，为4只呈顺时针环飞鹭鸟，4只翔鹭与4个定胜纹逐个交错间隔；边晕空白。鼓胸上部紧靠鼓面是稀疏的乳钉纹，其下是一道同心圆纹和一道栉纹，间隔一段空白，又是一道同心圆纹和一道栉纹。鼓腰下部是两

①柳州博物馆：《柳州馆藏文物选集》，广西美术出版社，2012，第96页。
②吴伟峰等：《河池铜鼓》，广西民族出版社，2009，第41-60页。

道栉纹间一道复线角形纹，其下是复线角形纹。

巴江5号鼓 藏于东兰县金谷乡接浪村巴江屯。面径47.4厘米，高28.6厘米，胸径49.7厘米，腰径43.9厘米，足径52.8厘米。鼓面太阳纹12芒，芒间夹翎眼纹，共7晕，有乳钉纹、栉纹等。其中两晕漫漶，第4晕等距离饰4只顺时针飞翔鹭鸟，翔鹭间夹定胜纹。

上东等1号鼓 南丹县里湖瑶族乡仁广村上东等屯何前方家藏。面径49.7厘米，高28厘米，胸径50厘米，腰径44.4厘米，足径49厘米。鼓面太阳纹12芒，芒间夹翎眼纹，共10晕。鼓面第8晕等距离饰4只顺时针飞翔鹭鸟，翔鹭间夹定胜纹，其余晕为同心圆纹、栉纹、乳钉纹、游旗纹、叶脉纹、绹纹。胸部饰乳钉纹及栉纹，足部饰栉纹及复线角形纹。

隆法3号鼓 东兰县金谷乡金谷村隆法屯班华家族所有。面径49厘米，高26.5厘米，足径49厘米。鼓面中心太阳纹12芒，芒间夹翎眼纹，鼓面单弦分晕。第2、14晕是乳钉纹，第3、13晕是栉纹，第4晕是S形云纹，第5晕是凤字形符箓纹，第6、10、11晕和边沿空白，第7晕是变形羽状纹，第8晕是同心圆纹，第9晕是回纹，第12晕是如意云纹，第15晕是双股绹纹，第16晕等距离分布四道突出的短横杠纹。鼓胸上部为稀疏的乳钉纹，下部为两道栉纹夹一道回纹；腰下部是两道回纹夹一道S形云纹；鼓足下部是复线角形纹；鼓耳两侧饰叶脉纹，中间有三个圆孔。

凤字形符箓纹鼓 2002年征集于罗城龙岸镇大蒙村大蒙屯吴姓人家。面径49.5厘米，足径48.8厘米，高26.8厘米。鼓面中心太阳纹12芒，芒间夹翎眼纹。第2、12晕为乳钉纹；第3晕为如意云纹；第4、11晕为栉纹；第5晕为S形云纹；第6晕为叶脉纹；第7晕为凤字形符箓纹；第8、9晕素；第10晕为回纹；第13晕为双股绹纹；面沿素。鼓身饰三段纹饰，第一、二段于颈、胸部。第一段3晕：第1晕为乳钉纹及如意云纹；第2晕为栉纹；第3晕为回纹。第二段素。第三段于鼓足，共6晕，自上而下依次为如意云纹、S形云纹、回纹、复线角形纹、素、素。扁耳两侧是叶脉纹。现藏于罗城的仫佬族博物馆。

二、麻江型中期

中期鼓出现两种风格：一种保持早期的浑厚气韵，太阳纹光芒粗短，芒间夹由简体翎眼纹稍加变化而成的坠形纹，主晕常用长条游旗纹、繁体人字足游旗纹和符箓纹；鼓身花纹仍分上、中、下三段布局，少数为上、下两段布局。另一种花纹较精细，太阳纹光芒细长，芒间为由简体翎眼纹蜕变出来的复线翎眼纹，主晕多为两条短游的游旗纹与剪影式十二生肖纹，或八卦纹；主晕外围还有一晕栉纹；鼓身花纹分两段布局，上段为乳钉纹、云纹、雷纹、栉纹等七层花纹，下段为五层花纹，或有“天元”“成化”“福寿”“进宝”等纪年和吉祥语铭文。主要流行于元、明时期。

都安“天元孔明”鼓 1973年从都安瑶族自治县收集。面径47.8厘米，高27.5厘米，胸径49厘米，腰径40.4厘米，足径48.3厘米。鼓面一至三弦分晕，共10晕。中心为14芒太阳纹，芒间夹简体翎眼纹，其外饰有酉字纹、花朵纹、乳钉纹、带圈乳钉纹、羽纹与坎卦，还铸有“天元孔明”“进宝”“福寿”等铭文。胸部有绳纹扁耳两对。鼓胸饰乳钉纹及阴弦纹，腰、足部饰贝纹及三角形倒“主”字图案，内壁有弦纹数道。“天元”是北元后主脱古思帖木儿的年号，当为公元1379—1388年。

“成化十五”铭文鼓 东兰县巴畴乡六龙村纳桑屯廖家登藏。鼓面宽大，边有微凸，鼓身肥硕，腰部微束。面径51厘米，高25.4厘米。鼓面10晕，太阳纹12芒，其外分别饰乳钉纹、S形勾头纹、回纹、凤字形符箓纹、栉纹、如意云纹。在鼓面边沿空白晕铸有“大明成化十五学生陈金习字□□”“一十一人”“工以而”等铭文。铭文皆反书，是刻写在鼓范上形成的，“十五”之后应漏掉“年”字，应属明代产品。

三、麻江型晚期

晚期鼓主要是清代铜鼓。麻江型晚期铜鼓最突出的标志是鼓面大，都用三晕乳钉纹，并多使用人物纹、动物纹、植物纹，风格自然豪放。也有的继承中期精细规整的风格，鼓面的太阳纹光芒细长，芒间为复线翎眼纹，三晕除二短旒游旗纹外，还有三旒游旗纹、线旒游旗纹、变体游旗纹、棂花纹、双龙纹、“寿”字、六畜、桃符、线画十二生肖纹。有的还有“大吉”“福如东海”“寿比南山”“永世家财”“万代进宝”“红帘遮外”等吉祥短语铭文，并出现一种繁体的兽形云纹；有的鼓背面还有动物和植物纹、压胜钱纹以及人物、庄园、孔明巡行等图画。

“乾隆四十年”鼓 东兰县巴畴乡巴畴村那桃屯韦乔贵家藏。面径 46.8 厘米，高 27 厘米。鼓面 10 晕，太阳纹 12 芒，芒间夹多重边的三角纹。第 2 晕为同心圆纹；第 3、6 晕为素面；第 4、7、10 晕为乳钉纹；第 5 晕是主晕，有龙、鱼、马、牛、羊、猪图像和 4 个等距离相间的大回纹；第 6 晕为栉纹；第 8 晕为叶脉纹；第 9 晕为回纹。面沿有骑士、羊、牛、鸡等图像各二，两两相对，等距离稀疏排列。鼓身自上而下为乳钉纹、素面、“四出”钱纹、回纹、如意云纹，腰有凸棱一周，下为 S 形勾头纹、回纹、复线角形纹。鼓内壁有汉字铭文“韦记号进宝”“乾隆四十年”，字为手书刻写在内模上形成的，还印有两个大回纹。“乾隆四十年”应是铸鼓之年，即公元 1775 年。

西林耕田奔马图鼓 从西林县马蚌收集。面径 47.5 厘米，高 27 厘米，胸径 48.7 厘米，腰径 40.1 厘米，足径 47 厘米。鼓面一、二或三弦分晕，共 8 晕。中心为 12 芒太阳纹，其外有 3 晕乳钉纹、雷纹、串枝纹、波浪纹、四季花卉及马、牛、犬、鹿浮雕等纹饰。胸部有线纹扁耳两对，并饰有乳钉纹、耕田图和奔马图等。腰、足饰雷纹、波浪纹及复线角形纹。

“道光二年”鼓 东兰县巴畴乡巴英村廖庆温家祖传。有四道合范线，两对辫纹边扁耳。面径 49 厘米，高 27 厘米。鼓面 8 晕，中心太阳纹 12 芒，芒间夹翎眼纹。第 2 晕为西字纹，第 3 晕云纹，第 4、6、9 晕乳钉纹，第 5 晕是主晕，饰游旗纹、符箓纹，有汉字铭文“万代进宝”“永世家财”，横印“道光二年建立”；第 7 晕为回纹，第 8 晕素，面沿素。鼓身凸棱以上第 1 晕符箓纹，第 2、4 晕为回纹，第 3 晕不清。鼓腰凸棱以下有符箓纹、回纹、兽形云纹、复线角形纹。

“道光四年”鼓 东兰县兰阳乡旧州村旧州屯韦克锋家藏。面径 49 厘米，高 27 厘米。鼓面 10 晕，太阳纹 13 芒，芒间夹心形纹，芒尖穿至第 3 晕。第 2 晕为西字纹；第 3 晕为符箓纹；第 4、6、9 晕为乳钉纹；第 5 晕是主晕，饰两个团寿纹、三个游旗纹，间隔一些符箓纹，左右对称竖印“万代进宝”“永世家财”两个竖印，上端横印“道光四年建立”铭文，在“万代进宝”印的“宝”字下方另有一个长方印，文字已模糊，隐约可见“独山双和号”5 个字；第 7 晕栉纹；第 8 晕回纹；第 10 晕兽形云纹。鼓身以腰间凸棱为界，上部自上而下是乳钉纹、回纹、云纹、回纹，下部是云纹、回纹、回纹、复线角形纹。鼓面背内壁有圆印，其中的长方块印戳与鼓面第 5 晕的长方印相同，可见“× × 双 × 号”等汉字。扁耳两对，上下饰回纹，边饰辫纹。其“万代进宝”“永世家财”两块印模和游旗纹、符箓纹与“道光二年”鼓完全相同。

“道光五年”鼓 巴马瑶族自治县东山乡卡桥村弄木屯蓝敦高祖传家藏。面径 48.5 厘米，高 27.5 厘米。鼓面 11 晕，太阳纹 12 芒，芒尖夹翎眼纹，芒尖穿透第 2 晕。第 2 晕西字纹；第 3、7 晕回纹；第 4、6、9 晕乳钉纹；第 5 晕是主晕，饰一组双龙献寿图，“寿”字是束腰寿，相对一方在符箓纹间印“道光五年建立”横章，右下方印“万代进宝”，左下方印“永世家财”竖章；第 8 晕也是主晕，饰兽形云纹，左印“福如东海”，右印“寿比南山”竖章，与“万代进宝”“永世家财”处同一水平，但字体稍大；第 10 晕波浪纹；面沿素。鼓身上部依次是乳钉纹、兽形云纹、回纹、素，下部依次是素、兽形云纹、复线角形纹。扁耳两对，边饰辫纹，中部上方饰卍形纹。

“道光六年”鼓 巴马瑶族自治县甲篆乡百马村坡那屯黄正康家族藏。面径 47 厘米，高 27.5 厘米。鼓面 10 晕，太阳纹 12 芒，芒尖穿至第 2 晕，芒间夹翎眼纹。第 2 晕西字纹；第 3 晕 S 形勾头纹；第 4、6、8 晕乳钉纹；第 5 晕是主晕，有一组双龙献游旗和团寿图，一组双龙献“道光六年建立”铭文匾，另有“福如东海”“寿比南山”铭章，与“道光六年”铭章倒置。和下雍 3 号鼓一样，“道光六年”铭章中的“六”字较其他字小，而且向右倾斜，显系临时添加。第 7 晕也是主晕，饰游旗纹；第 9 晕水波云纹，面沿光素。鼓身上部自上而下是呈梅花状的乳钉纹、如意云纹、水波云纹、回纹、水波云纹，凸棱以下为回纹、水波云纹、回纹、复线角形纹。

“道光七年”鼓 东兰县长乐镇长乐村高新屯梁水安家藏。面径 48 厘米，高 27 厘米。鼓面二弦分晕，共 10 晕，太阳纹 12 芒，芒尖穿至第 3 晕，芒间夹翎眼纹。第 2 晕西字纹；第 3 晕 S 形勾头纹；第 4、6、9 晕乳钉纹；第 5 晕为主晕，饰双龙献团寿图案，对应一方饰两端由 S 形云纹相夹的棂花纹，这两组纹饰之间的空白处印“永世家财”“寿比南山”两道竖行铭文；第 7 晕是回纹；第 8 晕也是主晕，与第 5 晕双龙献团寿图案相同的一方印“道光七年建立”铭文匾，两端饰云纹和团寿纹，与第 5 晕棂花纹相同的一方满饰 S 形云纹，其间空白处印“万代进宝”“福如东海”两道竖行铭文；第 10 晕是水波云纹和缠枝纹。按照一般规矩，“万代进宝”“永世家财”和“福如东海”“寿比南山”两组铭文，应分别在同一晕内，由于制鼓匠师的疏忽或是另有考虑，把它们拆开了。以“道光七年建立”铭章和双龙献团寿为中轴线，右侧一联为“万代进宝”“永世家财”，左侧一联为“寿比南山”“福如东海”。鼓身自上而下为乳钉纹、素面、回纹、云纹、回纹，腰部有凸棱一道，以下为云纹、回纹、云纹、复线角形纹。鼓耳边饰辫纹，正中上部饰长条回纹，下部饰卍形纹。鼓面背内壁有“独山双和号” 长方印。

“道光八年”铭文鼓 1963 年从河池地区废旧物资公司征集。鼓高 26.5 厘米，面径 47 厘米。鼓面 10 晕，太阳纹 12 芒，芒间夹坠形纹。第 2 晕为西字纹；第 3、6、8 晕为乳钉纹；第 4 晕空白；第 5 晕顶部是一组双龙献寿图，右边铸直行“万代进宝”铭文，左边铸直行“永世家财”铭文，下方横书“道光八年建立”铭文，皆为楷体，它们之间分别用两个凤字形符箓纹相隔；第 7 晕是如意云纹，在与第 5 晕的双龙献寿图相对的一方也饰一组双龙献寿图。如果从这一角度看，“道光八年建立”铭文则在这一组双龙献寿图的下方，是正置。现藏广西民族博物馆。

“道光年”款鼓 从河池市征集。面径 46.8 厘米，高 26.5 厘米，胸径 48.3 厘米，腰径 39.8 厘米，足径 46.7 厘米。胸部有绳纹边夹“百”“卍”字扁耳两对。鼓面单弦或双弦分晕，共 9 晕。中心为 12 芒太阳纹和复线翎眼纹，其外有“出”字、云纹、栉纹、乳钉纹、双龙献寿和楷书“道光年建立”“福如东海”“寿比南山”铭文等。现藏广西民族博物馆。

八骏图鼓（广西民族博物馆 052 号鼓） 从南宁市征集。面径 49.3 厘米，高 26.7 厘米，胸径 49.3 厘米，腰径 42.4 厘米，足径 48.2 厘米。胸部有绳纹边夹“百”“卍”字扁耳两对。鼓面一弦分晕，共 11 晕。中心为 12 芒太阳纹及复线翎眼纹，其外有西字纹、双眼纹、三晕乳钉纹、双龙献印图、兽形云纹、雷纹、缠枝纹，边沿有八骏图。鼓胸、腰皆有雷纹、兽形云纹，足部为复线角形纹。

“孔明将君”画像鼓 从河池收集。面径 47 厘米，高 26.5 厘米，胸径 48.7 厘米，腰径 41 厘米，足径 48.2 厘米。鼓面一弦分晕，共 11 晕。中心为 12 芒太阳纹和复线翎眼纹，其外花纹多模糊，仅见乳钉纹、人形纹、兽形云纹等。胸部有绳纹边扁耳两对。鼓胸可见者为乳钉纹、雷纹，足部有复线角形纹；背面有孔明巡行的线画，并有“孔明将君”题名和“万宝家财”铭文。

四时花卉纹鼓 从都安瑶族自治县征集。面径 46.5 厘米，高 27.5 厘米，胸径 48.4 厘米，腰径 39.2 厘米，足径 44.7 厘米。鼓面一、二或三弦分成 10 晕，中心 12 芒太阳纹外，有复线角形纹、四时花卉纹、奔马、水波纹（主纹）、绹纹等。鼓身有乳钉纹、缠枝纹、云纹、水波纹及复线角形纹等。

“希吕氏记”铭鼓 从柳州收购站征集。面径 47 厘米，高 26.9 厘米，胸径 49.8 厘米，腰径 41.7 厘米，足径 48.3 厘米。鼓面一或二弦分成 10 晕，中心太阳纹 12 芒，夹复线翎眼纹，其外有西字纹、乳钉纹、棂花纹（主纹）、雷纹、兽形云纹等。鼓身另加云纹、复线角形纹；扁耳两对，边饰绳纹；背面有隶书“希吕氏记”四方印文。

广西民族博物馆 304 号鼓 从柳州收购站征集。面径 47 厘米，高 26.3 厘米，胸径 49 厘米，腰径 41.4 厘米，足径 48 厘米。鼓面一弦分成 11 晕，中心太阳纹 12 芒，芒尖穿至第 4 晕，其外有雷纹、同心圆纹、乳钉纹、人形纹、石花纹（主纹）、兽形云纹等。鼓身另加如意云纹、云纹和复线角形纹；扁耳饰绳纹、钱纹；背面铸线画树木和马纹。

人物走兽纹鼓 从河池市废旧物资公司征集。面径 44.8 厘米，高 25 厘米，胸径 46.1 厘米，腰径 37.8 厘米，足径 45.9 厘米。鼓面一弦分成 12 晕，中心太阳纹 12 芒，芒间夹三角形纹，其外有西字纹、雷纹、乳钉纹、双龙戏珠及人像、动物纹（主纹）、花朵纹等。鼓身另饰钱纹、S 形云纹、复线角形纹等，背面有双龙戏珠、压胜钱及风俗画。

第三章

铜鼓的装饰艺术

铜鼓除了作为乐器、讲究音响效果之外，它还作为神器、礼器和权力重器，十分讲究装饰，逐渐形成了特有的装饰艺术。装饰的形式，包括平面装饰和立体装饰，极为丰富复杂，变幻无穷，是铜鼓文化的内蕴宝库。

第一节　铜鼓纹饰的装饰部位

每面铜鼓都有一个平展的面和一个柔和曲形的身。铜鼓装饰的部位，一般有鼓面、鼓胸、鼓腰、鼓足、鼓耳，有的还装饰于鼓的内壁。

图 33. 万家坝型鼓面

图 34. 北流型鼓面

一、鼓面的装饰

鼓面是敲击的部位，也是最显眼的地方，是艺术装饰的首选之区。

鼓面中心的装饰是太阳纹。国外部分学者把太阳纹叫作“星纹”。它原是浇铸铜鼓时浇灌铜液的浇冒口留下来的残痕，经打磨修饰后成为一个圆饼形的纹样。知名学者龙村倪先生认为，太阳纹不仅是铜鼓所有装饰纹样的中心和重心，也是铜鼓作为乐器、礼器及权力重器最具崇拜、信仰及文化意义的标志。他说，太阳纹的设计是铜鼓工艺家的第一步工作，铜鼓任何形制上的演变，必先导致太阳纹的改变，铜鼓纹饰的设计都由太阳纹领军，其他纹饰都只不过是装点太阳纹用的，要表达对太阳神圣的自然崇拜罢了。龙村倪先生将铜鼓的太阳纹划分为四个部分，由内而外，分别为光体、光芒、光饰和光弦。光体居中，高出鼓面，是鼓面纹饰的中心；光芒

图 35. 灵山型鼓面

紧连光体，由中心光体辐射四出；光芒与光芒之间形成夹角，填饰有几何纹，是为光饰；太阳纹外用同心圆将晕圈分隔，是为光弦。[1]

铜鼓是由炊煮用的铜釜演变而来的。鼓面原是受热的釜底。因此，原始形态的铜鼓，鼓面朝下，是视觉看不到的地方，原是光素无纹的。后来，因为要翻转过来敲奏，鼓面朝上，才开始装饰一个火星纹，这就是太阳纹的原始形态。

石寨山型铜鼓，鼓面中心太阳纹光体与光芒浑然一体，芒数多少不定，环绕太阳纹的是层层光圈，形成晕，窄晕饰锯齿纹、同心圆纹、带切线的圆点圆圈纹等几何纹，宽晕饰翔鹭纹。

冷水冲型铜鼓鼓面的装饰已摆脱石寨山型铜鼓过于写实的风格，逐步向抽象化发展。鼓面中心太阳纹，光体与光芒仍浑然一体，但芒数已基本固定为12道，很少例外，芒间饰以翎眼纹。晕圈中的几何纹样有所增加，出现三角形复线纹、绹纹、羽状纹、眼形纹等新母题，沿用的同心圆纹常用斜线连接，并以镜面对称方法，使

图 36. 冷水冲型鼓面

图 37. 石寨山型鼓面

两晕相邻，栉纹已代替锯齿纹，雷纹极少见。主晕中的翔鹭纹逐步变成抽象图案，特别显著的一点是，每面鼓的鼓面边沿都有青蛙塑像环列。

灵山型铜鼓的鼓面常常不是正圆，由于浇铸合范略有错缝，相对称的边沿稍有凸出。纹饰的布局，有二弦或三弦分晕，晕圈有宽窄之分。太阳纹多为10芒，宽晕以变形羽人纹、兽形纹、鸟形纹构成主体纹饰，窄晕饰以连钱纹、"四出"钱纹、席纹、水波纹、四瓣花纹、虫纹、蝉纹、云雷纹作为衬托。

北流型铜鼓的鼓面也和灵山型铜鼓一样，常常不是正圆。太阳纹多为8芒，太阳纹之外，多以三弦分晕，晕圈内饰以云雷纹或云雷填线纹，部分鼓饰有钱纹、席纹、水波纹。

遵义型铜鼓晕圈仍有宽窄之分，鼓面边沿没有青蛙

①龙村倪：《铜鼓鼓面中心太阳纹的演变——兼论越南东山铜鼓》，载《中国艺术文物讨论会论文集》，1992。

塑像，但有蛙爪痕。

麻江型铜鼓鼓面太阳纹形式多种，有的像石寨山型和冷水冲型，光体与光芒没有界限，浑然一体，光芒呈三角叶状；有的光芒呈高浮雕，突出鼓面；有的像北流型和灵山型，光体圆凸如饼，光芒呈针状四射。芒间有的空白，但大多数饰以翎眼纹。鼓面晕圈较疏朗，但必有一道或两道较宽的主晕，装饰主体图案，边沿一般空白，有的装饰乳钉纹，个别装饰对羊、坎卦符号。主晕常是游旗纹、符箓纹、家畜家禽纹、十二生肖纹、双龙献寿纹、汉字吉祥语铭文等，繁花似锦，丰富多彩。

二、鼓胸的装饰

万家坝型铜鼓胸部圆鼓，没有任何装饰。石寨山型铜鼓除了锯齿纹、圆点圆圈纹等几何纹带外，还有写实图案，最常见的是船纹。

三、鼓腰的装饰

腰部的变化比较大。万家坝型铜鼓腰部出现垂直纹带，内饰重叠人字纹，这种纹带将鼓腰分隔成若干格，格中尚无纹饰。下部饰角形纹和大回字菱形纹。

石寨山型铜鼓鼓腰用垂直纹带分隔成若干格，格中饰复杂图案，最常见的是牛纹，最复杂的是羽人舞蹈纹。

冷水冲型铜鼓腰部装饰分格，主晕的羽人舞蹈纹已变形，抽象化得难以辨认，而其下半段布满由弦纹构成的几何纹晕圈；有的鼓腰主晕也分成上下两段，但装饰变形舞人上下相当，只是重叠而已；个别鼓出现垂直分格中的空白方。遵义型铜鼓继承了这一特点，从而出现皿形纹晕，此外，整个腰部素面。麻江型鼓身中部出现凸棱，将鼓身分成上下两段，看不出单独的腰，装饰也渐渐流入光素。

图 38. 灵山型鼓胸纹饰

图 39. 冷水冲型鼓胸纹饰

冷水冲型铜鼓鼓胸上部，紧接鼓面边缘的鼓颈部分布满栉纹、圆点圆圈纹、水波纹晕。鼓胸中部仍饰船纹，但此时的船纹已不再是写实的了，而是衍化为抽象图案。为了体现船在水中的感觉，冷水冲型鼓的船纹，每组安排顺倒两只，鱼在船舱里，上面的船表示在水面上，下部的船倒过来，像是船倒映在水中。

遵义型铜鼓和麻江型铜鼓除了保留几何纹样的装饰以外，再也没有船纹，但个别麻江型铜鼓则出现耕田图、奔马图等，反映农耕生活的写实画面。新出现的装饰纹样则有乳钉纹、双勾云纹和大回形雷纹。

北流型铜鼓胸壁斜直外凸，最大径偏下，腰呈反弧形收束，晕圈窄而密，装饰纹样多为云雷纹。灵山型铜鼓有类似状况，从胸到腰，全身一种或几种纹饰，如云雷纹、水波纹、圆钱纹，重重复复，密密麻麻，给人以神秘感。

四、鼓足的装饰

鼓足原是釜的口沿部分的衍化，是承重和扩音的部分，在铜鼓正置时使其稳固，敲奏时便于传声，开始时没有任何装饰。

万家坝型铜鼓足部光素，石寨山型铜鼓足部仍光素。冷水冲型铜鼓足部开始也没有装饰，后来才出现栉纹和蕉叶纹。遵义型铜鼓足部纹饰简化，仅见稀疏的角形纹、大回形雷纹。麻江型铜鼓继承了这一传统，逐渐增加晕圈数，追求与鼓胸纹饰对称，但鼓胸上常见的乳钉纹在鼓足上是不见的，而鼓足上的垂叶纹、角形纹也不见于鼓胸上，说明铜鼓的上下方位是不能颠倒的。

五、鼓耳的装饰

鼓耳是供提携和悬挂铜鼓用的，在鼓身两侧，多处胸腰之间。一般是四只，两两成对。万家坝型鼓耳是小而薄的片耳，没有装饰；石寨山型鼓的两对扁耳，呈拱

图 40. 万家坝型、石寨山型、冷水冲型、麻江型鼓足（组图）

图 41. 石寨山型、冷水冲型、灵山型、北流型鼓耳（组图）

状附在胸腰之间，面上有谷粒纹，或呈编织状。

冷水冲型铜鼓鼓耳是大扁耳，中间开孔，表面装饰以绳辫纹为主，有的另附小环耳两只，分铸两侧。到后期，有的小环耳是四只。这些小环耳也跨胸腰间，个别则下移至腰部。有的两耳相距很远，耳面饰双股甚至六股叶脉状辫纹，中部上下各开一个长方孔。麻江型铜鼓也是大扁耳，在鼓胸上，跨度很大，一般素面，有的不开孔，有的上下各开一方孔，有的上中下开三孔，饰辫纹、羽纹或回纹，有的在下方装饰卍形纹。

粤桂系统铜鼓中，灵山型有类似冷水冲型带状叶脉纹扁耳，有的表面饰网状纹，有的在耳廓饰珠粒纹。北流型铜鼓除扁耳外，还流行实心圆茎环耳，表面饰缠丝纹（又称“蛇纹”）。

第二节　平面几何纹装饰

平面装饰分布于鼓面和鼓身。从内容看，分为几何纹样和画像艺术，也有介乎写实纹样和几何纹样之间的抽象纹饰。

几何纹饰以单纯的点、线以及圆形、方形、三角形等为基本要素，按照美的法则构成图案。铜鼓上的几何纹样，有的充当主体纹饰，表现一定的主题思想；有的组成丰富多彩的几何纹带，作为边饰，起着陪衬烘托、美化主体纹饰的作用；有的遍布铜鼓全身，给人以丰繁瑰丽的美感。

铜鼓上的几何纹被称为“可视的音符”。铜鼓作为打击乐器，音乐的节律感影响到铜鼓的审美倾向，几何纹样就成了构筑铜鼓整体韵律化装饰框架的主要纹饰。

一、万家坝型、石寨山型铜鼓上的几何纹

万家坝型、石寨山型铜鼓上的几何纹样还比较少，较常见的只有几种。

（一）圆圈纹

圆圈纹是几何纹样中形制最简单和运用最广泛的一种形式。圆圈纹最早出现在陶器上。大约在新石器时代晚期，人们在制造陶器时，开始用圆棍状工具在坯胎上戳刺成圆窝，使其形成凹陷的圆点。有时，戳刺的工具是小竹管，在陶器上则留下阴纹圆圈。这种圆点和圆圈，经过一定的排列组合，可以给人以美的感受。随后才用事先雕刻出多层圆圈的印模一一捺印，在坯胎上形成多重圈的同心圆纹。因此，几何纹样中的圆圈纹实际上包括了阴纹和阳纹的圆点、圆圈、圆点圆圈、重圆圈等形式。它们的组合形式也是多种多样的，最常见的是印在一条狭长的带上，均匀地排列起来，构成一种圆圈纹带。这种纹带以若干圆形散点式地排列成带，作为其他图案花纹的分区分界线，有的则以这种圆圈纹带为主要装饰。这种圆圈纹带和圆点圆圈纹带也常见于商周青铜器上。

在早期的万家坝型铜鼓上还没发现过圆圈纹，但在石寨山型铜鼓上，圆圈纹则较普遍。它与锯齿纹一起，成为石寨山型铜鼓上特有的装饰母题。

圆圈纹还经常单个施用。石寨山型铜鼓鼓面翔鹭的眼，就是一个戳印的圆点圆圈纹；太阳纹芒间夹的三角形中心也是戳印的圆点圆圈纹；龙舟的船头、船尾也用这种圆点圆圈纹装饰。西林铜鼓龙舟上的栅台，座上装饰一道带切线的圆点圆圈纹。

（二）网纹

网纹在万家坝型铜鼓内壁就已出现，可能是一种编织物的写实图案。除了菱形的外框内填直线交叉的网格之外，菱形框的四角还有对称的旋转云纹。这种简单的云纹也是万家坝型铜鼓仅有的几种装饰花纹之一。从万家坝型铜鼓上同时出现的其他爬虫纹来看，这种菱形网纹应是当时捕捞水生动物的渔网的图像。到石寨山型铜鼓，网纹继续存在。贵港罗泊湾 11 号鼓腰部耳的下方有一长方块网纹，已经不再有那种菱形外框了。

（三）栉纹

栉纹大量出现于石寨山型铜鼓，有时成为鼓面上最显眼的纹饰。它的结构、组合和在鼓面的位置，同内地汉代铜镜背面的纹饰十分相似，有的学者以此作为铜鼓很早就吸收汉文化因素的依据之一。但在北流型、灵山型铜鼓上未见栉纹。可以说，栉纹也是区分滇桂系统铜鼓与粤桂系统铜鼓的一个标志。

（四）锯齿纹

锯齿纹也大量出现于石寨山型铜鼓，其排列组合和出现的场合与栉纹很相似。所不同的仅在于：栉纹是一道道排列整齐的短的直线，而锯齿纹是密集的、一端直平、一端有尖的长三角形。有时这种尖不明显，就会与栉纹相混。这种锯齿纹也大量出现在汉代铜镜上，同样是铜鼓受汉代文化影响形成的一种装饰图案。锯齿纹放大，就成为冷水冲型铜鼓的垂叶纹。

图 42. 石寨山型铜鼓上的锯齿纹、切线圆点圆圈纹

（五）叶脉纹

叶脉纹也叫“羽状纹”。它是树叶叶脉或鸟羽的模拟，在一条中轴线的两侧歧出平行的斜线。有的线条粗短，像飘拂的柳条；有的线条较细长，像片片鸟羽。在贵港罗泊湾 11 号鼓和西林普驮 280 号、281 号鼓的腰部都有叶脉纹。它与栉纹或锯齿纹一起组成垂直纹带，将鼓腰空间分割成若干格。

（六）勾连雷纹

勾连雷纹是菱形方块外带曲折线不断延续形成的纹带。田东锅盖岭鼓的胸部、西林普驮 283 号鼓的第 2 晕，都这种勾连雷纹。

二、冷水冲型铜鼓上的几何纹

冷水冲型铜鼓上的几何纹样较为复杂多变，最常见的是圆圈纹、羽状纹、水波纹、栉纹、网纹、眼纹等。

（一）圆圈纹

圆圈纹在冷水冲型铜鼓上得到很大的发展，鼓面、鼓胸、鼓腰、鼓足都有圆圈纹带。每个单元的圆，有双层同心圆的，有双层同心圆中心加圆点的，有三层同心圆的，有四层同心圆的，也有五层同心圆中心加圆点的。个体的大小、线条的粗细，各不相同。有的每两个圆圈纹之间加一条切线，或叫勾连同心圆纹。胸、腰的圆圈纹带都是每两圈与栉纹带平行相间，胸部的是在变形船纹的上方，腰部的则在变形舞人纹下方。足部的圆圈纹填置于三角垂叶纹和眼纹中心，并不单独成列。这些布局与石寨山型铜鼓相同。从这个方面也可以看出，冷水冲型铜鼓与石寨山型铜鼓的渊源关系。

图 43. 冷水冲型铜鼓上的水波纹、网纹、圆心垂叶纹、叶脉纹、眼纹

冷水冲型铜鼓面上的兽纹眼，也是戳印的三重圆圈纹；鼓面上的眼纹、鼓足上的三角垂叶纹，中心也饰圆圈纹、变形舞人纹突出的头部就是圆点圆圈纹或圆点重圈纹、圆点三重圈纹。在龟的背上，四块龟甲上各饰一个多重圆圈纹。

（二）羽状纹

羽状纹和辫纹相比，在斜线排列方式上是相同的，区别仅在于，辫纹无中轴线，羽状纹有一条中轴线。这种纹饰首见于石寨山型铜鼓，在冷水冲型铜鼓上得到广泛施用。有时在排列形态上又像是两道栉纹的斜化。

（三）水波纹

水波纹是一种古老的纹饰，是流水的模拟，在商周时期的几何印纹陶器上已广泛采用。到秦汉以后，除了印制的还有刻画的。铜鼓上的水波纹一般作为窄晕装饰。冷水冲型铜鼓的水波纹大量施于鼓面和鼓身，成为很常见的纹饰。

（四）栉纹

冷水冲型铜鼓的栉纹也很多，有的鼓面、鼓身重复出现好几晕栉纹。

（五）网纹

冷水冲型铜鼓的网纹作为条带纹饰出现，与其他纹样一起装饰在胸、腰的窄晕内，起陪衬作用。

（六）眼纹

眼纹由两道或三道虚线构成菱形外框，中心饰以重环同心圆圈纹，外形像鸟眼，是冷水冲型铜鼓的主要装饰纹样之一。

（七）圆心垂叶纹

该纹样是由锯齿纹放大和衍化而来的，本身也像一片树叶或花瓣。冷水冲型铜鼓的圆心垂叶纹外框是底边不封闭的倒立三角形，三角形的两侧边由点连成三至四道平行相套的虚线构成，靠近底边的正中为一同心圆圈纹。这种纹饰往后发展，虚线变成实线，中心的同心圆圈纹消失，最终成为麻江型铜鼓上的复线角形纹。

（八）复线交叉纹

该纹样由两道或三道弧线相交，构成太阳纹外围的一晕，在冷水冲型铜鼓鼓面经常见到。宜州良山冲鼓鼓面第 5 晕就是典型的复线交叉纹。

栉纹、同心圆纹、双排眼纹、绳辫纹并非铜鼓最重要的纹饰，不具备特别的象征意义，只用于填充鼓面和鼓体，使铜鼓的纹饰更丰富。

三、北流型、灵山型铜鼓上的几何纹

几何纹是北流型、灵山型铜鼓上最重要的纹饰，以云雷纹、水波纹、席纹、圆圈纹、钱纹最常见。

图 44. 云雷纹

图 45. 席纹

（一）云雷纹

云雷纹是北流型铜鼓和灵山型铜鼓的主体纹饰，其他类型铜鼓也饰云雷纹，但不是主体纹饰。

云纹是指一种自中心逐渐外展的单线旋出图案，旧的地方志上称之为“螺丝纹”。这种云纹线条纤细，形体圆小，有多种组织形式。有单卷云纹、双卷云纹、半边云纹、波连式云纹、填线云纹，或在云纹之间填以雷纹，或在云纹之间填以“十”字，回旋卷曲，变幻多姿。

雷纹是指几层菱形相套叠的回形图案。雷纹也和云纹一样纤细和富于变化。有小方回形雷纹、半边雷纹、菱形雷纹、椭圆形雷纹、填线雷纹、填点雷纹、十字雷纹等。

云纹和雷纹有时很难严格区分，事实上你中有我，我中有你，互相转化，或相互补充，因而常被合称为“云雷纹”。云雷纹多以二方连续或四方连续方式组成条状带或块状图案，均匀间隔，密布于铜鼓的面部和身部。因为北流型铜鼓和灵山型铜鼓把它们作为主体纹饰，有的学者就把这两种铜鼓直呼为“云雷纹铜鼓”。

云雷纹的密布，给人一种精神恍惚、玄妙莫测的感觉，增加了这种形体巨大的民族重器和神器的神秘色彩。

用云雷纹饰铜鼓的地方主要集中在广西的玉林、钦州和广东的湛江，恰恰都处在北回归线以南的多雷雨地带。在这一地带，古时关于雷公的传说特别多。

（二）水波纹

水波纹也是一种古老的纹饰，是流水的模拟，在商周时期的几何印纹陶器上已广泛采用。到秦汉以后，除了印纹还有划纹。这种纹饰在北流型、灵山型铜鼓上都很发达。一般也作为窄晕装饰，有的是三层波浪线条，有的是五层波浪线条。

（三）席纹

席纹，有的旧志书上称为“籧篨纹”，它是由横竖相交的线条排列组成的编织纹。在广西民族博物馆 141 号铜鼓上，有横七道，竖七道，相间排列成的纹带。在有些铜鼓上，有横四道，竖四道，由三组横竖构成一个单元，用二方连续的排列方式组成的纹带。在另外一些铜鼓上，则以人字形纹样不断延续，构成波浪式纹样。这种纹饰，是北流型铜鼓的主体纹饰之一，也是灵山型铜鼓上仅次于鹭纹和骑兽纹的重要纹饰，有时还满布太阳纹芒间。

席纹作为器物上的装饰，可以追溯到远古的原始社会。南方多竹，劳动人民很早就发明了竹编工艺，而用竹片作横竖交叉的编织大概是最简便易行的编织工艺，所以平面编织物十分普遍。未干的陶坯放在竹席上晾干，自然留下印痕，这种印痕有时给人一种美感，陶工后来有意识地将这种印痕装饰在陶器的有关部位，发展成为专门装饰纹样。陶器上的席纹，在新石器时代出现，到秦汉时代继续沿用。席纹不但在江南地区流行，中原地区商周时期的陶器和铜器上也有，流行的范围很广。

铜鼓上的席纹装饰，应是对南方几何印纹陶器装饰的继承和发展。从它的制作方法看，在制作铜鼓坯时就已做出，翻模后，在铜鼓上留下整齐的席纹图案。而制在坯上的席纹也如同陶器上的席纹，是用刻有席纹的模子印上去的。

（四）圆圈纹

灵山型铜鼓上蝉纹的双眼是圆圈纹，兽形纹、鸟形纹和虫形纹的眼也是圆圈纹。

单个的圆圈纹发展到最完善的形态则体现在灵山型铜鼓的青蛙塑像上。青蛙后腿高高隆起，是由无数道细小的同心圆圈累积而成的；青蛙两眼前的气眼，也是两个四五层的同心圆圈；青蛙前腿两侧及腰部两侧，也有如气眼的重圈同心圆纹；肩腹之间那种椭圆形的重环纹，也是这种多层同心圆纹的变体。这种满布同心圆纹的装饰，使得整个青蛙塑像华丽壮美，不同凡俗。

一个挨着一个按捺上去的，其形状、大小与真钱相同。这类铜鼓，目前保存下来的只有一面，就是1953年在广西岑溪县城筑路时发现的那面铜鼓。五铢钱纹分布于鼓面和鼓身。鼓面上，中心太阳纹之外，由二弦或三弦划分为9个晕圈，由内往外，各个晕圈分别装饰着云纹、水波纹和五铢钱纹。五铢钱纹在第2和第7晕圈，与较细小的云纹、水波纹比较，其居于最显眼的位置。鼓身从上到下分为胸、腰、足三段，胸部有5晕，上下分别是水波纹和云纹，中间一圈为五铢钱纹。腰部有7个晕圈，上面四晕和下面两晕分别为水波纹和云纹，第5晕为五铢钱纹。足部有四晕，上面三晕为水波纹和云纹，最下一晕为五铢钱纹。五铢钱纹处在显眼位置。

从文献记载来看，类似岑溪的五铢钱纹铜鼓至少还有两例。

清乾隆五十七年（公元1792年）《郁林州志》卷五祀典篇载：

图46. 钱纹（组图，五铢钱纹、“四出”钱纹）

（五）钱纹

钱纹是北流型铜鼓和灵山型铜鼓的重要纹饰。这里所说的钱，是指外圆内方的铜钱。这是秦始皇统一货币以后在中国流通时间最长的币式。这种方圆合体的形象也是中国古代传统艺术装饰的重要母题。施于铜鼓上的钱纹也有时代前后的变化，有五铢钱、“四出”钱、“五”字钱、比轮钱、连钱等形式，开始是写实的，甚或就是用流通的钱币按捺而成的，后来则是象征的，成为单纯的装饰纹样。因此，我们在研究这些纹样时要做尽可能详细的比较。

五铢钱是汉武帝元狩五年（公元前118年）开始铸作的记重钱，钱形外圆，正中有方孔，直径2.5厘米，右边印一“五”字，左边印一“铢”字。汉代一两等于二十四铢，五铢钱实重二十四分之五两。自武帝以后，昭帝、宣帝、元帝、成帝、哀帝、平帝，汉代各帝均铸五铢钱。五铢钱轻重适中，使用方便，从汉朝到隋朝约700年间，基本上行用不废，是中国历史上通用较久的钱币。

施于铜鼓上的五铢钱纹是用通行的五铢钱作为印模

（文昌）阁中有铜鼓，高一尺五寸，面径二尺六寸，底径二尺六寸，边出广一寸，腰束减二寸，自边至中央，凡十九晕，晕间或为雷文，或为螺文，或为五铢钱文，或蘧篨文。中央隆起，内廓有横斜十字文。沿边近里四分强，有六蟾蜍，相去一尺三分。蟾蜍前高一寸，足间一寸二分，后高八分，足间亦八分。鼓身凡三重带，二十七晕，晕间文与面同。两旁近上有耳，前后对出。近下亦有耳，左右对出。文如贯索形模，中度镂刻精工，色如绿沉，土花斑驳，盖西汉时物也。

又，民国二十四年（公元1935年）《北流县志》卷三金石志记载：

四洲庵铜鼓。嘉庆二年六月，石一里庞陂上里许，溪边水潦冲激，见铜鼓一。乡人移入泗洲庵，以为更鼓。举之，面径二尺四寸八分，高一尺四寸六分。圆好无缺，镂刻精工。周身有钱纹四百零三文，内篆五铢二字。鼓面蟾蜍六，古色斑驳。

把上面这两节引文中的铜鼓规格数据换算成厘米，并用现在通行的语言翻译出来，就是：

玉林文昌阁铜鼓，高48厘米，面径83.2厘米，底径与面径相同，鼓面宽出鼓身3.2厘米，腰部缩进6.4厘米，鼓面有19晕，饰雷纹、云纹（“螺文”）、五铢钱纹和席纹（“篴篨文”）。鼓面中央光体隆起，离边约1.3厘米处有6只青蛙（“蟾蜍”），青蛙间距41.6厘米，蛙体高3.2厘米，足间宽3.8厘米。鼓身分三节，共27晕，晕间花纹与鼓面相同。两旁有两对绳索纹扁耳。

北流泗洲庵铜鼓高46.7厘米，鼓面直径79.4厘米，鼓面有6只青蛙（“蟾蜍”），周身有403个五铢钱纹。

由此看来，玉林、北流这两面铜鼓，无论从形态、大小、纹饰及其组合，都和现存的岑溪五铢钱纹铜鼓相仿。无疑，用五铢钱纹来装饰铜鼓在某一历史时期是颇为流行的。这三面五铢钱纹铜鼓都在桂东南的玉林地区和梧州地区南部，分布范围很有限。

从对岑溪五铢钱纹铜鼓的实体考察看到，它的花纹都是用捺板印花技术制作的。水波纹以四个曲折为一个单元，云纹以四个螺旋为一个单元，一个挨一个地捺印在鼓范上。五铢钱纹的外廓直径2.5厘米，孔径1厘米，大小与汉代五铢钱相同，“五铢”二字是工整的篆书，也与汉代五铢钱相同。显然，这种钱纹是用实体的五铢钱在鼓范上按捺而成的。钱纹有正有斜，有顺有倒，钱纹间距有疏有密，甚至有外廓互相叠压的现象。这些现象应是在制鼓范时，用单个铜钱随手连续按压的结果。

汉代以后，出现于铜鼓上的钱纹就变成了“四出”五铢钱的背纹和四个“五”字的钱纹，已将实用钱纹简化。显然，这种做法是原来施用五铢钱纹的变异和延续。

“四出”钱纹主要施于灵山型铜鼓，北流型铜鼓也有。有的鼓面、鼓身同时出现好几个晕圈饰“四出”钱纹，有时“四出”钱纹还填满太阳纹芒间。这种钱纹图案与东汉灵帝中平三年（公元186年）铸造的“四出”五铢钱的背面相似。所谓“四出”，是指方孔圆钱的面背有四道斜线，这四道斜线由穿孔的四角伸出直达钱廓边缘。这种铜钱又叫“角钱”。一般是面部四道斜线短，背部四道斜线长。铜鼓上的“四出”钱纹主要是指钱的背部形态。广西民族博物馆105号鼓，鼓面的第2晕是“四出”钱纹，鼓胸的第3晕与鼓足的第5晕、第6晕也是“四出”钱纹，同时出现的还有席纹、连钱纹、圆孔钱纹和云纹。胸部的“四出”钱纹两道平行，分别被上下弦纹划过。灵山2号鼓鼓面18晕中有5晕饰“四出”钱纹，鼓胸、鼓腰、鼓足还分别各有两晕“四出”钱纹。灵山3号鼓，从鼓面中心太阳纹芒间开始就饰“四出”钱纹，鼓面19晕，双晕全饰“四出”钱纹，单晕全饰连钱纹；鼓身也是“四出”钱纹、连钱纹、圆孔钱纹反复出现。由此可见“四出”钱纹在灵山型铜鼓装饰纹样中的地位。

“五”字钱纹也多施于灵山型铜鼓上。1970年，横县云表乡六和村农民在该村西北凤山开荒挖得一面铜鼓，鼓面有12晕，主晕是云纹和席纹，太阳纹芒间饰“四出”钱纹，而第3、第11晕却饰四个“五”字钱纹，鼓身的胸、腰、足也各有一晕饰“四出”钱纹。这面铜鼓出土时，鼓内有许多黄釉陶罐残片，而这种陶罐是广西东汉至西晋时期墓葬中常见的器物，说明这面铜鼓的时代应晚于东汉末期。1973年在灵山县旧州镇双凤村出土的一面灵山型铜鼓，鼓面有19晕，主晕是骑兽纹和兽形云纹，但在第7、第18晕饰“五”字钱纹；鼓胸第1晕、鼓足第5晕也饰“五”字钱纹。这种“五”字钱纹，在钱的内廓四边各饰一个“五”字，有如五铢钱纹中的“五”字，缺掉“铢”字，而增加了三个“五”字。四个“五”字应取“五铢”之意。这种“五”字钱纹与南朝时期的“五铢泉镜”钱纹造型极为相似。

“四出”钱纹和“五”字钱纹，都是实体铜钱纹样的变体。它们不是用实体铜钱按捺，而是用木制印模或其他质料的印模在铜鼓坯胎上打印上去的。

图47. 雷纹

（六）雷纹填线纹

在菱形雷纹间填充垂直线条构成新的图案，就是雷纹填线纹。主要见于北流型铜鼓的鼓面和鼓身。

（七）半云填线纹

半云填线纹由半云纹和填线纹组成。

（八）角形填线形纹

在鼓身上窄晕内，由小复线角形纹和长短横线条构成了角形填线形纹。

四、麻江型铜鼓上的几何纹

麻江型铜鼓是滇桂系统铜鼓最后的类型，多方继承了各类铜鼓的优良元素，几何纹装饰也有发展与扬弃。

以为它们是模仿木腔革鼓的鼓钉。因此，有的文献称它们为“鼓钉纹”①。而河池文物站031号鼓胸部的乳钉就是仿木腔革鼓鼓钉形式，是极特殊的例外。有的人以此作为铜鼓起源于木腔革鼓的依据，现在看来这是一种误解。因为木腔革鼓的鼓皮两端蒙皮，鼓钉都钉在鼓腔两端，不可能钉到鼓面上去。铜鼓鼓面上的乳钉纹必然另有来历，那就是原有圆圈纹的逐渐衍化。现代壮族民间称此纹饰为“奶”，有的村寨以此来划分公母鼓，认为两晕乳钉纹的是母鼓，三晕乳钉纹的是公鼓。有的村寨从某一角度来数，以乳钉的多少定吉凶。有两种数法，一种是“贫、贱、富、贵”，另一种是“长生、沐浴、冠戴、临官、地旺、衰、病、死、墓、绝、胎、养”。在第一种数法中，认为最后一颗乳钉对“富”和“贵”都好，对“贫”和“贱”就不好。在第二种数法中，认为最后一颗乳钉对前面五个即“长生、沐浴、冠戴、临官、地旺”都好。

图 48. 乳钉纹、西字纹

（一）圆圈纹

麻江型铜鼓仍有圆圈纹带装饰，最常见的游旗纹也是装饰着一个圆圈或圆圈中加点的纹样，实际上是突起的圆点纹，是麻江型铜鼓十分流行的纹样。

麻江型铜鼓十分流行的乳钉纹，与圆圈纹关系密切，鼓面上的乳钉纹是原有圆圈纹的逐渐衍化。

（二）乳钉纹

“天元孔明”铜鼓正处在圆圈纹向乳钉纹过渡阶段，鼓面第6晕为圆点圆圈纹，第4、第9晕是乳钉纹，而这些圆点正好和圆点圆圈纹中的圆点一样大。明代以后，鼓面布置二或三晕乳钉纹成为固定格局，只是乳钉纹的圆点较之这面铜鼓的圆点更粗大、更突起而已。除此之外，在麻江型铜鼓胸部也有乳钉纹，排列显得比较稀疏，有的呈“品”字形或梅花点形。这种排列，曾使一些人误

（三）西字纹

有的人认为西字纹是由回纹图案化演变而来的，其实它是汉文化典型的阴阳纹。它的基本组成是阳纹部分，内是一个上横长、下横短的“工”字，外是包裹下横的不封口的方框。在这两个符号之间的空白则形成阴纹，形似敞口壶。外观像汉文“酉”字。垂直下笔只有一道，而且与中心一横连接。其中也有变化，有的是单线，有的是双勾。这种图案主要装饰在紧挨着太阳纹的第2晕。当太阳纹芒尖穿透这一晕时，它们则为两两一组，填饰在两条芒线之间。这种纹饰在麻江型铜鼓鼓面用得相当普遍。

（四）云纹

云纹大量出现在北流型、灵山型铜鼓上。这种纹饰线条纤细，形体圆小，有多种组织形式。有单卷云纹、

① 光绪《郁林州志》卷二十《艺文·铜鼓》。

双卷云纹，回旋卷曲，变幻多姿。冷水冲型铜鼓饰有较复杂的加线的心形云纹和三角云纹。麻江型铜鼓上则又分如意云纹、兽形云纹、S 形勾头云纹。

（五）雷纹

麻江型铜鼓上的雷纹表现为大方回纹，有的几层菱形相套，中心空白，或呈凸起的菱形块；有的外框菱形，内由四个小菱形填实。如广西民族博物馆 294 号鼓鼓面第 7 晕就是这种雷纹，广西民族博物馆 213 号鼓的胸部、腰部和足部也有这种雷纹。

（六）辫纹

辫纹是一种辫索形样式，多见于麻江型铜鼓鼓耳。如东兰纳洞 2 号鼓，耳孔很大，两边的辫纹显得比较单薄，像是滚的花边。

（十）圆心垂叶纹

该饰纹由冷水冲型铜鼓的圆心垂叶纹发展而来，倒立三角形的两侧边由点连成三至四道平行的虚线相套构成，靠近底边的正中为一同心圆圈纹，往后发展，虚线变成实线，中心的同心圆圈纹消失，最终成为麻江型铜鼓上的复线角形纹。如东兰板么 1 号鼓，鼓足最下一晕为复线角形纹，最内的三角顶端是一圆圈，而在此圆圈上方则是两道弧线，构成单线翎眼。

（十一）复线角形纹

该纹样像不封口的重叠三角形，多饰于麻江型鼓鼓足。如南丹六寨塘么 1 号“孔明置造”鼓，纹饰在鼓足最下一晕，左右两边各三条略带弧形的斜线往下相会。天峨那洞 2 号十二生肖纹鼓的复线角形纹两侧斜线则是直线，上口张得比较大。东兰金谷累六 3 号十二生肖纹鼓的复线角形纹是四条斜线向下交会；东兰接来 1 号和

图 49. 万家坝型鼓太阳纹

图 50. 石寨山型鼓太阳纹

图 51. 冷水冲型鼓太阳纹

东兰金谷龙法 3 号符箓纹鼓的复线角形纹则是每边六条向内弯曲的弧线往下交会。

（七）叶脉纹

叶脉纹也叫“羽状纹”。在麻江型铜鼓上还广泛留存，如东兰接来 1 号符箓纹鼓鼓面第 6 晕就是典型的叶脉纹。

（八）栉纹

栉纹大量出现于石寨山型铜鼓上，麻江型铜鼓仍然施用栉纹。如东兰接浪 3 号鼓鼓面、鼓身各有一晕栉纹，东兰接来 1 号符箓纹鼓鼓面、鼓胸各有两晕栉纹。

（九）绹纹

绹纹又称“绞索纹”，由几股曲线盘绕而成，有的像麻花。多见于麻江型鼓上。东兰接来 1 号符箓纹鼓鼓面一晕绞索是双线的；东兰廷锐 3 号鼓最外一晕是绹纹，绞索每股是三条线；河池文物站 031 号鼓鼓面最外一晕的绹纹，绞索每股是四条线。

（十二）卍形纹

该纹样常出现在铜鼓耳部。东兰金谷板六 3 号鼓，扁耳，边饰辫纹，上端饰一回形纹，下端饰一卍形纹。东兰巴畴朝祥 1 号鼓与此相同，也在扁耳下端饰一卍形纹。

第三节　写实图案

铜鼓上的写实图案包括自然物体、动物形象、人体动作等现实生活的描绘。有的学者把这种画像称为“具象纹样”。画像艺术在万家坝型铜鼓上已出现，完全是制鼓匠人写实的白描。到石寨山型铜鼓得到充分发展，

成为铜鼓上的主体装饰，作画者已是高明的艺术家，他们采用阴阳对比手法，使冷暖色块平衡、线条粗密布局协调都恰到好处。这些画像，也就成了铜鼓艺术中最直接、最形象地反映当时社会生活内容最有价值的部分，也是铜鼓艺术成熟的表现，历来为人们所津津乐道。到后来，冷水冲型铜鼓上的这种画像逐渐简化，变成了抽象的语汇。到后期，在麻江型铜鼓上，画像则变得平庸俗化，成为草率的白描。

和光芒浑然一体，没有分界线，光芒呈锐角形，辐射散开，光芒有8道至16道不等，以12道为最普遍；芒间的三角内饰平行斜线纹。冷水冲型铜鼓的太阳纹和石寨山型铜鼓的太阳纹相同，光体和光芒浑然一体，芒间也夹平行斜线纹，但其芒数大都已固定为12道。麻江型铜鼓的太阳纹又与冷水冲型铜鼓的太阳纹相似，芒数12道已成定格，但有的光芒像矛头，有的光芒凸出起棱脊，以此来区分公母鼓，有的芒线穿透第1、第2晕，这些都是冷水冲型铜鼓所没有的。粤系铜鼓的太阳纹有自己的特点，光体一般圆凸如饼，很厚实，光芒从圆饼边缘射出，细小如针，有的特别细长，其中北流型的芒数以8道最普遍，也有6道和10道的，很少有12道的。灵山型铜鼓的太阳纹的光体圆小，光芒更细长，有的连透3个晕圈；有的太阳纹的芒端开叉，芒数以10道最普遍，也有12道或14道的。贵港市覃塘区石卡镇凤凰林场铜鼓中心有双重太阳纹，小的重叠在大的太阳纹上，好似凸起的两只圆饼，各有10道光芒。西盟型铜鼓的太阳纹，有的芒根较大，芒端细长，光芒是8道、12道或16道。太阳

图52. 灵山型鼓太阳纹

图53. 麻江型鼓太阳纹

纹的这些变化，反映了时代、地区的差别，同铜鼓的外部形态和鼓面的其他装饰花纹也有关系。

那么，鼓面上为什么装饰这个花纹呢？

铜鼓太阳纹饰的原始意义并不在于表现太阳，而是表现火星。原始形态的铜鼓是由倒置的铜釜变来的，这种铜鼓的鼓面和炊煮用的铜釜的底面一样，是光素无纹的。但是在浇铸铜釜的时候，在底部中央会留下一块圆圆的疤痕。原始铜鼓也是这样浇铸出来的，在顶部中央也会留下这种圆形的浇铸疤。这种浇铸疤痕并无装饰的意义。只有稍后出现的铜鼓才有一个草率的四角光芒图案，那时铜鼓还没有脱离炊具成为专门的乐器。作为炊具，鼓面朝下，鼓面中心正是火灼的地方。这个光芒四射的图案就是火的象征。所以万家坝型铜鼓鼓面的火星纹不是定形的，光芒的道数有多有少，有长有短，与其说它像太阳，还不如说它像一团火或火燃起的光焰。

但是，随着铜鼓的发展，铜鼓最终脱离了炊具，成了真正的乐器并定型以后，鼓面不再向下，这种装饰花纹也就发生了变化，并有了新的含义。成熟期的铜鼓鼓面中央的光体扩大了，光芒也成了一个个粗大的锐角形，

一、各类铜鼓共有的太阳纹

太阳纹是居于铜鼓鼓面中心的光体纹饰，是铜鼓上最早出现和最基本的纹饰。除了极个别原始形态的铜鼓没有太阳纹之外，几乎每面铜鼓都有太阳纹，而且这种纹饰的位置一直处在鼓面的中心。太阳纹是贯穿铜鼓发展全过程的唯一花纹。当鼓面的圆饼状浇铸痕被附会成太阳之后，太阳纹就成了铜鼓纹饰永恒的中心母题。

铜鼓上的太阳纹的形象，一般都有光体和光芒两个部分。但万家坝型铜鼓有的只有光体，有的芒线很乱，表现了它们的原始性。其他类型铜鼓的太阳纹都有光体、光芒和围绕着它层层散开的光晕。石寨山型铜鼓的光体

芒线明显地增长，再加上周围一道道同心圆构成的晕圈，就活像一轮光芒四射喷薄而出的太阳。到这时，人们已把它的本意忘却，最终把它转化为对太阳的崇拜物，并且有意地把它刻画得更加形象，更加完美。

太阳是生命之源，万物之本，也是神中之神，众神之首。它也是部族首领的化身，拥有至高无上的权威。对古代南方稻作民族来说，太阳决定了年成的丰稔与否，是祈年仪式中的基本崇拜对象。太阳纹成为铜鼓纹饰永恒的母题，是神力的化身。崇拜太阳也是人间崇拜部族首领的反映。从这个意义上来说，铜鼓太阳纹实质上是拥有铜鼓的部族首领的自画像。

头，双翅平展，尾似扇形展开，20 只翔鹭，一只挨着一只，后面一只的长喙搭在前面一只的尾羽上。罗泊湾 10 号鼓的翔鹭，喙特别长，喙尖叼着一个囊形物，双翅平展，周边露出羽毛。西林 283 号鼓、罗泊湾 13 号鼓、贵港高中鼓的翔鹭已开始图案化，长喙，头部突出圆眼，顶有冠翎，双翅短而宽，身尾不分，呈长三角形，填饰斜线。每面铜鼓上所绘翔鹭的数目也不相等，最常见的是 4 只，其次是 6 只，也有 8 只、10 只、14 只、16 只、18 只、20 只的，几乎都是偶数，都沿逆时针方向绕着太阳纹飞翔。翔鹭在晕圈中的布局，数目越少，排列越稀疏；数目越多，排列越紧密。4 只翔鹭的，中间露出很多空白地；而 18 只和 20 只的，都是一只咬住一只，有的甚至后一只的头部搭到前一只的尾部，接连不断，构成一个锁链式的环形纹带，形象优美，有一种飞腾之势的动态美。

图 54. 翔鹭纹（组图）

二、石寨山型铜鼓上的写实图案

（一）翔鹭纹

翔鹭纹是铜鼓装饰艺术中最主要的动物纹饰，它普遍存在于石寨山型铜鼓上，在冷水冲型铜鼓上逐渐变形，后来转化为一种抽象的几何形图案。由于翔鹭纹的普遍存在和作为一些铜鼓的主体纹饰，有的学者把饰有翔鹭的铜鼓归为一类，称之为“翔鹭纹铜鼓”。

翔鹭纹设计在鼓面主晕上，鹭鸟环绕着太阳纹展翅飞翔。这种翔鹭，完全是写实的。有长长的尖嘴，头上有着纤细的羽冠，羽冠下有圆圆的眼睛，翅膀不是很宽，呈三角形，向身躯两边相对平展，尾羽也展开成扇形。在画像艺术上，外部轮廓用硬直的阳线勾勒，羽毛用斜线条和方点表示，有的喙端下面还挂着一个食囊，特别突出细长的颈、尖细的喙角和飞翔时从尾翼拖出的长足，笔道简练，动态突出，形象逼真。各面铜鼓上的翔鹭形象也不完全相同。西林 280 号鼓的翔鹭是尖喙，梭形

铜鼓上为什么装饰这种翔鹭？

有的学者认为，这种翔鹭是一种生活在海边的水鸟或候鸟，就是中国古书《逸周书》上讲到的岭南部族向商周王朝敬献的“菌鹤”，也就是后来《南越笔记》上讲到的“水鹤”。这种水鸟被认为有通风雨、预测天气的本领，“有雨则鸣而上山，否，则鸣而下海”，可以作为观测气象的依据。滨海而居的古代民族十分珍爱它，所以把它作为珍贵方物贡献给周天子。饰鼓以鹤，同水上作业多的滨海民族观察风云和求雨祭祀有关，是他们崇拜“水鹤”的思想反映。

有的学者则认为这种翔鹭应该叫鹭。鹭也属鹤形目，分布于长江以南广大地区，成群生活于湖沼和稻田中，不仅限于沿海地带。鹭长喙善渔，以水生小动物为食。鼓上饰鹭，使人联想到渔归的喜悦，鹭是渔业民族的化身。鹭和鼓的关系有着悠久的历史渊源，《诗经·鲁颂·有駜》说，“振振鹭，鹭于下，鼓咽咽，醉言舞，于胥乐兮”，把鹭和鼓联系在一起。翔鹭也能伴舞，贵港罗泊湾铜鼓的腰部有羽人舞蹈图案，上空就有口中叼鱼、展翅翱翔的飞鹭。

有的人认为，这种飞鸟应叫朱鹭。朱鹭飞翔时小不

越大，很讲究次序。清人陈矩说，以鹭饰鼓，是因为“鸟鹭均能排阵，似战士之有序，若鸟鹭也”。古之君子，“饰鼓以鹭，存其风流”，是表示“鸿仪鹭序”的意思。因此，刘煦春《铜鼓歌》就说：“共此铜精灵岂异，朱鹭分序何时联。”

（二）船纹

船纹仅见于石寨山型铜鼓上，其流行年代，始于战国后期，极盛于西汉时期，具有浓厚的生活气息。到东汉以后，便衍化成冷水冲型铜鼓上的变体船纹，成了抽象化的图案。

船纹都装饰在铜鼓胸部，它的设计、安排，受到鼓胸圆凸这一特定模式的制约，不可能在一个平面出现几艘船同时进发的场面，设计师要在一个环形曲面上做文章，尽量利用每一块空间，做多层次的排列。船纹以船和船上的人物为中心，把要表现的主题合理地填饰在铜鼓胸部的曲面上。粗看起来，每一艘船像是孤立的，但展开来看，又是一船追逐一船，围绕着鼓身，循环往复，趋向无穷。与此同时，在船头船尾的空隙处，绘上鱼、鳖、鸟，做恰如其分的补白，表示船在水中的生态环境。画面的每一个物象都与整幅画的主题相关联，并且显得主次分明。在布局上，人与人之间，人与物之间，物与物之间，错落有致，和谐统一，但统一之中又有变化，使整个画面富有节奏韵律感。

贵港罗泊湾汉墓出土的小铜鼓上有船 4 艘，船形很简单，船头、船尾高翘，很像现在的竹排。每艘船上平坐两人，这两人都裸体，脑后梳髻，双腿前伸，双臂向前划桨，整个画面显得空灵简洁。大铜鼓上有船 6 艘，在鼓胸环绕一周，以铜鼓合范线为界分为两组，每组有船 3 艘。船身窄长，首尾高翘，都有羽毛装饰，船身中部有 12 道横梁，因此有的人把它当作双身船。每艘船上有 6 人，赤身裸体，头戴羽冠，前后坐成一行，最前一人双手持羽杖，像是指挥者；最后一人掌舵，中间 4 人划桨，动作整齐划一。船头前面站有衔鱼的鹭鸶或花身水鸟，船下还有衔鱼的鹭鸟和水中的鱼、鳖。展开画面，似乎可以看到 3 艘轻舟你追我赶、奋发向前的热烈场面。

西林 280 号铜鼓有船纹 6 组。船身两头高翘，也有鸟羽装饰。船的中后部有一座像靠背椅一样的栅台，台下有一个像鼎一样的器皿。每条船上各有 8 人、9 人或 11 人。9 人一船的，有 7 人戴羽冠，其中一人跨坐在船头，3 人平坐划桨，2 人腰前后各挂一块吊裙，手执羽杖起舞，一人高坐栅台之上，指挥全船；另 2 人没有羽冠，头发向后梳成髻，其中一人划桨，一人在最后掌梢。船的前头有大鱼，后头有长喙鸟。8 人一船的少一无羽冠者，掌梢由一戴羽冠的人担任。11 人一船的，有 9 人戴羽冠，其中多一人划桨，另有一人在船尾起舞，其余各人和 9 人一船的相同。另外不同的是，这类船的前头是鸟，尾后是鱼。

图 55. 船纹（组图）

关于铜鼓上的船纹，研究学者有过各种不同的解释。有人认为是竞渡活动的写实画，有人认为是远渡重洋到达新居的一段历史回忆，西方有的学者则认为是庆祝铜鼓铸成仪式中装载参加庆祝活动的来宾的船只，甚至有人把它看成是婆罗洲达亚克人“替瓦”仪式中载死者灵魂升到天国去的黄金船。只要细心观察船形和与它有关的其他纹饰，就不难看出，说它是铜鼓铸成仪式中载客的船和“替瓦”仪式中的黄金船，都是不正确的。说它是龙舟竞渡，或远渡重洋的历史回忆较为接近实际。

首先我们看船的结构，船形都显得十分狭长而单薄，首尾两头高翘，取其轻便快捷。这种船，无篷无帆，只能在内河内湖中航行；不宜载重和远航，更不能经受大海中的风浪。船上无篷顶装置，也不可能是装货载人的运载工具。船上唯一的推进工具是桨，无舵，而以长梢代之，可以随时提出水面和掉转船头，使船急剧拐弯，加速前进。这般装置，除竞渡的需要以外，似乎不能有其他的解释。

再看船上的人物，大都戴羽冠，有的还捆有吊裙，但大多数无衣着，除头戴羽冠之外，全身裸露，应是进行游戏或某种宗教仪式时有意化装的，现实生活中以船为家或在船上劳作的人不会这样打扮。船上的人有持羽仪指挥的，有划桨的，有掌梢的，也有舞蹈的，各有固定的位置和行动的程式。他们前后坐成纵列的一行，动作协调一致，具有强烈的节奏感。除了竞渡之外，也无法做其他的解释。

此外，每面铜鼓上有船纹4组或6组，每组之间大同小异。如有的人数多少不等，有的个别人装扮不同，显示了他们各代表一个单元，相当于现在体育竞赛中的一个团队。这样大同小异的船队同时向前划行，实际上就是一幅写实的龙舟竞渡图。可以想见当时摇旗呐喊，鼓声雷动，短桨齐划，奋发争先的热烈场面。唐人的《竞渡歌》做了如下描写："鼓声三下红旗开，两龙跃出浮水来。棹影斡波飞万剑，鼓声劈浪鸣千雷。"把它和铜鼓船纹放在一起，就是一首很好的配画诗。

贵港罗泊湾汉墓大铜鼓上的船身较大，有人认为是双身船，吃水面宽，比较平稳，首尾设锚，易于停靠，可以远航。船下的鱼像是海中的章鱼，船下的龟又是海中的绿龟，因此有人认为它是越海船。西林普驮280号鼓船纹下的鱼是海中特有的大鲨鱼，也是这种船曾远航渡海的记录。所以并不排斥铜鼓船纹中有越海回忆记录的可能。

（三）羽人舞蹈纹

在石寨山型铜鼓上，常常有头戴羽冠，身披羽饰，手舞足蹈的人物形象。有的学者把这些人物叫作"羽人"，同《淮南子》所载中国南方的古代"羽民"相联系，认为饰铜鼓以"羽人"，也是一种图腾崇拜的表现。其实，这还只是问题的一面，铜鼓上的"羽人"实际上是化装成鹭鸟的"舞人"。铜鼓上所表现的这种画面，是当时现实生活中化装成鹭鸟的人模仿鹭鸟跳舞的场面。

贵港罗泊湾10号鼓腰部有羽人舞蹈图8组，每组2人至3人。舞人头戴羽冠，头顶插矛头形羽牌4枚，髻缀翼形羽饰，脸向左侧上昂，上身裸露，自腰以下围以鹭尾舞裳，舞裳前幅长略过膝，后幅拖曳着地，使舞人完全鹭鸟化。舞人模仿鹭鸟翻飞动作，翩翩起舞。舞人双臂下曲，向左右侧伸，做耸肩状，双手叉开呈"人"字形，左腿前伸，右腿后蹲，上身稍向后仰，扭动腰身，翩翩起舞。2人一组的，舞者头顶上空还有一只衔鱼翻飞的翔鹭相伴。3人一组的，有2组舞者头顶上各有2只衔鱼的翔鹭，其中一组的翔鹭往前飞翔，一组的翔鹭往后飞翔。3人的另一组，舞者头上没有翔鹭，最后一人的头饰与众不同，顶上插有7片蕉叶形的羽饰，可能是领舞者。各组舞人之间用锯齿纹、同心圆纹组成的纹带作边饰，加以分隔。这一画面，分解来看，像是各不相干的双人舞或三人舞；连起来看，却成一场8组配合、集合了20人的大型集体舞。化装成鹭鸟的舞人，以翻飞的鹭鸟为背景，互相烘托，展现出场面壮阔的鹭舞，令人浮想联翩。

西林280号铜鼓有舞人12组，每组2人。舞者的装扮和舞姿与罗泊湾铜鼓上的相同。舞人化装成鹭鸟，头戴羽冠，顶饰衰毛，髻缀双翼，身着前后两幅连衣舞裙。舞者以手为仪容，扭动腰身，表现鹭鸟飞翔停落的姿态。舞者有的曲张双臂，如凌空振翼；有的斜俯双手，如垂翼低飞。其中2人双手叉腰，有如敛翼停落之态。各对舞人之间以几何纹带作边饰加以分隔，自成一幅双人舞的特写画面。将这12幅画面连接展开，就成一幅长画卷，分开的双人舞汇成多姿多态的大型集体舞。这场舞蹈，使人看到有如群鹭飞翔，或高或低，忽上忽下，翩然有序，美妙动人。

这种羽人舞蹈和古代中原汉族地区的舞蹈颇相似，可以从古代文献中得到一些解释。古代汉族的正式舞蹈统名为"万"，大体可分为文舞与武舞两类。在文舞中，舞人手中必执竽、羽，《诗经·邶风·简兮》说："简兮，简兮，方将万舞……硕人俣俣，公庭万舞……左手执竽，右手秉翟。"竽是舞笛。在武舞中，舞者手中则执干、戚，干者就是防卫用的盾牌，戚者为斧形兵器。《毛传》说"以干、羽为万舞"，就是用盾牌和羽杖作道具的武舞和文舞同时兼备。此外还有一种"人舞"，《周礼·乐师》注引郑司农说："人舞者，手舞……人舞无所执，以手袖为威仪。"罗泊湾铜鼓、西林铜鼓上的羽人徒手舞可以说是"人舞"。因为当时的南方民族"短绻不绔"，

图56. 羽人舞蹈纹（组图）

图 57. 牛纹（组图）

图 58. 鹿纹

没有长袖，甚或上身裸露，舞起来只好以手的姿势来表现，所以手的动作特别夸张。舞蹈手语强调大拇指与四指的分离，动作以四指的屈伸为主，具有强烈的节奏感。

（四）鹿纹

石寨山型铜鼓除了鼓面环飞的鹭之外，鹿的出现也很值得注意。

在西林西汉铜鼓墓葬中出土的280号铜鼓腰部的上半节，环绕一周饰以鹿纹。它与下半节的舞人相对应，也分为12组，每组有鹿2只至3只。鹿都做昂首站立状，头向与舞者面向相同。鹿头有角，长颈、短尾，四肢细长，鹿身上有斑点，把梅花鹿的外形特点勾画得淋漓尽致。特别值得注意的是，无论2只一组还是3只一组，在每组后面的鹿还突出地刻画出生殖器，说明是雄性。

（五）牛纹

在石寨山型铜鼓上，牛纹也是一种常见的写实动物纹样。

石寨山型中晚期铜鼓常用几何纹带将腰部纵分成若干“目”字形方格，在方格内除了填饰羽人舞蹈图外，最常见的就是牛纹。如百色龙川鼓，腰部纵分成8格，格内饰牛纹。贺州龙中鼓腰部纵分成10格，除铸痕所在两格空白外，另8格内均饰牛纹。

铜鼓上的牛纹大部分是阳纹图案，以封闭式线描为主，牛角正视，牛身侧视，现出四足。轮廓内填饰几何形花纹。也有少数是绘影式的阴纹图案。所描绘的牛，细肚、长腿、长尾、长角、高峰、高臀。长角似水牛，肩峰隆起，又似黄牛，嘴似猪，综合观察应是一种瘤牛。因其脊背近颈处隆起如山峰，故被称为“峰牛”。《后汉书·西南夷传》记载永昌郡徼外产“封牛”，可能即指这种峰牛。它们在铜鼓腰部常常是雌雄相间排列的。

（六）鱼纹

在石寨山型铜鼓上，鱼纹点缀在船纹间，表明船在水中的环境。这些鱼有的是海中的鲨鱼（如西林普驮280号鼓），有的是海中的章鱼（如贵港罗泊湾10号鼓）。

三、冷水冲型铜鼓上的变形图案

（一）变形翔鹭纹

翔鹭纹本是石寨山型铜鼓最主要的纹饰，到冷水冲型铜鼓，形象已抽象化，鹭头呈锥状，尾呈多重角形纹，双翅简化成一道道曲线。因此，也被称为“鱼骨纹”。

图59. 变形船纹（组图）

（二）变形羽人纹

冷水冲型铜鼓上的羽人舞蹈纹较石寨山型的已极度变形，突出了羽饰，看不到舞人，乍看像垂有长须的怪兽。主要分布在鼓腰，有时也在鼓面出现。

（三）变形船纹

异化的船纹，均在鼓胸部下方。呈月牙形，往往左右不对称，船头较陡峭，船尾较平缓，下部轮廓由谷点纹构成的纹带形成，船舱填满各种变形图案，其中有鱼纹、鸟纹。这种船纹的下方又有与之对应的覆船纹，像是船只在水中的倒影。

（四）变形骑士纹

坐骑似马似兽，头高昂，尾后扬，四肢挺立，身饰谷点纹，骑士立在兽背上。

（五）鱼纹

在冷水冲型铜鼓上，胸部船纹已抽象化，鱼也图案化了，有的在船的两端，有的置于船舱之内。贵港泉索鼓鼓面有一主晕本是变形翔鹭的地方出现了鱼纹。

（六）定胜纹

该纹样系冷水冲型铜鼓的标志性图案。有的书称“梭形纹”，越南学者称为“簪形纹”。变化比较大，一般外形呈椭圆梭状，中部有一根横向的梭，中心有一小圆。梭的两端呈尖锥状，由线端内卷的心形包裹，中心垂直，像是一根较短的梭，上下两端也被线端内卷的心形包裹。有的较此简化，横梭呈一条直线，竖梭没有包裹弧线。从总体来看，有点像俯视的变体青蛙。到了后期，有的演化为银锭纹。

（七）眼纹

眼纹由两道或三道虚线构成菱形外框，中心饰以重环同心圆圈纹，外形像鸟眼，是冷水冲型铜鼓的主要装饰纹样之一。

（八）圆心垂叶纹

该纹样是由锯齿纹放大和衍化而来的，本身也像一片树叶或花瓣。冷水冲型铜鼓的圆心垂叶纹外框是底边不封闭的倒立三角形，三角形的两侧边由点连成的虚线三至四道平行相套构成，靠近底边的正中为一同心圆圈纹。这种纹饰往后发展，虚线变成实线，中心的同心圆圈纹消失，最终成为麻江型铜鼓上的复线角形纹。

灵山型铜鼓也有变形羽人纹（如容县双头岭鼓、钦州廷朗山鼓）和兽形纹（如合浦竹仔塘鼓）。

四、北流型、灵山型铜鼓上的写实纹样

（一）四瓣花纹

该纹样首先见于灵山型铜鼓上。四片椭圆形花瓣对角相连，有的周围射出平行线或弧线，又似蝴蝶。在麻江型铜鼓上又像窗棂花格，从而发展成为棂花纹。

（二）虫纹

该纹样以一个圆圈圆点纹为头，向周围辐射出许多直线，像毛虫。身呈长条形，向两侧伸出斜线。主要装饰在灵山型铜鼓上。

图 60. 变形翔鹭纹、定胜纹、眼纹、栉纹

（三）蝉纹

蝉纹是中原青铜器上常见的纹饰，商代就已盛行。铜鼓上出现蝉纹是其所处现实环境的反映。南方暑热，蝉是最常见的昆虫。《说文解字》曰："蝉，以旁鸣者。"蝉善鸣，鸣声清悦。灵山型铜鼓饰蝉纹于胸顶晕和足最下一晕，上下相照，当是取使鼓声更加清悦之意。

图 61. 定胜纹

（四）鸟纹

该纹样圆头尖喙，袋形肚，斜展双翅。有的嘴上叼一个囊袋物。常常是每两只为一个单元。

（五）鱼纹

在灵山型铜鼓上，鱼纹并不单独出现，而是作为附属纹样与其他纹样共同组成含义深邃的图案。如灵山 21 号鼓的鸟纹（在主晕）为一只站立的鸟儿，其嘴旁便绘

有一条头朝上，且吻、睛、鳍、尾皆备的大鱼。而鸟、鱼组合寓“人丁兴旺”之意。在北流荔枝园出土的铜鼓上，装饰有鱼和卍形组成的主晕纹样，是取“鱼”与“余”的谐音，象征“吉祥平安、富足有余”。

五、麻江型铜鼓上的写实纹样

（一）牛耕图

在麻江型铜鼓上，牛的装饰有三种情况。一是作为六畜之一，二是作为十二生肖之一，三是牛耕图中的役牛。前两种装饰在鼓面上，第三种装饰在鼓胸上。牛的图像有剪影式阳纹图案和单线勾勒图案，都是侧面像，头昂起，双角上竖，四腿站立，尾自然下垂，长过飞节，是一种丰满温驯的形态。

图 62. 奔马图（组图）

牛纹单独出现时，多与夸耀富贵、追逐财货的心理需求有关，体现出当时社会“重贿轻死，惟富为雄”的风气。

右江民族博物馆 07 号鼓，1976 年从西林县马蚌乡田湾老村征集。牛耕图在鼓胸部。牛系长角、竖耳、大眼，轮廓不清，四腿直立，尾下垂；似有牛轭连接后面的犁弓，犁面平直，略向前斜；有调节杠穿过犁弓，犁把近乎垂直；农夫穿扎袖衣，左手扶犁把，右手扬鞭。虽然画得很稚拙，但吆喝之声似可闻。在这图像的前后，还有三匹奔马，昂首、扬蹄、掀尾，以几近相同的姿态向前奔跑。在鼓面的装饰中，也有马、牛、羊、犬图像。

（二）奔马图

该图案有的是一匹马，有的是两匹马，有的是八匹马，都呈奔跑状。广西民族博物馆 049 号鼓，于 1972 年从南宁废品仓库拣选。鼓胸在一晕乳钉纹之下饰八匹骏马，每两匹为一组，向着同一个方向奔走，有昂首向前的，有回头张望的，姿态略有变化。广西民族博物馆 291 号鼓，1965 年从南宁二级站征集，鼓面有八匹骏马图。广西民族博物馆 020 号鼓，1970 年从南宁废旧公司征集，鼓面在梅、兰、竹、菊和四宝间也有奔马图。 右江民族博物馆 05 号鼓，1976 年从西林马蚌乡罗广村征集，鼓身乳钉间有两匹奔马。广西民族博物馆 257 号鼓，在胸部的花卉间有三匹奔马。清人端方《陶斋吉金图》载“盘古”铜鼓胸部也有两匹奔马，马体上有圆形斑点。

（三） 家畜家禽纹

该纹样包括马、牛、羊、猪、狗、兔、鸡，做剪影式图像，经常出现在麻江型铜鼓上。有的在十二生肖图中各自代表十二辰中的一支，有时与人物纹、鱼纹或钱纹组合在一起，代表六畜兴旺，成为财富的象征。有的铜鼓专门安排一晕布置牛、羊、猪、狗图像，如巴江 2 号鼓，东兰县金谷乡接浪村巴江屯陈玉永藏。面径 46 厘米，高 28 厘米，鼓面 9 晕，太阳纹 12 芒，有乳钉纹 3 晕，还有“四出”钱纹、回纹、S 形勾头云纹。第 5 晕是主晕，饰双龙献珠和双鱼献金钱间回纹，第 7 晕是马、羊、牛、猪、狗等家畜纹。板六 2 号鼓，东兰县金谷乡板路村板六屯韦保德家藏。面径 46 厘米，高 27.5 厘米，鼓面 9 晕，太阳纹 12 芒，有 3 晕乳钉纹。此外有同心圆纹、西字纹、S 形勾头云纹，主晕是双龙献宝、双鱼献宝图案，第 7 晕是单人像和羊、猪、狗、鹤等动物纹。广西民族博物馆 263 号鼓，鼓面 8 晕，主晕纹饰猪、牛相间图案。广西民族博物馆 040 号鼓，主体纹饰在鼓的背面，是荷耙人与猪、牛纹组合。

（四）十二生肖纹

该纹样系子、丑、寅、卯、辰、巳、午、未、申、酉、戌、亥 12 支相对应的 12 种动物，亦即鼠、牛、虎、兔、龙、蛇、马、羊、猴、鸡、狗、猪，

图 63. 十二生肖纹

是日常生活中常见的 12 种动物或传说中的灵异。大约从明代开始，在麻江型铜鼓上出现十二生肖图像，而且作为主晕。铜鼓上的十二生肖图形有浮雕和线刻两种，浮雕是剪影式的阳纹，线刻则勾画出外部轮廓，一般都勾画得很稚拙。广西民族博物馆 213 号鼓，是 1962 年从柳州收购站征集的，鼓面主晕在第 7 晕，饰十二生肖，十二生肖都做剪影式阳纹，皆顺时针走向，完全按照与十二支相对应的次序排列，每两种生肖之间用游旗纹相隔。广西民族博物馆 021 号鼓、080 号鼓、201 号鼓、206 号鼓、250 号鼓、283 号鼓、303 号鼓、312 号鼓，南宁博物馆 910444 号鼓，柳州博物馆 640044 号鼓，鼓面都有十二生肖图。中山大学考古教研室的文物室有一面 4 个圆阵都饰十二生肖图的麻江型铜鼓，据说是该校陈竺同教授从广西收集到的。鼓面有 10 晕，跨第 6 至第 10 晕之间有 4 个位置对称的圆圈印纹图案，每个圆圈中央有一圆点，圆点之外有 4 道同心圆，构成 4 道晕圈。第 1 道晕空白，第 2 道晕漫漶不清，似为十二辰铭文。从第 2 道晕圈开始，有 12 道辐射线将第 3、第 4 晕划分为 12 等份，第 3 道晕的每一等份内有一朵云纹，第 4 道晕每一等份内填饰十二生肖中的一种动物。这 4 个圆圈图案在形式上很像十二支压胜钱。

（五）人物纹

单独的人像。有徒手人物，做半蹲姿态，有时单个或成对出现在鼓面花纹中；有时三五成群，排在一起做跳跃状。有劳作状人物，或荷耙，或持叉，间杂在家畜群中，可能象征财富。

（六）鹤纹

在中国人心目中，鹤是长寿的象征。鹤纹也只见于麻江型铜鼓上。一般为长喙、长颈、长腿、纺锤形身，做单腿站立，扭头回望之态。经常与龙纹、鱼纹、人物纹、钱纹组成复合纹，表达富贵长寿之意。广西民族博物馆 083 号鼓鼓面第 7 晕是主晕，13 只鹤与 13 个团寿纹均匀相间布列，淋漓尽致地表现了贺寿意愿。

（七）龙纹

龙纹仅见于麻江型铜鼓，是对汉文化的吸收。有单独的龙和雌雄双龙两种。

单独的龙常与鱼在一起，形成鱼龙之戏；有的作为十二生肖之一的形象出现。

双龙都是一雌一雄，头面相对，或共戏一珠，或共捧一匾，形成双龙戏珠、双龙献寿、双龙献印或双龙献匾图像。这些龙纹，把龙描绘成身体弯曲的游动状，龙的角、须、眼、爪、尾、鳞都刻画得清晰醒目。

独龙，以广西民族博物馆 310 号鼓为例。该鼓于 1977 年东兰县钢精厂送南宁金属制品厂，后由广西博物馆征集。在鼓面主晕上有 4 条张牙舞爪的龙，龙须、龙鳞、龙爪、龙尾都极生动，与它们相间的是 4 条同样大的鲤鱼。

双龙，左边的一条无角，后腿向上翘起；右边的一条有角，四爪均向下。按《淮南子》《山海经》等书所载，雄性头上长角，雌性头上无角。那么，右边那条应为雄性，左边那条应为雌性，是雌雄成对的。双龙献珠以广西民族博物馆收藏的人物走兽纹鼓为例，此鼓来自河池地区，鼓面 12 晕，其中第 6 晕为两组双龙献珠图案，与人物纹、动物纹一起布满此晕。双龙献寿以广西民族博物馆 066 号鼓为例，是 1973 年从河池地区废旧物资公司征集的。鼓面 9 晕，第 5 晕有两处双龙献团寿图案，其间有“万代进宝”“永世家财”联。双龙献印以广西民族博物馆 052 号鼓为例，是 1972 年从南宁废品仓库征集的。鼓面主晕是两组双龙，都献“红帘遮外”印，此鼓边沿另有 4 对羊图像。双龙献匾以广西民族博物馆 064 鼓为例，也是 1973 年从河池地区废旧物资公司征集的。鼓面 9 晕，主晕在第 5 晕，一处是双龙献年号匾，匾中是“道光 年建立”铭文，另一处是双龙献寿图案，两组龙纹之间又有“福如东海”“寿比南山”联语。十二生肖中的龙比较简化，仅见弯曲形状，见不到须、鳞等细部。

图 64. 龙纹（组图）

图 65. 鱼纹（组图）

（八）鱼纹

在麻江型铜鼓上，鱼纹多作鲤鱼形象，口、须、眼、腮、鳍、尾、鳞都清晰，完全是写实的。有的以水波纹衬托，表现富贵有余（鱼）；有时与龙纹、钱纹、畜禽纹等组合成复合主纹，是吉祥图案，象征吉庆有余。如广西民族博物馆 080 号鼓，鱼纹在鼓面第 6 晕，形象既像鲤鱼，又有点像桂鱼，脊鳍、胸鳍、腹鳍、尾鳍都很突出，圆眼张口，鱼鳞清晰。广西民族博物馆 310 号鼓，鼓面纹饰鱼纹、龙纹在水波纹间形成鱼龙戏水图案。广西民族博物馆 017 号鼓，鼓面有梅花四叶纹、潮水纹，其间有四宝四鱼纹。广西民族博物馆 039 号鼓，鼓面有珠宝纹，其间有鱼纹，同时还有牛、马、猪、狗纹，表现六畜兴旺，年年有余。东兰板六 2 号鼓的两组鲤鱼，正反各一条，共戏一宝珠，与之相对应的是两组双龙戏珠图案。东兰林境 1 号鼓的双鱼戏珠纹，鱼嘴尖鳍利，是桂鱼形象。鼓面的鱼纹各由一个模捺印而成，因此凡是双鱼的都是一倒一顺。也有的鱼纹单个出现，如东兰那朋 2 号鼓，四鱼纹在鼓面第 6 晕，逆时针方向排列，夹着马和人的剪影图像；在东兰旧州 1 号鼓鼓面第 6 晕圈，7 条桂鱼夹在 7 个人形图像之间，逆时针方向布列。

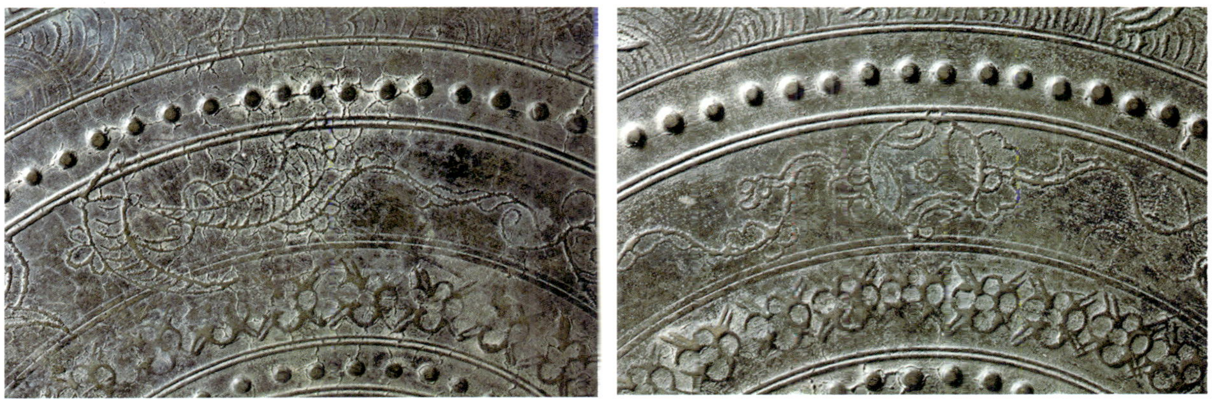

图 66. 杂宝纹（组图）

图 67. 游旗纹（组图）

图 68. 符箓纹（组图）

（九）杂宝纹

杂宝纹是明清瓷器的重要装饰纹样。所谓杂宝，就是诸色珍宝。最早出现在元代瓷器上，包括双角、银锭、犀角、火珠、火焰、火轮、法螺、珊瑚、双钱等。由佛教法器、民间宝物及寓意吉祥之物组成。明代增加了祥云、灵芝、方胜、艾叶、书卷、笔、磬、鼎、葫芦等。巴马瑶族自治县甲篆乡甲篆村拉累屯覃卜荷家藏鼓，即拉累 1 号鼓，鼓面单弦分晕，共 7 晕，中心太阳纹 12 芒，其中有 2 芒已失，第 2、第 5 晕是乳钉纹，第 3 晕有方胜、金钱和卍形纹，第 6 晕有犀角、银锭、珊瑚、艾叶、梅枝、祥云、瓶花、书卷，第 4 晕是卷草纹。河池群众艺术馆收藏的铜鼓，其第 6 晕有双角、银锭、宝扇、瓶花、官印、车轮、笔架、折扇等。

（十）游旗纹

游旗纹由冷水冲型铜鼓图案化羽人纹演变而来，羽人头上的羽毛变成飘带，像道教的飘幡，人头变成一个圆圈或圆圈圆点，双手双脚变成两边包抄的 U 形曲线。最早出现于遵义型铜鼓上，麻江型铜鼓大量使用，主要装饰在鼓面上，有时成为鼓面的主晕，因而此类铜鼓被称为“游旗纹铜鼓”。这些游旗有年代或地域上的变化，其飘幡有二游的、三游的，更多的是它的变体，用简单的线条代替飘带。

（十一）符箓纹

符箓纹也是由图案化羽人纹衍化而来的。与游旗纹不同的是，它是左右对称的，外形像“风”字，有的内有圆圈和像声波一样的半弧线，故又叫“风铃纹”。它有时也成为麻江型铜鼓鼓面主晕的纹饰。

（十二）龟背锦纹

龟背锦纹，是在双层六边形框内填塞梅花，一个挨着一个挤满晕圈形成的图案。东兰板老 1 号鼓，第 4 晕是主晕，施密集的龟背锦纹。这种纹样也见于明清青花瓷器上。

图 69. 龟背锦纹

图 70. 东兰民间画纹鼓背面图画

（十三）棂花纹

棂花纹由灵山型铜鼓上的四瓣花纹变化而来，四片椭圆形花瓣对角相连，有的周围射出平行线或弧线，形似蝴蝶。在麻江型铜鼓上又像窗棂花格，从而发展成为棂花纹。

（十四）枣核纹

梭形，每两个为一组，头顶着头，往复连续。东兰县金谷乡龙法 4 号鼓，鼓面单弦分晕，其中第 7 晕就是这种枣核纹。广西民族博物馆 076 号鼓，鼓面第 8 晕是枣核纹；广西民族博物馆 081 号鼓也有这种纹样。

（十五）荷包纹

广西民族博物馆 076 号鼓，鼓面第 5 晕有四组荷包纹，每组 2 个，中间有一个长方形回纹，两端各以一串4 个回纹为界，间隔 4 个荷耙人像。广西民族博物馆 081 号鼓，鼓面第 5 晕有 18 个荷包纹，将整个晕圈布满。

（十六）折枝玫瑰纹

一枝茎上有四片叶，像插在平地上的一枝树枝。见于东兰县巴英屯廖克伯藏鼓（巴英 2 号），在鼓面第 6 晕饰折枝玫瑰纹，共 13 枝，由同一印模按捺，均匀布列。

六、麻江型铜鼓背面的图画

在一些铜鼓的背面也有纹饰、图像和铭文，可能与装饰无关，而具有更深远的含义。

东兰民间画纹鼓 东兰县长江乡兰阳村旧州屯韦生能家藏，现在还在使用。这面铜鼓面径 46.8 厘米，通高 27.1 厘米。鼓面和鼓身都有纹饰，但最富特色的是铸于鼓面内壁的一组图案。这组图案画有 15 个人物，以一座双排檐式亭为中心，按逆时针方向做环状排列。亭中有一人在手舞足蹈。队列的头两人装束相同，头戴圆顶侈帽，肩上斜扛一竿，竿中部悬有一面环状锣。随后的第 3、第 4 人，头上各有一条小辫上指，口吹长喇叭。第 5、第 6 人身着过膝长袍，头顶长辫亦上指，双手共持一根曲竿，竿顶有一面随风飘扬的旗帜。第 7 人亦手持曲竿，竿顶为一团蓬松状物。第 8 人骑马，头有椎髻，髻顶有小辫。第 9、第 10 人合抬一顶小轿，轿中有一小人。第 11 人肩挑柴状物，第 12 人肩挑桶状物。第 9 至第 12 人，头顶均有一条长辫上指。最后一人骑马，左手持缰绳；头戴圆顶饰物，脑后有一条长辫后甩。马后有自左至右两行竖排文字“如有此宝　世太（代）为官”，再后又有一斜横排文字“万宝家财”。

“孔明将君”画像鼓 1973 年征集于河池地区废旧物资公司。鼓面直径 47 厘米，高 26.5 厘米。鼓面中心太阳纹 12 芒，芒尖穿至第 4 晕，有 3 晕乳钉纹，另有人形、兽形云纹。鼓面内壁铸有人物、花草、建筑物、怪兽、鱼、骑士等图案，还有“孔明将君”“万宝家财”“孔明鼓”等汉字铭文。

人物走兽纹鼓 鼓面单弦分晕，共12晕。中心太阳纹12芒，芒线粗短，芒间夹坠形纹。第2晕已模糊；第3、第4、第8、第10晕皆空白；第5、第7、第11晕都是乳钉纹；第6晕是主晕，两对双龙戏珠纹，不对称，其间较窄处夹一猪一人一狗，较宽处夹牛、荷耙人、鹿、徒手人、猪、狗、鹤；第9晕是玫瑰花纹；第12晕即边缘有圆圈纹夹长方形回纹。背面模印，与鼓面相对应，沿鼓边也有双龙献珠两组，位置也不对称，其间夹有荷耙人、鹤、牛、羊、猪、狗。此外还有三个似压胜钱的圆印。

广西民族博物馆079号鼓 鼓面单弦分晕，共12晕，与广西民族博物馆068号鼓相似。鼓面中心太阳纹12芒，芒线短而粗，芒间夹角形斜线纹。第2晕是同心圆纹；第3、第4、第8、第10晕光素；第5、第7、第11晕是乳钉纹；第6晕是主晕，饰游旗纹和人形纹，互相间隔；第9晕是模印云纹；第12晕，即边沿晕，饰两个圆圈纹夹一个长方形回纹，但只见两组，其他不明。背面有线刻图案，可辨的有马、牛、羊、凤（飞鸟）、龙和盆花。

那朋2号鼓 东兰县隘洞乡六通村那朋屯藏。鼓面背面沿着周边捺印有双桂鱼、每4匹一组的马群；内侧印有4个长方形回纹，一侧有一个大三角形框，三角形的顶角各有一个重线三角纹，框内并排站立4个人，人的上方也有一个长方形回纹。

林境1号鼓 东兰县巴畴乡林境屯韦名登家藏。鼓面边缘突出鼓颈之外，胸部扁鼓，腰有一道凸棱，足外扩。鼓面直径42.8厘米，高25.7厘米，足径44厘米。鼓面有双耳，背面刻画鸟纹。此鸟长喙下弯，圆眼，头毛斜竖，细颈，有嗉，身椭圆，翅呈弧形，尾呈扇形，像南丹县城铜江公园以前塑的铜制雷神像，因而它可能就是雷公像。

这些线描图画反映的是什么生活内容呢？尤其是旧州1号鼓和“孔明将君”画像鼓那样复杂的画面，有的学者认为是地主庄园图，庄园里有竹木结构的干栏式房屋和仓困，干栏旁边有鱼塘，塘里有游鱼，仓困、干栏附近有田耙等农具，蓄养牛、马、猪、羊、鸡、鸭等家畜家禽，还有服牛骑马、肩荷耙锄的劳动者，周围植以枝叶繁茂的盆花，这些都是封建地主庄园的景象。其实这种解释并不准确，这些画面应是当时人们进行某种宗教仪式的写照。那座干栏式建筑应是宗教祭祀的场所，立柱所悬之物，应是发声的钟类，主持人站在正中敲击或摇撼它，通过它的声音与神灵交流。各种人物，或骑马，或徒步，都有一定程式，似在表演一定的舞蹈动作，而其间的鱼池、畜禽，当是祈求财富的对象。“孔明将君”之画面应是这种祭祀活动中表演某些历史传说的片断。这一图画，有的学者称之为“孔明出行图”，可能接近原意。自宋代以来，孔明七擒孟获的故事在我国西南少数民族地区广为流传，至今留下很多与诸葛亮传说有关的遗迹和遗物。诸葛孔明不但成为他们崇拜的对象，而且在他们心目中已上升为神灵。传说诸葛亮造铜鼓，因此他们称铜鼓为“诸葛鼓”或“孔明鼓”，有的民族则直接称铜鼓为“孔明”，把天元年间铸造的铜鼓称为“天元孔明”。铜鼓上刻画出孔明将军出行图，也反映了这种信仰。同一画面，骑马的将军有持偃月刀的，有持长矛的，这些人是否也就代表了孔明手下的关羽、张飞和赵云几员大将呢？须知三国故事在我国西南地区广泛流传，使三国戏也为西南许多少数民族所喜爱，关公作为

图71.“孔明将君”画像鼓背面图画

图72.融水内有纹饰小鼓背面图画

纳留1号鼓 东兰县金谷乡牙能村纳留屯韦展烈家藏。鼓面单弦分晕，共12晕。中心太阳纹12芒，芒线细长，穿至第3晕，芒间夹简易翎眼纹。第2晕是同心圆纹；第3晕模糊；第4晕素面；第5、第7、第10晕是乳钉纹；第6晕是主晕，饰8个人形纹和8个大回纹相间排列；第8、第11晕是云纹；第12晕是每两个同心圆纹夹一个矩形回纹为一组的图案，沿边等距离排列。背面沿鼓边有一周线刻图案，能辨认出来的有龙、雷神和线刻的“万宝家财”4个汉字。龙纹臃肿，有鳞甲和尾鳍，与广西民族博物馆078号鼓背面的龙纹相似。雷神与林境1号鼓的相似。

那朋1号鼓 东兰县隘洞乡六通村那朋屯藏。鼓面单弦分晕，共10晕。中心太阳纹12芒，芒线粗短，芒间夹简易翎眼纹。第2晕是钱纹；第3晕是回纹；第4、第6、第9晕是乳钉纹；第5晕是主晕，饰两组双龙戏珠，夹一组荷耙人与猪、狗，一组人形与猪、狗相间；第7、第8晕是回纹；第10晕是两个钱纹夹两个回纹，对应排列。背面周边也模印一圈图案，有与正面相同的两组双龙戏珠，另有牛、羊、猪和3个人一组的人形纹。

关圣帝被到处立庙祭祀，还留下许多与孔明有关或与“七擒孟获”等故事有关的地名。画上的龙纹，也像民间龙灯会上用竹篾扎的“龙灯”。中国国家博物馆藏的一面麻江型铜鼓背面图画中，在六个裸体人像两侧的柱子上方各有一个实心圆，是否象征着太阳和月亮？“孔明将君”铜鼓有两个对称的三重同心圆圈，分别标出“日”“月”二字，意义相当明确。那六个裸体人动作和谐，像是在跳集体舞，场面热烈庄重。

覃圣敏、喻如玉解剖了东兰旧州 1 号鼓背面图像以后明确指出，这些图像反映的内容，应是青蛙节活动的一个片断。[①] 更准确地说，是在人们找到青蛙、游完村后向青蛙亭进发的情景。图中占据突出位置的亭子，应即专门放置蛙棺的青蛙亭，那里是整个青蛙节的活动中心。亭中手舞足蹈的人，应是麽公，因为插于两侧亭柱的火焰状“拂穗”，就是民间法事常用的道具。队列中前 7 人，应是青蛙游村时在前面开道的仪仗队。仪仗队后的骑马人，应是第一个找到青蛙的“蚂蜗郎”。紧跟在“蚂蜗郎”之后，由两人抬着的小轿，应是置放蛙棺的象征性小轿。轿中小人，应是象征性的人物“蚂蜗娘”。在 20 世纪 50 年代以前，当地壮族的婚俗是，迎亲时新娘坐轿，新郎骑马。新郎或与新娘平排并行，或在轿前导引。为什么有“蚂蜗郎”和“蚂蜗娘”？原来，在人们的心目中，青蛙都是生殖力极强的雌性，因而被称为“蚂蜗娘”。人们敬奉她，想让她的神灵永远留在人间，就需要在人间给她找一个配偶。这个配偶，就是有缘分第一个找到青蛙的人，因而被称为“蚂蜗郎”。紧跟在“蚂蜗娘”轿后的两个挑担人，为青蛙游村中收受各户馈赠礼品的人。直到现在，青蛙游村时，仍有两人挑着担，专门收受各户捐赠的礼物。礼物分为两类，一类是干爽之物，例如大米、香、纸、糕饼之类；另一类为液态物，主要是酒。图案中挑担的前面一个，应是分挑干爽物的人；后面一人，应是分挑酒类液态物的人。最后一个骑马人，应是青蛙节各种活动的主持人“蚂蜗父”。他的身份较高，因而骑马；因为是整个活动的指挥者，故而在后压阵。在“蚂蜗父”之后，还应该有随行的群众，但可能因为画面已无余地，所以省略了。

以此为参照，我们来解读其他几面铜鼓上的同类图画就不困难了。这些铜鼓上的图画有许多共同点，如几乎都有一个悬山顶式四壁通透的建筑，建筑物中都悬挂一物似钟似铎，下面都站有人，举手摇撼此物。此建筑应即蚂蜗亭，亭中人当是青蛙节主祭人，或即麽公，他们振动响器，意在与神灵沟通。在此亭前后还有骑马人、挑担人和徒手的矮小人，杂有牛、羊、鸡、鸭等家畜家禽和游龙，还有禾晾、谷仓，应是青蛙节中的游田垌，或祭祀表演的农事舞蹈，包括拟兽拟禽舞和龙舞等；禾晾、谷仓、鱼池、畜禽，象征五谷丰登、六畜兴旺，也是壮寨环境的点缀物。这些画面有详有略，只是青蛙节反映的侧面不同，对其活动场面有所增减而已。

至于那些较简单的画像，一种如广西民族博物馆 079 号鼓、纳留 1 号鼓、林境 1 号鼓，是这种青蛙节的简化，有的只留下极简短的片段，有的则只有几个代表性的符号；而另一种，如广西民族博物馆 068 号鼓、那册 1 号鼓，则是鼓面纹饰的翻版或其简化。

图 73. 年款铭

第四节　铜鼓上的汉字铭文

一、年款铭文

“天元孔明”鼓，鼓面 10 晕，主晕在第 5 晕。最显眼的是一个“寿”字，然后按四等份安置手写体楷书“福”“寿”“进”“宝”四字，再在此四字之间印“天”“元”“孔”“明”四小字，构成大小间隔，错落有致的画面。此鼓整个画面比较疏朗，在边沿分别印制 4 个八卦纹中的坎卦，增加装饰内容。

“道光”年款鼓，形制、大小、纹饰、铭文体例等都很相近，有明显的时代风格。纹饰和铭文几乎都是采用印模捺印的。双龙献寿的龙纹和团寿纹，都是一个模式，两条龙一左一右可分公母，但一组同一组相比，则各自

① 覃圣敏等：《一组铜鼓铸纹的研究》，载《铜鼓和青铜文化的新探索》，广西民族出版社，1993，第 142 页。

的形象完全相同，证明用的是同一个模。"万代进宝""永世家财"两直行铭文也是用手写体刻成两个印模，分别捺印在不同的铜鼓外范上的，尤其是"道光　年建立"铭文，周边长条方框还在，显然是一个横条印模；"光"与"年"字之间空缺，在制鼓范时再在其间将实际年份填下去，就是道光某年。而没有填刻年份数字的，此处则是空白。

以"道光八年"鼓为例，此鼓 1973 年征集于河池地区废旧物资公司。面径 47 厘米，高 26.5 厘米。太阳纹 12 芒，芒尖穿至第 3 晕，芒间夹坠形纹。鼓面有两道主晕。第 1 道主晕在第 5 晕，上方是双龙献团寿，龙尾后面间隔两个凤字形游旗纹，然后才是"万代进宝""永世家财"竖联，左右斜向相对，下方又间隔两个凤字形游旗纹，最下方是倒印的"道光八年建立"铭文匾。第 2 道主晕在第 7 晕，与第 1 道主晕间隔乳钉纹，晕内满布云纹，仅留出下方置双龙献团寿图。此双龙献团寿与第 5 晕的双龙献团寿同出一模，只是倒置而已。

图 74. 吉祥语铭文（组图）

二、吉祥语铭文

常见的有"万代进宝""永世家财"联，出现在鼓面上。这种鼓面主晕饰双龙献寿图案，加上"万代进宝""永世家财"铭文。将"万代进宝"和"永世家财"8 个汉字分别制成两条竖向的长方形条章，在做鼓模时，分别捺印在主晕上，使它们左右对称，很像一副对联。

"红帘遮下"印鼓，1973 年从河池地区废旧物资公司征集。鼓内保存有粉笔字："弄水队韦姆堂"。面径 47 厘米，高 26.5 厘米。鼓面太阳纹 12 芒，芒间夹坠形纹。主晕是双龙献寿，左右两条铭文是"万代进宝""永世家财"，有"红帘遮下"篆字方印。其他晕圈是西字纹、乳钉纹、云纹、回纹。鼓身饰乳钉纹、回纹、潮云纹、三角形纹，双耳边饰绳纹，下有卍形纹。

盘宽韦朝公鼓，1973 年征集于河池地区废旧物资公司。鼓的内壁也保存有粉笔字"盘宽队韦朝公"，估计来自都安瑶族自治县。面径 49 厘米，高 26.5 厘米。鼓面太阳纹 12 芒，芒间夹坠形纹。主晕是双龙献游旗，左右两边铭文也是"万代进宝""永世家财"。其他晕圈是西字纹、凤眼纹、乳钉纹、云纹。鼓身饰乳钉纹、雷纹、云纹、复线三角纹，双耳边饰绳纹。

常见的还有"福如东海""寿比南山"联，单独出现在鼓面上，其装饰布局与"万代进宝""永世家财"联相同。以都安"道光"年款鼓为例，此鼓系河池地区废旧物资公司收购于都安。面径 46.8 厘米，高 26.5 厘米。鼓面 9 晕，太阳纹 12 芒，芒尖穿至第 3 晕，芒间夹复线翎眼纹。主晕在第 5 晕，上方是双龙献团寿，中部是"福如东海""寿比南山"两条垂直的联语，下方是双龙献匾，匾是"道光　年建立"横章。

也有"福如东海""寿比南山""万代进宝""永世家财"四联同出的。如东兰县金谷乡板路村板六 3 号鼓，在第 5 晕有"福如东海""寿比南山"联，在第 7 晕有"万代进宝""永世家财"联。4 条汉字吉祥语铭文同时出在一个鼓面上，极为罕见。巴马东山乡卡桥村蓝玉安藏鼓，鼓面第 5 晕有 4 条铭文，分别是"万代进宝""永世家财""福如东海""寿比南山"。东兰县长江乡那洪村更旦屯一鼓，鼓面有双龙献联语，一联是"万代进宝""永世家财"；另一联本应是"福如东海""寿比南山"，但工匠做模时有所疏忽，把"福如东海"联漏了，盖了两条"寿比南山"联。

三、物主印记

"孔明置造"，见于南丹县六寨镇雅陇村塘么屯 1 号鼓。鼓面 12 晕，太阳纹 12 芒。有两晕乳钉纹，另有西字纹、云纹、栉纹、回纹。主晕饰游旗纹，面沿铸"孔明置造"四字，并有四道浇铸口。这是一面明清时期的铜鼓，铭刻"孔明置造"显系为托。贵州省博物馆藏的"万历元年"鼓，鼓面主晕有楷书"孔明置造"铭文，是明代人假借孔明名义铸造铜鼓的明证。

"希吕氏记"方印，见于东兰县大同乡和平村廷锐屯的廷锐 4 号鼓。"希吕氏记"方印 4 个字被等距离地印在鼓面背部。类似铜鼓还有两面：一面是广西民族博物馆 298 号鼓，面径 47 厘米，高 26.9 厘米，鼓面主晕是卍形棂花纹，"希吕氏记"方印 4 个字也被印在鼓面背部；一面藏于上海博物馆，面径 47.9 厘米，高 27 厘米，鼓面主晕为寿字纹，在两个“寿”字之间夹“希吕氏记”方印。

“芾计号进宝”，仅发现一例，见于东兰县巴畴乡巴畴村那桃屯的那桃 2 号鼓。面径 46.8 厘米，高 27 厘米，足径 47 厘米。鼓面主晕为龙、鱼、牛、鸡、骑士及回纹等纹饰。“芾计号进宝”铸于鼓背，竖排一行，行长 7.5 厘米，其中“号”“宝”两字为现今使用的简体字，且“号”为反字。此行文字的左边还铸铭文“乾隆四十年”，亦为竖排一行。鼓背除此两行铭文外，尚对饰两个回纹。

四、工匠印记

“独山双和号”，目前发现两面。一面为高新 1 号鼓，背面有一个长方形印，印宽 1.1 厘米，长 4.1 厘米。“独山”二字横排，“双和号”三字竖排。此鼓鼓面有“道光七年建立”印章，当是铸作于 1827 年。一面为旧州 3 号鼓，印记在鼓面，印的外形、尺寸大小与高新 1 号鼓完全相同。但印文模糊，仅其中的“双” 字和“号”字依稀可辨，估计亦属此印。此鼓鼓面也铸有年款铭印章“道光四年建立”，知是 1824 年之物。

“白连朋号”，仅发现一例，即凤山县那田 3 号鼓。鼓藏凤山县砦牙乡拉英村那田屯，鼓主为罗国景。面径 47.2 厘米，高 27 厘米。鼓面太阳纹 12 芒，芒间夹心形纹，其余各晕分别为钱纹、回纹、乳钉纹、宝珠纹等。主晕为双龙献宝珠及猪、牛、鱼、荷耙人等纹饰。鼓身饰乳钉纹、兽形云纹、符箓纹、回纹、钱纹、宝珠纹等。鼓面背面铸铭文“白连朋号”“万宝家财”，鼓足内侧铸一线画蜘蛛结网图。

五、其他印记

“福寿”方印。篆文，有的有 3 个方印，有的有 4 个方印。

“福寿”方印游旗纹鼓，1973 年征集于河池地区废旧物资公司。面径 47.5 厘米，高 25.9 厘米。鼓面太阳纹 12 芒，芒间夹坠形纹，晕饰酉字纹、S 形云纹、乳钉纹、游旗纹、栉纹、云纹；鼓身饰云纹、雷纹、栉纹、复线角形纹；双耳边饰绹纹；背面有“福寿”方印 3 个。

“福寿”方印酉字纹鼓，1973 年征集于河池地区废旧物资公司。面径 47.3 厘米，高 25.8 厘米。鼓面饰太阳纹 12 芒，芒间夹坠形纹，其他晕圈饰酉字纹、S 形云纹、乳钉纹、游旗纹、栉纹、兽形云纹；鼓身饰乳钉纹、如意云纹、回纹、栉纹、三角形纹；双耳边饰绳纹；背面有“福寿”方印 4 个。

“红帘遮下”方印。也是篆文，有的人释为“下帘遮红”。这些字都是反体，若将其正过来，按自右至左的顺序念，应是“红帘遮下”。前面提到“红帘遮下”印鼓有这种方印。此外，东兰县长江乡纳洪村更旦屯更旦 1 号鼓的背面均匀分布有“红帘遮下”方印 4 个。

图 75. 冷水冲型铜鼓上的青蛙塑像

图 76. 灵山型铜鼓上的青蛙塑像

图 77. 北流型铜鼓上的青蛙塑像

第五节　雕塑艺术

铜鼓平面曲腰，本身就是一种雕塑品。除了平面满布的装饰花纹之外，有的还有立体小雕塑。这些雕塑，不但增加了铜鼓画面的内容和情趣，也起到了很好的装饰效果，更赏心悦目。

铜鼓上的塑像，一般安排在鼓面上，一部分在鼓足或鼓腰上，极个别安排在鼓腔内壁。或立或卧，姿态万千。仔细观察，可品赏到一股说不尽的意味。

一、青蛙

除了早期的万家坝型铜鼓、石寨山型铜鼓和晚期的麻江型铜鼓一般没有青蛙塑像之外，其他各类型铜鼓都毫无例外地有青蛙塑像或蛙爪。遵义型铜鼓虽无青蛙塑像，但在桂平、容县、玉林出土的一些遵义型铜鼓上，鼓面本该装饰青蛙塑像的位置铸出蛙爪，象征着青蛙从此跳走。自此以后的麻江型铜鼓就再也没有青蛙塑像了。

有青蛙塑像装饰的铜鼓，覆盖了包括广东、海南、广西、贵州、云南在内的最主要的铜鼓分布区。但最多最典型的青蛙塑像铜鼓则集中在广西境内。

铜鼓上的青蛙塑像，姿态各异，变化多端。冷水冲型铜鼓的青蛙塑像制作最精致，每面铜鼓固定为4只，形体硕大，空身扁腹，两眼圆突；四足挺立，身披辫形纹带，是最华贵、最美观的青蛙塑像。灵山型铜鼓的青蛙塑像几乎都是6组，3只单体蛙和3组累蹲蛙相间环列。这些蛙的后腿并拢成一，变成三足蛙，背部饰辫纹、同心圆纹、复线半圆纹，后腿或臀部起为密线螺旋纹，显得肥大厚实，造型和装饰都很优美。有的大蛙背小蛙，上下累蹲；有的背负小龟，有的背负田螺，有的背负小鸟。北流型铜鼓的青蛙塑像有两种。一种近似灵山型，另一种是素面小蛙，形态笨拙、呆板，像斧劈刀削的一样。西盟型铜鼓蛙体都较轻薄，显得扁瘦。

铜鼓上的青蛙，古书上多称之为“蟾蜍”或“蟾”，如宋人范成大《桂海虞衡志》、周去非《岭外代答》；或称为“鸣蛤”，如唐人刘恂《岭表录异》；也有的称“虾蟆”，如宋人方信孺《南海百咏》、明人朱国祯《涌幢小品》、清人《西清古鉴》。广西地方志上多用“蟾蜍”称之。

青蛙为什么能得到铜鼓铸造者的如此青睐呢？南宋方信孺在《南海百咏》的序文中已发出感叹：“周遭多铸虾蟆，两两相对，不知其何意。”

青蛙的学名为黑斑蛙，俗称“田鸡”“蚂蚜”，与蟾蜍一起，统称为“蛤蟆”。青蛙是一种两栖动物，生活在潮湿多水的地方，以昆虫为食。青蛙的身体背腹扁平，分头部、躯干部和四肢，无颈部和尾部。前肢较短，只有四趾；后肢发达，有五趾。趾间有蹼而无爪。在陆地上可以跳跃，在水中适于游泳。青蛙有雌雄之分，雄蛙口角旁有一对鸣囊，鸣叫时，将口腔内的气体压进鸣囊，使其扩大成球状，起共鸣箱作用，发出“咯咯”声，十分响亮。对于生活在南方湿热地带的民族来说，青蛙不啻是身边常见之物，人们熟悉它的习性，而且见它冬眠春出，与明媚的春光和滋润万物的春雨一起光临，给人类带来美好和丰收的预兆，对它有着特别亲切的好感。对农民来说，青蛙是“益虫”，使用铜鼓的民族特别重视农业，把青蛙奉为神明，所以把它塑在鼓面上。在神话传说中，青蛙是天公的少爷，是雨的“使者”，青蛙鸣叫是下雨的前兆。所以，青蛙受到许多民族的重视，有的甚至把它视为自己的图腾来崇拜。

铜鼓上出现青蛙塑像应是以蛙为图腾的民族标志。从文献记载来看，唐朝人已把青蛙视为“铜鼓精”。且看刘恂《岭表录异》：

信宗朝，郑纲镇番禺日，有林蔼者，为高州太守。有乡野小儿，因牧牛，闻田中有蛤鸣，牧童遂捕之。蛤跃入一穴。遂掘之。深丈，即蛮酋冢也。蛤乃无踪。穴中得一铜鼓，其色翠绿，土蚀数处损阙，其上隐起，多铸蛙黾之状，疑其鸣蛤即鼓精也。

用青蛙装饰铜鼓的意义，有许多人做了各种各样的猜测。有的学者认为，铜鼓饰青蛙与祈雨有关。青蛙在

图78. 母马带驹

图79. 双骑塑像

图80. 女童喂马

图81. 单骑塑像

一些古老民族心目中，是可以召唤雨水的神秘动物。他们认为，鼓声隆隆，有如雷鸣，似有降雨止旱之意。人们把铜鼓埋在土中，是希望天上的雷与地下水接触，使水流得更快，土地得到灌溉。有人认为青蛙是“益虫”，使用铜鼓的民族之所以重视青蛙，是因为他们是农业民族，特别重视跟农业密切相关的青蛙。东兰、天峨、凤山、巴马、南丹的壮族乡村将青蛙叫作“蚂蜗”，至今仍然流行并年年欢度的蚂蜗节，更是对青蛙崇拜的具体化。

累蹲蛙应是繁衍的象征。青蛙有雌雄之分，雌蛙身体较大，行动缓慢；雄蛙身体较小，行动活泼。每年春夏之交是青蛙的生殖时期，人们可以在近水边的草丛中看到雄蛙覆在雌蛙的背上，用前肢紧紧抱住雌蛙。这是产卵排精的行为。古人对此已有观察和领悟，把它们的形象铸作在铜鼓面上。居下的大蛙应是雌蛙，居上的小蛙应是雄蛙。蛙是多子的动物，雌雄抱对，象征着生命的繁衍。某些铜鼓上的累蹲蛙、“负子蛙”其实是交配蛙。民间认为，膜拜、描摹、祭祀这种交配蛙，会带来族裔繁昌、禾稼丰饶。

蛙间饰两组双马单骑士塑像。

桂平也曾出土过四面有乘骑塑像的铜鼓。其中蒙圩镇新德村磨勾山铜鼓蛙间饰两乘骑，其中一乘骑带马驹；蒙圩镇新德村鸡公山铜鼓相对两蛙间各有一乘骑；西山东屯鹤岭铜鼓，鼓面有一女童站在马的右侧，左手扶着马背，右手向马嘴送食，十分传神。

贵港、武宣、象州、金秀、鹿寨、蒙山等地，也有饰乘骑塑像的铜鼓。贵港市港北区庆丰乡万新村 1978 年出土的一面铜鼓，骑者背负着小孩。

以上有乘骑塑像的铜鼓都出在浔江及其上游郁江、黔江的两岸，其分布范围纵横不到 150 公里。这种有乘骑塑像的铜鼓见于记载也较早。清代乾隆年间撰修的《西清古鉴》在记叙“汉铜鼓”时说“是鼓更作骑士科洗，乘而驰，旁挟一马”，指的就是这种骑士带驹的铜鼓。光绪五年（公元 1879 年）《广州府志》引《香山志》说：“诸葛武侯庙铜鼓，中两蛙间故有骑，以两手控马而驰者二。小榄麦氏亦藏一鼓，亦有二骑者，惟骑侧更有小马游牧状。”同是光绪年间的金武祥，在《粟香随

图 82. 牛拉橇（组图）

二、乘骑

冷水冲型铜鼓鼓面除了装饰青蛙塑像之外，还在四只青蛙之间点缀马塑像。马塑像有一组的，也有两组相对的，其造型有乘骑和立马两种。乘骑类的组合又有不同方式。有一人一马单骑一组的，有二人二马双骑两组相对的，有一人一马与一人二马（即乘骑旁带一小马）两组相对的，有一人二马两组相对的，有二人二马双骑一组与双鱼一组相对的，参差布列，生趣盎然。

藤县古竹乡鼓，在和平镇古竹村出土。鼓面上四只青蛙之间，分别布列双骑两组、单骑一组、双鸟一组，行走方向与青蛙相同。藤县和平镇铜鼓，鼓面上四只大青蛙之间分别布列着乘骑两组、双鸟一组、单鸟一组，有的双骑一前一后。藤县还出土过三面有乘骑塑像的铜鼓，其中有两面都只有两处单骑。

与藤县相邻的平南县出土过六面有乘骑的铜鼓，其中新和的一面，每处乘骑旁边都带有一匹小马；思旺镇花石村鼓两蛙间有两组乘骑塑像；思旺镇上宋村鼓环列四蛙及两组乘骑；东华乡兴华鼓蛙间各立一乘骑带小驹；大成乡竹根坪鼓蛙间立两组乘骑塑像；大坡镇莲塘村鼓

笔》中记说，他的两位朋友各送他一面铜鼓，大小相似，而花纹各异，“两旁有人骑马形，或牧童牵牛形，均甚拙古”，说的也是这种铜鼓。端方《陶斋吉金录》收录一面冷水冲型鼓，四蛙间有两处乘骑，都是骑士带驹。民国二十六年（公元 1937 年）《邕宁县志》载，清乾隆年间在县西出土一铜鼓，鼓面“坐立马将军，盔甲戈戟皆具”。1989 年在邕宁县吴圩镇敢绿村出土的一面灵山型铜鼓，其乘骑塑像在腰部，是仅见的一例。

铜鼓上的乘骑塑像都是范铸的，做工较粗，人马的造型比例不协调，马显得个体小，人显得个体大，反映了造型艺术中“人大于山”的稚拙作风。马的各个部位比例也失常，头大，腿粗而短，没有肌肉和骨架轮廓，尾巴向上弯拱，显得沉重呆板。这种稚拙粗俗之作，与处在同一鼓面上的精美生动的青蛙塑像相比，判若天渊。形成这种艺术差异的主要原因，应与图腾崇拜有关。

岭南多雨，广西属亚热带季风气候区，水网密集的自然环境决定了它的主要交通工具是水上的船，而不是陆上的马，古有“胡人便于马，越人便于舟”和越人“以船为车，以楫为马”之说。由于素无骑马、驾马的习惯，所以养马甚少。在鼓上铸马当出于某种传闻。伏波将军

马援是相马专家，在南征交趾时，曾掳获铜鼓，熔铸为马的模型，而马援班师回朝又经过浔江水道，有舟载两铜鼓跃入江中的传说。使用冷水冲型浔江式铜鼓的部族由于仰慕马将军的威名，在鼓面上塑造乘骑以示纪念，是可以理解的。

三、牛橇、牛耧与牛耕

冷水冲型浔江式铜鼓还常有牛的塑像。牛塑像的位置也和马塑像一样，处在鼓面边沿青蛙塑像之间。

象州县中平乡罗汉村鼓，有一组是三头牛，作前面两头、后面一头排列，前面两头置于立体方框内。

平南县同和镇白坟坪铜鼓，在四只大青蛙塑像之间，点缀着三头朝同一个方向行走的牛的塑像。在牛塑像相对应的一方是五只一组站立着的鸟的塑像。三头牛的排列是：前面两头并列而行，后面一头将头伸到前面两头牛的后腿之间，紧紧跟随着。后面这头牛的背上还骑坐一人，似放牧者赶着牛群归来。平南县官城镇八宝村深塘鼓蛙间也站立一牛。

这些牛的造型也如同同类铜鼓上的马的造型一样，腿粗而短，尾粗下弯，不合正常比例。但是，这些牛的体格粗壮，脸短额宽，扁方粗角，角上起节，向后弯成半圆或禾叉形，腰圆腹宽，四肢粗壮，尾短不过飞节，是已经驯化了的耕牛。

更有趣的是牛拉橇、牛拉耧和人牛播耕塑像。

1954 年在桂平征集的一面铜鼓，面沿有两组牛拉橇的立体装饰。牛的两侧各有一条长而直的辕木，前高后低。前端用一根轭木连接，横套在牛的肩背上，尾端向后倾斜接地。后部有一栏架，架上平放一只敞口大篓。其中一牛背上有一环带与两侧长木相接。另一牛背上一前一后停落着两只鸟，可能是啄食牛虱的牛鸦。牛鸦落在牛背上，显得格外宁静安详，正是牛拉着橇作短暂歇息的衬托。

1972 年桂平石嘴镇河口村石鼓岭修筑防洪堤时，挖到一面有牛拉耧塑像的铜鼓。塑像全长 8 厘米。耧的前后基本平行，两侧是两条辕木；前端用一轭木连接，套在牛的颈背上；辕木的后端向下弯曲成耧腿，耧腿接地；尾部有一栏架，架上置一敞口大篓，构成两腿耧。牛除了拉耧之外，背上还骑着一人。骑者高 5 厘米，双腿跨越辕木，伸向牛腹两侧；双手前举平肩，伸向牛头两角，做驾驭状。与此牛耧相对应的一方，装饰着三枝并列的花柱。

1993 年在桂平金田镇张凌彭村出土一面铜鼓，上有人牛播耕和孩童戏鹅塑像。人牛播耕塑像由一人一篓一牛组成。前面一头大水牛，膘肥壮实，四足立地，昂首平身，尾呈后翘状，粗角大眼，鼻上套一个圆形的穿鼻环，环的上方系着一条辫纹粗绳索。绳索从牛头两角间经牛背左侧延伸至尾部。绳的末端缠绕在跟随后边驾牛人的左手手腕上。驾牛人健壮魁伟，头的后部披条形巾，方脸广额，大眼宽嘴，两脚左右张开，略呈半蹲站立，上身微后倾。颈部有一扁状宽带绕颈一圈，带上系着一只半球形篓，篓悬挂于右胸前。篓里盛着种子，人的右手搂抱于篓的下部，左手拿着牛绳，紧贴牛尾。双目炯炯前视，驱牛前行，若播种状。此人左手牵绳扶尾驭牛，胸悬种篓，右手控制篓孔，一耕一播，一人操作，灵活自如，反映其耕作技术的熟练。

图 83. 人牛播耕

牛是人类很早就驯养的家畜。在进入犁耕社会后，牛是“农之本”，是农耕的主要畜力，对生产发展影响很大，因而备受农民爱护，成为许多民族财富的象征。我国商代已大量养牛，其数量之多，似在六畜之中居首位。商代的牛，主要用于食用和祭祀，王室、贵族和民间都重视牛的饲养和繁殖。人们往往用玉石雕刻成牛的形象，放在墓中随葬。牛是先用于拉车，而后才用于拉犁耕地的。据《汉书·两粤传》载，西汉前期，吕后为了抑制南越，曾下令关闭对南越的关市，禁止“金铁田器马牛羊”输入岭南，迫使南越王赵佗三次上书谢罪。但到汉文帝时，岭南地区的马、牛、羊得到了繁殖，赵佗上书时就能夸口说“马牛羊齿已长”，可见牛在当时的地位。牛在地主庄园经济中占据重要地位。汉代厚葬成风，在汉墓中除发现屋、仓、井、灶等建筑模型之外，还有大量家畜家禽模型，其中也常有牛的陶塑像。在我国南方，牛是财富的象征。汉代记载汉王朝对西南部族的战争时，报道其战果往往都有虏获牛羊若干一项。在石寨山型铜鼓的腰部就有牛的图像，当与夸耀富有、追求财货的心理要求有关。恩格斯在《家庭、私有制和国家的起源》一书中说："家畜的驯养与畜群的繁殖，创造了全新的社会关系。"在汉晋时期，岭南越人有"重贿轻死，惟富为雄"的风气。装饰牛塑像的铜鼓数量不多，但反映了当时人们对牛役使的情景，也很有情趣。

四、虎

虎的塑像仅见于灵山型和北流型铜鼓上，目前已知五例。其中确知出土地点的四例都在广西境内，另一例从铜鼓的形制、纹饰和尺寸大小来看，也应是从广西流传出去的。虎的塑像所在位置和蛙、马、牛的塑像不同，不是在鼓面上，而是在鼓足部，而且都是头朝下，尾朝上。

广西民族博物馆 142 号铜鼓，是 1954 年从横县征集到的，属灵山型。鼓面直径 92.2 厘米。鼓面有青蛙塑像 6 处，在鼓身一侧鼓耳正对着的足部有一只虎的塑像。虎的头尾均已残，但可以看得出身躯圆浑，四足粗壮，残长 4 厘米，宽 1.3 厘米，高 2 厘米。

1993 年 2 月，在玉林市沙田镇六龙村莲塘坪出土一面灵山型铜鼓。鼓面直径 133.5 厘米，高 73.4 厘米。鼓面也有青蛙塑像 6 处，在鼓身足部一侧耳的下方，也有一只虎的塑像。这只虎最完整，长 9 厘米，宽 1.5 厘米，高 3.5 厘米，硕头巨睛，尖耳獠牙，长尾高翘，足带利爪。

1995 年 5 月，在北流市大坡外镇大坡外村木鸡岭出土一面北流型铜鼓。鼓面直径 104 厘米，高 56.5 厘米。鼓面有 4 只青蛙塑像，在鼓身一侧耳下方的足部也有一只虎的塑像。虎长 5 厘米，宽 1.7 厘米，高 2.5 厘米。虎身披纵向卷毛，方头竖耳，凸睛阔嘴，鼓腮叱齿。与莲塘坪铜鼓上的虎相似。

在文化部文学艺术研究院中国音乐研究所收藏的铜鼓中，有一面北流型铜鼓也有虎的塑像。这面铜鼓面径 103 厘米，虎的塑像也在鼓身一侧耳下方的足部，虎尾已残失，形体大小与玉林莲塘坪铜鼓相仿，圆睛利齿，躯体强健，腰部下弯，身饰斑纹。

1988 年 4 月，在横县板露乡圭壁村旗山出土一面灵山型铜鼓，面径 118 厘米，高 64 厘米。鼓面有六组青蛙塑像，四只扁耳边缘有珠，在足部有一对小环耳。晕圈密集，形制与莲塘坪铜鼓相同。鼓身一侧耳下方的足部有一组怪兽塑像，塑像长 6 厘米，宽 4 厘米，高 3 厘米；方头竖耳，凸睛巨鼻，从头至尾有扉棱，两肋平伸双翼。有人认为是飞虎。两翼上坐四人，分据两边，皆双手合十，未知何意。如果说此怪兽是虎的话，也是夸大了的变态虎，是虎的异化。

铜鼓饰虎的用意可能主要为标志权威。虎是百兽之王，在林中统帅众生。有虎塑像的铜鼓都是形体巨大的铜鼓，除一面的面径 92.2 厘米以外，其他几面的面径都在 100 厘米以上，莲塘坪铜鼓面径达 133.5 厘米，是灵山型铜鼓中最大的一面。这些铜鼓都是铜鼓族群中的庞然大物。在当时的历史条件下，拥有这类铜鼓的人也应是"人中之王"，击此铜鼓可以在方圆几十里甚至几百里内号令一切。我们还注意到，虎的塑像不在鼓面，而固定在鼓身足部一侧，正对一耳之下，而且它们的姿势都是四足挺立，头朝下，尾朝上。当它对准的那只鼓耳被系上绳索，将铜鼓侧悬起来的时候，老虎正好平稳站立，面对着鼓足的后方。铜鼓被敲击，鼓声从鼓腔内向后送出，就像是从虎口喷出的吼声，震撼山野，威慑四方，其威风场面，可想而知。

图 84. 虎

图 85. 圭壁鼓虎

图 86. 双羊

五、羊

羊的形象仅见于灵山博物馆 12 号铜鼓，在一侧耳下近足处，两只小羊并排站立，皆短耳、短尾、矮足，一只头朝鼓足方向，另一只回首而顾，两者相依相偎，应是雌雄一对。在古代，"羊"与"祥"通，人们往往把羊作为吉祥的标志。在建筑物上，在许多日用生活品上，常常出现羊的形象。

六、穿山甲

穿山甲形象见于桂平母鸡头岭铜鼓。这是 1991 年

10 月在广西桂平县木根乡秀南村母鸡头岭出土的一面冷水冲型铜鼓，鼓面青蛙间有一只穿山甲塑像。穿山甲塑像长 4 厘米，高 1.6 厘米，全身覆盖瓦状角质鳞片，头小吻尖，体浑圆，四腿粗壮，尾弯而扁短，似爬行觅食状。①

七、鸟

有鸟塑像的冷水冲型铜鼓如下：

北京民族文化宫 73237 号铜鼓，20 世纪 50 年代从广西宾阳县黎塘收购。鼓面上有四只青蛙塑像，在相对两蛙间各塑一只立鸟。

广西藤县古竹铜鼓，鼓面有四蛙，每两蛙之间各有乘骑和鸟的塑像一处。藤县和平乡铜鼓，鼓面有四只青蛙，青蛙之间有一处乘骑、三处立鸟的塑像。鸟的塑像有两处是两只（双鸟），一处是一只，美观大方。

前面说到的平南县同和镇陈龙村白坟坪铜鼓，鼓面除了一组放牧归来的牛塑像外，与它相对的一方有一组鸟塑像，五只鸟组成二、一、二的队形昂首向前迈进。

1978 年桂平县油麻乡朱冲山出土的一面铜鼓，鼓面四只蛙之间有一只立鸟和另外一种动物塑像。

2014 年 6 月 2 日在武鸣县罗波镇凤林村都安至武鸣二级公路施工时，挖出一面铜鼓，鼓面有四蛙，其中一只蛙背上伏着两只小鸟。

以上所说有鸟塑像的冷水冲型铜鼓只有六面，实际上并不止此数。有好几面铜鼓当有鸟塑像的位置，原饰物已失去，仅留下足跟，不敢肯定原为何物，也可能是鸟的塑像。

鼓面有鸟塑像的冷水冲型铜鼓也仅见于西江—浔江两岸，东起藤县，西到宾阳，分布范围极为有限。台湾大学考古系标本陈列室收藏一面冷水冲型铜鼓（3151A 号鼓），鼓面四蛙间也有两对鸟塑像。② 这面铜鼓从形制、纹饰看，也应出自广西浔江两岸。

冷水冲型铜鼓的鸟塑像，多为水鸟形象。个体硕大、铸工精致、装饰华丽，仅次于蛙塑像。

在灵山型铜鼓上也有鸟的塑像。但塑像所在的位置不在鼓面，而在鼓身一侧鼓耳下面靠近足部的地方，一般饰小鸟一只或两只。

闻宥《古铜鼓图录》著录的第五号铜鼓就是一面足部饰有一只小鸟的灵山型铜鼓。

民国二十五年（公元 1936 年）《钦县县志》记载，钦州冯树茂堂藏的一面铜鼓是民国初年在板城圩附近出土的，这面铜鼓"当一耳之下，腰肢之间，狙有飞凤，长一寸半许，高一寸有奇，最为殊异"。此"飞凤"即是鸟塑像。

1955 年广东省博物馆从灵山县征集到的一面铜鼓，1964 年在横县南乡镇广龙村出土的一面铜鼓，1976 年在横县良圻乡腾山村出土的一面铜鼓，都是足部饰一只小鸟塑像的灵山型铜鼓。1962 年南宁心圩出土的一面铜

图 87. 冷水冲型鸟（组图）

图 88. 灵山型鸟（组图）

① 陈小波：《桂平出土穿山甲立饰铜鼓》，《中国古代铜鼓研究通讯》1992 年第 8 期。
② 凌纯声：《记本校二铜鼓兼论铜鼓的起源及其分布》，《文史哲学报》1950 年第 1 期。

鼓，1972 年灵山出土的一面铜鼓，以及横县六景镇大浪村出土的一面铜鼓，灵山出土的 4 号铜鼓，和 1986 年 6 月灵山县丰塘乡大丰村出土的一面铜鼓等灵山型铜鼓，鼓耳下面足部所饰则是一对小鸟塑像。贵港凤凰鼓一侧耳下近鼓足处，有一对并排站立的小鸟，身饰羽纹，相当精致。

前面提到的 1986 年 3 月在博白县城东南出土的有青蛙背负田螺的那面灵山型铜鼓，足部也饰一对并列的小鸟塑像。

这种灵山型铜鼓只出在博白—灵山—横县—南宁一线，以灵山、横县为中心。就目前所知，出自灵山县的有四面，出自横县的有三面。上海博物馆和湖南省博物馆也各收藏一面足部有小鸟塑像的灵山型铜鼓，虽然它们的具体出土地点不明，但估计也应来自广西，而且不大可能超出这个分布范围。

铜鼓上的鸟塑像所处的位置是比较一致的。冷水冲型铜鼓的鸟塑像都在鼓面上，与青蛙、牛橇、乘骑和巨龟的地位相当。灵山型铜鼓的鸟塑像都处在鼓的一侧的

图 89. 龟

足边，所在的位置必定对着鼓耳，而且无论是一只小鸟还是一对小鸟，都处在左耳的下方。鸟的形象都是圆头、短颈、纺锤形身、长尾，身体显得圆胖。冷水冲型铜鼓上的鸟，羽毛没有表现，喙较宽扁，像是水鸭。灵山型铜鼓上的鸟，刻画出羽毛，尤其是翅膀和尾，表现得更为细腻；喙较尖，形象似斑鸠。灵山型铜鼓如果平放，鸟头则朝下，如果将鼓耳系住横着悬挂时，鸟则平稳站立，鸟头向着后方。

铜鼓上塑造鸟的形象，也和塑造青蛙一样，反映了对一种动物的图腾崇拜。我国古代南方的越人是崇拜鸟的，历史上有过“鸟田”的传说。《越绝书·越绝外传记地》说：“大越海滨之民，独以鸟田，大小有差，进退有行。”《吴越春秋·越王无余外传》也说，大禹去世以后，上天为表彰他的美德，“使百鸟还为民田，大小有差，进退有行，一盛一衰，往来有常”。《水经注》将“鸟田”之说讲得更具体：“禹东巡狩，崩于会稽，因而葬之，有鸟来，为之耘，春拔草根，秋啄其秽，是以县言禁民不得妄害此鸟，犯则刑无赦。”

岭南地区高温多雨，植物生长繁茂，为鸟类的生存繁衍创造了极为有利的条件，因而鸟类特别多。从原始社会时期起，人类就与鸟兽为伍，过着采集、渔猎生活。他们除了下水捕捞鱼虾，捡拾螺蚌作为食物之外，还上山采集植物的根、茎、叶、果，以饱口腹，狩猎的对象除了地上跑的以外，还有天上飞的——鸟类也是原始人类的食物之源。在新石器时代的文化遗址里，我们发现大量鸟类骨骼，就是当时人类捕食鸟类的物证。鸟类还有斑斓多彩的羽毛，可以装点人们的衣饰。进入农业社会以后，一些鸟类啄食昆虫和杂草，遗下粪便肥田，对农作物的生长也有间接之利。铜鼓上的鸟，当是人们与鸟广泛接触、反复观察体验以后才塑造出来的。野鸭进入浅水的稻田啄食，不断翻动泥土，诱使人们产生出“鸟田”的传说。鸭有惊人的治蝗能力，清人汪志伊在《荒政辑要》一书中说，蝗虫在还不能飞的时候，“鸭能食之，鸭群数百入稻畦中，顷刻尽，亦江南捕蝝之一法也”。在一面冷水冲型铜鼓上，拉着牛橇的牛背上并排站立着的两只鸟可能是牛鸦。这种牛鸦专啄牛身上的虮虱，也于农耕有益。

一种铜鼓上既有青蛙的塑像，又有鸟禽的塑像，表明在一个大的族群中，还有不同图腾崇拜的部族，他们之间既有区别又有密切的关系。同样是崇拜鸟禽，冷水冲型铜鼓与灵山型铜鼓上的鸟在形态上也有差别，说明即使在同一部族中，鸟禽崇拜还有不同的支系。

壮族民间故事《百鸟衣》，讲述了人与鸟图腾婚媾的凄美爱情故事。铜鼓塑造的鸟，寄托着人们对五谷丰收的追求。而那些相依相偎的双鸟，或雌雄可辨或腹中有卵的鸟形，不就是在祭祀鸟图腾的同时，向多子的图腾企求婚姻美满，早生多生孩子吗？

八、龟

部分冷水冲型铜鼓鼓面在青蛙塑像之间还饰以两只对称的龟塑像。这些龟，大都四足挺立，头向前伸，尾曳于后，龟背上饰绶纹带和精美的螺纹。

1972 年在桂平县西山镇渡头村出土的铜鼓，和 1974 年在藤县平福出土的铜鼓，都在鼓面四只大青蛙塑像之间，于相对应的两处地方分别各饰一只巨龟塑像。

这些巨龟的背甲都由绶带纹分隔成四格，每一格内由一巨大的螺纹填满。龟的四足挺立硬直；龟的头部向前平伸，双目平视，似窥视状；龟的尾下垂，且略向左摆。整个形象表现了龟在吃力地向前爬行。闻宥《古铜鼓图录》著录的第13号铜鼓，所饰龟、蛙塑像与此完全相同。闻宥说此鼓原为吴大澂所藏，看来也应来自广西浔江流域。

1977年在平南县同和镇上村大麦山出土的一面铜鼓，鼓面四只大青蛙塑像之间，于相对应的两处地方各立一只大龟塑像，大龟的背上负一只小龟，形成奇特的累蹲龟。

1972年在平南县大新出土的一面铜鼓，除了鼓面大青蛙之间的两只巨龟之外，四只大青蛙的背上也各负一只小龟，构成蛙驮龟的奇特形象。

1992年12月在上林县三里镇双罗村云聪屯出土四面铜鼓，其中有一面铜鼓在四只青蛙塑像之间装饰一个小孩双膝跪在一只大龟之后，双手抱住龟的左后腿，像被龟拖着行进的塑像，也是迄今所仅见的。

顾燮光《襟堪墨话》记载，他于辛亥（公元1911年）春，赴襄阳隆中，谒诸葛武侯祠，在祠中见一面铜鼓，“花纹斑驳可爱，旁驻龟四枚，跃跃如生”。

以上这些，就是目前为止我们所知铜鼓上全部龟的造型。装饰龟塑像的铜鼓仅见于西江两岸的桂平、平南、藤县和上林等地，地理分布范围比较小。

龟是爬行动物，其形象是：体扁平，呈椭圆形，背面隆起，中间有脊棱；背和腹都有硬甲，各由许多角板排列而成。龟的头部光滑，四肢粗短，尾短而尖。它们生活在川泽、河湖和池沼之中，经常爬上岸来。龟的耐饥能力很强，可以几个月不吃东西而不饿死。龟的背甲薄而牢固，跨度很大，却能承受重压而不碎。

在原始社会，人类长期过着渔捞生活。龟作为水中动作迟缓的动物，常是人们捕捉的对象。在广西原始社会的贝丘遗址里，经常发现龟鳖甲壳。《博物志·五方人民》说：“南方之火食水产……食水产者，龟、蛤、螺、蚌，以为珍味，不觉其腥臊也。”龟被列为南方所食水产之首。原始人类不但捕食龟鳖，而且还用龟鳖的甲壳做原料，琢磨成刀形刃器，做工具使用。由于长期捕捞生活的实践，人们逐渐掌握龟的习性，发现它有坚硬的甲壳可以自卫，生性耐饥渴，可以长久生存。《述异记》曰：“龟千年生毛，寿五千年谓之神龟，万年谓之灵龟。”又曰：“陶唐之世，越裳国献千岁神龟，方三尺余，背上有文，科斗书，记开辟以来，帝命录之，谓之龟历。”

南方关于龟的传说更多。据《史记·龟策列传》说：“南方老人用龟支床足，行二十余岁，老人死，移床，龟尚生不死，龟能行气导引。”又说：“江傍家人常畜龟饮食之，以为能导引致气，有益于助衰养老。”因而很早以前，人们就把龟视若神明了。

龟在很早以前就成为人们进行艺术创作的题材。原始社会的雕塑艺术品中已有陶塑龟。安阳殷墟出土过商代晚期的双玉龟，由一块灰褐色的墨玉雕刻而成，两只并列的龟，背甲中脊凸起，雕以龟裂纹，腹甲雕刻成八块，首甲、尾甲都很清楚，雕刻艺术家已完全掌握了龟的外形特征。从汉代开始，官私印章以龟兽为钮，以表示官阶的高低。《汉旧仪》卷上记载：“丞相、列侯、将军，金印紫绶，中二千石、二千石，银印青绶，皆龟钮。”

铜鼓上饰龟，有人认为是表示长寿，这是世俗的误解。究其民族历史渊源，铜鼓饰龟，也应有图腾崇拜的意义。这从对龟的形象的处理也可以看得出来。龟背上的装饰也如同蛙背上的装饰一样，刻意美化，代表了一个部族的信仰和赤诚。龟也是一个部族的标志，它应与崇拜青蛙的部族有所区别。但是，我们看到龟、蛙同在一个鼓面并存，表明这两个部族之间的关系极为密切，能够和平相处。甚至有的装饰青蛙与装饰巨龟的纹饰相同，有的蛙背上负龟，就进一步说明，部族之间不但能相安共处，而且已经走向融合了。

图90. 鱼（组图）

九、鱼

1983年在桂平县寻旺西南出土的一面铜鼓，鼓面除了青蛙、乘骑之外，在与乘骑对面的位置上还塑造了一对鲤鱼。这种鱼的塑像还见于象州县大普化村铜鼓，在鼓面青蛙塑像间相对应的两处各塑一条大鱼，鱼均用绳索捆住尾部，拴在一根木柱上。1992年2月在上林县三里镇双罗村云聪屯出土的铜鼓中，有一面在四蛙塑像之间相伴的两蛙背上各负一尾鱼。

瑞士苏黎世丽特贝格博物馆收藏一面冷水冲型铜鼓，鼓面边沿除四蛙塑像外还有两组乘骑，每组双骑，并肩而行；在另两蛙间则有两条尾部相连的大鱼，雌雄一对，眼、嘴、鳍、尾清晰，造型精致生动。鱼后站立两人，一人面对鱼尾，双手合于胸前，似拉一物；而另一人右手持物，似投向身后的釜状器。①

鱼与生活在水网地区的人类关系十分密切，人类将鱼作为最早的捕获对象。在广西许多河旁溪畔的新石器时代遗址中，发现大量鱼骨和捕鱼使用的鱼钩、网坠等物，还有用鱼骨制作的骨针等工具，可见当时渔猎的盛行。而且，人们在捕鱼的过程中，常常会欣赏鱼的生殖能力，希望自身也能像鱼儿一样，子孙满堂。《诗经》《周易》曰，鱼有“男女相合”之义。在铜鼓上塑造双鱼形象，是刻意渲染生殖神的功能，祈盼鱼神保佑人丁兴旺。由于“鱼”与“余”谐音，故有“年年有余（鱼）”之说，鱼与丰稔联系在一起。桂平、陆川出土的祭祀用具铜锅和铜盆，腹底部也饰双鱼纹，为丰腴的鲤鱼形象，鱼身装饰圆点纹或羽纹。人们在祈祷鱼图腾保佑五谷丰登的同时，自然也盼望族裔昌盛。

图 91. 田螺

图 92. 屎壳郎

十、田螺

玉林莲塘坪铜鼓，鼓面上有六只青蛙塑像，其中两只青蛙背上各驮负一只田螺，田螺伏在青蛙背腰部近后腿之间，似向前爬行。田螺壳光洁，壳面沟纹清晰，形象逼真。博白城郊鼓鼓面有六只青蛙，其中 4 只背负小青蛙，2 只背负田螺。

1988 年 4 月在博白永安乡永安村老鸦岭出土一面铜鼓，鼓面六只青蛙背上都有田螺，其中有一只青蛙背负两只田螺。

这三面青蛙背负田螺的铜鼓，都是灵山型铜鼓，出土地点在一个比较小的范围之内，从莲塘坪到博白县城郊不过 20 公里，从莲塘坪到老鸦岭直线距离也只有 30 多公里。这些地点都在南流江两侧。在此范围之外，是否也有青蛙背负田螺的铜鼓出土呢？

民国二十一年（公元 1932 年）出版的《同正县志》刊载了曾瓶山写的一篇《铜鼓考》，记述了清代道光二十五年（公元 1845 年）在永康北五里旧县村出土的一面铜鼓。这面铜鼓“完好无缺，土锈深碧，而古气盎然。径围约六尺余，高尺五，槌心隆起，棱下稍丰，而腰渐束，底如其面而空，圜边踞蟾蜍四，其二各负小螺，不知取何义也”。清代的永康在今扶绥县西北中东镇中东街。曾瓶山所说的“蟾蜍”就是我们现在说的青蛙。这面铜鼓就有青蛙背负小螺的装饰，但此鼓面只有四只青蛙塑像，其中两只青蛙背的小螺是否是田螺，现已看不到实物，难以和玉林、博白的铜鼓相比拟。

1986 年 8 月 12 日于桂平县金田镇上江头村三家下垌出土一面冷水冲型铜鼓，鼓面边沿环列四蛙，其中两蛙背上各负一只田螺，田螺尾部朝上，显出优美的螺旋形外壳。2003 年 11 月在平南县同和镇武全村武多屯出土一面冷水冲型铜鼓，鼓面除四大蛙塑像之外，还有两处田螺塑像，一处有田螺两只，并排而立；一处有田螺三只，呈三角并立之状。这些田螺直接匍匐在鼓面上，向着青蛙跳跃的方向缓缓爬行。

田螺是水中的软体动物，是人类最早采食的水生动物之一。田螺有回旋形的外壳，爬行在水泥面，给人以曲线流动的美感。古人很早就用螺壳做装饰品，模仿螺壳形状盘梳发髻，在编织物上绘制各种各样的螺纹图案。2000 多年前的汉代，已有人将田螺的形象塑在一些器皿上做装饰。1975 年在合浦县堂排汉墓中出土的铜篚（一种盛食器）盖顶上就用三只田螺塑像做钮饰。这种用田螺做钮饰的铜篚，20 世纪 80 年代发掘合浦县风门岭汉墓和 1991 年发掘贵港市深钉岭汉墓时都有发现。铜鼓上用田螺作为装饰可能受到这种铜篚的启发。

田螺是水生软体动物，爬行极缓，居然能爬到经常跳跃的两栖动物青蛙的背上去歇息，确实令人费解，真是“不知取何义也”。

① 黄德荣：《瑞士丽特贝格博物馆收藏一面冷水冲型铜鼓》，《中国古代铜鼓研究通讯》1990 年第 6 期。

十一、屎壳郎

上林云聪 1 号鼓，蛙间有一只屎壳郎塑像。屎壳郎学名“蜣螂”，是一种以动物粪便为生的昆虫，而粪肥则是农业丰收的关键。古人曰“植佳谷必以粪壤”，就是说，要种出上等的谷子，必定要有施粪的土壤。装饰与庄稼有着共同嗜好的屎壳郎，有可能是护佑五谷丰登的图腾标志。屎壳郎形象出现于祭祀重器铜鼓之上，也极有可能是某一被遗忘了的图腾象征。

十二、孩童戏鹅

在前面说到的桂平张凌彭鼓鼓面上，有孩童戏鹅塑像，由一只母鹅、一只小鹅和一个孩童组成。孩童抱小鹅于前，小鹅两脚悬空，昂首翘尾，若惊叫状；母鹅在后，嘴向前伸，两翼欲张，做追逐状，反映一种生活情趣。

图 93. 孩童抱龟

十三、孩童抱龟

上林云聪 4 号鼓，鼓面蛙间有一组人龟相戏塑像：龟周身装饰谷穗纹，体形硕大、纹饰精美，其后有一个头扎双髻的小姑娘，双手使劲抱着大龟的后足，趴在地上，让巨龟拖着爬行，生动传神。龟被认为是长寿的神物，人龟之戏也反映了人们的生活情趣。

十四、谷仓

1981 年在平南县官成镇八宝村深塘出土的一面冷水冲型铜鼓，在鼓面四蛙间有一处干栏建筑模型塑像。此建筑下有四根立柱，立柱顶着一个长方形的平台，平台上并排立着两个圆筒身、球状盖的谷仓匡。这种干栏式谷仓从汉代开始已在岭南地区流行，汉墓随葬的陶制、铜制或滑石制干栏式谷仓在考古发掘中经常发现。

十五、花树

花树形象仅见一例，即桂平石嘴镇河口村石鼓岭出土的牛拉耧塑像铜鼓。在鼓面两蛙间与牛拉耧塑像相对的一方，塑花树一组，是三棵树苑，一字形并列斜插在一处，树干粗壮挺拔，顶端开放着三瓣花朵。

图 94. 花树

广西铜鼓
GUANGXI TONGGU

第四章 铜鼓的用途

古时铜鼓的用处大概正如今日一样复杂，有些地方用以表示权势，家有铜鼓，便称『都老』；有些地方用以施放警号，击鼓山岭，群民毕集；有些地方用于祭祀，有些地方用于娱乐，有些地方用于军旅，有些地方用来驱逐猛兽，有些地方用来镇压邪恶，有些地方用来煮物。最原始的两个用处，乃是一祈雨镇雷，二领导村峒群众。

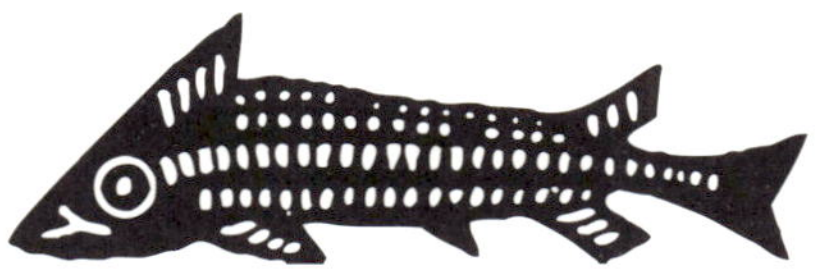

铜鼓有什么用呢？民族学家徐松石在《粤江流域人民史》中说：铜鼓的用处，各地不同，约有下列数项：（1）用于殿堂寺院；（2）用于年节；（3）用于丧事；（4）祀雷神；（5）号召群众；（6）其他。古时铜鼓的用处大概正如今日一样复杂，有些地方用以表示权势，家有铜鼓，便称"都老"；有些地方用以施放警号，击鼓山岭，群民毕集；有些地方用于祭祀，有些地方用于娱乐，有些地方用于军旅，有些地方用来驱逐猛兽，有些地方用来镇压邪恶，有些地方用来煮物。最原始的两个用处，乃是一祈雨镇雷，二领导村峒群众。①徐松石后来又在《百粤雄风岭南铜鼓》一书第二章"岭南铜鼓的用处"说，铜鼓的用处，传说不一，各地方的风俗亦不一致，归纳有二十多项：（1）豪富的表示；（2）战斗召集众人用；（3）赏赐用；（4）奏乐用；（5）进贡用；（6）治病祈鬼用；（7）更点用；（8）寺庙用；（9）埋于山川用；（10）丧葬用；（11）赛会和宴客用；（12）镇蛮用；（13）征伐用；（14）生子志喜用；（15）嘉礼用；（16）祀雷神用；（17）祈雷用；（18）殉葬用；（19）使死者不回家作祟用；（20）集体劳作用；（21）节劳和讲述历史并用；（22）同一铜鼓示节奏用途不一；（23）用铜鼓花纹印布。②

学者陈志良把铜鼓用途归纳为五点：（1）祀祭；（2）乐器；（3）赏功；（4）号召；（5）更点。又说铜鼓的用处只有祭祀和娱乐两种，这两种用处，相互为用，不能分开。严格而言，则祭祀为主，娱乐为次，如东兰傜

①徐松石：《粤江流域人民史》，中华书局，1941。
②徐松石：《百粤雄风岭南铜鼓》，东南亚研究所，1974，第 11-15 页。

人的铜鼓舞，其用意在祭祀祖先鬼神，亦为娱乐祖先鬼神，同时亦娱乐及人。①

云南学者方国瑜《铜鼓考》总结铜鼓的用途为：击鼓赛神，用于战阵，或尝有功，亦以人贡，土人珍之。②

汪宁生把铜鼓的用途分为原生用途和次生用途，包括：（1）传递信息；（2）祭祀；（3）娱乐；（4）丧葬；（5）婚姻；（6）战争；（7）报时。传递信息和祭祀两项是铜鼓的原始用途，其他各项都是后起的，即由这两项派生出来的次生用途。③

第一节　铜鼓功能无所不在

从历史演变的角度来看，铜鼓有它的发生、发展历程，它的用途也由单一用途发展到多种用途。铜鼓是从铜釜衍化而来的，原本是生活中的实用器皿，因为敲奏它，才兼具乐器功能。这个时期，是鼓与釜并用的过渡期。然后从炊具分化出来，成为独立乐器，才具有打击乐器的特色。因为铜鼓响度大，传声远，可以向远方发出讯号，所以具有传讯功能；也有在战阵上鼓舞士气的作用，用作战鼓。使用的民族赋予它很多神奇功能，从而将它视为神器。因而铜鼓兼具数种功能。

在古代，铜鼓多用于祭神、征战和喜庆。既有实用功能，也有社会功能。在祭神时，铜鼓是神圣的法器，是庙堂供奉的神器；在征战时，铜鼓是战斗的旗帜和指挥信号；在平时，铜鼓是权力重器和富有的标志；在喜庆节日里，铜鼓又是扣人心弦的打击乐器和节歌伴舞的娱乐工具。在人们的心目中，铜鼓的功能无时不在，无所不在，弥漫着神圣色彩。

图 95. 河池铜鼓山歌艺术节

①陈志良：《铜鼓研究发凡》，《旅行杂志》民国三十二年二月第十七卷第二期。
②方国瑜：《铜鼓考》，民国三十八年版《新纂云南通志》卷八五《金石考五》。
③汪宁生：《铜鼓与南方民族》，吉林教育出版社，1989。

一、和歌伴舞

铜鼓是作为乐器出世的，它的主要用途是作为乐器演奏。古书是把铜鼓归在“蛮夷乐器”类的。唐刘恂《岭表录异》就说：“蛮夷之乐有铜鼓。”宋代的《太平御览》和《文献通考》两部类书，都把铜鼓收在乐部。《异林》也说：“夷俗最尚铜鼓，时时击之以为乐。”直至现代，在壮族、瑶族、苗族、彝族的村寨中，凡传统节日、庆祝集会及婚嫁喜庆，都还有敲铜鼓跳舞的习俗。

铜鼓很早就被用于欢乐的场面，大概自铜鼓产生之日起就有了。最常用的场合是为歌舞伴奏。唐代著名诗人白居易《骠国乐》诗记录了公元 801 年骠国（缅甸）王雍羌派悉利城主舒难陀率一文化使团随同南诏使臣到长安献乐的情景。他写道：“玉螺一吹椎髻耸，铜鼓一击文身踊。”

随着历史的推移，铜鼓的神秘性日趋减少，而单纯用于娱乐的情况增多。宋代越　人“亲戚宴会，即以匏笙、铜鼓为乐”[①]。明代仲家人“俗尚铜鼓，时时击之

铜鼓喧春社，黄仙有古祠。
迎神歌一曲，祈岁酒三卮。
泉泻儿童乐，年丰父老知。
消长无定候，灵穴自无私。[④]

铜鼓不但伴歌，更多的是伴舞，几乎可以毫不夸张地说，凡有敲击铜鼓的地方，都必然伴随着翩翩的舞蹈。“铜鼓响，脚板痒”，有的人一听到铜鼓声就情不自禁地舞起来。现代还崇奉铜鼓的壮族就有“铜鼓不响不开舞”的名言。

清道光年间，在罗城三防任主簿的余应杭用古风的形式记述了辖区内“峒民”吹芦笙击铜鼓为他贺岁的盛况：

春风骀荡春日长，丁男歌舞拥上堂。
先祝太平后祝寿，其风近古多悠扬。
芦笙铜鼓齐答响，莫谓此地属边防。
一人起歌众人和，视谁先者为低昂。

图 96. 壮族打铜鼓

图 97. 布努瑶铜鼓舞

以为乐”[②]。

使用铜鼓的民族是爱歌的，他们出门就唱歌，用山歌表达自己的情感，诉说自己的喜怒哀乐。他们都有自己的歌节，铜鼓声伴随着多彩的民歌在山间飘荡。铜鼓不但被用作民歌节拍器，更重要的是被用于烘托气氛，制造声势，把歌唱活动推向高潮。

历代诗人对敲击铜鼓载歌载舞的场面做过许多生动的描绘，吟咏这些诗词，我们便能领略南国的古老风情，和先民一起分享丰收和胜利的喜悦。

村团社日喜晴和，铜鼓齐敲唱海歌。
都道一年生计足，五收蚕茧两收禾。[③]

1934 年《武宣县志》收录有高攀桂一首《神窟流泉》诗：

歌声嘹亮厥竟远，天籁不必调宫商。
绝胜淫哇徒委靡，大抵致语皆吉祥。
曲罢尾声更舒缓，余韵息息犹绕梁。
劳以饼饵慰之去，同心赞叹喜欲狂。[⑤]

生活在广西西部山区的壮族，至今每当农闲之时，相邻各村的农民仍好聚集在村郊的山头赛铜鼓。每当农历正月初一、十五、三十，某一村寨的青年打一阵铜鼓之后，便集合几个人，带足干粮，将铜鼓背上附近山坡，搭好鼓架，挂起铜鼓敲打。铜鼓声传向四面八方，邻村的男女青年闻声而至，找一个合适的坡顶，共同搭一个鼓棚，协商铜鼓比赛。附近村寨，凡有铜鼓的人家都把铜鼓背上山来。每村各选出四面，公对公，母对母，按顺序轮番敲奏，每面铜鼓配三名鼓手，轮换敲打，使鼓声持续不断。打鼓有固定节律，按“七三七”“七单七双”“闹

①《太平寰宇记》卷一百六十九。
②田汝成：《炎徼纪闻》。
③汪广洋：《岭南杂咏》，《中华全国风俗志》上编。
④《武宣县志》第八编《艺文》，民国二十三年。
⑤民国《罗城县志·杂记》，第 317 页。

斑鸠”“倒穿行”“小姐妹”等节律打下去。如果一方乱打或打错，就算失败，取消比赛资格。鼓声清脆响亮，打得久，打得动听，就算赢。鼓声哑了，或者铜鼓裂了，就算输。其他青年男女，一边看赛鼓，一边唱山歌。赛铜鼓结束后，拿出自己带的干粮、美酒，聚在一起野餐。[1]

广西东兰、凤山、巴马等地的壮族都有铜鼓舞。东兰民歌唱道："心想打铜鼓，又怕鼓点错。跳的莫忙坐，再等过一槌。"这说明打铜鼓是伴舞的。

广西都安瑶族在过达努节时，男女青年大跳铜鼓舞。1956 年，这种铜鼓舞还被带到北京怀仁堂献演。

二、赛神祭祀

击铜鼓以伴歌舞，而舞乐又与祈年禳灾等宗教活动有密切关系。《宋史·蛮夷传》记载，一些少数民族有病不求医抓药，"但击铜鼓、沙锣以祀神鬼"。东兰瑶族的铜鼓舞，其用意既是祭祀祖先鬼神，也是娱乐祖先鬼神，同时也是自娱。

图 98. 左江岩画的铜鼓图像

在广西南部，沿左江而上，每当河流拐弯处，耸立的石灰岩峭壁上，常有赭色描绘的大型画面。这种画面，到目前为止已发现60余处，绵延200公里。画面中有人物、狗、马、船只和铜鼓等形象。其中以宁明县花山的一处画面最宽、最长，高 40 米，宽 170 米，图像达 1300 多个，因而名之为花山崖画。画上的人物多裸体，几乎都以相同的姿势欢呼跳跃。这种地处江流的崖画，很可能就是古代击铜鼓赛江神活动的写实记录。

用铜鼓赛神，在唐代已很普遍，温庭筠、白居易、许浑等人在诗中记载了江南楚地用铜鼓赛神的盛况。"铜鼓赛神来，满庭幡盖裴回。水村江浦过风雷，楚山如画烟开。"（温庭筠《河渎神》）"面苦桄榔裛，浆酸橄榄新。牙樯迎海舶，铜鼓赛江神。"（白居易《送客春游岭南二十韵》）"绿水暖青苹，湘潭万里春。瓦尊迎海客，铜鼓赛江神。"（许浑《送客南归有怀》）"家家扣铜鼓，欲赛鲁将军。"（许浑《游维山新兴寺寺屏村谢家》）。五代到宋代亦然，"铜鼓与蛮歌，南人祈赛多"（孙光宪《菩萨蛮》）。

至明代，广西龙川仍用铜鼓赛神。永乐年间被贬任广西布政使司参议的解缙有《龙州诗》说：

> 波罗蜜树满城暗，铜鼓声喧夜赛神。
> 黄帽葛衣虚市客，青裙销带冶游人。[2]

万历年间任广西按察使的盛万年《右江谣》也说：

> 昭江滟滟连邕管，千崖赭碧清霜满。
> 竹鸡格格啼榕树，修蛇毒雾愁浸淫。
> 鸟言卉服绣项渠，荒茅丛箐山头居。
> 时平莫负思筹弩，夜雨丛祠赛铜鼓。[3]

广西中西部，明清时期用铜鼓赛神也是司空见惯的事。清人戴朱纮的《铜鼓歌》反映了这方面的普遍现象：

> 蛮溪雾毒苍虬舞，土人架阁悬铜鼓。
> 问是当年谁所留，尽说传自汉武侯。
> 武侯天威靖蛮落，日晦岁垦桑麻药。
> 四时儿女吹芦笙，椎牛酌酒欢相嚎。
> 春秋赛社击铜鼓，何用腰刀藏毒弩。
> 年年但种山前土。[4]

沿红水河两岸的天峨、南丹、东兰、巴马、大化、都安等地的壮族有一个隆重的青蛙节。壮族称青蛙为蚂蜗，因而青蛙节俗称蚂蜗节。青蛙节是赛神祈丰收的节日。过青蛙节的时候，凡有铜鼓的村寨必用铜鼓。从农历正月初一开始，找青蛙，之后抬着青蛙棺材走村串寨挨家

①广西民俗学会等：《壮族风情录》，广西人民出版社，1991，第 245–255 页。
②嘉庆七年《龙州纪略》卷下。
③朱彝尊：《明诗综》卷五十四。
④《柳州县志》卷十，民国二十一年。

挨户祈祷，到最后葬青蛙都要打铜鼓。特别是葬青蛙那一天，早餐后，青年们就扛着铜鼓到附近的高坡上敲打，用铜鼓声报告天庭，也向世人宣布：今天要葬青蛙了。附近村寨的人听到铜鼓声都会成群结队地赶来为青蛙送葬。葬了青蛙之后，又打铜鼓狂欢跳舞。在男女对唱的《祈蚂蜗歌》中，开头一段唱到："蚂蜗神呀蚂蜗神，打着铜鼓接你来到，敲着铜锣迎你光临。"最后一段唱到："蚂蜗神呀蚂蜗神，明年铜鼓响了你要来到，铜锣响了你要光临。"[①]

三、传递信号

铜鼓是低频响器，频率越低，在空气中传播得越远，因而适合远距离传递信息。铜鼓很早就被用来做传信工具。传递信息是铜鼓的原生用途，并且贯穿了铜鼓的全部历史。据晋人裴渊《广州记》载，当时居住在岭南地区的俚僚在打仗的时候，就是敲击铜鼓召集部众的，"鸣此鼓集众，到者如云"。到隋代，情况还是如此。《隋书・地理志》说俚人"欲相攻，则鸣此鼓，到者如云"。

明人梦觉道人、西湖浪子所辑《三刻拍案惊奇》第十二回"坐怀能不乱，秉正自无偏"记述从内地到广西融县（今融水苗族自治县）做县丞的秦凤仪，奉命深入苗峒催粮。接待他的苗峒首领恰是曾被他救过命的人。这位首领为报答秦凤仪的救命之恩，主动出来替秦凤仪催粮。只见这位首领"便去敲起铜鼓，驼枪弄棒，赶上许多人来"，很快就完成了催粮任务。可见，铜鼓声也是苗族首领召集部众的信号。

近人刘锡蕃《苗荒小纪》说到20世纪30年代苗山的事，曰："苗民有事，一以公意决之，故事必会议……其村寨户数较多者必设鼓楼，寨目奉苗头令则登楼擂鼓，事缓者鼓声连续缓，事急者只三挝，声大而疾。寨民闻声无论男女老幼咸集鼓楼前……候至各村聚集之后，苗头登楼击铜鼓，各村代表闻声集会场。"[②]《岭表纪蛮》也说："今蛮人集议军警公益一切事件，亦以撞击铜鼓为唯一号召之方法，流俗相沿，犹未少变。"[③]

铜鼓也用于民间传递消息。如失火，敲击铜鼓吁请邻寨的人赶来援救；有人过世，敲击铜鼓把不幸的消息通知亲人和邻居。南丹白裤瑶地区，当老人去世时，主家第一个将铜鼓拿到户外去敲击，向村邻报丧。

使用铜鼓的民族还相信，铜鼓能够沟通人与神的信息，所以每当要敬神和祭祀的时候，都要敲响铜鼓，认为只有请神下来和让神知道，祭祀才能达到目的。

四、打更报时

宋代，广西土中铜鼓，耕者屡得之，所在神祠佛寺皆有之，"州县用以为更鼓"[④]。明清时期，有的衙署放置铜鼓，官府开门升堂时也挝铜鼓。明人徐渤《送凌云孚司马擢粤西太平郡守》说："节钺西行象郡赊，褰帷闻看刺桐花。瓠笙吹月春驱骑，铜鼓阗云早放衙。"[⑤]清人金虞《来宾官署偶题》也说："雷江都是僮人家，铜鼓声声早报衙。坐客春风无长物，绿梅花顶寄生茶。"[⑥]明洪武二十九年（公元1396年）在宜州置庆远卫，将旧城东门改为中谯楼，在谯楼上安置铜鼓和刻漏[⑦]。刻漏是计算时间的工具，铜鼓则用来报时，相当于更鼓。清光绪十年（公元1884年）《北流县志》载，清嘉庆二年（公

①《东兰歌谣集》。
②刘锡蕃：《苗荒小纪》第十六章《集会》，商务印书馆，1928。
③刘锡蕃：《岭表纪蛮》第二十章《娱乐种种・铜鼓》，商务印书馆，1934。
④周去非：《岭外代答》卷七。
⑤《粤西诗载》卷十五。
⑥《柳州府志・艺文》。
⑦杨梁：《修府城记》，载李楚荣主编《宜州碑刻集》，广西美术出版社，2000，第8-9页。

元1797年），北流县石一里出土一面铜鼓，乡人把它移入泗洲庵，“以为更鼓”，用来打更报时。

五、指挥军阵

铜鼓用来召集部众，属于传递信号性质，早已有之。指挥军阵，鸣鼓助威，则为时较晚。《隋书·地理志》载：“自岭以南，二十余郡……欲相攻，则鸣此鼓，到者如云。”铜鼓用于战阵，唐代诗人李贺的《黄家洞》诗做了形象的描绘：“雀步蹙沙声促促，四尺角弓青石镞。黑幡三点铜鼓鸣，高作猿啼摇箭箙。”宋人陶弼《寄桂林张田经略》曰：“犀甲银盔铜鼓兵，周旋五十五屯营。”这说的是有犀甲银盔铜鼓武装的“铜鼓兵”[1]。所以，陆游以为铜鼓“用于战阵、祭享”[2]。元代陈孚出使交州，也遇到军中用铜鼓的事，有“金戈影里丹心苦，铜鼓声中白发生”[3]之叹。明清时代，不少民族仍靠铜鼓声来集合部众，统一号令。

壮族《红铜鼓》传说讲述了一个用铜鼓召集民众，指挥军阵的故事：古时九龙寨有一面威力无边的大铜鼓。土皇帝想破这个寨子，首先设法破坏这面铜鼓。他派出奸细扮作卖酒佬潜入九龙寨，把鼓手天轰轰灌醉，然后把铜鼓砸成四块烂铜片。第二天，土皇帝带着军队来进攻。九龙寨由于没有铜鼓，无法召集附近村寨的人一起来抵抗。天轰轰只好重新铸铜鼓。但铜水难熔，他的妹妹锦花花用宝剑割开自己左手动脉，让血流进炉里，促使铜片很快熔化，赶铸成一面红红的大铜鼓。铜鼓又擂响了。铜鼓声响彻云霄，远近各寨的民众听见铜鼓声，便一队一队地从四面八方向土皇帝包围过来，把敌人打得七零八落。[4]由此可见铜鼓对指挥军阵的重要性。

在某些民族看来，鼓声既是信号，也是命令，闻之而动，不可稍怠。尤其是在战争中，其号召力和鼓动力，远非别的信物可比。因此，战争的双方都很重视对铜鼓的争夺。在一个时期，铜鼓的得失，成了战争胜败的重要标志。封建王朝在对这些民族的战争中，除了虏获头人之外，常以缴获铜鼓作为胜利的象征。明代朱国桢在《涌幢小品》中说，“凡破蛮必称获诸葛铜鼓”。夺得了铜鼓就等于夺得了敌方的旗帜和指挥权，置敌方于瓦解的境地。对某些民族的头人来说，失去铜鼓就标志着统治地位的丧失，成为一生中最大的耻辱和不幸。

历代中央王朝，在镇压西南少数民族时，多以缴获铜鼓为战利品。《南史·兰钦传》说：“南征夷僚，大献铜鼓。”这种情况到明清时期仍是如此。据王世贞《名卿绩纪》卷二记载，镇压广西八寨和大藤峡壮瑶农民起义的韩雍搜缴了不少铜鼓，以至在他“晋都察院右都御史”时，“军门列铜鼓数十”。明代应槚《苍梧总督军门志》记载证实，苍梧总督军门府有铜鼓大小14面，梧州府有铜鼓21面。藏铜鼓于军门作为军鼓，以缴获铜鼓显示其军功，说明铜鼓在当时的军事活动中还占有很重要的位置。有人从内地来广西做官，朋友送别时会提醒他，南方军事活动中还使用铜鼓，如徐渤《送赵淇竹都阃擢粤西参将》诗有“秋拭铜鼓摧蛮垒，夜枕金戈卧将坛”[5]句。使用铜鼓的民族在跳铜鼓舞的时候，也常常表现战争内容。清代张之洞《铜鼓歌》云：“岁时祀鬼乃敢击，芦笙巫唱纷嘈嘈。不然战斗合徒众，花鬘赤脚奔相招……一击再击转激楚，战场万鬼皆啼嗥。”

图99. 壮族蚂蜗节打铜鼓

---

①陶弼：《陶邕州小集》。
②陆游：《老学庵笔记》卷二，中华书局，1979。
③陈孚：《交州使还感事》。
④农冠品等：《壮族民间故事选》，广西人民出版社，1982。
⑤汪森：《粤西诗载》卷十九。

六、驱旱求雨

据红水河流域有关蚂蜗节来历传说，东林捡回被烫死的蚂蜗后，布洛陀叫人们举行隆重的祭祀仪式，将蚂蜗骨安葬，这样才能求得雷公的宽恕。但是怎样才能使远在天上的雷公知道人们所做的这些事而宽恕人类呢？布洛陀告诉人们，祭祀蚂蜗时要敲打铜鼓，只有铜鼓才能把人间的信息传到天上。后来人们在举行蚂蜗节时都打起铜鼓，这是为了使雷公知道人间祭祀蚂蜗的活动。①

至今红水河流域的东兰、巴马、南丹、天峨等地壮族群众每年农历正月初一到十五日举行蚂蜗节，节日期间的找蚂蜗、游蚂蜗、葬蚂蜗等几个阶段的活动都在铜鼓的伴奏下进行，其中在为蚂蜗卜葬时唱《铜鼓歌》："打鼓响一声，万村得太平。不受水旱灾，不受虎狼侵。打鼓响二声，五谷得丰登。一穗三百粒，十粒有半斤……"和着铜鼓声和歌声，青年人还跳起蚂蜗舞和铜鼓舞。在这里，人们把铜鼓和蚂蜗都看成是能带来雨水、能保稻作丰收的神。通过歌舞娱神，祈求风调雨顺，人寿年丰，六畜兴旺。

"原始人是相信有相当多的鬼神存在的，不过他们对这些超自然力量的态度，总是限于想尽办法使他们为自己谋利益。为了讨好某个鬼神，非洲野蛮人竭力设法使它愉快。他用美味食品（祭品）来收买它，并且为了表示尊敬，给它跳一些他自己从中得到最大快乐的舞蹈。"②人们举行蚂蜗节，祭祀青蛙，就是希望青蛙为自己谋利益，要竭力使它愉快，给它美味食品（祭品），给它唱歌跳舞。祭蚂蜗活动起源于原始时代，而铜鼓是在人类进入文明时代后才出现的。但是，铜鼓在蚂蜗节中承担重要角色，成为蚂蜗节赖以存在的基础，以至人们认为没有铜鼓就不能举办蚂蜗节。据不完全统计，红水河流域自大化瑶族自治县板升乡至天峨县岜暮乡一带，1950 年经常使用的葬蚂蜗场地达 100 多处，其中仅东兰县大同乡就有 33 处。现在这一区域内仍在使用的葬蚂蜗场地已不到 10 处，而东兰县大同乡，这一活动已经绝迹。铜鼓与蚂蜗节紧密联系在一起的重要原因，在于铜鼓音响的神秘性，人们无法解释铜鼓这种神秘的音响，认为它可以向天上传递信息，让雷神听到人间的愿望和呼声，能沟通人间与天神的联系。另一方面，人们还相信铜鼓具有愉神的功能，只有铜鼓才能使神愉快，使神得到"最大的快乐"，这样铜鼓就与蚂蜗节和稻作农业紧密地联系在一起了。

图 100. 彝族求雨节

除祈求天上适时降雨之外，还必须使地上的那些妖蜮鬼魅远离村寨，鸟兽虫害远离田野，正如壮族《麽经布洛陀》中所说的："蝗虫不来咬，鸟兽不来望。""瘟疫让它在荒岭，野鬼让它在岩洞。哮喘归老虎，耳聋归聋猪。归到山那边的聋猪，归到树梢上的乌鸦。"人们认为，要实现这一愿望，仅仅祈求雷公还不够，还必须祈求另一位大神，即此活动的主祭之神——蚂蜗神。蚂蜗神神通广大，上天入地无所不能，地上的妖魔鬼怪、鸟兽百虫都惧怕它。红水河沿岸流传的《蚂蜗王的故事》甚至说它带兵出征，"拿着铜鼓、环首刀和宝剑，骑着水牛去同蛮王作战，战无不胜，攻无不克"。因此，人们对它十分崇拜。但是要请来蚂蜗神，就要靠铜鼓，只有铜鼓才做得到这一切。在葬蚂蜗的祭词中就这样告诉蚂蜗神："蚂蜗神，蚂蜗神，今天给你来送行，铜鼓伴你回天宫。明年铜鼓一响你就回，铜鼓召唤你就来。"

七、镇宅纳吉

民间认为铜鼓是神灵之物，能镇妖驱邪，祛祸纳吉，因而被人们用作镇寨、镇宅之重器，传家之至宝。对于一个村寨来说，拥有一面铜鼓，整个村寨就会祥光永罩。壮族民间有一首《村寨铜鼓歌》唱道："鸟靠翅膀高飞，房靠柱子屹立。寨有铜鼓才吉祥，福气永无穷尽时。粮满下家仓，财满上家门。有吃又有穿，村人多高寿。"

对于一个家庭来说，拥有一面铜鼓，就会吉星高照。如果一面铜鼓是同宗几个家庭的共同财产，这面铜鼓就由这几个家庭轮流保管，让福气轮流转。如果某个家庭

①梁富林：《河池传世铜鼓的"神器"功能》，《广西民族研究》2000 年第 1 期。
②朱天顺：《原始宗教初探》，上海人民出版社，1982。

图 101. 铜鼓是号令村民的重器

感到连年运气不佳，首先想到的就是买回一面铜鼓，用以驱散晦气。一个宗族、一个村寨也是如此。[①]

八、厌胜镇妖

在民间传说中，铜鼓是无处不在，无所不能，法力无边的宝器。只要人们想要做的事，它都可以做到。铜鼓能够降龙、斗犀，能够打仗，助人克敌制胜。因而成为人们心目中厌胜的法器。

流传于马山瑶族的《黑岩鼓声》传说，一千多年前，瑶族先祖带着一批人从湖南经东兰迁徙，穿过黑岩山洞时，遇到一条巨大的蟒蛇，挡住了去路。正在大家一筹莫展之际，抬着铜鼓的人受到惊吓，失手将铜鼓跌落在地，发出哐啷巨响，无意间把蟒蛇震住了。于是人们敲着铜鼓，吓走蟒蛇，安全走出了山洞。为了后来人也安全过洞，他们将一面铜鼓埋在路上，镇住蟒蛇。[②]

隆林壮族传说，很古的时候，当地有一口从山洞里流出来的清泉，有一对白鹅在泉中游泳嬉戏，人们称这口泉水为“白鹅泉”。其实这对白鹅是神鹅，游到哪里，甘泉就流到哪里。但是有一天来了一条图额，它喷射毒气，把神鹅赶走了，霸占了清泉。图额到处祸害村民。村中有个铜鼓变的后生阿冉，脚踏燃烧的铜鼓，冲进泉洞，腾起几丈高的火焰，将毒气烧散，把图额杀死，将神鹅找回。为了守护清泉，阿冉化作一块铜鼓石，盖在水源洞上。[③]

这些传说中，铜鼓能够威服毒蛇猛兽并战败作为旱涝之灾等自然力化身的各种妖魔。铜鼓还曾作为镇物，运用于厌胜仪式，以禳除各种自然灾害。

红水河流域的壮族称水怪为“图额”。在壮族《麽经布洛陀》和其他古壮字文献中有时也写为“图厄”“图兀”。图额形似巨鳄或巨蟒，颜色黝黑，长有火冠、四爪、鳞甲，居于江河深潭之中，能呼风唤雨，造河沟泉塘，还会变成人，与人交往。图额变形出现，预示着发生灾变。在东兰县，流传着铜鼓与红水河图额搏斗，保稻谷丰收的传说。有一年，红水河里的图额兴风作浪，撞翻过往船只，吞食渔民，伤害人畜，还造成洪水泛滥，毁坏庄稼。两岸人们联合起来与图额搏斗。情急之中，人们抬出铜鼓到河边敲打，将图额震住。到了傍晚，人们抬铜鼓回家后，图额又出来捣乱。图额的作恶多端，也激怒了铜鼓。铜鼓要求主人在它的两耳上拴山羊角，让它下河与图额搏斗，并且说：“我与图额搏斗时，你们在岸上敲打铜鼓助威，并且向河中抛撒五色糯米饭。”铜鼓只有战胜图额才能回来，如战败，就被埋在水底。它对主人说：“如果我回不来，将会在水底变成一块石头，日后你们到搏斗的地方就会找到我。”说完，铜鼓便潜入水底。人们在河边一边敲打铜鼓，一边向河里投五色糯米饭。只见河中泥沙翻腾，图额被撞死浮出水面。铜鼓胜利归来，乡亲们给铜鼓戴上红花，把铜鼓抬回家，供奉为铜鼓王。[④]

人们在红水河、左江、右江、郁江、浔江水流湍急

①万辅彬等：《大器铜鼓》，中国科学技术出版社，2013，第 257-258 页。
②红波：《红波诗文集·故事传说卷》，香港天马图书有限公司，2000。
③蓝鸿恩：《壮族民间故事选》，上海文艺出版社，1984，第 128-130 页。
④梁富林：《河池传世铜鼓的“神器”功能》，《广西民族研究》2000 年第 1 期。

的地方不时打捞出铜鼓，那些铜鼓就是当年祭水神时抛掷在江河中的祭品，在一些深潭也会发现祭祀留下的铜鼓。

九、权力重器

当人类进入奴隶社会后，“国之大事，在祀与戎”。祭祀和战争都由统治阶级的头人主持，铜鼓就逐渐由一般乐器上升为礼器，成了铜鼓占有者身份和地位的化身。这时铜鼓的作用很像中原地区的钟、鼎重器。裴渊《广州记》谓“有鼓者，极为豪强”；《隋书·地理志》说“有鼓者，号为都老，群情推服”。都老又称“倒老”，是岭南越人的自然领袖或统治人物。《续资治通鉴长编》说：“家有铜鼓，子孙秘传，号为右族。”右族即望族，是有声望的世家大族。到了明代，“得鼓二三，便可僭号称王”。在一个地区，谁拥有铜鼓，谁就拥有权力。谁的铜鼓多，谁的权力就大。

虎皮、麝脐来贡。”宋淳化元年（公元 990 年），南丹州酋莫洪皓袭称刺史，派他的儿子莫淮通向中央贡银碗、铜鼓，也是为了争取中央对他袭称刺史的承认。

铜鼓作为权力重器，可求而不可得，历来被视为无价之宝。《晋书·食货志》记载了晋孝武帝在太元三年（公元 378 年）下的一道诏令。从这道诏令中可以看出，当时有许多“官私贾人”将被称为“国之重宝”的铜钱偷运到广州（包括今广东、广西）卖给当地的“夷人”（即少数民族）。这些少数民族将铜钱熔化，用来铸造铜鼓。在这些少数民族看来，就是按斤两计算，铜鼓也比当时流通的钱币还贵重得多。不然，就不会把铜钱熔化了去铸造铜鼓。

明代，一些达官贵人为了提高自己的地位，想方设法获取铜鼓。对出土铜鼓“必争重价求购，即百牛不惜也”；“重赀购求，多至百牛”。因此铜鼓的价格一路攀升，“鼓声宏者为上，可易千牛，次者七八百”[①]。千牛一鼓，是铜鼓在历史上的最高价格。因此，历史上只有富人才能买得起铜鼓。而购买铜鼓的动机只是为了提高社会地位，形成财富向权力的转移。铜鼓不仅是权力的象征，而且也成为财富的象征，或者说铜鼓本身就是一种财富。

图 102. 白裤瑶打铜鼓

铜鼓成为权力重器和礼器，已不单是敲击和实用的器具了，在更多的场合是用于陈设，以其数量之多、形体之大、花纹之精，显示主人的权势和富有。这同中原王朝权力重器铜鼎有着相同的地位。

因为铜鼓作为权力重器用于陈设，故追求其形体之大，以至“鼓惟高大为贵”，面径超过 1 米的大铜鼓被竞相铸作，到魏晋南北朝时期铸作大铜鼓之风达到了高潮。冷水冲型铜鼓、灵山型铜鼓和北流型铜鼓都是大铜鼓。其中北流水埔庵铜鼓面径 165 厘米，残重 299 千克，被誉为“铜鼓之王”。这样的庞然大物，陈设于厅堂，不能不让人望而生畏。

铜鼓作为权力重器，民族首领用来赐给下属，表示权力的分配和对下属的笼络；同样，民族首领以铜鼓进献上司，表示对上司的归附。《唐书·南蛮传》说，东谢蛮“赏有功者以牛马铜鼓”，就是东谢蛮首领对属下的笼络和器重。把铜鼓作为贡品进献给中央王朝，表示民族首领对中央王朝的臣服。《宋史·蛮夷传》说：“乾德四年，南州进铜鼓内附，下溪州刺史田思迁亦以铜鼓、

十、丧葬礼仪

自宋代开始，铜鼓用作丧葬乐器的记载逐渐增多。宋人乐史《太平寰宇记》卷一六三记载新州风俗说：“豪渠之家，丧祭则鸣铜鼓。”民族学家岑家梧在《西南民族文化论丛》中说，云南、广西的壮族、瑶族、水族依然保留有击鼓送丧的丧葬习俗。

铜鼓用于丧葬礼仪，贯穿在整个程序的各个环节之中。在历史长河中，有些环节虽然在此民族中已经失落，但在彼民族中仍然保存，可以互相弥补，复原它的整个过程。

报丧用铜鼓。铜鼓由于声音响亮，传之甚远，常常被用作传讯工具。又由于它特殊的金属声，易区别于其

①《明史·刘显传》。

他声响，许多民族用它做报丧工具。隆林德峨彝族只在过农历年的娱乐和为老人办丧事时才敲铜鼓。只要不是农历年，谁敲响铜鼓，就说明要为老人办丧事了。使用铜鼓的民族不但熟悉自己铜鼓的声音，而且对附近村寨的铜鼓的声音都有敏锐的识辨能力。有的民族还有特殊的鼓点，利用鼓声的长短或缓急，区别鼓声的用意。民间认为，铜鼓是通神的灵物。铜鼓声既向人们报告有人离世的消息，也向冥世传送新的亡灵即将升入天国的电波。

入殓打铜鼓。南丹中堡苗族丧葬用铜鼓是在殓尸入棺时开始的。当盖棺时，把一只即将为死者灵魂引路的小狗拿到棺材上撞死，然后摆在横挂着的木鼓上，接着就敲铜鼓、吹唢呐，亲属也就闻声恸哭。哭声、鼓声、唢呐声，交织成悲壮的哀乐。在整个丧事过程中要敲几次正鼓，第一次正鼓要敲 13 转，敲完 13 转就停。第二次正鼓是在入棺的当天晚上半夜，要敲 11 转。用铜鼓声告诉死者，他已不是阳间的人，天黑了，敲击铜鼓为他引路，引导他顺利地走向阴间。[①]

副人骨；次小的一面从胸部与腰部交界处锯开，仅留鼓胸以上部分，正好覆盖在最内的那面铜鼓的足圈内；这两面铜鼓互相套合，有如内棺，放入一面仰放的大铜鼓之内，再在这面大铜鼓鼓足之上覆盖一面更大的铜鼓；两面互相套合的大铜鼓又有如外椁。[③]

使用铜鼓的民族，既然视铜鼓为权力重器、财富象征和传家之宝，日思夜想在来世也能享用，就必然少不了拿铜鼓去陪葬。田东锅盖岭战国晚期墓有一面铜鼓陪葬[④]，贵港罗泊湾 1 号西汉墓有两面完整如新的铜鼓作为乐器放在器物坑里陪葬[⑤]，贵县高中 8 号西汉晚期墓有一面铜鼓与一批铜、铁、陶器放在一起陪葬[⑥]。这些陪葬铜鼓的墓都是比较大型的墓，在当地墓群中常处中心位置，墓主人绝大多数是当地民族的首领或统治阶级中的上层人物。这些人生前就拥有铜鼓，死后用铜鼓陪葬也就很自然了。唐人刘恂在《岭表录异》中记载，唐僖宗时，高州（今属广东）乡野牧童因追逐鸣蛙，从一个土洞中挖到一面铜鼓，当时就明确这面铜鼓是埋藏在“蛮酋冢”的。铜鼓用于陪葬不但开始时代很早，而且延续时间很长，

图 103. 壮族百人打铜鼓

守灵打铜鼓。除了向死者致哀以外，也有冲淡悲哀气氛，打破亲人沉闷情绪的用意。西林的壮族、南丹中堡苗族在丧葬时使用铜鼓。中堡苗族在丧葬中敲奏第三次正鼓是在出殡的前夕。这次的铜鼓声也要伴随唢呐声，鞭炮声和亲人的哭泣声。鼓手们每停一次，主人就要敬一次酒，如此持续到守灵活动结束。

有的民族送葬时还用铜鼓。南丹中堡苗族在安葬的当天清早，亲戚们各自携带酒菜，一路敲铜鼓、吹唢呐，结伴而至。到主人家后，各自摊开带来的酒菜，互相请客。吃罢饭，稍事歇息，又敲铜鼓、吹唢呐，直到把灵柩抬上肩，送出门。这时敲铜鼓就意味着送死者灵魂上路。[②]

铜鼓也用来做葬具。西林县普驮屯发现一座西汉时期的铜鼓墓葬。这座墓的葬具就是四面互相套合的铜鼓；最小的一面仰放在最内层，鼓腔内放置用珠襦包裹的一伴随着使用铜鼓的始终。

铜鼓用于丧葬，是铜鼓社会功能的全面展示，天上、人间，交互并存，使人们集中看到铜鼓的无边威力和无上神圣。这是使用铜鼓的民族在思想意识、宗教观念等方面对铜鼓崇拜的集中体现，还有许多深层的含意有待我们进一步探讨。

十一、铜鼓有神

当铜鼓的声响迅速召集来本部落的成员，在战争中取得胜利后，人们不会科学地分析获胜的原因，而在万物有灵的信仰支配之下把胜利归功于铜鼓的灵威。正如

①②姚岚：《南丹县中堡苗族乡风俗习惯调查》，广西民族学院《民族研究集刊》1985 年第 2 集。
③广西壮族自治区文物工作队：《广西西林县普驮铜鼓墓葬》，《文物》1978 年第 9 期。
④广西壮族自治区文物工作队：《广西田东发现战国墓葬》，《考古》1979 年第 6 期。
⑤广西博物馆：《广西贵县罗泊湾汉墓》，文物出版社，1988。
⑥谭毅然：《广西贵县古墓中发现铜鼓》，《文物参考资料》1955 年第 7 期。

谈迁《国榷》记述"都掌蛮"的铜鼓时所说："始出劫，必击鼓高山，诸蛮闻声并四集，则椎牛享蛮，出劫数胜，皆鼓之灵也。鼓去则蛮运终。"铜鼓竟被视作部落的保护神。

使用铜鼓的民族都是农业民族，丰收对他们至关重要。许多宗教活动，包括祭祀神灵或祖先，使用铜鼓，最终目的都是为了祈求丰收。他们甚至相信，铜鼓即使在不敲击的时候，也可保佑丰收，使财富增值。现代苗族、彝族用铜鼓盛放稻谷和把铜鼓埋在谷堆里，都出于这种信仰。

由于相信铜鼓有神灵，有些民族认为，以自己的身体和身上装饰的某种物件在特定的场合与铜鼓接触，就可以获得神的护佑。西林县的那劳、那兵等地的壮族，在新春佳节敲击铜鼓祈年的时候，妇女们常拔下发髻上的银簪叩击铜鼓，她们认为这样可以使自己的头发永不衰白，自己永远年轻漂亮。东兰县长江乡一带的壮族在春节敲击铜鼓祈年时，未出嫁的姑娘佩戴着银簪连同自己的发辫一起往铜鼓上甩打，然后把银簪拔下来，送给在场的意中人。男女双方都认为这是最珍贵的礼物。等到成婚之日，丈夫将此银簪奉还妻子，可望夫妻百年偕老，鬓发无衰。都安瑶族自治县保安乡一带的瑶族和壮族男女在新春击铜鼓祈年时，也常以银簪叩击铜鼓，以鼓声传情，用鼓调表意，一旦物色到对象，即将银簪作为定情物，送给心上人。大化瑶族自治县七百弄乡的瑶族妇女，在春节和达努节击铜鼓为乐时，也有拔簪击鼓之俗。她们也是希望通过拔簪击鼓，获得铜鼓神灵的佑护，永葆美丽与青春。[①]

由于这种信仰，铜鼓之神又被人格化。人们认为，铜鼓所以能带来丰产，是由于铜鼓像人类和其他动物一样，有雌雄之分，铜鼓也有七情六欲，喜怒哀乐。正如清人谢本嵩在《铜鼓歌》中所说："异哉铜鼓称神物，渊渊突起南郊垌。"

自清以降，由于封建王朝对西南民族地区的统治加强，特别是推行"改土归流"以后，一些独霸一方的民族首领被流官所取代，原来那种号令一切的权威已大大削弱，乃至完全丧失。作为统治权威化身的铜鼓，昔日那种耀人眼目的灵光日渐暗淡下来，以致最后消失。铜鼓由统治者手中的权力重器又回到民间，恢复了乐器的本来面目。

第二节　当代民族使用铜鼓的习俗

铜鼓在许多地区和民族中已逐渐退出历史舞台，只有在朦胧的记忆中才能唤起身影。然而在八桂大地上，铜鼓还在社会生活中扮演着十分重要的角色，部分壮族、瑶族、苗族和彝族，每逢节日庆典等活动，他们都要把铜鼓"请"出来，见证历史。铜鼓还在"活着"，并不断地传承下去。

一、壮族用铜鼓

壮族是中国少数民族中人口最多的一个民族，主要分布在广西、广东、湖南、贵州、云南、四川等省（区），其中广西占90%以上。

壮族是使用铜鼓历史悠久的民族。东兰县有一首古老的《铜鼓歌》，开头就唱道："员外有钱又有金，当年富贵图名声。买得铜鼓来敲打，我们相随到如今。"壮族民间做法事时，念诵的麽经是壮族原生态文化的百科全书，在广西田阳县玉凤镇发现的《麽使歪郎甲科》第三卷《麽造鑨造录》中，有"铸做铜鼓管部族"句[②]。现代壮族民间仍大量收藏和使用铜鼓。现代使用铜鼓的壮族主要集中在广西的红水河流域，以东兰、天峨、南丹、巴马等地最多，田林、西林以及云南文山也有不少。据梁富林1992年对河池地区9个县市的调查，共收存铜鼓1417面，其中东兰县562面，南丹县401面，大化瑶族自治县229面，巴马瑶族自治县140面，天峨县42面，都安瑶族自治县16面，凤山县16面，罗城仫佬族

①潘世雄：《"取钗击鼓"探源》，载《中国铜鼓研究会第二次学术讨论会论文集》，文物出版社，1986。
②蒋廷瑜：《从壮族麽经看壮族铜鼓》，载《壮学第四次学术研讨会论文集》，广西民族出版社，2008。

自治县2面，河池市1面，行署所属机关8面。这些铜鼓中确定为壮族的铜鼓730面。[①] 壮族铜鼓大都为个人或宗族所有。新中国成立前，在壮族中拥有铜鼓最多的是南丹县那地罗氏土司，他有24面铜鼓。1944年，日本侵略军将南丹土司衙门付之一炬，24面铜鼓全被烧毁。现在个人拥有铜鼓最多的是东兰县兰阳乡人韦万义，收藏铜鼓12面，被当地壮族群众称为"铜鼓王"。

壮族铜鼓，主要用于青蛙节，也用于春节、婚嫁、建房和送葬。

（一）青蛙节用铜鼓

青蛙节又称"蛙婆节"。壮族人称青蛙为"蚂蚜"，因此青蛙节又称"蚂蚜节"。青蛙节是壮族祭祀青蛙的隆重节庆，是一种集祭祀、占卜于一体的大型民俗活动。

青蛙节主要流行在东兰、巴马、凤山、天峨等地，是当地壮族隆重的原始宗教盛典，又是一个传统的节日。

公知道人间的祭蛙活动。

举行青蛙节是为了祈求风调雨顺，人寿年丰，六畜兴旺。除了要求天上适时降雨之外，还必须使地上的妖蜮鬼怪远离村寨、恶兽害虫远离田野。正像他们在《蚂蚜歌》中所祈祷的那样："蝗虫不来咬，鸟兽不来望……瘟疫让它在荒岭，野鬼让它在岩洞。哮喘归老虎，耳聋归聋猪。归到山那边的聋猪，归到树梢上的乌鸦。"要实现这些愿望，仅仅祈求雷公还不够，还必须祈求另一位大神，即青蛙神。民间认为，青蛙神神通广大，上天入地无所不能，地上的妖魔鬼怪、鸟兽百虫都惧怕它。红水河沿岸流传的《蛙王的故事》，甚至说它带兵出征，"拿着铜鼓、环首刀和宝剑，骑着水牛去同蛮王作战"，战无不胜，攻无不克。因此人们对它十分崇拜。但是，怎样才能请来青蛙神和送走青蛙神呢？人们认为还是要依靠铜鼓，只有铜鼓才能做到这一切。他们在葬蛙的祭词中这样告诉青蛙神："青蛙神，青蛙神，今天给你来送行，铜鼓伴你回天宫。明年铜鼓一响你就回，铜鼓召唤你就来。"

图104.壮族青蛙节打铜鼓

举行青蛙节活动一般以一个自然村或相邻的几个自然村联合为一个单位。每个村寨都有一个蚂蚜亭，即平时的凉亭，还有葬蚂蚜的固定坟地。青蛙节活动时间多统一从农历正月初一或初二开始，结束时间不尽相同，最早的是在正月鼠日，最晚的要延迟至二月初二。各地的主要仪式程序却大致一样，分为三个阶段：第一阶段找青蛙，第二阶段孝青蛙，第三阶段葬青蛙。活动结束时，举行歌圩，即蚂蚜歌会，俗称"蚂蚜歌圩"。唯独天峨县六排乡云榜村，在葬青蛙的隆重祀仪之后，举行蚂蚜系列舞的表演，其中穿插一些算命先生调笑，互相盘歌，以及各种游戏杂耍等娱乐活动。青蛙节的组织者是当地的自然领袖，称"蚂蚜头"或"蚂蚜父"，主祭者则是麽公或道公。

铜鼓在青蛙节中的作用是为了酬神，即为了取悦雷公和青蛙两位大神。怎样才能使远在天上的雷公知道人们所做的这些事呢？壮族始祖布洛陀告诉人们，举行青蛙节时要敲打铜鼓，只有铜鼓才可以把人间的信息传到天上。于是人们在青蛙节就要打铜鼓，目的是为了使雷

最早记录青蛙节的当推1919年出版的《河池县志》，其中记载，正月"各哨村民皆埋蚂蚜，众铙鼓送之，坟上插色旗。至除夕发现蚂蚜骨色以卜来岁祥浸"。

1935年上海《太白月刊》发表黄芝冈《说铜鼓》一文，说东兰各乡村有"葬蚂虾"的风俗。据传说，宋时侬智高是蚂虾星宿，民间拥护蚂虾便可以旺其王气。铜鼓既为蛮酋的象征，和中原的龙的标识是有同样的意义的。[②] 葬蚂虾即葬青蛙，是青蛙节习俗。

1933年中华书局出版了旅行家田曙岚的《广西旅行记》，详细地记载了东兰的青蛙节：

东兰特俗，有"埋虾蟆"之举，俗名曰"埋蛙婆"。盛行于县属旧东院、都彝、长江、隘洞四区之各乡村。其法每十数村作一组，或二三大村作一组，凡少年男女于元旦日都靓装艳服，群出田垌，遍搜小蟆蛙，穷穴挨孔，到处翻寻，谁捕获者即为"蛙婆郎"，是年百事旺顺。已而将捕获之蛙一对，送到后稷亭，请鬼师临场祝祷。男女围绕而观。祝祷毕，即扑蛙使死，纳入一节大竹筒

①梁富林：《河池传世铜鼓调查及其他》，《民族研究动态》1995年第2期。
②黄芝冈：《说铜鼓》，《太白月刊》1935年第2卷第12期。

中，复紧系竹筒于一长棍之下，棍之两端，恰合两童共抬。每三五朝，即有一群村童，举之巡游各村，向各户齐声唱祷丰年词。唱讫，主人即将白馍一对，或米一筒赠之，群童欢呼而去次家。以次挨户唱毕，将所得之米、馍等，累累盈筐，陈祀蛙婆后，大家共啖一餐，有余即均分以去。及至月杪，或二月初一、二等夜，为葬蛙婆之期。男女共集于一定场合，轮班击铜鼓，唱歌作乐，仍请鬼师临场祝祷，将去年所埋之蛙挖出，验其骨色，黄者为丰稔之兆，黑则歉，然不甚验。①

过青蛙节必用铜鼓。壮族传说，青蛙是天公的儿子，是向天庭传递人间祸福信息的。祭祀青蛙是为了感动天神，及时为人间播撒风雨。但是只有铜鼓声才能把人间信息传递到天庭。所以青蛙节一定要打铜鼓，没有铜鼓是不能举办青蛙节的。大年初一找青蛙时，就敲击铜鼓唤起人们奔赴田野，谁第一个找到青蛙，要敲奏铜鼓庆贺。以后抬青蛙游村，挨家挨户拜年，也要敲奏铜鼓为前导。在蚂蚜亭为青蛙守孝，也要不停地敲奏铜鼓、唱蚂蚜歌。特别是葬青蛙的时候，要整天敲奏铜鼓，制造热烈气氛，并将信息传达到天庭。

青蛙节要唱青蛙歌，天峨纳洞的青蛙歌（蚂蚜歌）唱道："蚂蚜是管季节的天使，蚂蚜是造雨雷神的儿郎。蚂蚜是护佑社稷的真主，蚂蚜是镇邪灭妖的大王。"

在青蛙节中，铜鼓音乐贯穿始终。大年初一找青蛙之前，是敲着铜鼓去的。找到青蛙后，又敲着铜鼓向大家报告喜讯。当大家围拢过来后，又是在铜鼓乐的节奏中唱《蚂蚜歌》："大年初一敲铜鼓，请蚂蚜进村同过年。让他坐上大花桥，全村男女庆新年。"在迎接青蛙进寨时，也要敲起铜鼓高唱："敲起铜鼓请蛙婆，喊得天天雨水落。天女新年进村寨，送来春暖吉祥歌。"②

在为青蛙卜葬时，还是要在铜鼓声的伴奏下唱《铜鼓歌》：

打鼓响一声，万村得太平。
不受水旱灾，不受虎狼侵。
打鼓响二声，五谷得丰登。
一穗三百粒，十粒有半斤。
……
打鼓响十声，报给万众人。
来年风调雨又顺，万家笑盈盈。
今日埋蚂蚜，求玉皇开恩。
祈求及时雨，干旱莫来临。

铜鼓在青蛙节中，还起着伴歌节舞的作用。壮族习惯以歌代言，在节庆期间，经常唱起山歌，把自己心中的祈愿向蛙神倾诉。唱歌之前，每每要敲一轮铜鼓，酝酿情绪，营造气氛。在具有娱神作用的对歌比赛中，又常以鼓声作为歌中的间歇。铜鼓在这里起着起止山歌的作用；在跳蚂蚜舞时，人们随着鼓声节奏，或进或退，或蹲或举，铜鼓声又起着节舞的作用。

铜鼓在青蛙节中担当如此重要的角色，以至人们认定没有铜鼓就不能举办青蛙节。据不完全统计，红水河流域自大化瑶族自治县板升乡至天峨县岜暮乡河段，1950年以前经常使用的葬蛙场地（亦即青蛙墓地。一个青蛙墓地固定为一村或数村所有）达100余处，东兰县仅大同一个乡葬蛙场地即达33处之多。现在这一区域内仍在使用的葬蛙场地已不到10处。

（二）婚嫁用铜鼓

东兰县兰阳乡、长江乡等地的壮族，娶亲时，在新娘过门的前一天就要将铜鼓悬挂在家中敲打，一直到整个婚礼结束，宾客散尽。壮族迎亲喜庆用铜鼓，在《迎亲歌》中有所反映。如《客气歌》中，客人唱："刚才唱赞歌，有几首来合。灯油耗尽了，灯芯点不着。我们无歌才，今唱不成歌。铜鼓打烂面，怎么粘得合？"主人则唱：（你们）"四面大铜鼓，八面大铜锣。处处敲得响，心中尽是歌。"

①田曙岚：《广西旅行记》第三编《东兰的"埋蛙婆"与瑶人的风俗》，中华书局，1935。
②覃剑萍：《壮族蛙婆节初探》，《广西民族研究》1988年第1期。

婚礼一般为群众欢聚的大好时机，敲击铜鼓除为仪式所必需外，更多具有娱乐性。

（三）建新房用铜鼓

东兰县长江、巴畴等地有铜鼓的壮族起新房时也打铜鼓。这一带的房屋为干栏式建筑，当人们将新房的柱子与最下面的一道穿梁安装好后，就要将木架立于新房的柱础上，称“立排架”。排架立好后，即将铜鼓悬于梁上敲打，并燃放鞭炮以庆贺。铜鼓一直打至房子的整个木架安装完毕。

起新房打铜鼓，仅限于有铜鼓的家庭（宗族），没有铜鼓者不会这样做。因为借别的家族的铜鼓来为自己的新居庆贺，会遭村人讥笑。

皮鼓及铜锣拿到村里的凉亭内敲打娱乐，直至次日黎明。

巴马瑶族自治县甲篆乡壮族春节打铜鼓又有所不同，他们有过正月初一或初二的习俗。过初一的，开始敲打铜鼓时间为初二凌晨第一遍鸡叫；过初二的，打铜鼓时间为初三凌晨第一遍鸡叫。一直打至正月十六。甲篆乡百马村的壮族从初二起才过春节，在除夕之夜吃完晚饭后，寨老（族长）就在家中打一声铜鼓。听到这声铜鼓声后，全寨人必须停止手中的一切家务活，若不停则视为不吉利：继续劈柴则来年会干旱；缝衣服则蚊子会进家叮人……初三凌晨鸡叫第一遍时，族长在家中打三声铜鼓：打第一声是叫村人起床，第二声时各家要烧香、祭祖，第三声后各家就可以舂米及做其他家务。铜鼓打第三声后，就可以连续敲打下去。初三天亮后，铜鼓一般拿到村中的亭子里敲打，打至正月十六收鼓。

在巴马瑶族自治县盘阳河流域，许多壮族村屯中间的空旷地方都建有一个凉亭式的棚子，当地称为“比曼”。棚子里有一根横梁，村中有重大事情时，将铜鼓挂于横梁上击打，以召集全村的人。人们在在亭棚中悬挂铜鼓

（四）春节打铜鼓

壮族一般在腊月末将铜鼓取出，擦拭干净后，以酒肉祭鼓，并在铜鼓贴上方形红纸，然后悬挂家中，任人敲打。东兰、南丹一些村寨在除夕之夜或正月初一，敲打铜鼓挨家挨户登门贺年。有些村寨自正月初一起，将铜鼓悬挂于村中的凉亭，让人们敲打娱乐，凉亭就成了歌场，本村和邻村的人都可以来这里打铜鼓，唱山歌，欢度春节。有的人自己打铜鼓，有的人欣赏别人打铜鼓。也有的比赛，看谁的技巧娴熟。要是比赛，全村男女老少都来观看。这时是孩子们学打铜鼓的好机会，大人们一放下鼓槌，小孩子就一拥而上，抢夺鼓槌。这里同时又是唱歌的场所，青年男女三三两两，成群结队对唱山歌。

南丹县吾隘镇那地村的壮族有除夕之夜打铜鼓挨家登门祝贺新年的风俗。当晚天一黑，村里的青少年即抬着铜鼓、皮鼓和铜锣，在一大群小孩的簇拥下，去向村民祝贺新年。每到一家门前，先打一轮锣鼓，然后高喊：“开财门啰！”主人即将大门打开，众人涌进家，再打一轮锣鼓祝贺。主人拿出酒及各色点心，招待来贺者。贺年队伍走过一家又一家，每家都走一遍后，他们将铜鼓、

并通过击打铜鼓祈求丰年的习俗。这里的村屯每年过春节时，在正月初一晚第一遍鸡啼即初二凌晨开始打铜鼓。在大年初一凌晨起到打铜鼓前这段时间，各家各户不能舂米、磨米、挑水、劈柴以及进行农事活动，米、柴、水等生活物资要在此之前备足，犁、耙、锄、镰刀、斧、碓、磨、桶等工具都要收拾好，能移动的都要集中到神台下。入夜，村老就把铜鼓挂到亭棚下，旁边还摆放一根叫“陇”的大木槽，并准备若干根与人一样高的木杵。届时，由若干人手持木杵站在木槽两边，按节拍击打木槽及对打，以配合铜鼓的敲击声。这时各家各户的舂臼和石磨里都要放满谷米，铜鼓一响，要做舂米和磨米的动作，使舂臼和石磨发出响声，以祈求来年粮食能像现在这样富足。最后，在亭棚边烧一堆火，等待凌晨的到来。

当夜，村老负责检查各家各户的执行情况。不能有小孩哭叫，有小孩哭叫，就意味着当年要闹饥荒；牛栏里的牛要拴好，不能给牛头向内，如有牛头向内，就意味着当年青苗要被虫害，粮食歉收。一切准备就绪，当第一遍鸡啼声响，村老就在亭棚下高声呼喊：“隆陇啰——隆陇啰！”随着鞭炮齐鸣，敲响铜鼓，在打陇声的配合下，发出阵阵声响：咚咚当当咚咚当，咚当咚当咚，

咚当咚，咚当咚当咚咚当——如此反复敲击，周而复始。这时各家各户的舂米声和磨米声也隆隆作响，顿时，整个村子沸腾起来了。特别是在群山环抱之中的村屯，鼓声阵阵，余音回荡不绝，场面动人心魄。和着这热烈的乐声，媳妇们抢着去挑回新年的第一担水，称为“新水”。①在这一习俗中，铜鼓不仅起到乐器的作用，更重要的是起到神器的作用，成为活动的中心。因为人们相信铜鼓具有镇妖驱邪、保农业丰收、保人畜平安的超自然力量。铜鼓成为稻作农业民族的精神寄托，正如壮族民间一首《村寨铜鼓歌》中唱的：“鸟靠翅膀高飞，房靠柱子屹立。寨有铜鼓才吉祥，福气永无穷尽时。粮满下家仓，财满上家门。有吃又有穿，村人多高寿……”

春节期间使用铜鼓最热闹、最壮观，同时也最扣人心弦的场面，是村与村之间的铜鼓比赛。这种比赛，一般在相邻两村之间进行，场地选在两村之间的平地或山坳上，双方各出相同数量的铜鼓。有时将铜鼓抬上高山岭顶，隔河与河对岸的村子进行比赛。这种比赛往往持续几天几夜，期间鼓手可以轮换休息，但鼓声不能停，鼓点不能乱，否则就成为输方。若双方鼓手技巧相当，则看铜鼓的质量。质量差的铜鼓，连续敲击太久，鼓身就会发热，声音就会变哑。一旦出现这种情况，人们就赶紧以酒喷洒铜鼓，使其声音恢复正常。若喷酒仍然无效，声音继续发哑，则被判为输方。若双方铜鼓均属好鼓，声音稍哑，一喷酒就能恢复正常，这时，若双方同意，就将双方铜鼓移到一处，以一方铜鼓鼓足紧贴另一方铜鼓鼓足，并用湿布将连接处包扎，然后各自敲击自己的铜鼓。在这种情况下，质量稍次的铜鼓就有可能被震裂，成为输方。

一次铜鼓比赛，少的有八面铜鼓参加，多的可达一二十面。这么多铜鼓在野外敲击，其声响足以令大地动容。特别是在夜间，铜鼓的轰鸣声可传至数十里外。参加比赛的虽然只是两个村寨，观众却来自四面八方，常常是成百上千，山坳上、河岸边，人山人海。他们既来观看铜鼓比赛，亦想借机一展歌才，因而比赛场同时又是一个大歌圩。铜鼓比赛几天几夜，山歌也唱几天几夜。当铜鼓比赛决出胜负时，输方要向胜方送酒、肉、米和香，拜胜方鼓手为师，还要祭胜方的铜鼓，称对方铜鼓为铜鼓王。在双方交杯宴饮中，输方还常常被胜方唱的讥笑山歌弄得狼狈不堪。

输方遭此奚笑，皆觉脸上无光。因而赛后往往不惜筹集重金外出购买好铜鼓，并苦练鼓手，准备来年再赛。其结果是两村的“铜鼓仇”无法了结，赛事年年不断。东兰县有个村子，在一次比赛中出现了三面哑鼓而败北。赢方一不收所送之礼，二不唱山歌取笑对方，三不收铜鼓回村，而是继续在山坳上连续敲打两天两夜，以示其铜鼓好。这下引起了输方全村的不快，村里随即卖了六头大水牛，花了近半年时间，终于买到三面好铜鼓，在第二年比赛中赢了对方。

将双方铜鼓足部紧贴着敲打的比赛，通常在不同姓氏的村子间进行，而且往往是两村间长期存在着某种矛盾的结果。这种比赛，往往给双方财产造成很大损失。新中国成立后，有了党和政府的领导，各村之间已经没有根本的利害冲突，原先的矛盾经过人民政府的调解，绝大多数涣然冰释，因而这种比赛现在极为少见。

东兰县大同乡、三石镇四合村等地的壮族群众，春节期间还跳一种铜鼓舞。这是一种以铜鼓为主要乐器表现农家劳动的欢乐和丰收喜悦的舞蹈，以铜鼓一组（4面）、木鼓一面作伴奏乐器。演员7人，其中铜鼓手4人，皮鼓手1人，舞蹈者2人。场地选在村边较宽的平地上，场地后方置木架悬挂铜鼓，皮鼓置于场地正中。舞蹈开始时，4名铜鼓手站在铜鼓旁边敲打铜鼓，然后皮鼓手上场，边打皮鼓边跳舞。最后，2名舞蹈者手持雨帽、竹梆上场，他们做着插秧、穿山洞、驱鸟兽、收割、筛米等动作。舞蹈节奏初慢，后渐加快，至最激烈时，铜鼓、皮鼓鼓点如疾风骤雨，最后在高潮中结束。

（五）婚娶用铜鼓

东兰县长江乡一带壮族在婚庆中亦使用铜鼓。在新娘子过门的前一天，男方即在家中悬挂铜鼓敲打，以渲染娶亲的热闹气氛。当晚铜鼓要打一通宵，同时还有唱

①黄大业：《巴马壮族铜鼓习俗》，《河池日报》1998年6月18日。

山歌等青年们喜欢的活动。第二天送亲队到来，各地亲友集聚，铜鼓更是一刻不停地敲打，直至婚宴散席。宾客离去后，铜鼓声方可停止。

东兰县大同乡永模村一带的壮族以前还有铜鼓时，在婚礼中亦打铜鼓庆贺。打铜鼓时，成群的小孩子围着铜鼓欢跳，嘴里念着铜鼓歌谣。主家则以红糯饭、红鸡蛋答谢这些孩子。

（六）丧葬用铜鼓

东兰县金谷乡接浪村一带壮族村寨中，当有威望的男性老人去世，出殡时要打一面低音铜鼓。铜鼓跟随在送葬队伍后面，走几步打一下，直到安葬结束。

东兰县长江乡兰阳村、隘洞镇坡拉村一带壮族老人去世，出殡的前一天晚上，宗族中兄弟们将铜鼓携至墓地敲打通宵，一直打到第二天安葬完毕。

环江毛南族自治县明伦镇的壮族在他们还有铜鼓时，凡为死者做道场均打铜鼓，道场做多少天，铜鼓就打多少天。

巴马瑶族自治县甲篆乡壮族有一风俗：若家族先人墓葬经麽公测算，认为在给死者下葬时有关环节处理不当，或该处风水不好，死者住得不安宁，家人就必须对该墓葬重新进行整理，当地称此活动为“安龙”。搞“安龙”活动时，要请麽公及其助手一二十人在墓地搞法事，同时要拿铜鼓到墓地旁边敲打（“安龙”一定要打铜鼓，若本宗族没有铜鼓，就要去借，没有铜鼓绝不能搞“安龙”）。

南丹县六寨镇雅陇村塘么屯壮族以前有一种习俗，老人死后，不分男女，都要由两人搀扶着坐在铜鼓上，脚踏小马锣，让孝子敬酒以后才能入棺。入棺时还要将铜鼓挂起来，与皮鼓一起敲打。

（七）游乡用铜鼓

田林县的定安和旧州壮族有迎铜鼓进寨的习俗。当地有岑大将军庙，每年腊月二十九，众人用四把关刀、四把马刀护送铜鼓至将军庙，放在岑大将军塑像左侧，日夜焚香祭祀。到来年的正月初二，再将铜鼓迎进村寨来。这时，人们捧起插有岑大将军牌位的香炉，抬着铜鼓，一边敲打，一边行走，浩浩荡荡开进村来，阖村群众守在村口夹道相迎。队伍每到一家门口，主人便将一支银纸花插在香炉里。到达预定地点后，由寨老领大家唱《太平歌》，唱完一首，又往前巡游。越到后面，加入巡游队伍的人越多，场面十分壮观，巡游结束后，又将牌位送回将军庙。

图 105. 河池铜鼓山歌艺术节上的舞蹈表演

二、瑶族用铜鼓

瑶族主要分布在广西、湖南、云南、广东、贵州等省（区）的山岳地带，支系很多，使用铜鼓的只是布努瑶支系，包括大化、都安、巴马一带的番瑶，南丹的白裤瑶，田林的木柄瑶。

相传，铜鼓是创世女神密洛陀留给番瑶的传家宝。民间传说，密洛陀看三个孩子长大了，便让他们出去谋生创业。临走那天，老大起得最早，密洛陀送给他一杆秤，老大拿着秤到坎者坎苏做生意，生活过得很好，成了后来的汉族。老二起得稍晚，密洛陀送给他一把犁，老二扛着犁到平坝耕地耕田，日子过得也不错，成了后来的壮族。老三起得最晚，家中没有好东西了，密洛陀送他一把刮子、一把托钏、一抓小米、一抓玉米，让他到山里去耕种。老三辛辛苦苦种下庄稼，到了收成季节却被山禽野兽糟蹋了。老三找到密洛陀诉苦，密洛陀给他一面铜鼓。老三遵照密洛陀的嘱咐，在庄稼成熟时，打铜鼓驱赶鸟兽，逢年过节，敲铜鼓作乐。老三住山里，成了现在的瑶族。铜鼓也就成了瑶族的传家宝。

（一）番瑶

番瑶使用铜鼓的情况，史籍多有记载。清代《泗城府瑶人献岁碑》中说："每岁正月，瑶全大酋偕诸寨瑶人，诣府行献岁礼……击铜鼓镎于，一歌百合。"[①]清代泗城府（治所在今凌云县泗城镇），这一地区，现在还住着许多番瑶。《嘉庆重修一统志》说："瑶在思恩，男子短褐青衣，妇女小袂长裙，岁首祭先祖，击铜鼓为乐。"清代思恩府设在今南宁市武鸣区府城，辖区包括桂西、桂西南和桂中。

东陇瑶（即番瑶）的祭祖舞，其旁有击铜鼓以助声势。[②]番瑶居住在大石山区，境内石山林立，峰峦连绵，包围成一个个锅底形洼地，形成一个个独立的弄场，弄场与弄场之间都有山坳相隔，交通极为不便。铜鼓声越过千山万弄，为他们传递各种信息。过去每遇重大事件，都以击铜鼓为号，聚众议事，也以敲击铜鼓传送信息。

番瑶的社会生活离不开铜鼓，如聚众议事或共度佳节等。其中最重要的节日是祝著节。在婚礼、起新房、还愿和为老人送葬也用铜鼓。瑶人在新年中到亲戚家里必跳铜鼓舞，以为娱乐，同时新年亦为祭祖祀神的主要日期。

1. 祝著节用铜鼓

农历五月二十九日是番瑶的年节——祝著节，也叫"达努节"。主持人在高山顶上敲铜鼓，鼓声传到各个弄场和村寨，大家闻讯，穿上鲜艳的服装，纷纷赶来，参加节日的活动，在山上吹唢呐，跳铜鼓舞。

祝著节是番瑶最为隆重的节日。"祝著"系瑶语"十九"的音译，意指这一节日时间在农历五月二十九日，但称呼中省去了"二"字，仅称"十九"。据了解，祝著节的时间，原先是从五月二十五日至六月初三，后来缩短至六月初一，其中以五月二十九日最为隆重。

祝著节的第一天即五月二十五日是"神降日"，瑶语称为"耐来过"，据说九父老在这一天降临瑶山巡游；五月二十九日是"神归日"，瑶语称"耐来他"，说是九父老于这一天返回各自庙堂。五月二十五日至二十八日这四天是祭祀诸神的时间，每天要在家中的祭台上摆三杯茶、三杯酒，烧三炷香，白天香火不断，以祭密洛陀、九父老及本家先祖。五月二十九日是九父老回归之日，从这一天起回归各自的庙堂，开始举行各类庆祝活动，直到六月初一，所以这几天又称作"喜庆期"。

庆祝活动主要是打铜鼓，同时还有筅酒、唱山歌、骑马、射箭比赛等活动。各地番瑶在这一节日中使用铜鼓的方法不尽相同。譬如起鼓时间，多数于五月二十五日起鼓，有的到二十九日方才起鼓。另外，一些地方在铜鼓起出之后，祭毕即可悬挂于家中敲打；有的地方祭鼓后却不能立即在室内敲打，须待到室外活动时方带至室外敲打。但是，不管在具体使用上如何不同，到了五月二十九日这天，各地的番瑶均必须将铜鼓携带至村外敲打，尽情娱乐。二十九日这天一早，各家需带鸡一只，香、纸各一把及酒若干到村寨的神庙前，由麽公将各家祭品逐一摆在庙内祭九位大神。祭毕，将鸡杀死，以鸡血洒于庙前的地面上，然后各家将鸡带回家中，煮熟后祭自家先祖及密洛陀。随后，全家进餐。餐毕全家老小均到村外的铜鼓场上，参加娱乐活动。

图 106. 瑶族祝著节打铜鼓

铜鼓场选于村外较平坦的山坳上，人们用木条扎两个三脚架立于地上，两个三脚架间架上一条圆木，将铜鼓悬于圆木之上，铜鼓前面安放一面皮鼓，即可敲打。

铜鼓一般要让老年人先打，若老人不打，年轻人则谁先打都可以。铜鼓鼓点随铜鼓数量的不同而不同，从一组到六组不等，铜鼓数量越多，鼓点越难。各组鼓点之中，又有诸如大花、小花、滚花、碎花等不同的打法。年轻人往往喜欢在这一天进行打铜鼓比赛，以最快的速度敲击铜鼓，谁的速度慢，或谁的鼓点乱，谁就输。打得好的鼓手往往备受人们的喜爱。

2. 春节打铜鼓

据陈志良记录，20 世纪 30 年代，东兰傜人有铜鼓舞，其用意也为祭祖祀神，以及新年中的娱乐。每逢十二月初至正月底，为傜人跳铜鼓舞的时期。尤以新年中为甚。亲戚朋友到来时，必击铜鼓，以为庆祝与娱乐，同时以酒食款待。舞法用木架一，两头挂铜鼓各一，中间置皮

①韦金佩：《泗城府瑶人献岁碑》，《经遗堂全集》卷二十二，道光二十一年丁光照刻本。
②陈志良：《广西特种部族的新年》，《说文月刊》第二卷合订本，1942。

鼓一，一人跳跃击鼓，或上或下，或前或后，或左或右，或击铜鼓，或击皮鼓，无不中节合拍。其后有一人，或持竹筐，或执铜钹，随之而舞，以为助势，亦为伴舞。①现在还可以看到，番瑶在腊月二十九日将铜鼓取出，祭鼓以后，即可悬挂于家中任人敲打。收鼓的时间通常在正月十五，有的则一直打到正月三十。

3. 婚礼用铜鼓

番瑶婚礼一般在秋后至春节前举行。婚礼时间为两天，头一天是女方请客日，较为简单。第二天为男方请客日，较为隆重。许多地方在男方请客这一天，要敲打铜鼓。敲打铜鼓，既是为新人祝愿吉祥幸福，又为婚礼增加热烈气氛。

婚礼第一天，即在女方请客时，男方派出接亲队伍吹着唢呐到女方家迎接新娘，同时于家中悬挂铜鼓。第二天，当接亲队伍的唢呐声传到男方的寨子时，男方家里的铜鼓亦随之敲响，以迎接新娘。新娘到男方家门前时，须在门外等候吉辰，吉辰到方能跨进男家的门槛。新娘在门外等候期间，唢呐声、铜鼓声均不能停。新娘进门之后，铜鼓、唢呐声停。这时，村老（族长）或师公站在主家神台前，手拈香数支，向神台叩头，口中念喜词。念毕，铜鼓手将鼓槌交给新郎新娘，让他俩打铜鼓，众亲友在一旁观看。若新娘不会打，就得由新郎握着她的手打，会引起众亲友哄笑。两位新人打至高潮时，人群会发出阵阵欢呼，人们端来一碗酒，让他俩共同喝下，表示相亲相爱。之后，新人即可将鼓槌交与旁人。众人敲打铜鼓，猜拳行令，或唱山歌或吹口弦以助兴，鼓声、歌声、欢笑声在山寨回荡。参加婚礼的客人没有走完，铜鼓就要不停地敲打。

4. 起新房用铜鼓

番瑶的住房多为干栏式建筑，起新房时间多在秋后。建新房时，三亲六戚都在人力物力上鼎力相助，其中房顶正中的大梁一般由舅家送给。舅家送大梁来的那一天，一定举行一套迎接、安放大梁的仪式，这时就要打铜鼓。

起新房时，哪天平整屋基，哪天上山砍木料、修木料，哪天立房架，都要请麽公算好。舅家的大梁要在立房架那天送来，那天当时辰一到，主家即鸣枪三响，木匠师傅高声呼喊“卡啰啰（起来啰）！冲比啰（立柱啰）！努江用力啰（大家用力啰）！”后，众人即合力将屋架立起，然后将铜鼓悬挂在屋架上敲打，以等待舅家大梁的到来。

舅家除送大梁外，还送糯米一担、猪一头及粽子、红蛋等贺礼。其中，大梁要请两个有名望的歌手（瑶语称“布桑”）抬来。走到附近的山坳上，停下来，鸣粉枪、放鞭炮通知主人家。主家闻讯，亦鸣粉枪、放鞭炮，派人去山坳上迎接。“布桑”将大梁抬至新房木架前，主家事先请两位歌手（瑶语称“布觉”）迎接他们。

大梁安装时，需不停敲打铜鼓。大梁安好后，还要举行一些娱乐活动，主要是打铜鼓及跳铜鼓舞。

5. 还愿用铜鼓

还愿，是番瑶祭祀活动中规格最高、耗资最大，因而也是最为隆重的祭祀活动。瑶语称为“促萦纪布迎杲”，即祭祀祖宗神，祭敬始祖神，有“祭”和“敬”两层意思，时间为农历九月之后至春节。“还愿”有“大还愿”和“小还愿”之分。“小还愿”只祭一位大神，即第二代九位大神中的老大阿胜；“大还愿”祭的则是众多的家神和客神。这里所说的“还愿”是指“大还愿”。

图 107. 瑶族祝著节上的口咬打铜鼓（韦雄飞　摄）

还愿活动要请本宗族最有名望的麽公担任主祭，瑶语称为“朵所”，还要请一位二麽公（瑶语称“瓜鬼”）。此 2 人是整个还愿活动的组织者和指挥者，专职唱请神入寨、入位，请神用祭品的唱词。但他们只有请神的权利而没有祭神的权利，祭神要由麽公（瑶语称“布西”）来担任。这 4 名“布西”要各带两名助手，共计 12 人。

整个还愿活动分前期准备、还愿日、结束日三个阶段，共计 3 个月零 3 天。

还愿活动从始至终都要使用铜鼓。自决定举行还愿之日起，还愿者就要将铜鼓起出，祭鼓后将铜鼓悬挂家中，让人敲打。从决定举行还愿到真正举行还愿中间的时间有长有短，长的可达几个月，最短也要有一个月。在这期间，铜鼓每天均需敲打，村里人谁来打都行，白天晚上打都可以，一直打到开始还愿的那一天。打铜鼓的目的：一是预告诸神，让它们到时前来接受祭献；二是让村人及路人知道，打铜鼓的这一家将要举行还愿活动。

①陈志良：《广西特种部族的舞蹈与音乐》，《说文月刊》第二卷合订本，1942。

还愿活动开始时，还愿者在家中和室外搭起祭台，铜鼓这时就要悬挂在祭台旁边，日夜敲打，鼓声不能停止也不能沙哑，否则，就认为是对神的不敬。还愿场上麽公们在唱诵，铜鼓声在轰鸣。在“布西”的弟子们戴着面具跳舞时，铜鼓又是节舞的乐器。祭祀结束后，人们还要狂欢几天几夜，这些时间，打铜鼓又成了人们娱乐的主要内容。

一次大还愿活动，花费甚多。1947年，都安县雅龙乡弄哄屯（现属大化瑶族自治县镇西乡）举行一次大还愿活动，杀了1头水牛，黄牛、猪、羊数十头，鸡鸭更是不计其数。使用8面铜鼓、8把长号、8支唢呐，时间持续了12个昼夜。新中国成立后，这种大还愿活动已基本消失。

6. 丧葬用铜鼓

番瑶在老人去世时，若家中有铜鼓，要打三声铜鼓向村中亲友报丧。据说这是因丧事，家人不便跨进亲友家门，故以这种方式通报亲友。打这三下铜鼓后，若隔一段时间还不见亲友到来，则可再敲打三下。另外，在抬棺木出门时，也要打三下铜鼓，据说这是打给死者，为他送行的。

巴马瑶族自治县东山一带番瑶凡已有孩子的人去世，都可以打铜鼓。在死者下葬一两个月后，还要请麽公来给死者“开路”，即做道场。做道场时也要打铜鼓，道场做多少天，铜鼓就要打多少天。

（二）白裤瑶

白裤瑶是布努瑶的一个支系，自称“东挪”。主要分布于南丹县的里湖、八圩两个瑶族乡，部分散居于河池市金城江区拔贡乡及贵州省荔波县的瑶山等乡，总人口3万余人。“白裤瑶”系他称，《隋书·地理志》中记载长沙郡等地的“莫瑶”时说：“其男子但著白布裤衫，更无巾袴；其女子青布衫、斑布裙，通无鞋。”指的大概就是他们。直至今日，白裤瑶中的男子仍穿长仅及膝的白裤，这一他称亦因此而得。

白裤瑶爱铜鼓“甚于金玉”。他们在河池的人口约占全市瑶族总人口的6%，却拥有近300面铜鼓，几乎占全市瑶族铜鼓总数的1/2。他们给每一面铜鼓都起有一个美好的名字，如“金宝”“银宝”“玉宝”“金母”“银母”“宝母”等。

白裤瑶有以血缘关系为纽带的社会组织，叫“油锅”。每个油锅组织都有铜鼓，铜鼓由油锅头人收藏和掌握，每个油锅成员都可使用。白裤瑶的铜鼓，平时秘藏不宣，只有喜庆和祭丧才拿出来，用于娱乐和祭祀。

白裤瑶在新年里或父母去世时，必跳原始舞，一人用槌击铜鼓，一人持皮鼓而舞。[①]

1. 丧葬用铜鼓

丧葬活动是白裤瑶铜鼓最主要的使用场合。白裤瑶民间认为，丧事打铜鼓是表示对死者的哀悼，使死者安然进入阴间，登上天堂，逍遥自在；打铜鼓是表示死者生前富贵，让阴间的鬼也知道，来欢迎死者，使死者在阴间也一样富贵，同样受到尊重。一般来说，凡属正常死亡的，其葬礼可以使用铜鼓。其中最为隆重，也最为普遍的，就是砍牛送葬。

图108. 白裤瑶铜鼓舞

白裤瑶对正常死亡者丧事的办理一般有三种方式：第一种是不打铜鼓，人死后即择吉出殡。第二种是打铜鼓，但不砍牛送葬。人死后亦即择吉日出殡，但在出殡前一晚，死者家人及众亲友将铜鼓悬于室外打一通宵，第二天即将死者安葬。第三种是打铜鼓，并且杀牛为死者送葬，俗称“砍牛”，这一活动一般选择在农历的吉日举行。

在决定砍牛之后，主人即找麽公测算起棺和下葬的日子，同时找两位对葬礼和使用铜鼓仪式熟悉的人分别担任整个活动的内外事务总指挥。有时在杀牛之前六七天就已起棺，铜鼓也要在那一天起出。那天的活动称为“开路”，要在打鼓场立铜鼓架、立牛桩，及起鼓、祭鼓。

砍牛场选择在村外较宽阔的平地上，砍牛这一天，主家早早就将自己（本油锅）的铜鼓及皮鼓拿到砍牛场上。人们事先用木头在那里搭好了“ ┌┐ ”形的铜鼓架，并立好绑牛的木桩。麽公点香三支插于木鼓旁，摆上酒、肉、饭各一碗，先祭木鼓，然后再祭铜鼓。祭铜鼓时，麽公以禾穗（或以手）沾上清水，由铜鼓鼓面的中心向

①陈志良：《广西特种部族的新年》，《说文月刊》第二卷合订本，1942。

边沿洒一遍，再由边沿向中心洒一遍，然后沾酒用相同方法各洒一遍。边洒边念祭词。念完祭词，鼓主即将铜鼓悬挂于铜鼓架上，让人敲打，以等待舅家及其他亲戚铜鼓的到来。

白裤瑶丧葬所用的铜鼓除本油锅的以外，主要由前来吊丧的亲友从外村寨背来，常常形成二三十面铜鼓同时演奏的壮观场面。铜鼓到来后，放置地上，由麽公逐面祭过以后，再挂上铜鼓架敲打。主鼓手把牛皮大鼓摆在铜鼓场中央，正对着铜鼓架，铜鼓则一字儿排列悬挂在铜鼓架上，主人家族（油锅）的铜鼓排在第一号，其他铜鼓依次排列。舅爷的铜鼓最受尊重，排在正中，面对牛皮大鼓。由于各地亲戚远近不一，因而自早上主家铜鼓敲响之后，直至下午杀牛之前，都陆续有铜鼓补充进来。若铜鼓来的多，事先搭的架子不够悬挂，则再临时增搭。

牛皮大鼓是指挥铜鼓的，敲击牛皮大鼓的人一般是长者，他会跳铜鼓舞，能演奏各种不同的调式。每一面铜鼓需要两名鼓手，一名鼓手左手执鼓槌，右手持竹片，站在铜鼓左侧；另一名鼓手捧着助音木桶，站在铜鼓的后面。

边走边向牛撒米，并向牛作揖。走三圈后，亲属们退后成一排站立，主持者接着将一把米撒向牛背，将刀交给舅父。舅父接过砍牛的长刀，对着牛颈猛砍三刀，然后由旁人上去把牛放倒，将牛杀死。

打铜鼓最激烈的阶段是在杀牛之后的晚上，打铜鼓将牛送往阴间。届时，死者的所有亲属均站在铜鼓架的外边，面对着木鼓。此番铜鼓要打十四轮或十八轮，前七（或九）轮表示将牛送去，后七（九）轮表示返回。在打前几轮铜鼓时，每打完一轮，皮鼓手都要转过身去向站立在他身后的死者亲属作揖。与此同时，人们给每位鼓手喝一口酒，枪手要鸣一轮枪。前几轮鼓打完后，铜鼓阵中持助音桶者手举助音桶，在一名手持一杆纸幡的死者亲属带领下，围着铜鼓阵顺跑三圈，再逆跑一圈，接着打后几轮铜鼓。后几轮铜鼓必须连续敲打，中间不得停顿，因而较前几轮更为激烈。鼓手轮番演奏，通宵达旦，一批鼓手累了，另一批鼓手主动前来接替。

第二天出殡，铜鼓还要打一个上午，为死者送行。在棺柩即将出门时，皮鼓手打起收鼓鼓点，旋即将皮鼓推翻在地。众铜鼓手亦纷纷将鼓槌往脑后乱抛，并迅速将铜鼓取下，扛回丧家。其他人亦一拥而上，将铜鼓架推倒，然后和出殡队伍一道送葬上山。

图 109. 白裤瑶打铜鼓时用木桶加强共鸣

祭完铜鼓，祭鼓者双手举起鼓槌，双腿齐跳，敲击大鼓左右鼓面，继而再轻轻敲击鼓面三声，然后依次敲击各个铜鼓鼓面，演奏就正式开始了。

从早上开始到杀牛之前，可自由敲打铜鼓。到了下午，当各项工作准备就绪，即将着手砍牛时，就要正式敲打铜鼓。正式打铜鼓，需要打皮鼓指挥，各面铜鼓均需鼓主本人敲打，别人不得代劳。正式开打之前，主持者让每位鼓手喝一竹杯酒，然后说明此次为谁砍牛，并代表主家感谢各地亲友前来参加。讲完之后，皮鼓手双手举起鼓槌，双脚一蹬，双槌同时敲击皮鼓中央一次，然后敲击左右鼓边各一次，继而再轻轻敲击鼓面三下，随后走向铜鼓架依次将每面铜鼓敲击一次，铜鼓即正式开打。

正式打铜鼓要一轮一轮地打，每一轮打三段。每一段的鼓点都相同。打三段重复三次，这要由皮鼓来指挥。第一轮铜鼓是打给将要被杀的牛，这轮铜鼓打完后，鼓手便停止打鼓，主持者手拿一把禾穗喂牛，边喂边对牛说："杀你送你到龙王那里，是天杀你，地杀你，不是我杀你。"之后，丧者亲属在长子带领下，围绕牛走三圈，

铜鼓在完成送葬仪式之后、被带回原在村寨之前，也要寨老出来逐个为铜鼓念咒送行，并打发每面铜鼓一团糯米、一块肉、一盅酒，以便回去再做收鼓仪式。

2. 春节打铜鼓

白裤瑶一年中的传统节日不多，主要的有春节和半年节。春节与其他民族相同，为正月初一至十五，亦称"大年"。

春节用铜鼓一般在腊月二十八、二十九日取出，也有的地方到正月初一才起鼓。起鼓之后，即点上一支香，将清水、酒、肉各一碗摆在鼓前祭鼓。祭鼓者需念上一段赞美诗般的祭鼓词。在春节打铜鼓的地方，打铜鼓和打陀螺是春节的主要娱乐活动。

春节打铜鼓，除了娱乐，还有训练孩子的目的。白裤瑶男女老幼均可以打铜鼓。在平时，铜鼓不能轻易动用，春节是让孩子们练习打铜鼓的最好时机。

春节打铜鼓一般在家里，不设铜鼓场。如果同一油锅铜鼓多，也集合起来演奏，由一面皮大鼓指挥。起鼓

的时间一般在腊月二十七或二十八，意在迎接逝去的老前辈回来过年。收鼓的时间是正月初三、四、五间，择其中的吉日，敲铜鼓将老前辈送回天庭。有的地方到正月十五以后才收藏铜鼓。白裤瑶民间认为，倘若十五以后还打铜鼓，就会惊动雷公，招致当年雷多，人畜或房子易遭雷击。铜鼓在收藏之前还需祭鼓，仪式与起鼓时相同。铜鼓收藏地点或在家中，或在野外。但无论在哪里，都是保密的，仅极少数人知道。因而封鼓仪式均在夜深人静时秘密进行，以避人耳目。

春节使用铜鼓的习俗在白裤瑶中并不普遍。南丹县里湖瑶族乡的岜地、瑶里、仁广、纪后、怀里等村的白裤瑶过春节不打铜鼓，其余地方过春节时，若铜鼓的鼓主们都同意，则可以打。怀里村蛮降屯白裤瑶村民陆先生说，他们把春节打铜鼓的白裤瑶叫作“山里人”。

应当说明的是，即使是使用铜鼓的白裤瑶村寨，他们在过春节时也不一定都使用铜鼓。那些为油锅组织成员所共有的铜鼓，在春节使用之前需征得全体拥有者的同意。白裤瑶的铜鼓以前只是在丧葬中使用，春节使用

图 110. 木柄瑶打铜鼓

铜鼓是后起的习俗。成书于清道光八年（公元 1828 年）的《庆远府志》卷三《地理志下》载：“瑶壮俱尚铜鼓，而所用之时不同……南丹惟丧事用之。”由此可知，清代白裤瑶在春节中还没有使用铜鼓。

白裤瑶春节喜庆敲喜鼓，祭礼送葬打哀鼓。喜庆多用双鼓，阴阳共鸣。丧事多用单鼓，死者是男性则打公鼓，是女性则打母鼓。

（三）木柄瑶

“木柄瑶”系他称，也称为“长发瑶”，自称“诺莫”。他们居住在田林县浪平乡平山村和潞城瑶族乡三瑶村，保留有使用铜鼓的习俗，每年春节举行祈年活动时跳铜鼓舞。铜鼓由年长而又懂巫道的人保管，他们将铜鼓秘密地埋在地下，到每年腊月逢龙日才挖出来，除夕祭社神和正月春节使用。

木柄瑶祭社神时要祭铜鼓，祭祀时一定要宰牛，费用由各户分摊。神职人员主祭铜鼓，开始先打五遍铜鼓，代表五个木柄瑶村寨，每打一次即斟一次用苏木水浸过的酒。然后杀牛，将牛肉分成五份，在五个锅里煮熟，再捞出来摆在四张桌面上，供祭韦、陆、甘、莫四姓祖神。20 世纪 80 年代以后，不是五个村寨一起祭社神，而是各村寨自己祭祀了，祭社神的时间也不是除夕，而是改在正月初三，不再杀牛，而以鸡作为牺牲。但仍是要跳铜鼓舞。

春节打铜鼓在正月初三，主祭人将铜鼓平放地面，公鼓在左，母鼓在右，母鼓右侧放置一个皮鼓。主祭人在公鼓上放两个粽子，在母鼓上放一个粽子，再在铜鼓上各放一只烤熟的鸟和一张纸钱，然后点香，斟酒，烧纸钱。祭毕，将两面铜鼓悬在中堂横梁上，皮鼓悬在右厢房桁条上，主祭人先打一轮，别人才接着打。开始打得缓慢柔和，后来逐渐加快。打皮鼓的二人，既是鼓手，又是领舞者，边打边舞。到正月三十日，由保管铜鼓的人将铜鼓秘密地埋入地下。[①]

木柄瑶铜鼓舞从清朝雍正时期就已形成，主要内容有起鼓、祭鼓、打鼓跳舞和埋鼓。一般在每年农历正月初一至月末进行，旨在纪念先人，欢庆节日，祈求人畜兴旺，五谷丰登。打鼓跳舞瑶语叫“闹年打铜鼓”，包括《打长鼓》《圆圈舞》《迎春舞》《扁担舞》《丰收舞》。在完成起鼓、祭鼓仪式后，由寨老打第一槌铜鼓，其他人就击鼓起舞。田林瑶族铜鼓舞被国务院列入第一批国家级非物质文化遗产扩展项目名录。[②]

三、苗族用铜鼓

我国苗族主要分布在贵州、云南、湖南，其余在广西、四川等地，还有少数在海南和湖北西南角。居住在贵州清水江和都柳江流域雷山、丹寨、台江、黄平、凯里、施秉、镇远的苗族，使用铜鼓最普遍。广西苗族自

①李懋椿：《可爱的田林》，广西人民出版社，1995。
②农学坚：《田林瑶族铜鼓舞》，北京科学技术出版社，2014。

称“木”“蒙”，主要居住在融水苗族自治县、龙胜各族自治县、隆林各族自治县和三江、南丹、田林、乐业、环江、罗城、资源等地。其中融水、南丹的苗族也还使用铜鼓。

广西西林、隆林一带的苗族有《洪水横流歌》，说远古时期，洪水泛滥，伏羲氏创造人种，“人种造成了，就在鼓里头”，这种鼓就是铜鼓。① 其他地方的苗族在《创世纪》故事中也提到铜鼓。

融水苗族在埋岩时使用铜鼓，使用铜鼓的情况可从埋岩的歌词中看到。埋岩是苗族社会的一种立法形式。埋岩的时候要吹芦笙、敲铜鼓。据《融水苗族埋岩古规》一书所载，《埋岩理词》中有：“芦笙响满寨，铜鼓震四方。长辈来立岩，牢固像白石。长辈来竖岩，稳固像铁柱。”《整高汪欧埋岩》也唱道：“哪里吹芦笙？在松相吹芦笙。在整些吹芦笙，达亨在松相打铜鼓。”

居住在南丹县的苗族有两个支系：一支自称“仡雄”，因妇女穿红裙，被称为“红苗”，分布于大厂、车河、城关一带。20 世纪 40 年代以前也用铜鼓，后来没有铜鼓了。一支自称“仡磨”，因妇女穿花裙，又被称为“花苗”，主要居住在中堡、月里等乡，至今仍在使用铜鼓。花苗称铜鼓为“招鼓”，居住的村寨基本上都有铜鼓。据 1990 年的调查，其中中堡 3 面、油元 3 面、三幔 1 面、九立 4 面、油照 5 面、拉纳 8 面、油且 3 面、油角 2 面、中岭 1 面、拉晒 1 面、甲麦 2 面、拢结 3 面，月里的化良屯、比度屯共有 5 面，合计 41 面。据推算，20 世纪 50 年代初铜鼓的数量至少是现有的两倍，有的一个村寨就有 10 多面。“文化大革命”期间，铜鼓被当作“四旧”，强行收缴，致使“仡磨”铜鼓大量减少。现在能幸存下来的铜鼓，大多是铜鼓所有者冒着生命危险，私自埋藏或转移才保留下来的。

花苗的铜鼓一般都要与一面皮鼓配合使用，把铜鼓称为母鼓，把配合铜鼓使用的皮鼓称为公鼓。铜鼓低悬，皮鼓高挂。铜鼓打击方法与壮、瑶相同，即鼓手一手持鼓槌打击铜鼓鼓面，另一手持一小木棍敲击铜鼓鼓身。演奏什么调，由皮鼓决定，铜鼓跟着皮鼓转。

南丹中堡苗族春节打铜鼓庆贺，称为“庆鼓”。在七月十四（中元节）亦可使用铜鼓，但需要事先祭鼓，祭后可连打数天。秋收结束后，农事转闲，村人若有兴趣，亦可将铜鼓取出敲打。秋季至春节之间，苗族还有两个节日可以使用铜鼓，即农历九月初九及十一月三十日的苗族小年。这一阶段使用铜鼓，不需要祭鼓，取出即可直接敲打。

中堡苗族铜鼓一般也在除夕取出，祭祀后，可以通宵敲打。除夕晚上，凡有铜鼓的人家都准备好酒肉，烧香化纸祭供铜鼓，用酒象征性地清洗鼓面，念祭词，祈求鼓神禀报祖先，回来与子孙共度佳节，并保佑子孙人丁兴旺，五谷丰登。祭祀完后，先用棕绳系皮鼓捆在鼓架上，然后将铜鼓“请”出，在鼓耳上系一对水牛角，另用铁丝穿过鼓耳，侧悬在鼓架上，与皮鼓平行。主人在铜鼓上象征性地敲打三下，鼓鸣三声，叫作“试鼓”，说明敲奏铜鼓开始了。敲击皮鼓的人是正鼓手，敲击铜鼓的人是副鼓手，还有长号、唢呐等乐手。正鼓手手举酒杯，对副鼓手、乐手和前来助兴的人高呼一声：“唔——喂！”“好久啰！”大家跟着齐声喊“好久啰！”后，即刻演奏。自此以后，整个春节期间，村中男女老少都可以来打鼓。正月十六至三十这段时间，因农事渐起，打铜鼓的机会减少，但是铜鼓还是悬挂着，若村中来客，仍可敲打娱乐。正月三十晚上收鼓。

图 111. 苗族打铜鼓

中堡苗族铜鼓还用在丧葬场合，丧葬打铜鼓称为“哀鼓”。他们认为凡人死了，都应打铜鼓送葬，铜鼓声可以超度亡魂，为死者开路，以便冲破途中的九十九道难关，顺利到达阴间。铜鼓声也寄托子孙对死者的无限哀思和敬重，祈求祖先保佑子孙百业俱兴，家族发达。

四、彝族用铜鼓

彝族主要分布于川、滇、黔、桂四省（区）。其中四川有 200 多万人，大部分居住在大小凉山，凉山彝族自治州是最大的聚居区。

彝族在广西只分布在隆林各族自治县和那坡县。彝

①徐松石：《粤江流域人民史》，上海中华书局，1941。

族是较早使用铜鼓的民族。隆林德峨的彝族在 20 世纪 60 年代以前还在使用铜鼓。据隆林文物管理所王文魁说，他家在德峨镇岩头寨，祖上原有铜鼓三面，其中一面陪嫁给大姑婆，一面分给老二，他家的那面传了五代。“文化大革命”时被当作“四旧”没收，放在公社办公室当钟敲，后来下落不明。①

镇边白夷（即今那坡白彝）祭兰竹场时，亦击铜鼓；在新年中到亲戚家中必跳铜鼓舞，以为娱乐，同时新年亦为祭祖祀神的主要日期。②

那坡县的白彝到现在为止，每年各种重大节日和丧葬仪式都以铜鼓作为他们自娱和祭祀舞蹈的伴奏乐器。

彝族铜鼓不用时埋藏在地下，一般从农历五月十六日到九月为铜鼓收藏期，每年农历十月初十从地下挖出来。埋下去和挖出来都有隆重的祭祀仪式，都唱《铜鼓王》经诗。

彝族铜鼓舞用于节庆，主要是补年节和跳弓节。

补年节是农历的二月初十、十一。传说彝族定居不久，男人都上前线打仗去了，春节期间来不及赶回家同家人团聚，他们大部分到二月初才补过春节，故谓之“补年节”。二月十一这天，男女老少集齐在村旁的舞坪上，由两位“麻公巴”（领队人，是祖先打仗时的首领的化身）率领，按“拉么”（第一祭师）和“萨喃”（第二祭师）划定的线路，一起欢跳铜鼓舞。

彝族跳弓节，汉译又叫“跳公节”“跳宫节”或“打宫节”。“弓、公、宫”都是汉语记音，是彝语“孔够”的音译，“孔够”就是欢乐祈祷之意。那坡彝族的跳弓节是在每年的农历四月。跳弓节的铜鼓舞比补年节的铜鼓舞更为热烈隆重。每年跳弓节，滇桂边区的彝族同胞身穿节日盛装，从四面八方会集到舞坪上来。舞坪正中栽着一丛青翠的金竹，大家踏着高亢激昂的铜鼓声和如泣如诉的五笙声，绕着金竹翩翩起舞。鼓点先是缓慢，男女老少分别排成两列横队，手牵着手，踏着铜鼓节奏步入场。慢舞九圈后，铜鼓声由慢加快，舞步也随之加快，逐步形成高潮。快舞九圈后，由两位吹五笙的“央巴”带领一群衣着雪白绚丽的姑娘加入歌舞行列。到了晚上，男女青壮年又集中到“麻公巴”的家里，继续跳铜鼓舞，一边跳，一边唱酒歌。

那坡白彝凡遇年事丰收时，在正月初旬，必跳新丰舞，以为庆祝。舞时男女各自成队，每队 9 人，共三队，每队有一人击铜鼓，其余 8 人分为两组，对对相舞，步伐节奏，与鼓声相合。始则舞蹈，继则互相角逐，两两相撞，胜者得食酒肉。再依次轮至第二队、第三队，三队角逐完毕后，牵手绕铜鼓而默舞。此舞以竞事开始，以和谐终结，十足地歌颂生产丰收的象征。虽然节奏、动作、舞律颇为单纯，但很明显地反映了彝族的生活状况。在耕种辛劳后的节目，希求着，体味着温饱日子的到来。按彝族之击铜鼓，同时用大小二枚，一人用一槌击之，音分大小高低作为公母二音，轻重疾徐，胥中节拍。③

图 112. 彝族跳弓节打铜鼓

五、侗族用铜鼓

侗族主要分布在广西、贵州、湖南三省（区）交界的县份，与壮族、苗族相毗邻。

广西侗族自称“甘”或“金”，包含老侗、佼侗、掸侗三个支系，主要分布在三江、龙胜、融水、融安和罗城等县（自治县）。侗族也是使用铜鼓的民族。刘锡蕃 1933 年著《岭表纪蛮》在记述广西融县（今融水、融安）、三江、罗城和贵州丙妹、下江（均属今从江）一带的苗、侗各族结婚礼仪时说到，迎亲时“燃火炬，鸣爆竹，吹芦笙，击铜鼓，山谷为应”，有击铜鼓一项。20 世纪 50 年代以前，侗族地区保存的铜鼓比较多，尤其在与苗族错居的地区，使用铜鼓的习俗比较浓。1953 年，中央访问团在三江参观访问时，一个名叫“葛亮村”的侗寨还将一面铜鼓作为最珍贵的礼品献给访问团，这面铜鼓现存中央民族大学文物馆。

1965 年中国科学院民族研究所和广西少数民族社会

①王文魁、蒋廷瑜：《广西隆林彝族的铜鼓》，《中国古代铜鼓研究通讯》1982 年第 2 期。
②陈志良：《广西特种部族的新年》，《说文月刊》第二卷合订本，1942。
③陈志良：《广西特种部族的舞蹈与音乐》，《说文月刊》第二卷合订本，1942。

历史调查组对大苗山（现融水）苗族自治县安太区的寨怀、洞安两个侗族村进行调查时，寨怀还有6面铜鼓，其中新寨3面，分别存放在石庆莲、石秀新、石光凤家；旧寨1面，存放在潘正玲家。据融水苗族自治县党史资料征集办公室唐家文提供的材料，20世纪80年代，在融水的滚贝、安太、洞头、大年、四荣等侗族聚居的村寨里，祖传下来的铜鼓还有40多面。其中滚贝乡杨顺福等16户保存铜鼓17面，安太乡东天上坎村唐志坚等6户各保存铜鼓1面，寨怀村潘正荣、石光才等4户和中寨乡河村何明奎、琴江村唐昌华等户各保存铜鼓1面，四荣乡荣地村有4户农民也各保存铜鼓1面。这些铜鼓都是世代相传的，如寨怀村潘正荣家的那面铜鼓已传了七八代人。

侗族民间多把铜鼓称为“孔明鼓”或“葛亮鼓”。融水安太寨怀一带的侗族传说，三国乱世时代，侗族都往山里逃难，每年秋收后无以为乐，孔明遂制造铜鼓和芦笙，教大家敲铜鼓、吹芦笙娱乐。为此，侗族人民十分怀念孔明，把铜鼓称为“孔明鼓”。

侗族尊敬铜鼓、珍惜铜鼓。有铜鼓的人家，视铜鼓为“保家神”。融水一带的侗族，在每年春节之前都要敲铜鼓。农历十二月十五日，铜鼓的主人把铜鼓“请”到大厅里，用布把铜鼓身上的灰尘擦净，然后拿糯米酒、糯米饭、酸鱼，摆在铜鼓旁，烧纸焚香，把少许米酒和糯米饭撒在铜鼓后面，算是将铜鼓请出。然后用一条长绳将铜鼓的双耳串好挂在大厅的梁柱上，用一节捆有布和棉花的小棍敲击铜鼓，让铜鼓发出“轰轰轰”的响声。从这时起，家家户户开始备年货。也从这时起，全寨的姑娘都来敲击铜鼓祈年。铜鼓主人的家里每晚都聚集许多姑娘，尤其是除夕晚上，全寨姑娘集中到铜鼓主人家，守夜敲鼓，名曰“送旧岁迎新年”。主人备下好酒好菜，招待她们。姑娘们一直守到天亮，铜鼓也就敲到天亮。大年初一过后，铜鼓仍然悬挂着，姑娘们还不定时地来敲奏，直到农历正月十五日，全寨姑娘再次集中到铜鼓主人家，守夜敲鼓，直到午夜，主人才将铜鼓卸下，按原来的仪式祭祀一番，放回原地。正如清人黄炳坤《竹枝词·土老》所说：“酒馌提携到婿家，妇翁风趣也堪夸。小年处处闻铜鼓，一月春头着意挝。”

此外，极个别汉族村寨也拥有铜鼓。据梁富林调查，东兰县长乐乡（今长乐镇）草坪村是个汉族村寨，当时居民从江西迁来已九代，他们原有4面铜鼓，雌雄各二，1958年把两面雌铜鼓当废铜卖掉，现只留下两面雄铜鼓。他们使用铜鼓的方法与当地壮族相同。

图113. 侗族打铜鼓

六、铜鼓文化功能的现代化

“文化大革命”中，铜鼓文化活动曾一度消歇。1991年第四届全国少数民族传统体育运动会开幕式上出现东兰县100面壮族铜鼓、南丹县40面瑶族铜鼓，和20把牛角号、20把长号、90面壮族蜂鼓组成的《金鼓齐鸣》方阵，立即引起了轰动，大家重新看到了铜鼓的价值。地方政府承认过去收缴铜鼓的错误，主动向群众道了歉，还发起了“铜鼓还家”活动，把一些尚存文化馆的铜鼓发还给了铜鼓主人。群众则主动把深藏的铜鼓拿出来，参与由政府组织的文化活动，铜鼓文化又有了新的发展。

一是铜鼓的声音代表着村里人的声音，是村里人需要的声音。老百姓们说现在村子里吵嘴的少了或没有了，因为铜鼓的声音超过了人们的声音。村里敲的铜鼓都是中上音，低音不用了，因为铜鼓的声音随着年代的变化而变化。以前人民群众讲话的声音低点，如今这个年代，人民群众讲话声音高点，因为饭吃饱了，有钱了，生活富裕了，腰杆子挺直了。

二是铜鼓文化活动减少了歪风邪气，促进了社会主义精神文明建设。村民们说现在敲铜鼓大年初一是各村在自己的山头上敲，村里的人不管男女老幼都要来，表演山歌、舞蹈等节目；初二以后是把几个村子的铜鼓集中到一个村子里敲，这就增加了朋友往来和邻里之间的团结。在未举行铜鼓山歌艺术节时，村子里打架的、赌博的、山林宅地纠纷的比较多。这几年铜鼓一敲，大家相互沟通，矛盾也就少了。

三是铜鼓文化活动是一种健身活动。老人们说，逢年过节敲铜鼓，敲完后，饭也吃得多了；晚上睡觉，铜鼓的录音带一放，就睡着了；敲过一阵铜鼓后，心情愉快，疾病也减少了。

第五章 铜鼓的铸造工艺

明代宋应星《天工开物》记载铸造钟鼎使用失蜡法工艺：铸作内模『干燥之后以牛油、黄蜡附其上数寸。油蜡分两，油居十八，蜡居十二。其上高蔽抵晴雨。油蜡墁定，然后雕镂书文、物象，丝发成就。然后舂筛绝细土与炭末为泥，涂墁以渐而加厚至数寸。使其内外透体干坚，外施火力炙化其中油蜡，从口上孔隙熔流净尽。则其中空处即钟鼎托体之区也』。由此我们推断，铜鼓铸造可能也用此法。

古代铜鼓是怎么铸造的，一直是个谜。遍查古代文献，除清人屈大均在《广东新语》提到过外，找不到第二处。

南宋赵希鹄《洞天清录集》有关失蜡法工艺的记载，曰：“古者铸器，必先用蜡为模如此皆样。”①

明代宋应星《天工开物》记载铸造钟鼎使用失蜡法工艺：铸件内模“干燥之后以牛油、黄蜡附其上数寸。油蜡分两，油居十八，蜡居十二。其上高蔽抵晴雨。油蜡墁定，然后雕镂书文、物象，丝发成就。然后舂筛绝细土与炭末为泥，涂墁以渐而加厚至数寸。使其内外透体干坚，外施火力炙化其中油蜡，从口上孔隙熔流净尽。则其中空处即钟鼎托体之区也”。②由此我们推断，铜鼓铸造可能也用此法。

经观察，发现铜鼓边壁有披缝的刮板法或木模法造型，无披缝的为失蜡法造型。③有的学者对铜鼓的铸造工艺探讨后认为泥范法是铸造铜鼓的主要方法。④

泰国国家图书馆收藏了一份由英国殖民统治时期缅甸克耶邦雷固助理专员向泰国提供的《铜鼓制作法》缅文资料。该资料介绍了用失蜡法铸造铜鼓的过程。⑤

第一节　铜鼓的外形观察

人们看铜鼓，首先看它的整体造型，即铜鼓的外观。铜鼓的形状，在历史上有过各种不同的记述，但以宋代文士周去非在《岭外代答》中的一段话最为贴切。他称铜鼓的外形“状似烘篮，又类宣座”，以后很多人都沿其说。当然，千年前的烘篮、宣座是什么样子，现在也很难说得清楚。但从唐人壁画、宋人画卷中，有时还能找到它们的身影。烘篮是口圆、肩部圆弧外鼓，腰部内束、足部略向外扩展的空心物体。宣座的外形与之相似，不同的仅在于上平而下空。这种器物，已经透露出其侧面的曲线美。当时许多建筑物的砖、石柱础，也都采用这种形式。这种石柱础留存下来，仍可当作坐墩使用。

前面说到，铜鼓是由炊具铜釜演化而来的，铜鼓的最初形态不可能没有炊具的痕迹。作为炊具的铜釜，它的主要作用是煮食，要求有一个合理接触火焰的底，以便受热；一个适量容积的体腔，便于盛食；一个略略敞开的口和微微内束的颈，便于承盖；为了方便提举，还要在腰部两侧设计一对半环状的耳。这就形成了高领、敞口、束腰、鼓腹、小平底的基本形态。云南西部古代濮人就是从开始敲击这样的炊具受到启发，创制了专门用于打击的乐器铜鼓的。所以，原始形态的铜鼓极像倒置的铜釜。

炊具的铜釜变成乐器的铜鼓以后，它的主要功能已不是煮食而是演奏了，要求不断完善它的音响效果。原来接触火焰的釜底变成了专供敲击的鼓面，它的作用已不是传热，而是发音了，需要平展、宽大。原来容纳食物的釜腹变成为音响共鸣箱式的鼓胸，显得更加圆润。原来承盖的釜口变成支撑全身的鼓足，要求外扩，平稳。提举用的釜耳由原来的一对变成了两对，逐渐宽大。面平、胸挺、腰束、足外扩，这就是铜鼓定型化的最早

①赵希鹄：《洞天清录集》，丛书集成初编本，商务印书馆，1939 年初版，1960 年补印，第 12 页。
②宋应星著，潘吉星译注本：《天工开物》卷中《冶铸第九》，上海古籍出版社，2008。
③韩丙告：《铜鼓及其铸造技术》，《现代铸造》1981 年第 4 期。
④吴坤仪等：《广西云南铜鼓铸造工艺探讨》，载《中国冶金史研究》（二），人民教育出版社，2000。
⑤泰国学者清·犹地：《泰国的史前时代》和论文《铜鼓》引用了此件的泰译本。

形象。

最早的铜鼓也许仅从追求与铜釜的神似和比铜釜更便于敲击的要求铸造的。这些变化引起人们审美角度的改变。作为炊具的铜釜，一般置在三脚灶上，人们是居高临下俯视它的，其口大于底，像一朵仰天开放的喇叭花。侧面曲线在人们的视线中自上而下移动，同光焰伴在一起，显得柔和自然。作为乐器的铜鼓，整体是铜釜的倒转，人们看它，首先看到的是鼓面，然后才是鼓胸、鼓腰和鼓足，曲线的游动作了相反的走向。但从总体来看，刚从铜釜脱胎出来的早期铜鼓总免不了带有铜釜的个性。

铜鼓是手工铸造品，一般都是一模一器，很少重复。它的外形变化带有很大的随意性，尤其是早期铜鼓。如万家坝型铜鼓，鼓高与鼓胸的最大直径的比值，波动范围很大，有的鼓显得很矮胖，有的鼓则显得很高瘦，表现了它的外形的不稳定性。但是，人们在不断实践，美的感受日趋统一，到了铜鼓定型以后，这种不稳定性就得到了克服，尤其到了铜鼓发展期，有的铜鼓高与最大直径之比例已成规范化，使我们领会到，铸造铜鼓的人不但追求铜鼓的音响效果，而且也注意到了铜鼓外形美观。

任何实用器物，其所具备的外形美，都是在不断地发展变化的。虽然，各个时代、各个民族的欣赏习惯不同，但其总的意向都要求各个部位的匀称及比例的和谐。铜鼓外形总的发展趋势正是沿着这个规律前进的。

有的学者在研究铜鼓的外形美时，用黄金律进行比较，找到了它的变化规律性。[1] 黄金律又称黄金分割和中外比，把总长为 1 的直线段分成长短两个部分，设长段为 X，短段则为 $1-X$，使其中 X 部分对于全长的比，等于其余部分对于 X 的比，即是 $X : 1 = (1-X) : X$。这样的分割就叫“黄金分割”，它的比值是 $X : 1 = (\sqrt{5}-1) \div 2 = 0.618$。各部分的关系都符合于这种分割的任何物体，都会使人产生最悦目的印象。人们在实践中发现，除 0.618 以外，凡介于 0.4—0.6 之间的比例，都能给人以舒适、美观的感受。从抽样统计来看，早期铜鼓，万家坝型除 1 例符合比例之外，其余的比值较大，绝大部分在 0.8 以上，有的甚至超过 1。但通高与足径相比，却有 5 例符合比例范围，占总数的 1/3 以上。石寨山型铜鼓符合美学比例的范围大一些，在抽样统计数值中，通高与面径之比有 2 例符合美学比例，通高与足径之比，有 5 例符合美学比例，其余各例的两个比值虽然都超过 0.618，但超出的幅度比万家坝型铜鼓小。

当铜鼓不仅作为乐器，而且上升为权力重器之后，它的形体就增高、加大，造成宏伟威严的效果。这就在石寨山型铜鼓的基础上创造出了冷水冲型铜鼓。

冷水冲型铜鼓高大轻薄，外形已很端庄。经抽样测量 19 例，其中能计算通高与最大直径比值的 17 例。除 1 例达 0.74 之外，其他都在 0.63—0.71 之间，波动已经不是很大，说明在鼓型设计上已初步规范化。虽然，按比值来说，鼓形显得高瘦，比值都超过 0.618 的标准值，但超出幅度很小，在 0.1 之内，有 2 例 0.63，2 例 0.64，很接近美学比例的标准值。这时鼓的最大直径仍然在鼓的胸部，仅广西博物馆鼓 33、鼓 126、鼓 124、鼓 307、鼓 190、鼓 149、鼓 155、鼓 110 等 8 面铜鼓，鼓面略大于鼓胸，有的（如鼓 136）鼓面和鼓胸直径完全相等。伴之而来的是鼓面的立体装饰增多，花样翻新，人们审美的注意点集中到了鼓面。有的鼓面边沿向外伸出，形成“唇边”。另外，鼓足变高，使它与鼓胸和鼓腰的高度接近，侧看显得挺拔。鼓胸的最大径往下移，给人以稳重感。

铜鼓再继续发展，随着使用民族社会内部阶级地位的变化，作为代表统治阶级至高无上的权威的地位日渐削弱，其形体又变小变矮，以至由权力重器转化为神器和单纯的娱乐用具，这就是麻江型铜鼓。

麻江型铜鼓的造型比较单一，鼓面无唇边，鼓身曲线简化，由原来的三曲化为二曲。从抽样实测数据可以看出，麻江型铜鼓的宽、高比值都在 0.52—0.59 之间，各鼓的通高多在 26 厘米—30 厘米之间，以 27 厘米上下为最多；面径多在 46 厘米—49 厘米之间，以 47 厘米—48 厘米为最多。总之，麻江型铜鼓在鼓形设计上已基本

①万辅彬等：《大器铜鼓》，中国科学技术出版社，2013，第 266—267 页。

定型，尺寸大小、宽高比例也成定格。其通高与胸径的比值虽然都低于黄金律的标准值0.618，但彼此都很接近，在造型比例上达到了高度的规范，给人以自然的协调美。

北流型、灵山型铜鼓是典型的权力重器，它们以巨大厚重著称，“鼓惟高大为贵”，正是东汉到隋唐时期岭南俚僚奴隶制社会发展的反映。北流型铜鼓的比值在0.53—0.58之间，灵山型铜鼓在0.55—0.62之间，都符合美学原则。这类鼓外形庄重朴实，给人以威严典重之感。

铜鼓是乐器、神器、权力重器，讲究音响效果，因而也有调音问题。在冷水冲型、灵山型和北流型铜鼓背面都留有调音铲痕。

根据铜鼓表面遗留的痕迹，分析铜鼓铸造工艺，可以看出，制范面的泥料是经过研磨、筛选或淘洗的细泥配制而成的。大多数铜鼓暴露有芯垫，其中冷水冲型、北流型、灵山型铜鼓采用方形芯垫；绝大多数冷水冲型、北流型、灵山型铜鼓鼓身两侧各有一条合范缝；北流型、灵山型铜鼓和大多数冷水冲型铜鼓浇口设在鼓侧的范缝上，当时采用缝隙式浇注，使青铜合金熔液沿着铸型自下而上，通过缝隙浇口由两面注入模腔，液流顺畅，充填迅速。根据对铜鼓镶嵌痕迹分析，铜鼓的立体蛙饰和其他饰物以及部分鼓耳是采用失蜡法铸造的。这些装饰与鼓身的结合，应是多块范组合的浑铸法，把装饰物接到鼓体上。根据这些研究成果，得知古代铜鼓的铸造方法是泥型合范法加上失蜡法。[①]

任何艺术创作，都来源于生产和生活实践。人们从实践中逐渐总结出一套自身的审美原则。中国古代的《诗经》《考工记》《乐记》《礼记》《史记》等著作，也有关于这方面的记载。汉代《周髀》一书已明确地提出了“勾三、股四、弦五”的“勾股定律”。《考工记·凫氏为钟》篇对于钟制的尺度也有详细的记述。勾股定律和钟制尺度表明，古人早已掌握了一件器物各个部位合理的比例关系。中国的古代建筑、青铜器、陶瓷器、绘画、雕塑等文化遗物，都凝聚着古人关于器物的和谐比例关系的知识。他们总是按照美的规律在进行创造。铜鼓的制造者在长期的实践中摸索，从万家坝型铜鼓比例上不规范，到石寨山型铜鼓比较规范，发展到冷水冲型、麻江型、北流型、灵山型的规范化，越来越接近标准的比值，就是这种审美要求不断成熟的标志。

第二节　铜鼓的合金成分

铜鼓的主要金属成分是铜，但绝大多数都不是纯铜，而是铜与锡、铅等金属的合金。因此，国外许多研究铜鼓的学者把铜鼓称为“金属鼓”。如奥地利学者黑格尔在他的著作中称铜鼓为“金属鼓”。

铜鼓的特殊造型和铜鼓上精美绝伦的装饰艺术，除了铜鼓设计师本身具有极高的审美能力和成熟的绘画、雕塑技巧之外，还必须依赖于可塑性和表现力极强的原材料，加上能使这些原材料成型的铸造工艺。如果没有这些条件，铜鼓设计师再高明，也只能画饼充饥。

为了弄清铜鼓的合金成分，前人做了不少化验工作。黑格尔于1902年公布了一批测定数据，[②]其结果是：

第Ⅰ类型（石寨山型和冷水冲型）：含铜60.82%—71.71%，含铅14.25%—26.69%，含锡4.90%—10.88%。

第Ⅱ类型（北流型和灵山型）：含铜71.15%—79.02%，含铅16.54%—16.69%，含锡8.85%—11.94%。

第Ⅳ类型（麻江型）：含铜73.30%—85.45%，含铅3.75%—14.80%，含锡9.19%—17.60%。

第Ⅰ—Ⅱ中间类型：含铜76.02%，含铅10.64%，含锡12.39%。

第Ⅰ—Ⅳ中间类型：含铜73.19%—78.70%，含铅7.55%—10.94%，含锡11.72%—15.44%。

①唐文元：《用黄金律试探铜鼓造型的美学原理》，载《中国铜鼓研究会第二次学术讨论会论文集》，文物出版社，1986。

②黑格尔：《东南亚古代金属鼓》，石钟健等译，上海古籍出版社，2004，第250页。

20 世纪 40 年代末，广西省立博物馆对馆藏铜鼓也做了一些抽样化验，其结果是：

甲型（北流型）：含铜 69.30%，含铅 18.95%，含锡 11.42%。

乙型（灵山型）：含铜 68.70%，含铅 16.00%，含锡 8.83% 。

丙型（冷水冲型）：含铜 85.43%，含铅 0.24%，含锡 9.01%， 含铁 0.279%。

丁型（麻江型）：含铜 75%，含铅 7%，含锡 18%。

20 世纪 60 年代，广西博物馆对所藏铜鼓重新抽样化验，结果大致是：

甲型（北流型）：含铜 70.45%，含铅 16.12%，含锡 7.01%，含铁 0.69%。

乙型（灵山型）：含铜 68.7%，含铅 16.00%，含锡 8.83%，含铁 0.424%。

丙型（冷水冲型）：含铜 85.43%，含铅 0.24%，含锡 9.01%，含铁 0.279%。

丁型（麻江型）：含铜 72.66%，含铅 6.90%，含锡 11.91% ，含铁 0.91%。

以上这些测定都是在小范围内进行的，所测数据相当有限，还不能看出铜鼓合金成分的全貌。为了推进铜鼓研究的深入开展，自 1983 年起，北京钢铁学院、广西博物馆、云南省博物馆三家协作，对铜鼓合金成分和金属材质进行了专题研究，对广西、云南 100 面不同类型的铜鼓进行了分析检验。对合金成分，采用原子吸收光谱分析仪进行分析，对金属材质，采用金相方法鉴定。[①] 1986—1991 年，广西民族学院（今广西民族大学）、中国科技大学和广西博物馆在进行铜鼓矿料来源的铅同位素考证过程中，又对近 90 面不同类型的铜鼓进行了成分分析。[②] 分析结果表明，铜鼓的合金成分主要是铜、锡、铅三种元素，三者之和平均在 95% 以上。此外，有些铜鼓还含有少量的锌、铁、砷、锑元素。其中仅有 64 面铜鼓含锌，含锌量最高值是广西博物馆 284 号麻江型铜鼓，为 4.208%，超过 2% 的仅有 6 面；有 103 面铜鼓含铁，含铁量最高的是广西博物馆藏 114 号冷水冲型铜鼓，为 1.82%，平均值为 0.44%。含有砷和锑的铜鼓很少，除容县出土的遵义型铜鼓含砷量达 5.15% 外，其余平均值仅 0.24%，含锑量平均值 0.16%。这些锌、铁、砷、锑等都是由原料带入合金中的杂质，并不是人为有意识加入的元素。

按照金属成分的不同，铜鼓可划分红铜、锡青铜、铅锡青铜三种类型。红铜即纯铜，所含铅量、锡量都在 2% 以下，其中万家坝型铜鼓有两面红铜鼓，石寨山型铜鼓中也有两面红铜鼓。锡青铜，含锡高于 2%，含铅量低于 2%，锡青铜鼓主要是石寨山型和万家坝型。铅锡青铜是三元青铜，铅、锡含量都高于 2%，成熟期以后的铜鼓绝大多数是铅锡青铜。如冷水冲型铜鼓，其合金元素含量的频率分布集中在含铜量 65%—70%、含锡量 5%—15%、含铅量 10%—25% 的范围内，属于高铅的三元合金鼓。麻江型铜鼓合金元素含量的频率分布，集中于含铜量 75%—80%、含锡量 10%—15%、含铅量 0—10% 的范围内，属于高锡低铅的青铜鼓。

红铜鼓是纯铜铸造的铜鼓。铜在熔炼过程中因吸收空气中的氧，组织中一般含有铜的氧化物，因而形成红铜。此外，铜中也常含少量的铅、锑、铋等杂质。用红铜铸造的铜鼓表面粗糙，存在气孔或针孔等缺陷。

锡青铜鼓是铜和锡合金铸造的铜鼓。在铜中加入较多的锡，可以降低铜的熔点，提高合金铸造性能。一定数量的锡，还能提高铸件的强度和硬度，改变音响效果，并使铜由红色变为黄色。在铜中加入锡，使其构成适当比例的合金来铸造青铜器，是冶铸技术达到较高水平的标志。用这种合金铸造的铜鼓，其表面光滑，造型美观，图像清晰。

从变化与时代的关系来看，万家坝型，石寨山型，冷水冲型早、中期，北流型早、中期铜鼓的铜含量，从春秋战国到魏晋时期不断减少；冷水冲型晚期、北流型晚期、灵山型晚期铜鼓的铜含量，从南朝到隋唐时期又

①北京钢铁学院冶金史研究室等：《广西云南铜鼓合金成分及金属材质的研究》，载《中国铜鼓研究会第二次学术讨论会论文集》，文物出版社，1986。

②万辅彬：《中国古代铜鼓科学研究》，广西民族出版社，1992，第 131-152 页。

稍有增加；西盟型、麻江型铜鼓从唐宋时期到清代含铜量日趋一致。锡的含量在春秋时期很低，战国以后不断增长。锡和铅的总和也是从春秋战国到南朝以前不断增加，南朝以后到隋唐时期又稍有减少，唐宋到清代变化不大。这些变化，与冶金技术的发展和铜鼓社会功能的变化有关。最初铸造水平低，多为二元锡青铜，有一部分甚至干脆用纯铜。纯铜铸造出来的铜鼓，表面粗糙，存在气孔等缺陷。锡元素的加入，不仅可以降低铜的熔点，提高合金铸造性能，而且能够提高铸件的强度和硬度，改善音响效果。所以，在很长的一段历史时期内，锡的含量有逐渐增加的趋势，铜的含量便有所减少。

但是，锡的含量不能无限制地增加，当它超过6%时，青铜的脆性便逐渐增大，合金的延伸率急剧下降，铸件的机械性能就会变差。用这种合金铸造出来的铜鼓经不起长期的敲击。如果加入一定数量的铅去代替部分的锡，不仅仍然可以起到降低合金熔点的作用，而且因为铅在青铜合金中属于软的基体组织，可以有效地避免高锡青铜的脆性。用这种合金铸造出来的铜鼓可以经得起长时期的敲打而不至于破裂，这种既含铅又含锡的青铜就是铅锡青铜。铅锡青铜的密度较高，流动性最好，对于铜鼓是较为理想的合金材料。当铜鼓的主要社会功能不是作为娱乐用的乐器，而是作为奴隶主的权力重器，并且带有某些礼器色彩的时候，人们对其音响、音色等方面的性能要求并不高，主要讲究花纹的繁缛瑰丽、鼓面装饰的生动美观和整体造型的高大魁伟。这类铜鼓主要用铅锡青铜铸造。但是，铅的增加会加速声音振动的衰减，降低铜鼓的音响效果。当铜鼓作为统治阶级权力象征的职能下降，成为主要用于婚丧节庆的乐器和传讯工具以后，要求音响效果又是首要的了。因此，麻江型铜鼓铅的含量又相应减少，锡的含量又有所增加。

总之，不管是在哪个时期或哪个民族，铸造铜鼓都必须有铜，为了提高铜鼓的强度和硬度，达到一定的音响效果，还要加入锡和铅。只有这三种元素都能解决，才能产生铜鼓铸造工艺。

图 114. 北流市铜石岭铜鼓铸造遗址出土的矿石、炼渣及风管

第三节　铜鼓的矿料来源

铜鼓是一种可以移动的物品，使用和发现铜鼓的地方并不一定是制造铜鼓的地方，使用和深藏铜鼓的民族也不一定是制造铜鼓的民族。要弄清铜鼓的来源及流传情况，必须先了解铸造铜鼓的矿料来源和铸造地点。弄清铜鼓的矿料来源，对寻找铜鼓铸造遗址，确定铜鼓的族属，追踪铜鼓的传播路线，了解铜鼓流传地区的民族文化交流，会获得准确的依据。

铜鼓合金成分一般都含有铅。这些铅元素来自矿石铅。矿石铅在形成后，其铅同位素组成（即 ^{204}Pb、^{206}Pb、^{207}Pb、^{208}Pb 的百分含量）就不再变化，而且在采矿、冶炼、铸造等物理、化学处理过程中始终不变。不同矿区的矿石铅，由于具体成矿条件的差异，铅同位素组成往往各不相同，只要测出它的铅同位素，就可以找到它的原产地。

自 20 世纪 70 年代以来，美国、日本、澳大利亚的一些学者已在考古学中运用这个原理寻找青铜器、钱币、玻璃器等物品的矿料来源，取得了不少新成果。

自 1985 年冬起，广西民族学院、中国科学技术大学、广西博物馆一些从事物理学、化学、考古学、民族学的学者组建了探索铜鼓矿料来源及铸造地点的课题组，先后对北流型、灵山型、冷水冲型、麻江型铜鼓进行了化学成分分析和铅同位素比值分析，取得了突破性的进展。

实验先从北流型铜鼓做起。北流型铜鼓分布范围集中，在其分布范围内又有古代采铜、冶铜遗址，至今还有众多的铅锌矿开采点，容易获取齐全的对比资料。先是采集北流型铜鼓样品 17 个，用电解沉积铅的办法制得纯铅样品，再用质谱仪测试，取得铅同位素比值数据。同时对北流型铜鼓分布范围内的古铜矿、古铜矿渣、古铅锭，及现代铅锌矿、锡砂矿采取样品，做同样的测试，获取各自的铅同位素数据。分析结果表明，16 面北流型铜鼓的铅同位素分布比较集中，$^{207}Pb/^{206}Pb$ 为 0.842—0.858，$^{208}Pb/^{206}Pb$ 为 2.09—2.12，相对平均变化率为 1% 左右。北流市出土的 5 面铜鼓平均值 $^{207}Pb/^{206}Pb$ 为 0.8463，$^{208}Pb/^{206}Pb$ 为 2.097，相对标准偏差为 3%。这说明铅同位素的变化不大，矿料来源比较集中。再从北流市及其周围出土遗物来看，北流市出土的两块古铜矿和一个古铜锭，其实验数据十分接近；容县出土的一块古铜矿和一个古铜锭的实验数据也比较接近，这两组样品同桂平市罗秀出土的古铜矿的实验数据相比略有差别。更有意思的是，以上古铜鼓和古铜锭构成的铅同位素分布场覆盖了已测试的全部北流型铜鼓的铅同位素范围，这就可以推测，这些铜鼓的矿料来源主要是在北流市和容县一带。

在研究的16面北流型铜鼓中有6面铅锡青铜鼓，其中广西平南县出土的143号铜鼓含铅量高达13.5%，这些铅是从哪里来的呢？从北流市周围5个县的7个铅锌矿、1个古铅锭、1个古炼铜鼓风管来看，它们的铅同位素 $^{207}Pb/^{206}Pb$ 的变化范围为0.8369—0.8643，$^{208}Pb/^{206}Pb$ 的变化范围为2.079—2.129，相对变化为2%—3%。它们的分布图与北流型铜鼓铅同位素分布图和古铜锭、古铜矿铅同位素分布图相重叠，并且后者将前者包围。这就再次说明，北流型铜鼓中的铅料也来源于广西北流市及其周围一带的铅锌矿。在实验样品中有一块从广西容县石头乡（今石头镇）出土的古铅锭，它的铅同位素与同地出土的古铜锭相差很大，与容县自良的铅锌矿也相差很远，而与岑溪、横县的铅锌矿的同位素比值相近，可能这个铅锭不是容县本地出产的，而是从邻近地区（如岑溪、横县等）冶炼出来，再运到容县来作铸造铜鼓原料的。因此，北流型铜鼓的矿料也有的是由邻近地区提供的。从而说明北流型铜鼓所需的矿料主要来自当地的矿山。这个结论同考古发现的古代采铜、冶铜遗址的时代和规模相吻合。以此为基础撰写的论文《北流型铜鼓及其铸造遗址初探》《北流型铜鼓铅同位素考证》在1986年郑州国际金属早期生产与应用大会上发表，引起了与会代表的关注。这项成果填补了铜鼓研究中有关矿料来源产地的空白。[①]

接着做灵山型、冷水冲型铜鼓的铅同位素测定。结果发现，灵山型铜鼓的铅同位素比值数据与北流型铜鼓相近，灵山型铜鼓铅同位素分布场与北流型铜鼓铅同位素分布场大部分重叠，说明灵山型铜鼓有着与北流型铜鼓相同的矿料来源。冷水冲型铜鼓的铅同位素分布比较分散，说明其矿料来源比较复杂，除了少数有与北流型铜鼓相同的来源，大多数冷水冲型铜鼓的铅同位素分布在北流型铜鼓铅同位素分布场之外，说明这些铜鼓有着与北流型铜鼓完全不同的矿料来源，很可能是从冷水冲铜鼓出土地点以外的地区运入的。这种情况同冷水冲型铜鼓分布范围广，民族成分复杂的历史背景有关。[②]

麻江型铜鼓分布于我国广西、贵州、云南、四川、广东、海南和湖南西部等，范围广大。这一分布区内盛产铜、锡、铅，可为铸造铜鼓提供齐全而充足的矿料。但是，麻江型铜鼓是否都是用当地的矿料来铸造，没有科学的根据。1991年，万辅彬、赵慧芝等人运用铅同位素比值法，测试了26面麻江型铜鼓、32块铅金属矿（包括古矿渣），结果表明，这些铜鼓的铅同位素比值分布比较集中，说明其矿料来源是相当集中的。32块铅金属矿样品中，只有来自贵州的水城、赫章、威宁、普定，以及云南的会泽、东川、牟定、蒙自等地的11个样品的同位素比值才在那26面铜鼓的铅同位素比值分布场中。说明麻江型铜鼓的矿料来源于贵州、云南两省毗邻地区，即该类铜鼓分布区的西部，而贵州镇宁、普定、织金、六水一线以东地区所有含铅金属都未曾作过麻江型铜鼓的矿料。贵州与广西相邻地区是麻江型铜鼓分布最密集的地区，当地产的含铅金属未用于铸造麻江型铜鼓，这一结论很出人意料。[③]

遵义型铜鼓也采了7个样品进行分析，从实验数据所构成的铅同位素比值分布场来看，与麻江型铜鼓基本一致，它们所用矿料，也是来源于麻江型铜鼓分布区的西部，即包括云南楚雄彝族自治州、滇中、昭通、曲靖地区，贵州毕节地区、六盘水地区和黔西南布依族苗族自治州、广西的西北部以及四川、云南、贵州三省交界地区。[④]

图115. 北流市铜石岭（蒋廷瑜 摄）

①姚舜安等：《北流型铜鼓探秘》，广西人民出版社，1990。

②万辅彬等：《铜鼓矿料来源研究——北流型灵山型冷水冲型铜鼓的铅同位素考证》，《物理》1990年第3期；姚舜安等：《论灵山型铜鼓》，《考古》1990年第10期。

③万辅彬：《麻江型铜鼓的铅同位素考证》，《自然科学史研究》1992年第2期。

④万辅彬：《中国古代铜鼓科学研究》，广西民族出版社，1992，第110页。

广西蕴藏着丰富的铜、锡、铅矿产。据《旧唐书·地理志》记载，“藤州镡津有铅，临贺橘山有铜冶，冯乘有锡冶三”；铜陵县“界内有铜山”。镡津在今广西藤县以南，临贺即今广西贺州，冯乘即今广西富川。据《宋史·食货志》载，贺州有“锡官”。宋人范成大《桂海虞衡志》说：“铜，邕州右江峒所出，掘地数尺即有矿。”由于铜、锡易得，早在唐代武德四年（公元621年）就在桂州（今桂林）置钱监铸钱（《新唐书·食货志》）；南汉刘龑时，在邕州铸“乾亨通宝”铅钱。①宋代，广西的采矿、冶炼手工业有很大的发展，梧州、藤州（今藤县）、贺州、邕州（今南宁）等地都开采铜、铅、锡矿，宾州（今宾阳）产铅“五万六百斤”，邕州产铅“五千斤”，贺州产铅“一万二千六百斤”。②融州、宜州“皆有铅、锡坑”。③这些矿产的开采，有的一直延续到近现代。

广西丰富的铜、锡、铅矿产，为当地世代延续、大量铸造铜鼓，提供了取之不尽的原料来源。

北流市铜石岭有丰富的铜矿。唐代因在北流、容县一带开采铜矿而立了“铜州”。同时还开发了容县自良，岑溪糯垌、筋竹、城练，陆川沙坡、横州的铅矿，以及贺州桔山的铜铅锡矿。南汉时期岭南的冶铸业又有了新的发展，冶铸技术已达到很高水平。

唐代广西的冶铸业亦有相当的发展。据《新唐书·地理志》和《元和郡县志》记载，在广西境内的35州，兼贡金银的有10州，单贡银的有20州，单贡金的有3州。④大历十四年（公元779年）下令，允许邕州等地私人开采金矿，“其金坑……任贫下百姓来采厮，不得令酋豪及官吏影占侵扰”，接着在岭南征收黄金税，后来为了鼓励民间采矿，又一度下令“除采金税”。

我们说铜鼓的矿料来源于当地，也不是绝对的，并不排除其中也有从外地输入的可能。尤其当铜鼓铸造最繁盛的时候，当地原料已不够需求，就得引进外地的原料。这种现象在历史上是有过的。《晋书·食货志》所说的一些商人将铜钱运到岭南，高价卖给岭南的少数民族，岭南少数民族购买这些铜钱将它们熔毁，就是用来充当铸造铜鼓的原料。我国自汉代以来流通的货币铜钱也是铜锡的合金，有的含铅量也较高，与铜鼓的合金成分很接近，把它们熔毁，直接可以铸造铜鼓。而这种熔毁铜钱改铸铜鼓的做法可能一直延续到唐宋时期。《旧唐书·食货志》载：“贞元九年正月，张滂奏诸州府公私诸色铸造铜器杂物等，伏以国家钱少，损失多门，兴贩之徒，潜将销铸。……有利既厚，销铸遂多。江淮之间钱实减耗，伏请准从前敕文，除铸镜外，一切禁断。”这里所说的诸州府熔钱“铸造铜器杂物”，可能也包括岭南地区熔钱铸造铜鼓在内。至于宋代毁钱铸鼓的现象，可从遵义型铜鼓上还保留“元祐通宝”钱的垫片中证实。贵州遵义杨粲墓和马家湾出土的铜鼓，鼓壁的夹铸垫片没有完全熔化，还可分别辨认出“元”“祐”“通”“宝”四字，应是在铸造铜鼓时使用“元祐通宝”铜钱，剪成小块作为夹铸垫片的遗留。⑤当时既然使用铜钱做垫片，也就难免熔化铜钱作为铸造铜鼓的原料了。

第四节　铜鼓的铸造工艺

铜鼓的结构是：鼓面平坦，胸部突出，腰部内束，足部外侈，胸、腰结合处有四耳，鼓面、鼓身上有各种精细的花饰，有的还有青蛙等塑像装饰，铸造工艺相当复杂。尽管铸造铜鼓的历史悠久，但因其工艺严加保密，“传于子而不传于女”，史书记载极为贫乏。泰国国家图书馆有一份《铜鼓制作法》缅文材料，记述了缅甸克耶邦用失蜡法铸造西盟型铜鼓的工艺过程。据《缅甸百科全书》载，缅甸的铜鼓铸造技术是500年前从中国广西壮族中传去的。然而随着铜鼓的衰落，铜鼓制造技术

①千家驹等：《中国货币发展简史和表解》，人民出版社，1982。
②李心传：《建炎以来朝野杂记》甲集卷十六。
③徐凡：《宋会要辑稿·食货》，中华书局，1975。
④欧阳修等：《新唐书·地理志》，中华书局，第1095-1111页。
⑤唐文元：《关于铜鼓夹垫铸造工艺的探讨》，载《古代铜鼓学术讨论会论文集》，文物出版社，1982，第199页。

已逐渐失传，研究铜鼓的学者也很少涉及铜鼓的铸造工艺。现在我们探讨铜鼓的铸造工艺，只能从现有铜鼓的考察着手。

为了揭开铜鼓铸造工艺之秘，考古学者与铸造学者进行了艰辛的努力。1982年，北京钢铁学院冶金史研究室（今北京科技大学冶金与材料史研究所）在广西、云南两省（区）博物馆配合下，对92面铜鼓进行了精确的测量，发现各类铜鼓的形体大小，鼓壁厚薄不完全相同，鼓高与鼓身最大直径的比值，同类型铜鼓相同或相近，反映了各类型铜鼓各有自己的规范。如万家坝型铜鼓，比值波动范围最大，从0.43到0.75，有的显得过于矮胖，有的显得过于高瘦；石寨山型铜鼓比值稍趋接近，大都在0.48—0.74之间；冷水冲型铜鼓比值大体相同，90％在0.65—0.71之间，鼓形设计已初步规范化；麻江型铜鼓比值在0.52—0.60之间，鼓形设计已基本定型；北流型铜鼓比值在0.53—0.58之间，灵山型铜鼓比值在0.55—0.62之间，均显得庄重朴实。从鼓壁厚薄来看，早期的铜鼓较厚，且不均匀，以后逐渐减薄，到晚期变得非常均匀。这些说明，铜鼓的制造技术随着时代的进步不断发展和完善。这种制造工艺发展脉络的理清也为确定每面铜鼓的相对年代找到又一个科学依据。

虽然铜鼓铸造工艺尚未见史书有具体记载，但是，中国古代冶铸技术非常发达，如泥型铸造、金属型铸造、失蜡铸造等技术，早在2000多年前相继使用。明代宋应星《天工开物》记述了失蜡法及泥范铸造的工艺：

凡造万钧钟，与铸鼎法同。掘坑深丈几尺，燥筑其中如房舍，埏泥作模骨。其模骨用石灰、三和土筑，不使有丝毫隙拆。干燥之后以牛油、黄蜡附其上数寸。油蜡分两，油居十八，蜡居十二。其上高蔽抵晴雨。油蜡墁定，然后雕镂书文、物象，丝发成就。然后舂筛绝细土与炭末为泥，涂墁以渐而加厚至数寸。使其内外透体干坚，外施火力炙化其中油蜡，从口上孔隙熔流净尽。则其中空处即钟鼎托体之区也。

凡油蜡一斤虚位，填铜十斤。塑油时尽油十斤，则备铜百斤以俟之。中既空净，则议熔铜。凡火铜至万钧，非手足所能驱使。四面筑炉，四面泥作槽道，其道上口承接炉中，下口斜低以就钟鼎入铜孔，槽旁一齐红炭炽围，洪炉熔化时，决开槽梗，一齐如水横流，从槽道中枧注而下，钟鼎成矣。凡万钧铁钟与炉、釜，其法皆同，而塑法则由人省啬也。

凡铁钟模不重费油蜡者，先埏土作外模，剖破两边形或为两截，以子口串合，翻刻书文于其上。内模缩小分寸，空其中体，精算而就。外模刻文后，以牛油滑之，使他日器无粘烂。然后盖上，泥合其缝而受铸焉。巨磬、云板，法皆仿此。①

估计制造铜鼓也用此法。从器物的外形可以看出，泥型铸造由两个以上外范组合成型，在器物上可以看到两条明显的合范缝。失蜡铸造为整体造型，在器物表面看不到合范缝。铜鼓的面、胸、腰、足四部分是以鼓面太阳纹中心为圆心的同心正圆体，鼓面和鼓胸的花纹都以晕和弦纹为分界，弦纹之间布列各种纹样。有的铜鼓内壁留有细弦纹，表明铜鼓成型时采用刮板或轮盘制作。多数铜鼓的鼓身上有两条纵向合缝线，将鼓身分成左右对称的两个部分。麻江型铜鼓有的有四条合缝线，其中有两条明显突起稍宽，是合范浇铸后形成的，另两条窄细，有的范缝中间有被横向花纹或云雷纹切断的痕迹，可能是在造型过程中先刻出纵向阴纹，然后又修整横向花纹所成。凡有合范的铜鼓就是泥范法铸造的。西盟型铜鼓有两条仿合范缝隙的纵向阳纹，在纵向阳纹上又铸出横向纹或蛙、象等复杂装饰，不可能是真正的合范缝，而是用失蜡铸造法制作的。多数铜鼓用垫片控制壁厚及支撑外范。早期铜鼓的垫片数量不多，分布不均。石寨山型铜鼓垫片密集，排列均匀，贵港罗泊湾11号铜鼓面径只有33厘米，却有垫片7圈37个。冷水冲型、北流型铜鼓鼓面上的垫片也很明显。麻江型铜鼓鼓面上未见垫片，胸、腰有少量的圆形垫片。有的铜鼓也可能使用圆形的泥支钉，浇铸以后，挖掉泥支钉，留下圆形的支钉孔。但西盟型铜鼓用失蜡法铸造，没有垫片。多数铜鼓的花

图116.铜鼓铸造工艺流程（组图）

①宋应星著，潘吉星译注本：《天工开物》卷中，上海古籍出版社，2008，第161-165页。

纹以阳纹为主，石寨山型铜鼓以阴纹为主，有的铜鼓阴纹、阳纹并用。

铜鼓的耳，分为圆形或扁圆形素耳、编织花纹扁耳、蛇纹圆茎耳、宽扁耳四种。万家坝型铜鼓鼓耳素面无纹，用泥型法铸成。石寨山型铜鼓有的是编织花纹扁耳，花纹美观精致，从耳边沿观察花纹由外向内延伸并连续，找不到合范痕迹，可能是用失蜡法铸成的。北流型铜鼓大部分是蛇纹圆茎耳，耳呈弯曲的蛇状，蛇纹环绕，蛇背部脊骨凸起有节，耳根部各有三爪，既是纹饰，又起加强筋的作用，不见合范缝，也可能采用失蜡法铸成。其他大部分铜鼓用宽扁耳，耳上花纹有复杂的编织纹，也有简单的几条纵向阳纹。有的鼓耳两侧边沿残留有合范缝迹，耳上有支钉孔，显系泥范法铸成；有的纹饰复杂，表面光滑清晰，没有垫片或支钉孔，可能采用失蜡法铸成。

鼓耳与鼓身的结合有三种方法。万家坝型铜鼓耳根部没有焊接痕迹，是用整铸法和鼓身一起铸成的。有的铜鼓耳范单独做成后，与鼓身范组合在一起，用浑铸法一次铸成。这样铸作出来的铜鼓，耳根与鼓身结合处没有焊迹，但在耳下相对应的鼓壁上常有一块粗糙表面。有的铜鼓采用分铸法，先用鼓耳范浇注成金属鼓耳，然后嵌入鼓外范。当浇注铜鼓鼓身时，灼热的铜水将金属鼓耳两根部与鼓身铸接为一体。由于铜鼓壁薄，需要在鼓耳根部铸出榫头，在与榫头相对应的鼓内范上挖出凹槽，浇注以后，榫头就包铸在凹槽内，增加铸接强度。

铜鼓上的青蛙、乘骑、牛橇、马、牛、鸟、龟等塑像装饰，结构复杂，做工精细，表面上又没有合范缝和焊接或分铸痕迹，应是采用失蜡法铸造的。这些装饰与鼓身的结合处，有的也没有焊接痕迹，但在装饰物所接触的那块鼓面比较粗糙，花纹间断，应是用多范块组合的浑铸法，使它铸接到鼓体上去的。以青蛙塑像为例，用蜡制成蛙的形象，在蛙爪处设置出蜡口，在蛙眼处设置出气孔，然后敷以泥料，制成蜡蛙模型的外范。等外范自然干燥后，加热烘烤，让蜡蛙模型熔化后流出，然后将此蛙范嵌入鼓外范，与鼓身一起浇铸。

铜鼓表面的花纹丰富多彩，富有浓厚的生活气息和民族特色，其制作方法灵活多样，主要采用雕刻法、滚压法和印痕法。雕刻法又称刻纹法，用尖刀、竹针等工具在铜鼓的内范上雕各种纹饰。这种纹饰有很大的随意性，纹路的截面常呈三角形或梯形。滚压法，将纹饰刻在圆柱体的模型上，拿到鼓身泥范上滚压，制成连续重复的纹带。这种方法适用于制作简单的花纹，如乳钉纹、栉纹等。由于滚动不均，会产生重叠或歪扭的现象。印痕法，又称印纹法，将纹饰的一个单元刻在木质或石质模型上，或者以现成的某种物品作印模，依次捺印到铜鼓的外模上。几何图案花纹多采用此法，如同心圆纹、云雷纹、钱纹等，有些画像，如鹭纹、骑士纹、变形船纹和麻江型铜鼓上的鱼纹、龙纹、游旗纹、汉字吉祥语铭文和“道光　年建立”铭文等，也用此法。这种方法操作简便、工效高，但由于随手按捺，也产生压印不均、空缺或重叠现象。至于鼓面晕圈及胸、腰部弦线，都是以铜鼓中心轴为基准，利用刮板或轮盘旋转时刻画而成的，所以匀称而又圆整。

根据北京钢铁学院冶金史研究室对 81 面铜鼓铸造工艺的初步分析，其中采用泥型合范法的有 72 面，占 89%；采用失蜡法的有6面，占7%，铸造方法不明的3面，占 4%。泥型合范铸造是中国古老的传统铸造技术，从中原地区到西南少数民族地区都曾普遍使用过。铸造铜鼓的民族往往将泥范法与失蜡法结合使用，用泥型做鼓身，用蜡型做鼓耳和各种动物塑像，巧妙地施用以中心顶注式浇铸为主的各种浇铸系统。装饰花纹的制作方法也灵活多样，常用雕刻法、滚压法、印痕法制作各种精美的几何图案和生动的画面。

我们通过对大量铜鼓的反复观察和分析研究，已将古代铜鼓铸造工艺流程大体弄清。一般来说，要经过四个步骤十二道工序。这些步骤是：

第一步，准备阶段，包括备料和整理场地两道工序。所备之料，包括金属材料、造型材料和燃料。铸造铜鼓的主要金属材料是铜、锡、铅，这从分析铜鼓的金属成分中已经知道。造型材料各时各地不同，宋人赵希鹄《洞天清录集》记述失蜡法用澄泥、纸筋羼合制范；明人宋应星《天工开物》提出用三合土、细土及炭末羼合制范；缅文《铜鼓制作法》记录的泥料配方是用黏土、牛粪和谷壳羼合而成。这些原料在中国铜鼓产地都有丰富的来源。西盟型铜鼓及其他类型铜鼓的耳和青蛙等立体装饰用失蜡法铸造，所用蜂蜡和白蜡，在铜鼓产地也有丰富的来源。燃料主要是木炭，深山大岭，取之不尽。铜鼓是大型器物，铸造时必须有专门场地，这种地方能熔炼铜鼓所需的金属，确保浇注时的安全。

第二步，制范阶段，包括制模型、骨架、刮板，制内外范，制附件，刻花纹，干燥和烘烤五道工序。首先将木料做成一个鼓形木模作为范芯骨架，用掺有谷壳的粗泥料作范芯的底层，再用掺有草灰、牛粪的细泥料作表层，使表面光滑并且有较好的透气性和退让性。再捏塑四个实心耳安在耳的部位。接着翻外范，先在细泥模型上涂以牛油，防止粘连，然后将面范、身范分块配上细泥料和掺加草灰、麻丝的粗泥料，形成外范，在外范上按设计留好浇口。拆开外范后，在范面刻印花纹。再就是做芯范，芯范由泥模型减薄而成。其做法是在泥模型鼓的周身嵌入一定数量的铜芯垫，然后按芯垫印痕厚度刮去一层泥料，并打磨光洁。

第三步，合范浇注，包括合范、焙烧预热和浇注等三道工序。合范是将内、外范合拢，内外范之间放置垫片，设置浇冒口，使内外范对正并固定起来，组合为完整的铸范。合范后，用泥把各条范缝封严，并以绳索把整个范扎紧，经低温烘烤，使范泥中的水分蒸发，干透硬化。但用失蜡法铸造的西盟型铜鼓没有合范工序。铜鼓属薄壁铸件，为了确保铜水在型腔中易于流动，在浇注之前，需要将鼓范焙烧预热至6000℃左右，浇注就是将铜、锡、铅金属按比例熔化后从鼓面中央或鼓足边沿的浇口杯内注入铸范型腔内。要求熔化金属的成分均匀，选择合理的浇注温度及速度。

第四步，修整和定音。浇注之后，拆开外范，取出内范，锯凿掉浇冒口，清除内外壁上的泥料，修饰花纹及立体装饰物，使铜鼓表面光洁，花纹清晰。铜鼓作为乐器，对音响有一定要求，必须请专门鼓师进行调音。最后使之外观、纹饰和音响都能达到预期的效果。

为了证实这些推断的正确性，广西民族大学、上海博物馆、广西博物馆与南宁重型机械厂合作，进行复制北流大铜鼓的试验，从备料，整理铸造场地，制模型、骨架、刮板，制内范、外范，刻花纹，到干燥、烘烤、合范、焙烧预热，直至浇注等工艺，一步一步试验，探索铜鼓铸造工艺的奥妙。

北流大铜鼓，即水埇庵铜鼓，是迄今为止世界上发现的鼓面直径最大的铜鼓。这面铜鼓鼓面边缘整个一圈残留有铸造披缝，实际测得的鼓面直径为163.6厘米—166厘米。鼓面不是平面，而是稍隆起成球台状，球台上圈（即太阳纹光体）直径为10厘米，底圆直径为165厘米，高3厘米，计算得出球面半径为11.3米。鼓面壁厚较均匀，基本为1厘米。垂檐圆壁均匀，通高2.5厘米，厚0.4厘米。鼓面装饰有5个晕圈，宽而疏朗。凸起的弦纹同心度极佳，各弦间距离都为0.6厘米。太阳纹光体凸起0.7厘米，四周均布8芒。除太阳纹外，鼓面遍布凸起的云纹和填点菱形回字雷纹。每个云纹的直径为0.6厘米，雷纹的大小为0.6厘米×0.7厘米。鼓面上还明显可见垫片痕迹，共有68块，由内到外的5个晕圈中分别有14、20、26块，以每晕6块的数量递增。垫片基本按同心圆位置均匀分布，其大小为（1.5—2.2）厘米×（1.5—2.4）厘米不等。鼓面边沿没有青蛙塑像。鼓身弦纹密集，晕圈窄而均匀，晕圈宽度都为2厘米，弦间距为0.6厘米。除胸腰、腰足的边接部位及颈部2.5厘米宽的晕圈外，上下都有与鼓面相同的云纹和雷纹。鼓身对称有两条宽厚的纵向缝隙浇口残迹，有两对圆茎蛇纹环耳。鼓足严重残缺，仅存与鼓腰的连接部分。测量鼓胸高24.3厘米，鼓腰高32.2厘米；鼓身壁厚0.2厘米—0.7厘米，大部分0.5厘米—0.7厘米，平均约0.6厘米。在鼓胸和鼓腰，鼓腰和鼓足的连接部位，内壁设计过渡平缓，形成了两圈最大厚度达1厘米的加厚圈。

通过对一些北流型铜鼓进行测量发现，其胸、腰、足三者的高度比例有一定规律，其平均值是：胸高：腰高：足高=1 ∶ 1.33 ∶ 1.06。由此可以推算出水埇庵铜鼓的实际足高应为25.8厘米，身高为82.3厘米，通高则为86厘米。同样，根据各大铜鼓足外形曲率的统计情况，确定出水埇庵鼓的完整外形曲线，计算鼓足的最大直径为163厘米，接近于鼓面直径。根据101号鼓鼓面边缘有一圈铸造披缝可以确认，该鼓是采用泥型（陶范、泥范）法铸造的。鼓身上只有两条表面不平整、稍有错位、对称分布的垂直披缝。这两条披缝就是缝隙浇口，也是鼓身泥型的分型面。

鼓面外范的制作。北流型铜鼓鼓面均大于鼓身，若先塑制泥质实样，大于鼓身的面檐部分因面积大而壁薄，不仅较难塑制，而且难于承受翻范操作。从许多北流型铜鼓鼓面可以看到，在与鼓身分型面对应的位置，常有鼓面局部增大的现象，增大部分也有弦纹和底纹。这一现象说明，这些铜鼓的鼓外范是直接用刮板制作的。而且把鼓面外范型腔有意地制成稍大于实际所需鼓面尺寸，这样可以防止因鼓身外范变形或合箱错位而造成鼓面增大部位出现无纹饰的现象，表现了当时铸鼓匠师高超的工艺设计水平。因形大器重翻范起模十分困难，鼓身外范也只能用刮板直接刮制。在制范过程中因用刮板直接刮制，无须移动外范，就可逐步完成刮制外范、滚印纹饰、烘焙、制定位置等工序。面檐及垂檐型腔也是用成形刮板在鼓身外范上一齐刮制而成的。

从水埇庵鼓内壁有清晰的同心圆刮痕可知，内范制作也使用了刮板。据《铜鼓制作法》提供的资料，内范一般被制成空心的。从强度上考虑，这么大的铜鼓，如果是实心内范，其重量约为 2200 千克，在浇注时鼓面向下的情况下，将给它的移动、翻身、合箱等过程造成极大困难。因此，只能用空心内范，以减轻其重量。又考虑到合金的收缩率，陶范泥料必须由泥、砂、植物等原料混制。增加植物的配入量，可以提高内范的退让性和

重叠现象，表明是用尺寸为 4 厘米 ×1.8 厘米的两个石质或其他材质的阴刻云纹及雷纹印模，在鼓面外范上沿用圆周方向由鼓面中心一圈圈向外压印而成的。由于操作时压印不均匀，使局部压印纹连接处产生重叠。

鼓身的云纹和雷纹未见上述一类的印模压印痕迹，但可见沿圆周方向的条状印痕及纹饰重叠现象。各晕圈内的纹饰大多为同一种花纹，相邻晕圈大多呈云纹和雷纹交替装饰并以弦纹组的中线为分界线，但也有同一晕圈中同时出现成段的云纹和雷纹现象。因此，鼓身纹饰是用两个石质或其他材质的阴刻云纹及雷纹圆柱体印轮，在鼓身外范上沿晕圈一圈圈滚印而成的，滚印时以弦纹组中线为分界线。由于滚印时的间断操作或更换印轮，造成在同一晕圈中的纹饰重叠或出现云纹和雷纹两种纹饰相接现象。由于鼓身表面为曲面，印面过宽的印轮无法一次滚印出低凹曲面处的纹饰或保证纹饰深浅一致，因此，印轮的印面不会太宽，约为 3 厘米，沿印面宽度方向正好可分布 5 个云纹或 4 个填点菱形回字雷纹。

外、内范都制好后，让其阴干，然后烘焙、合范，

透气性，并降低范料的蓄热系数，进而提高陶范的充型性能。空心内范能进一步减少收缩阻力以避免铸件产生热裂。

鼓耳上不见范线痕迹，四只鼓耳的形状和装饰也不完全相同。因此，鼓耳的制作过程应是先捏塑蜡质鼓耳，待鼓身外范刮制和滚印纹饰完成后，在鼓耳位置挖去部分范料，嵌入蜡耳，再用范料填补修整并刻出三爪纹，最后在陶范烘焙时失蜡并与整鼓一次浇注。由于填补得不光洁，浇注后鼓耳根部在鼓壁上留下一块粗糙表面。

鼓身、鼓面的弦纹用成形刮板与外范同时刮制，或用弦纹滚轮借外范刮板转轴在外范上一道道滚印而成。复制试验用滚印法获得了与原器相同的弦纹效果。

鼓面云纹和雷纹呈同心圆和放射状分布，大小为 4 厘米 ×1.8 厘米的长方形痕迹以及在痕迹边界处的纹饰

最后熔炼、浇注。[①]像水埇庵鼓这样的大型铸件，浇注时不可能采用鼓面向上方式，而是采用鼓面向下方式。合箱时鼓面在下，由于内范又大又重，内范悬吊及合范定位困难，只好借助大量垫片来支撑安置，方便鼓面外范上的同心圆弦纹在合范时的定位支准。水埇庵鼓内范是空心的，内范范料中为改善退让性而加入较多数量的植物质，焙烧后又降低了比重，这些都减轻了内范的重量，便于搬移、翻身及合范。水埇庵鼓鼓面上有 68 块垫片，基本按同心圈位置由内到外的 5 个晕圈中均匀分布。这样众多的、较大块的、均匀分布的垫片，可以平衡地支撑其内范。鼓身也有许多垫片，不仅具有控制鼓身壁厚的作用，而且通过垫片使鼓身外范的合箱力对内范起固定作用。

①吴来明等：《世界铜鼓之王——北流型 101 号铜鼓铸造工艺研究》，《文物保护与考古科学》1995 年第 1 期。

铜鼓铸造工艺流程：

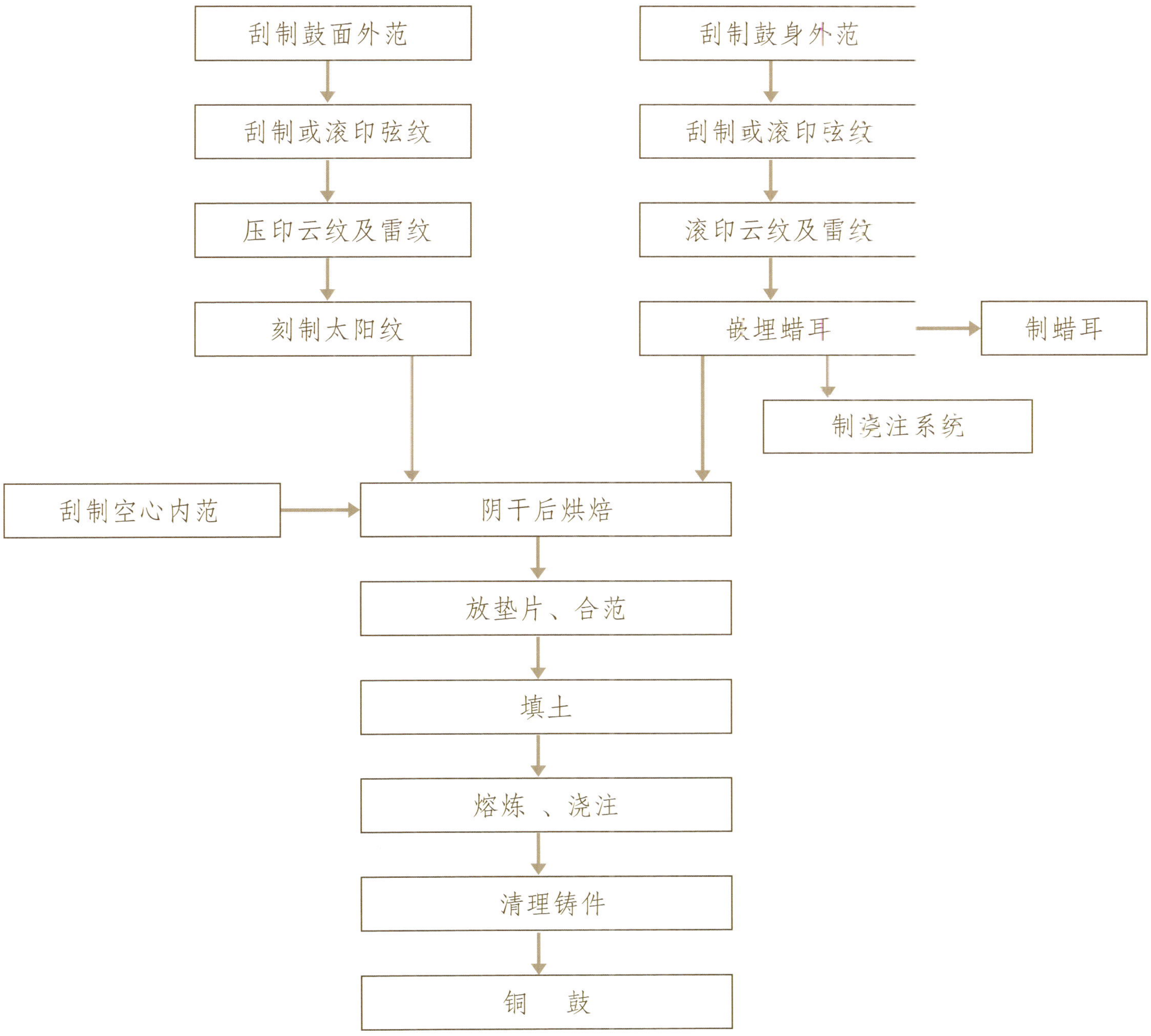

铜鼓铸成以后还有一个调音问题。古代铜鼓，无论作为邦之重器、礼器，还是作为一般乐器，其音频、音色都是极为重要的。“鼓声宏者为上，可易千牛，次者七八百。”[①]为了取得良好的音响效果，要专门请铜鼓师来调音。如何调音，史料记载缺乏。清代屈大均《广东新语》说：“每铜鼓成，必置酒延铜鼓师。师至，微以药物淬脐及鼓四旁，稍挥冷锤攻之，用力松轻，不过十余锤。” 北流型、灵山型、冷水冲型铜鼓鼓面背后有规则的铲削痕迹，是古代铜鼓匠师对铜鼓调音留下的痕迹。

根据现代声学理论，铜鼓的振动发声属于周界固定的金属圆板振动。铜鼓铸成之后，在圆板半径已经确定的情况下，改善基音的最有效办法就是改变鼓面的厚度。由于金属圆板振动的泛音不是基音的倍频，如果音色不好，要使圆板振动的泛音近似基音的倍频，也必须改变圆板中某些特定部位的厚度。至于改变哪些部位，需要靠铜鼓匠师的高超技巧来确定。

鼓面背面的铲削痕迹，以前研究铜鼓的学者或者没有注意到，或者已经留意，但未做深究。广西民族大学物理系李世红、万辅彬等人详细地考察了这些铜鼓，确认这些铲痕是古代铜鼓匠师调音时留下的。

铜鼓的调音铲痕都在与太阳纹相对应的背面中心。先铲出一个小圈，然后从这个中心开始，一刀一刀地沿半径方向铲削，每一刀铲痕的长度基本相同。这些铲痕呈辐射状分布，排成圆环或圆弧，一环一环地向外伸展。

北流型铜鼓的调音铲痕尚不一致，有几种形式：有的排列成两个对称的扇形，有的排列成一个一个的同心圆环形，而最普遍的是由圆形加上两个对称的扇形构成，最特殊的则是几层重叠的铲痕。

灵山型铜鼓的调音铲痕比北流型有长足的进步，由内向外，一环归一环，层次分明，而且形式也趋统一，只有扇形、圆形、圆形加扇形三种，没有重叠的现象，而且铲痕面积小，细密清晰，显得简练而精确。

声学关于圆板振动模式的研究指出，圆板振动时，

①《明史·刘显传》。

其纵向节线沿着半径方向分布，而横向节线沿着同心圆方向分布。鼓面背面中心的每一刀铲痕都沿半径呈辐射状分布，正好与圆板振动的纵向节线吻合；每一环铲痕呈同心圆弧状分布，又正好与圆板振动的横向节线吻合。铜鼓调音铲痕的分布与现代声学理论中的圆板振动模式竟如此吻合，不能不使我们惊叹。[①]

第五节　铜鼓铸造工艺的失传

宋代以后，西南地区少数民族大量铸造铜鼓，到明朝弘治年间曾下令禁止铸造铜鼓。清人龙文彬《明会要》曰：

弘治七年六月，命人访造铜鼓者。工部言："铜鼓制出自西南夷，非朝廷所宜用。方今各处灾伤，正宜彻乐减膳，岂宜复造制外之器，以骇人心，累圣德？"命已之。

弘治七年（公元 1494 年），一纸公文并没有禁绝铜鼓的铸造。从一些铜鼓铭文可以推测，明清时期已有专门制作铜鼓的作坊，出现了"独山双和号""白连朋号""希吕氏记"等商号。[②]

"独山双和号"铜鼓，目前发现两面。一面是广西东兰县高新 1 号鼓，背面有一个圆形印章，其内再印"独山双和号"长方形印，方印宽 1.1 厘米，长 4.1 厘米，"独山"2 字横排，"双和号"3 字竖排。此鼓鼓面有"道光七年建立"印章，当是铸作于 1827 年。另一面是广西东兰县旧州 3 号鼓，印记在鼓背面，印的外形、尺寸大小与高新 1 号鼓完全相同，但印文稍为模糊，仅其中的"双"字和"号"字依稀可辨。此鼓鼓面也铸有年款铭印章"道光四年建立"，知是 1824 年之物。

"白连朋号"，仅发现一例，即广西凤山县那田 3 号鼓。鼓藏凤山县砦牙乡拉英村那田屯，鼓主罗国景。鼓面背面铸铭文"白连朋号""万宝家财"，鼓足内侧铸一线画蜘蛛结网图。

"希吕氏记"方印鼓发现三面。一是广西东兰县大同乡和平村廷锐屯宗族集体藏的 4 号鼓，鼓面内壁外沿等距离分布着 4 个汉字篆书方印，印文是"希吕氏记"。二是广西民族博物馆藏 298 号铜鼓，面径 47 厘米，高 26.9 厘米，鼓面主晕是卍形棂花纹，"希吕氏记"方印被印在鼓面背部。三是上海博物馆藏 12128 号鼓，面径 47.9 厘米，高 27 厘米，鼓面主晕为寿字纹，在两个"寿"字之间夹"希吕氏记"方印。

过去，有学者据上海博物馆和广西民族博物馆所藏的这两面铜鼓，推断"希吕氏记"篆文方印是物主之印记，在东兰县大同乡发现这种印记的铜鼓后，把它视为物主印记之推断就难以成立了。广西河池学者李楚荣认为，这个"希吕氏记"印鉴应是一个专门制造铜鼓的铺子宝号，而不是物主之印记。[③] 鼓面上汉字铭文"独山双和号"，明白告诉人们，这面铜鼓是"独山双和号"作坊制造的。独山是黔桂边境的一个小县城，今属贵州省。

清光绪七年（公元 1881 年）编修《宜山县志》卷三载："王汝翼，德胜镇人，监生，承父业，与思恩葛姓同入铁山铸鼓；资其兄汝弼、弟汝为读书。"既是"铸鼓"，当是铸铜鼓无疑。思恩，即今广西环江毛南族自治县，亦是黔桂境上的一个县城。注意，"承父业"，就明白地告诉我们：铸铜鼓已是一个专门化的职业了，既是一个专门职业，就应当有专门铸鼓的铺子，此其一；既是"承父业"，就是世代为之，时间较长，说明明清时期已有人专门从事铸造铜鼓，并且这种职业已有一定的历史了。从铜鼓上的"独山双和号"和"希吕氏记"印鉴，并结合以上所引文献记载，可以推断，明清时期，在黔桂边境上确有专门制造铜鼓的手工作坊，而且这种

图 117. 铜鼓内腔的调音铲刮痕。灵山型铜鼓铸造完成后用调音铲控制铜鼓音高

①李世红等：《古代铜鼓调音问题初探》，《自然科学史研究》1989 年第 4 期；《南方古代铜鼓调音刮痕的探讨》，《文物》1991 年第 10 期。

②吴伟峰等：《河池铜鼓》，广西民族出版社，2009，第 110 页。

③李楚荣：《麻江型铜鼓制造问题刍议》，《中国古代铜鼓研究通讯》1993 年第 9 期。

作坊具有一定的历史厚度。

广西东兰县六龙村那桑屯村民廖家登藏麻江型铜鼓一面，鼓面上有汉字铭文“大明成化十五学生陈金刁字”（反文），同音假借，“字”当为制造之“制”。从这里我们至少可以知道：一是成化十五年（公元1479年），即明代中期，麻江型铜鼓已基本定型了，现广东省博物馆藏有一面铜鼓，鼓身上亦有汉字铭文“成化十五年”。从这两面铜鼓可以证实学术界关于麻江型铜鼓产生于宋元之看法有误；二是有专门制造铜鼓的手工作坊；三是师傅带徒弟，是这种手工作坊一代接一代地传授铜鼓制造方法的方式之一。那桑屯这面铜鼓鼓身的合范线明显凸出，且鼓壁较一般铜鼓为厚，制造技术确实粗糙，可知这面铜鼓确系徒弟试制之作品。

制造铜鼓既然有专门的作坊，一般说来，这些作坊就应设在圩镇上，因为铜鼓制造的初期，甚至中期，可能是既采矿冶炼又制模铸造的。由于社会生产力的发展，到了铜鼓制造的后期，制模铸造就从采矿冶炼分离出来，专门化生产铜鼓。从采矿冶炼分离出来的制模铸造专门生产铜鼓，无疑是一种社会进步，其生产技术和生产数量大为提高，铸造作坊设立在集市贸易的圩镇，亦方便人们购买交易。在漫长的封建社会里，居住在岭南地区的瑶、苗、壮等少数民族，他们或是农耕民族，或是游耕民族，商品意识极为淡薄，一般不从事铸造手工兼商品经营的活动。随着社会的发展，特别是明初以后，汉文化大量涌入，铜鼓文化受汉文化的影响，发生了明显的变化。麻江型铜鼓纹饰就呈现出许多汉文化元素，如汉字铭文的出现，在此之前铜鼓纹饰是没有的。如吉祥语“万代进宝”“永世家财”等，以及十二生肖、双龙献寿等，这些铭文和纹饰，就是汉文化影响的明证。再者，汉族生产力发达，铸造技术先进，在汉文化潜移默化地影响少数民族的同时，汉人工匠也在积极地参与到铸造铜鼓的行列中去了，麻江型铜鼓上的汉文化意识在很大程度上是靠汉人工匠来传播的。我们看到一些铜鼓上的汉字篆书印章，用笔娴熟、厚重，且有骨力，刀法准确，干净利索，布白疏密相间，雍容大方，极富汉印风格，非有相当水平的汉文化修养是难以做到的。在当时的社会条件下，一般来说，少数民族的手工工匠是不具备这种文化修养的，说明汉人不仅参与了铜鼓文化，而且直接参与了铜鼓的制造。东兰县长乐镇草坪屯汉族村民吴鸿高收藏麻江型铜鼓4面，吴鸿高说他的宗族是汉人，从江西省迁徙到东兰，至今已有9代人了。这4面铜鼓是迁来东兰后到广东买回的，故他们称之为“广东飞来”。从东兰到广东买铜鼓，千里迢迢，山高水重，当时交通又不便利，难于上青天，且广东又不是麻江型铜鼓的产地和使用地，这种到广东买铜鼓的可能性极小，应当是广东的汉人工匠到黔桂边境开设铺子，专门制造铜鼓，吴氏家族就近向广东汉人工匠购买了铜鼓。[①]

为什么在黔桂边境出现专门制造铜鼓的手工作坊呢？我们知道，滇桂系统铜鼓的发展脉络是：万家坝型—石寨山型—冷水冲型—麻江型，即是按照“实用—观赏—实用”的规律而发展起来的，但它又不是简单地“从原点到原点”的回复，而是‘螺旋式上升”的回复。形式上是从小到大，再从大到小。早期的万家坝型铜鼓兼有炊具和乐器的两重功能，但其作用侧重于战争中作炊具——铜釜，属于实用范畴，故体型较小，便于携带；中期的石寨山型和冷水冲型铜鼓，体形硕大，纹饰精美而复杂，是部族酋长权力尊严和财产的象征，主要用于祭祀，兼有重器和祭器的两重作用，并不具有多少实用价值。其体形也比前期铜鼓大为增大。因其制造工艺复杂，体形硕大，其主要作用在于观赏。由于历史的原因，这种中期铜鼓在发展的过程中，又渐渐增加了音乐因素，而渐渐失掉了重器因素；到了晚期的遵义型和麻江型铜鼓，为了便于携带娱乐，体形又趋变小。麻江型铜鼓面径一般为40厘米—50厘米，高为25厘米—30厘米，重为15千克左右，音量较大，重量较轻，便于携带娱乐。再有一个因素，南方山多，重峦叠嶂，不可能像北方那样平川千里，为了防备外界敌人的侵扰，不便在烽火台上燃放狼烟报警。南方主要依靠敲击铜鼓，四周村落可以闻铜鼓声而相互救，起到了狼烟报警的作用。故晚期铜鼓也不可能像中期鼓那样硕大笨重，这时的铜鼓又兼有音乐和战争的两重因素。这样一来，每个村寨都需要五六面铜鼓，且这时的铜鼓造价较中期鼓低，一般村民

①李楚荣：《麻江型铜鼓制造问题刍议》，《中国古代铜鼓研究通讯》1993年第9期。

也有购买铜鼓的能力，“旧时王谢堂前燕，飞入寻常百姓家”。中期鼓那种作为权力和财富象征的作用渐渐消失了。由于铜鼓的需求量迅速增加，专门制造铜鼓的手工作坊便应运而生了。相对地说，此时的麻江型铜鼓在制造工艺上的程式化，简便而先进，产量较中期大为提高，正好满足了这种需求，这就是麻江型铜鼓为什么流传众多的缘由。[①]

麻江型铜鼓有铸作年款印章的多是道光年间的，最晚是道光十一年（公元 1831 年），自此以后再也没有出现年款铭文铜鼓。也就是说，道光以后再也没有铸造铜鼓了，铜鼓铸造工艺自此失传。

现代红水河地区已不会铸造铜鼓，但流传着许多铸造铜鼓的歌谣，尚可推知当年铸造铜鼓的神奇场面。

对现在铜鼓的来源，有多种说法。其中一种说法是祖上传下来的，一般已传五代人以上，难以弄清何代祖先在何地得到铜鼓。第二种说法是祖辈从外地买来的。在东兰流传的古老民歌《铜鼓歌》就这样唱道：“员外有钱又有金，当年富贵图名声。买得铜鼓来敲打，我们相随到如今。”

从这首民歌可以看到，他们使用的铜鼓是“买得”的，那个时候已经有有钱有势的“员外”了，而买铜鼓的目的，是显示他们“富贵”。铜鼓到哪里去买呢？有的说是从贵州买的，也有的说是从百色购买的或在本地区内各县之间互相买卖获得的。如东兰县长江乡巴英村廖卜农等老人说，他们的一些铜鼓是从百色一个叫芭蕉洞的地方买来的。芭蕉洞是铸造铜鼓的地方，但那里铸造铜鼓的技术不如贵州。有些铜鼓是外地人带来卖的，凤山县砦牙乡那母村的几面铜鼓据说就是外地人带来卖给他们的。但这些外地人从何处来，也不得而知。第三种说法，说铜鼓是外地师傅到本地来铸造的。说这些铜鼓师像今天的补锅匠一样，带着徒弟、工具，走村串寨，哪里需要铜鼓就到哪里去铸造。东兰县长江乡周赖村的拉桃，板龙村的那谷，板林村的乾能，坡豪乡的坡豪，兰阳乡的旧州等，传说都曾架起炉灶，铸造过铜鼓 。其中坡豪、旧州曾是东兰州州府所在地。东兰一些老人说，外地铜鼓师铸鼓时是不许本地人观看的。铜鼓铸好以后还要拿到附近的山洞中去调音，也是保密的。所以大家都不知道他们怎么造。这些外地人究竟是何方人士，当地多数群众说不知道，部分人说是从贵州来的，或从庆远府来的。据成书于明弘治年间的《贵州图经新志》记载，明代龙里卫（今贵州龙里县）“仲家，范铜为鼓”。又《丹寨县志》载有都匀县朱毓松《铜鼓诗》，说到当地民族“梗顽未及道诗书，炼冶铜鼓代莽卤”。又《咸同年事史》记载王柏心《得唐炯征苗所贻铜鼓歌》有“清平边夷无烦苛，家家范铜铸为鼓”句。由此可见，明清时期，贵州黔南、黔东南一带的少数民族确实还在铸造铜鼓。再联系到东兰县高新 1 号铜鼓上有“独山双和号”印记，民间流传铜鼓匠师来自贵州之说似为不谬。[②]

红水河流域现存许多古代铁钟，这些铁钟大都是当地村民或寺庙善男信女捐资请外地工匠来铸造的。如凌云县博物馆展出的四口铁钟：迎晖寺铁钟是泗州府土官岑永昌命匠铸造的，钟铭曰“广西泗城州信官岑永昌于天顺二年立寺命匠铸钟号”；原存加尤乡磨贤狮子洞寺的铁钟，铭文是“居士主持人张国治即玄徒真法金火匠士邓镜魁等人铸造”；原存玉洪乡乐里村那灯庙的铁钟，是贵州金火匠邓元珊等铸造；原存县城东北 15 公里处的官仓村灵应寺铁钟，也铸署贵州金火匠邓元璋造。隆林民族博物馆藏禹门宫铁钟，是嘉庆十六年（公元 1811 年）金火匠邓元珊、熊美玉等造。这说明贵州金火匠邓氏为铸钟世家。隆林民族博物馆藏文庙铁钟，是道光十一年（公元 1831 年），遵义匠郭下贵、郭朝珠等造，郭姓也是铸钟家族。铸造铜鼓大概也采取类似办法，到附近作坊定做，或请匠师来村寨铸作。

南丹县中堡花苗铜鼓的来源，民俗学者姚岚作过专门调查。中堡苗族铜鼓来源有两种：一是祖传。拉纳村拉纳屯 8 面铜鼓中有 7 面是祖传的；中堡寨拥有铜鼓的岑乔宝是该铜鼓的第 8 代传人；油元寨拥有铜鼓的马柱庭是继承铜鼓的第 4 代传人；拉纳屯拥有铜鼓的莫明芳是继承铜鼓的第 3 代传人。祖传一般是传给较有打鼓经验，且在家族中有一定威望的男子。二是购买。有从外

①李楚荣：《麻江型铜鼓制造问题刍议》，《中国古代铜鼓研究通讯》1993 年第 9 期。
②梁富林等：《河池地区红水河流域传世铜鼓调查报告》，载《红水河文化研究》，广西人民出版社，2001。

地购买的，也有从本族内部购买的。九立寨陆友才的铜鼓是20世纪40年代他祖父从贵州罗甸苗族地区买来的；曲照屯余化龙的铜鼓是在1990年从贵州罗甸县大桥乡买来的；油元寨莫应周的铜鼓，是1983年从同乡东井村纳贡屯壮族莫强手中买来的；拉纳村油且屯余光其的铜鼓是从中堡寨岑应山和岑耀德兄弟手中买来的。当时铜鼓价格，每面少则1000元，多则2000—3000元。[①]

第六节　当代铜鼓的铸造

古代铜鼓的铸造年代最晚到清代中晚期。也就是说，民间铸造铜鼓活动在清代以后就已经停止，铸造技术也随之失传。20世纪80年代以来，国内外有关部门的专家和技术人员，都在为铜鼓的复制、研究失传的铸造工艺进行探索与试验。1982年，广西博物馆、云南省博物馆与北京钢铁学院冶金史研究室合作，对八大类型92面铜鼓取样，分别采用原子吸收光谱分析和金相检验的方法，对这些铜鼓的合金成分及金属材质进行分析，同时对每面铜鼓的体形大小、器壁厚薄、鼓高与鼓身最大直径的比值等进行精确的测量。其分析、测量的数据公布之后，被研究这一领域的许多学者所采用。同时，一些学者根据古代铜鼓表面遗留的痕迹，分析了铸造工艺，认为制范面的泥料是经过研磨、筛选或淘洗的细泥配制成的；大多数铜鼓暴露有芯垫，其中的冷水冲型、北流型、灵山型等采用方形芯垫；冷水冲型、北流型和灵山型铜鼓的绝大多数鼓身两侧各有一条合范缝；北流型、灵山型以及大多数冷水冲型浇口设在鼓侧的范缝上，采用缝隙式浇注，使青铜合金熔液沿着铸型自上而下通过缝隙浇口由两面注入模腔，液流顺畅，充填迅速。根据对铜鼓镶嵌痕迹的分析，可知铜鼓的立体蛙饰和其他饰物以及一部分鼓耳应是采用失蜡法铸造。这些装饰与鼓身的结合，应是用多块范组合的浑铸法，将它们铸接到鼓体上。根据这些研究成果，得知古代铸造铜鼓的方法有两种，一为泥范铸造工艺，一为失蜡铸造工艺。据一些学者判断，冷水冲型、北流型、灵山型及部分石寨山型等体形较大的铜鼓可能采用了蜡模泥范法。它采用了泥型合范与失蜡法两者的优点，其工序与失蜡法大体相同。也是先做芯范，然后做蜡模，但不同的是不在蜡面上刻印花纹，而是在泥制外芯上压印花纹。[②]

20世纪80年代以来，一些专业的研究部门进行了铜鼓的复制和仿制工作。北京科技大学冶金与材料史研究所就将之运用于具体的铸造实验，结果铸出了一批麻江型铜鼓。1998年，该研究所李延祥博士对一些铜鼓作了调音之后，将其中的4面寄至广西河池市文物管理站，委托文物管理站将这些铜鼓携至乡下，和民间传世铜鼓进行比较，以检验其质量。文物管理站将这几面铜鼓拿到东兰民间，也拿到河池市的铜鼓山歌艺术节，经过群众一年多的使用，他们对这些新铸铜鼓做出如下评价：外观与传世铜鼓大致相同；鼓壁太厚；与同尺寸的传世铜鼓相比，新铜鼓的重量要超过7千克以上；声音传不远；与传世铜鼓一道使用时，在鼓旁边可以听到新铜鼓的声音，但稍一走远就只听到老铜鼓声，听不到新铜鼓的声音；声音余音不长，平均要比传世铜鼓短十二三秒。

上述几个问题中，最核心的问题是鼓壁太厚，其他不足皆因此而产生。但是，要将鼓壁厚度减至和传世铜鼓的一样，就必须在铸造时将内外范之间的间隙减小，但这样一来又会增加浇铸中所产生的气隔，给浇铸带来极大困难。2004年，北京科技大学冶金与材料史研究所又铸造出两面麻江型铜鼓，但壁厚依然如故，且声音反不如第一批铜鼓，说明这一问题确实是一大难题。与此同时，四川大学也试铸了两面麻江型铜鼓。

在这方面花费时间最长、投入人力、资金最多的，是广西民族学院（今广西民族大学）。1995年，广西民族学院万辅彬教授领导的一个研究小组与广西博物馆、上海博物馆等单位合作，在上海博物馆用陶瓷型模试铸出一面麻江型铜鼓，但不成功。之后，他们在广西民族学院组建了铜鼓铸造实验室，继续开展麻江型铜鼓铸造试验。在实验室建立之后的3年多时间里，他们投入大

①姚岚：《南丹苗族铜鼓》，“中国南方及东南亚地区古代铜鼓和青铜文化”第二次国际学术讨论会论文，1991。
②万辅彬：《唐代以前广西冶铜铸铜成就概览》，《广西民族学院学报》（自然科学版）2001年第2期。

图 118. 现代铜鼓制造作坊（组图）　（黄亦华　摄）

量的资金及人力，先后铸造了十几次，但仅铸出两面铜鼓，没有完全取得成功。

上述铜鼓铸造试验，所运用的技术、方法都是现代的，工人的技术也很不错，但铜鼓铸造的难题始终无法克服。几年后，万辅彬教授在回顾这段历程时无不感慨地说："古人实在了不起，我们这么多年的研究，可能连传统铸造工艺的边都还没有碰到！"铜鼓铸造就是这样一个让无数专家、学者既着迷又头痛的课题。

值得指出的是，进入21世纪以来，铜鼓的复制或仿制是一项比较热门的工艺，浙江、江西等一些乐器厂、工艺品制造厂相继进行铜鼓的铸造，取得一定的成绩，现在不少的工艺品商场都有外观和传世的麻江型铜鼓一样的工艺品铜鼓销售。但这些制作只是停留在学术研究和一般工艺品的层面上，仿制的铜鼓一直没有得到使用铜鼓的民族的认可。

与此同时，河池市环江毛南族自治县驯乐苗族乡上朝社区平治村板才屯壮族人韦启初、韦启叁兄弟，经过多年探索与试验，采用砂模铸造的方法攻克了铜鼓铸造中的道道难关，于2003年成功铸造出形声俱佳的麻江型铜鼓。

上朝地处广西环江北部，与贵州省荔波县接壤。这里有着丰富的煤炭及铅锌矿资源。明代以来官方就一直在这里采矿、冶炼，民间铸造业十分活跃。久负盛名的环江铁锅就出自这里。韦氏兄弟出生于铸造世家，祖、父都是铸造高手。特别是父亲韦政权精于铸造，泥模、砂模及冶炼技术娴熟。1952年，韦政权因铸造技术高超，被上朝铁锅厂看中，成为该厂铸造技术员，在铁锅厂工作达10年之久。韦氏兄弟从小耳濡目染，初中毕业时，就已学到父亲的铸造技术。1985年，韦氏兄弟在父亲指导下，开始了铸造生涯。先是用泥模、砂模铸造铝锅、铁锅，几年以后，转向铜九龙杯、双鱼铜洗的仿制，均获得成功，所仿制的双鱼喷水铜洗可以乱真。1993年，兄弟俩在一个贵州人那里见到一面铜鼓，被铜鼓的精美所吸引，从而萌发了仿制古代铜鼓的念头。回家后不久开始用砂模试铸，但因不成功而作罢。

砂模铸造是我国一种传统的铸造工艺，民间应用普遍。砂模铸造也称为"翻砂"，是将熔化的金属浇注入铸型空腔中，冷却凝固后而获得产品的生产方法。制造铁质铸件通常采用砂型。砂型的原料以砂子为主，并与黏结剂、水等混合而成。砂型材料必须具有一定的黏合强度，以便塑成所需的形状并能经受高温铁水的灼烧而不破损。为了在砂型内塑成与铸件形状相符的空腔，必须先用木材制成模型，称为木模。空心的铸件需要制成砂芯子和相应的芯子木模。有了木模，就可以翻制空腔砂型（俗称"翻砂"）。在制造砂型时，要考虑上下砂箱如何分开才能把木模取出，还要考虑铁水从何处注入，怎样注满空腔以获得优质的铸件。砂型制成后，就可以浇注，也就是将铁水注入砂型的空腔中。壮族民间多用此法来铸造犁头、铁锅等日常生产和生活用具。

2000年，韦氏兄弟再次投入铜鼓铸造的试验。从选砂到制模，进而到铸造的整个工艺流程，经过反复揣摩和多次试验，在历经数不清的失败之后，终于在2003年取得了重大突破，铸造出外观几能乱真的麻江型铜鼓。

韦氏兄弟铸造铜鼓的特色在于铜鼓模具，包括底座、外筒套、鼓身模、内筒套、鼓面模和模盖。特征在于圆盘底座纵向剖面呈"凸"形，圆筒状的内套筒竖直安装在圆盘底座的中央。筒身比鼓身模低，上端封口，鼓身模竖直安装在以内套筒为中心的"凸"形圆盘底座上。鼓身模块为两块，呈扇形对接围成。圆筒状的外筒竖直套接在"凸"形圆盘底座的凸肩上，其筒身比鼓身模高，由至少两块扇形外模块连接围成。模盖呈翻盖式，活动式连接在与底座相连的支架上，并与外套筒上端口相配接。

韦氏兄弟把砂模铸造工艺应用到铜鼓的铸造中，能够一次成型地铸造出鼓壁厚薄与传世铜鼓相当的铜鼓铸件。砂模法铸造铜鼓的工序复杂，主要有制模、浇铸、打磨这几个步骤。

一、制模

制模是完成铜鼓铸造的第一道工序。模具的种类有砂模、金属材质和木质模具，包含砂子筑成的铜鼓模具、铜鼓的鼓身模具、外范、鼓面模板、鼓芯模具、浇铸架、鼓耳模具、鼓的纹饰模具等。

在砂模法铸鼓的过程中，各类模具是可以反复使用的，其中金属材质的模具有鼓身模具两块、外范四块、鼓面模具一块、鼓芯模具一个、浇铸架一套及部分纹饰模具（太阳纹、十二生肖、乳钉纹等），木质模具主要是部分纹饰模具（西字纹、云纹、雷纹、复线角形纹等）。

金属材质的鼓身模具、外范、鼓面模具是按照铜鼓的形状做出来的，而金属材质的纹饰模具和木质的纹饰模具是按照铜鼓上的纹饰样式做成的，在制作模具的过程中已事先在模具上按照铜鼓的样式雕刻好相应的纹饰。鼓芯模具（以制作直径 50 厘米的铜鼓为例）略有不同，是一个直径约 30 厘米、高约 30 厘米的圆柱体，底部由一个十字形的钢架支撑旁侧，十字形交叉处立一根 10 厘米的螺旋钢条，上方和四周打满圆形小孔，小孔直径约 0.2 厘米。

浇铸架主要用钢铁和水泥浇铸而成，分为上下两个部分，上盖由两个同心圆组成，同心圆由厚约 0.2 厘米的钢块围成，大圆直径约 60 厘米，小圆直径约 20 厘米，大圆与小圆由四块长约 38 厘米的钢块以十字形连接。大圆外侧焊接一个弓形手柄。上盖的内侧由三个同心圆构成，同心圆用直径约 0.2 厘米的钢筋来制作，其中，最外侧的同心圆直径约60 厘米，中间的同心圆直径55 厘米，内侧同心圆直径 16 厘米。三个同心圆用同等大小的钢筋以米字形连接在一起，其中内侧的同心圆和中间的同心圆在同一个平面上，最外面的大同心圆与钢板制作的同心圆大小一致且在同一平面上，与另两个在用一平面的圆高度相差约 2 厘米，两个圆显示出"凸"面圆。浇铸架的下部底座由钢板和水泥制作，也是由三个同心圆组成，大圆直径与上盖直径相当，中间的同心圆直径约 54 厘米，中心的小圆直径约 30 厘米，中间的同心圆和小圆先用宽约 7 厘米的钢块做出圆的形状，然后用水泥把两个圆连接起来，这样中间的圆和小圆就比外围的大圆高出约 7 厘米，且它们处在同一个平面上，小圆的中心是留空的。这样底座也形成了一个"凸"圆形。底部焊接着四块用于做支脚的钢条，它们呈口字形，口字形把中心留空的小圆围住。上下两个部分由两根高约 40 厘米的钢柱连接起来。

砂模的制作需要的原料主要有砂子、石膏粉，同时还需上述模具的配合才能完成。支开浇铸架，把鼓芯模具安放在浇铸架下部的中心圆位置上，在浇铸架的底部口字形支脚处用螺丝钉和钢条固定。把安装好的浇铸架及鼓芯平放，再把两片铜鼓鼓身模具放在鼓芯的外面，用铁丝固定住鼓身。

往固定好的鼓芯和鼓身模具里填充预先准备的砂子，砂子一般分为 4—5 次加入，每次加入 3—5 铲砂子，砂子从鼓芯模具上方加入，每次加完砂子后，用手把堆积在鼓芯模具上的砂子推到鼓芯与鼓身中间的缝隙里，再用木棍把鼓芯与鼓身缝隙间的砂子夯实，此过程反复进行，直到把砂子填实到 9/10 处时加入一个圆形的铁圈，此圈比鼓身的直径略小些，然后再填入砂子夯实并整平，使鼓身与砂子都在同一水平面上。完成这一步骤后，把旁边掉落的砂子用刷子清理干净。

把外范装上。四块外范均标有序号，把它们安装在固定的位置上，外范的水泥面与浇铸架的底座贴近，四块外范放好位置后用螺丝钉把外范与外范连接固定起来。固定好后，把铜鼓鼓面模具放入铜鼓鼓身之上。往外范和鼓身之间的空隙填入砂子，填入砂子的方法与上述填充的砂子相同，但不需加入铁圈。外范模具比鼓身模具高出 2 厘米，并且外范的钢板结合处被做成了 30 度的斜角，这样填满砂子后，鼓面所在的平面与外范可以做出一个 30 度角的斜坡。

把浇铸架的盖子盖上，用浇铸架上的米字形测定打入木块的位置。确定好后打开浇铸架的盖子把事先准备好的楔形木块，沿 45 度角打入斜坡内，被打入坡内的木块共四块。全部打入完成后再加入少许砂子，把木块盖住并压实，仍然需斜坡保持 30 度角。把鼓面的砂子清理干净。用筛子在鼓面及鼓斜坡处筛上一层细砂，这层细砂无须压实，把它整平即可。

盖上浇铸架的盖子，填入砂子，将四块木块沿 45 度角打插入砂子中，四块木块的位置与之前打入斜坡的木块对接上。填入的砂子也需夯实，四块木块的另一端露在外面，在木块与木块之间打入四根直径约 0.3 厘米、长约 15 厘米的铜条。铜条的位置与插入木块的位置在同一圆周上，铜条打入的深度要与铜鼓鼓面平行。

打开浇铸架的盖子，盖子后面用一个木板支起。此时铜鼓鼓面的纹饰被印在了浇铸架的盖子上。然后在鼓面及鼓面旁边的斜坡上均匀地撒上一层薄的石膏粉，盖上浇铸架的盖子，人踩上盖子踩压并用木棍夯实砂子。打开盖子，这样鼓面的纹饰连同石膏粉一起附在盖子上。

拆卸模具，用勺子勾边，把鼓面模具取出。再拆开外范的螺丝，拿下外范。把固定鼓身的铁丝扭开，取出鼓身模具。

加工外范砂模，把取下的鼓身，压印在外范的砂模上，使外范砂模上的纹饰更加清晰，并在砂模的相应位置上用勺子挖一个类似椭圆形的洞，把鼓耳模具按压进去，印上鼓耳的纹饰。在插入木块的地方挖一个长方形的洞，使其与木块相通，并取出木块。在砂模上均匀地撒上一层薄石膏粉，然后再把铜鼓鼓身的纹饰、鼓耳的纹饰压印上去，在鼓耳所挖的鼓耳洞里填上与洞一样宽但略短且薄的模型，用砂子把此模型盖住并撒上一层石膏粉。再把鼓身上其他的纹饰，如云纹、雷纹、复线角形纹等纹饰用事先做好的纹饰模具加印上去。用此方法把四块外范都加工完成。

加工鼓面纹饰，先把乳钉纹按压在鼓面上，然后盖上一层薄膜，把太阳纹、生肖纹、西字纹等纹饰模具压印在鼓面上。印纹完成后拆下薄膜。

整平鼓身砂模，把鼓身砂模旁边及鼓面上的砂子整平，并清扫旁边的砂子。再在鼓身及鼓面砂模上均匀地撒上一层石膏粉。

把印好纹饰的外范装到浇铸架上，固定好。取出上盖的四块木块并把边缘整平；把支顶浇铸架的木板卸掉，盖上盖子；把浇铸架盖子与外范之间的缝隙用砂子填实，用铁片和铜鼓鼓面把浇铸架围住。

二、浇铸

浇铸需要四个铸鼓师用坩埚容器同时取来炼制好的铜水，同时把铜水从四个浇铸孔加注到模具里。待铜水凝固后，打开浇铸架的盖子，拆掉铜鼓外范，把附着的砂子剔除即得铜鼓。

三、打磨

铜鼓是一次浇铸成型的，但浇铸时的孔型及之前打入的四根铜钉仍然立于铜鼓上，边缘并不平整，需进行进一步的打磨处理。把四根铜钉切割掉，再用打磨机，把表面打磨光滑平整。用电动纸磨轮和沙球把粘在铜鼓表面的石膏粉清理干净。调音也是通过打磨完成的，主要是在鼓面的内壁打磨，调整内壁的厚度，达到调音的目的。

最后是铜鼓表面做旧。至此，用砂模铸造法一次成型的铸造铜鼓的过程完成。

采用砂模铸造方法的优点在于：第一，模具结构简单，操作方便易行。第二，模具散热性好。内套筒具有散热的功能，而用砂子做成的砂模，透气性能大大优于泥模，浇铸时能快速冷却，浇铸时间也大为缩短，气隔问题也易于解决。用这种方法铸造出来的铜鼓，壁厚与传世铜鼓相当，有的甚至比传世铜鼓还薄。第三，铸造的效率高、成本低，又方便快捷。与砂模相比，泥模的制作较复杂且干燥缓慢，耗时约半月。倘若浇铸失败，泥模即作废，又要重新制模，再上其阴干，才能再铸。采用砂模不仅效率高，而且工艺简便，从底座上安装铜鼓模具开始，到夯实砂子、刻印纹饰、浇铸，3 个小时左右即可完成。若浇铸不成功，则可立即清理模具，重新装砂、夯实，几个小时后又可浇铸。砂子可反复利用，不像泥模那样用一次后就废弃不用了。广西博物馆曾委托韦氏兄弟铸造一面直径 110 厘米的大铜鼓，一个月就顺利完成了。第四，改进了传统的翻砂工艺。模具的各部件都可以用金属材料制成，因此模具是相对永久性的，可反复使用。当然，铜鼓的尺寸不同，模具的尺寸也不同。直径 60 厘米和直径 110 厘米的铜鼓需要制作不同尺寸的模具。

2000 年韦氏兄弟正式成立仿古壮族铜鼓铸造厂，专业铸造各类铜鼓及民间铜器工艺品，向广西、贵州、云南生产销售民间铜鼓。2004 年，河池市文物管理站开始与韦氏兄弟合作，共同铸造麻江型铜鼓，其中文物管理站负责新铸铜鼓的造型、尺寸、纹饰布局的设计，合金配比及音高的确定。在一年多时间里，铸造出 100 多面麻江型铜鼓。这些铜鼓经南丹、东兰等地壮族、瑶族村民使用，经过一年多的实践，证实完全符合使用要求，达到与传世铜鼓相同的效果。

从2006年7月开始，韦氏兄弟铸造的铜鼓不断增多。到当年11月至12月，每月铸造40面左右，最多时每天可铸造4面。2006年12月29日，南丹县里湖瑶族乡的白裤瑶同胞购回8面铜鼓，与原来使用的传世铜鼓进行敲击比赛，其中有一面是当地公认的铜鼓王，经过4个小时的敲击比赛，从音量、音质方面，韦氏兄弟铸造的两面铜鼓优于铜鼓王。

韦氏兄弟铸造的铜鼓主要销往广西区内各地和贵州。据2003年、2004年南丹白裤瑶生态博物馆课题组观察统计，白裤瑶群众在砍牛活动中使用的铜鼓，10面中有三四面是韦氏兄弟铸造的铜鼓。

在成功铸造麻江型铜鼓的基础上，韦氏兄弟又开始进行大型铜鼓的铸造试验。2006年5月，他们受广西博物馆的委托，为广西壮族自治区文化厅铸造一面面径为110厘米、高60厘米的大铜鼓，作为送给中共广西壮族自治区委员会、广西壮族自治区人民政府的礼物。经过20多天的努力，在经历了两次失败之后，他们终于成功地铸造出这面大铜鼓，从而把自己的铜鼓铸造技术提升到了一个新的水平。此后他们用这个模具陆续铸造了四面直径110厘米的大铜鼓。[①]

2007年内蒙古自治区成立60周年大庆、2008年宁夏回族自治区成立50周年大庆时，韦氏兄弟又为中共广西壮族自治区委员会、广西壮族自治区人民政府铸造大型铜鼓礼品，献给兄弟自治区。2008年11月，韦氏兄弟同样用传统工艺铸造了一面面径208厘米，高108厘米，重达1004千克的大铜鼓。直径208厘米象征着2008年，献给广西壮族自治区成立50周年大庆。此鼓是当时世界上最大的铜铸鼓，被誉为“壮乡鼓王”，后来陈设于广西博物馆大厅中央，供观众欣赏。

2010年韦氏兄弟为广东阳江市复制了2009年出土的周亨大铜鼓。周亨铜鼓鼓面直径142厘米，高82厘米，是广东最大的铜鼓，是全国第三大铜鼓。韦氏兄弟按形制、纹饰原样复制，复制的周亨大铜鼓被陈列在海棱岛广东海上丝绸之路博物馆。2010年历时两个月，韦氏兄弟为贵州雷山县人民政府精心打造了一面面径360厘米，高160厘米，重5000千克的大铜鼓，再次刷新了世界最大铜鼓的记录。

2009年东兰县铜鼓铸造厂建成，这是一家研发、生产、销售铜鼓工艺品的企业，拥有掌握传世铜鼓制造方法的民间艺人和专家技术队伍，集传统制造技术和现代工艺于一体，通过对传统铸造工艺的传承和发掘，结合现代新技术加以完善，能够制造出与传世铜鼓相媲美的现代铜鼓。

2010年1月东兰音乐铜鼓文化传播有限责任公司成立，这个公司是专门从事研发、铸造东兰音乐铜鼓的企业，是广西旅游商品开发研究基地。经过多年坚持不懈的探索和实践创新，该公司研制出新一代音乐铜鼓，既保留了传统铜鼓的古雅神韵，又融入现代的铸造工艺，攻克了传世铜鼓音域窄、音阶不全的难题，铸出面径5厘米至500厘米的一系列音乐铜鼓。这些音乐铜鼓包含了现代十二平均律的音位排列，其高音铜鼓铿铿锵锵，清脆悦耳；其低音铜鼓嘭嘭咚咚，低沉而震撼。2010年春节，国务院总理温家宝视察东兰时，用于演奏的就是该公司生产的音乐铜鼓。2010年8月上海世博会广西馆开馆，作为专场节目“铜鼓歌舞”表演、演奏专用铜鼓，深受社会各界人士的赞誉。

图119. 陈列在广西博物馆大厅的大铜鼓

①万辅彬等：《大器铜鼓》，中国科学技术出版社，2013，第270-281页。

第六章 铜鼓文化的传承

铜鼓流传了2000多年，有太多的故事和传闻。不识字的老者口口相传，一代接一代；识文者，行之以笔，用文字或图画，留下铜鼓身影；有心者追溯铜鼓的历史，探索铜鼓的奥秘。

第一节　文人对铜鼓情感的寄予

铜鼓的神奇瑰丽，吸引着历代诗人把它作为讴歌吟咏的对象。铜鼓进入中国的历史书籍，从《东观汉记》算起，约有1800年，但作为文学描写对象则自唐代才开始。自此以后，铜鼓诗词屡现，明清时期更是连篇累牍，美不胜收。这些诗词有些是纪实性的，反映了铜鼓的出土、流传和使用状况，而更多的则是触景生情，借物咏怀，抒发对铜鼓的理解。解读这些诗词也是铜鼓研究的重要内容。

有些文人在获得铜鼓之后，将铜鼓作为珍藏品，制作精巧木架放置，亲朋好友来访，出示观赏，平时秘不示人。有的为了观赏铜鼓，还为铜鼓盖亭、修楼、建庙，流传着许多佳话。

一、唐诗中的铜鼓

铜鼓入诗，从唐代开始。唐代是我国文学史上诗歌创作的鼎盛时期，诗的题材十分广泛，铜鼓也在其中。最先将铜鼓写入诗章的人当推中唐诗人白居易。此翁是山西太原人，唐代宗大历七年（公元772年）生，武宗会昌六年（公元846年）去世，享年75岁。他一生写了3000多首诗，是中唐成就较大的诗人。“蛮鼓声坎坎，巴女舞蹲蹲”，其中的“蛮鼓”就是铜鼓。在《送客春游岭南二十韵》中诗人则将铜鼓二字直接入诗：“牙樯迎海舶，铜鼓赛江神。”唐德宗贞元十八年（公元802年），骠国（今属缅甸）国王雍羌派王子舒难陀和两位大臣率领一个友好使团来中国访问，带来一个庞大的歌舞团。这个歌舞团有伴奏乐工35人，携带乐器22种、乐曲12首。白居易、元稹、胡直钧、王溥、唐次都为骠国乐写了动人的诗篇。骠国乐团使用了铜鼓，一般人没有注意到，唯有白居易的《骠国乐》诗才点画了出来：

玉螺一吹椎髻耸，铜鼓一击文身踊。
珠缨炫转星宿摇，花鬘斗薮龙蛇动。[1]
…………

白居易的诗，语言通俗质朴，“非求宫律高，不务文字奇。惟歌生民病，愿得天子知”。他把这首《骠国乐》诗列入“讽喻类”，主要是想通过骠国献乐，唐德宗自以为德泽远域而乐不可支的事例，来讽谏皇帝不要徒务虚名，不问百姓疾苦。但这首诗却把当时的铜鼓舞生动而形象地记录了下来，也实在难能可贵。“玉螺一吹椎髻耸，铜鼓一击文身踊”，那声音，那舞姿，都清晰地显现在读者眼前。

白居易真正写到岭南铜鼓的则是《送客春游岭南二十韵》：

已讶游何远，仍嗟别太频。
离容君蹙促，赠语我殷勤。
…………
诃陵国分界，交趾郡为邻。
…………
瘴地难为老，蛮陬不易驯。
土民稀白首，洞主尽黄巾。
战舰犹惊浪，戎车未息尘。

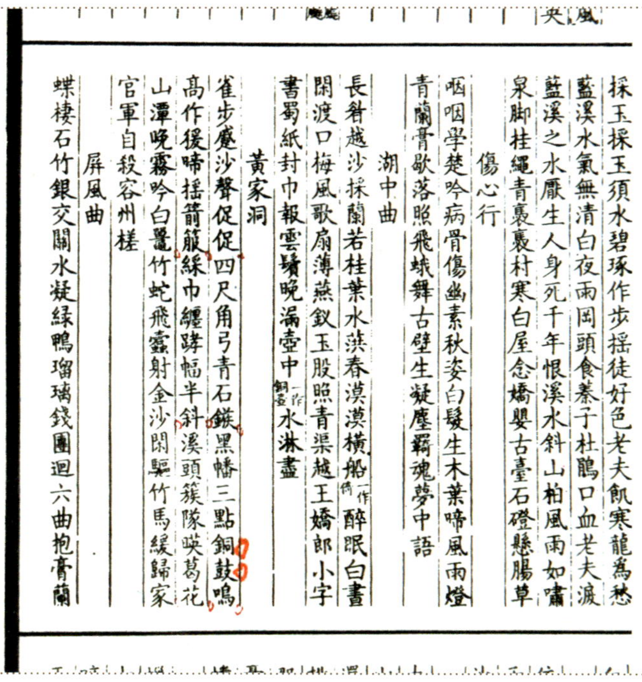

採玉採玉須水碧琢作步摇徒好色老夫飢寒龍為愁
藍溪水氣無清白夜雨岡頭食蓁子杜鵑口血老夫淚
藍溪之水厭生人身死千年恨溪水斜山柏風雨如嘯
泉腳挂繩青裊裊村寒白屋念嬌嬰古臺石磴懸腸草
傷心行
咽咽學楚吟病骨傷幽素秋姿白髮生木葉啼風雨燈
青蘭膏歇落照飛蛾舞古壁生凝塵羈魂夢中語
湖中曲
長眉越沙採蘭若桂葉水葓春漠漠橫船（一作倚）醉眠白晝
閑渡口梅風歌扇薄燕釵玉股照青渠越王嬌郎小字
書蜀紙封巾報雲鬢晚漏壺中（一作銅壺）水淋盡
黃家洞
雀步蹙沙聲促促四尺角弓青石鏃黑幡三點銅鼓鳴
高作猨啼搖箭箙綵巾纏踍幅半斜溪頭簇隊映葛花
山潭晚霧吟白鼉竹蛇飛蠹射金沙閑驅竹馬緩歸家
官軍自殺容州槎
屏風曲
蝶棲石竹銀交關水凝綠鴨瑠璃錢團迴六曲抱膏蘭

六·七　三九一

图120.《全唐诗》铜鼓诗书影

① 《全唐诗》第七函第一册，上海古籍出版社，1986。

红旗围卉服，紫绶裹文身。
面苦桄榔裹，浆酸橄榄新。
牙樯迎海舶，铜鼓赛江神。
不冻贪泉暖，无霜毒草春。
云烟蟒蛇气，刀剑鳄鱼鳞。
路足羁栖客，官多谪逐臣。①
…………

这是对唐代岭南自然环境和社会生活全面的描述。唐时岭南与诃陵国为界，与交趾郡为邻。诃陵国、交趾郡，其自然状况是，“瘴地难为老，蛮陬不易驯。土民稀白首，洞主尽黄巾”。这里瘴雾弥漫，人很难活到白头的年纪，人群还未驯化，一些头裹黄巾的洞主坐地为王，老百姓文身，穿卉服，吃桄榔粉，饮橄榄浆，经常有海船进来，敲打铜鼓祭祀水神。

最早将铜鼓用于战阵写入诗章的当首推浪漫诗人李贺。李贺字长吉，河南福昌（今宜阳西）人。唐德宗贞元六年（公元790年）生，比白居易小18岁，但他只活了27个年头，到唐宪宗元和十一年（公元816年）就死了，反比白居易早逝30年。这位青年诗人想象力特别丰富。从李贺的经历来看，他大概没有到过使用铜鼓的地区，骠国人来长安献乐时，他只有13岁，不大可能参加这样重大的国事活动。但他成年之后，是一位很注意搜罗奇趣、铺陈辞章的人。他的《黄家洞》诗就写得相当精彩：

雀步蹙沙声促促，四尺角弓青石镞。
黑幡三点铜鼓鸣，高作猿啼摇箭箙。
彩巾缠踍幅半斜，溪头簇队映葛花。
山潭晚雾吟白鼍，竹蛇飞蠹射金沙。
闲驱竹马缓归家，官军自杀容州槎。②

黄家洞亦即黄洞，在今广西境内，是古代少数民族“西原蛮”的居住地。当时“西原蛮”已发展到奴隶制社会阶段，内部“争相雄长”，斗争十分激烈。其中左右江流域以黄姓势力最强，故又称“黄峒”。按唐王朝规定，向边远少数民族征收的赋税应是一般编户的一半，但自中唐以后，吏治腐败，地方官吏背着中央加重对少数民族的剥削，远远超过此限，使矛盾激化；加上民族内部的纷争迭起，终于引发了以黄姓为首的农民起义。在黄乾曜、黄少卿父子的领导下，先后于天宝一五年（公元756年）、大历十二年（公元777年）、贞元十年（公元794年）起兵，几次纵横广西全境，斗争持续70余年。李贺正处在唐王朝多次向广西派兵，使用镇压和招抚两种手段的年代。他这首诗，形象地反映了黄峒义军与唐朝官军作战的历史事实。黄峒人使用落后的弓弩石镞，在充满巫术色彩的气氛中与官军周旋，并取得胜利。“黑幡三点铜鼓鸣，高作猿啼摇箭箙”，使我们看到民族酋首挥舞着黑色战旗，敲击着铜鼓，指挥着部众，跨山越涧，与敌周旋的激烈场面。

在唐代诗人的眼中，铜鼓只不过是没有开化的民族的一种娱乐工具和赛神用器。他们只听到了铜鼓的声音，却没有观察到铜鼓的“容貌”。虽然已有人将铜鼓写入诗，但没有哪一首诗直接描述铜鼓的外形和纹饰。究其原因，是诗人们还没有机会突破民族间的神秘樊篱，直接触摸到铜鼓的实体。

二、南宁《铜鼓歌》

南宁古称“邕州”，是西南会府，唐代以前一直是少数民族居住区。史书记载的骆越、乌浒、俚、僚、夷，都是使用铜鼓的民族，历来埋藏在地下或沉入水中的铜鼓无法统计。据明代嘉靖四十三年（公元1564年）编修的《南宁府志》记载，在南宁城北二十五里的北湖、苏卢间，有一座著名的水利工程，是宋仁宗皇祐年间邕州司户参军孔宗旦主持修建的引水灌田的堤坝，名为铜鼓陂。水坝既名为铜鼓陂，说明以前曾经在这里出土过铜鼓。在《南宁府志》卷一的邕州城区地图上，画着一座罗秀山，在罗秀山前有一个村落叫“铜鼓村”，说明这

①《全唐诗》第七函第四册，上海古籍出版社，1986。
②《全唐诗》第六函第七册，上海古籍出版社，1986。

个地方以前也出土过铜鼓。宋人王象之《舆地纪胜》卷一〇六记载：邕州“铜鼓，马援所制”。明末大旅行家徐霞客到南宁还在城隍庙见到铜鼓。

清朝乾隆年间，宣化（今南宁）农民耕山，挖出过铜鼓，当时是大兴（今北京）人李维寅做知县，亲见亲闻，写了一首《铜鼓歌》记述其事。歌曰：

革雍涒滩月过午，我官宣化获铜鼓。
村人百指舁升堂，宝气腾腾笼一府。
为言耕耨万山中，夜半风霆啸荒圃。
一锄忽落一蛙跳，蛙髻飞空锄缺腐。
坤维震荡云根颓，万线霞光出深土。
神物乍见惊牛羊，公裒同献陈樽俎。
传观愧比崖还珠，欲扪先愁指画肚。
虚中顽下微束腰，径二尺强高尺许。
规平镜面突麝脐，十二蟾蜍余六五。
水沙剥蚀体渐轻，乾坤陶铸年几所。
血斑历落接蜥蜴，翠藓斑斓碎鹦鹉。
上文云云下雷回，雕刻龙蛇杂亚斧。
羌无篆籀识岁月，谁凭色相辨今古。
…………

此诗说明这面铜鼓是农民耕山时挖到的，一锄头挖下去，跳出一只青蛙。这青蛙原是铜鼓面上的装饰。青蛙被锄了下来，锄头碰缺了一个口子。铜鼓被挖出来后，村民合力抬着送到县府。从李维寅描述铜鼓的形制和纹饰来看，这是一面灵山型铜鼓。《铜鼓歌》又云：

我闻苗民守重器，犵鸟僮花都老主。
婚丧盟会置酒羊，庭前敲折金钗股。
流传礼器讹兵器，纪代标名无乃鲁。
大曰伏波小诸葛，凿空何异周庭瞽。
伏波马式传骆越，不闻铸鼓配铜柱。
诸葛行军未到粤，败鼓宁遗鱼腹浦。
纷纷记载辞无根，灵鼍一吼喑不语。[①]
…………

李维寅借此机会对关于铜鼓为伏波、诸葛所制的旧说一一加以驳斥，见解相当深刻。当地诗人刘元清也写了一首《铜鼓歌》，记录此事：

君不见，
邕城城北山下土，农民扶犁耕春雨。
磅硠蹶砺牛却惊，浅剐深锹露铜鼓。
几人赑屃置空庭，谁谓深藏不肯语。
一朝物色博购归，拂拭沙泥纹尚微。
儿童戏击吼如鼍，摩挲余得日依依。
陶冶形模出鬼斧，周回法式随天机。
南北东西位蟾蜍，左右四耳分轮廓。
面平腰袅胠其脚，天然翡翠成斑驳。
吁嗟乎，
宇内车书同一轨，神州赤县端歌吹。
越裳航海静无波，匈奴不敢南下窥。
铜鼓，铜鼓，胡为乎出哉?
讵非郁勃文章事，幽闷欲向王京帝里售深意。
由来寄器神钦羡，簪笏人家敢轻慢。
贮之金屋起长虹，南宫月里生雷电。[②]

20世纪50年代以来，因耕田种地，先后在南宁五塘镇六塘村六增屯六鸣山、五塘镇五塘村橄村屯青山、九塘乡八塘村郑崇屯和坛敏村特虎山、大塘乡大塘村角麓水田、良庆乡新坡村狮子头坡、吴圩镇那佳村子鹤山、吴圩镇那德村那宙坡那口岭都挖出过铜鼓。

①李维寅：《晚晴簃诗汇》卷九十六《廉余诗集》。
②宣统元年《南宁府志》卷五十四《艺文》十九。

三、袁枚撰《铜鼓赋》

清雍正八年（公元1730年），广西巡抚金鉷将从桂平铜鼓滩网获的铜鼓带回桂林，放在巡抚衙门，供大家观览。乾隆元年（公元1736年），青年诗人袁枚从家乡杭州到桂林来探望他在巡抚衙署里任职的叔父袁鸿。金鉷见袁枚少年英俊，才思敏捷，就叫他以铜鼓为题，当众赋诗。袁枚才气横溢，果不负金鉷厚望，经过一番观察和思考后，提起笔来，洋洋洒洒写下了近千言的《铜鼓赋》。举座鸿儒皆为之称奇，金鉷对此大加赞赏，即命刻入《广西通志·艺文志》中，并挽留袁枚在府中逗留多日，不避自己比袁枚大37岁的年龄之差，称袁枚为“第一知己”。

袁枚的《铜鼓赋》前有序，用华丽的辞藻、铺陈的手法，记述了金鉷获得铜鼓并且“留之纛下，用肃军门”的大概：“铜鼓者，汉伏波征交趾之所获，而武侯擒孟获所遗也。然而代远年湮，星移物换，商山宛在，谁能复听鸣钟，泗水依然，不复再擎古鼎。此皆神灵呵护，必待传人，而亦德政熏蒸，始邀瑞物。大中丞德山金公先生，三江沐德，百粤铭仁，福云随银瓮俱青，甘雨共金船并紫，于是耕夫前获，渔父复收。一则进之阙前，聿昭祥化。一则留之纛下，用肃军门。”赋词正文是骈体，嵌入大量历史典故，把铜鼓之出比之为泗水获鼎，极言铜鼓之珍贵难得。文辞铿锵，瑰丽动人。有些词句也如实地描述了铜鼓的形象，如“其状则体如坐墩，面同博局；苍岭点砂，环切玉腹；自脐以内，空腰较首而微束”；说到铜鼓的色泽和纹饰，如“势跃跃于钦岑，纹彬彬于沉绿”；“其色则丹螺献甲，鳌背成峰；花似绣而若缬，纹已直而犹纵。远而望之，若朱云褵褷于宝鼎；近而察之，若绿羽璘褊于万重”。描写其声音，如“其声则鞺鞳为音，砰訇作韵。霜降钟鸣，雷出地奋；汉宫击瓦，而屋尘皆飞；秦铎驱山，而草木悉震；发清机于地籁，依稀仙阁高鸣；振元气于鲸鱼，恍若钧天可近”。但更多的词句是辞藻堆砌，无病呻吟，没有多少实际含义。

将近半个世纪后，乾隆四十五年（公元1780年），袁枚已到古稀之年，因访问亲家，再次来到广西。这时广西的巡抚已是吴垣。吴垣热情接待了他，引他至衙署，陪他旧地重游。席间谈起金鉷任巡抚时的事，吴垣出示和诗一律，其中有句云：‘洞箫声重三千玉，铜鼓词传五十春。”“铜鼓词传五十春”说的就是50年前袁枚作《铜鼓赋》的事。袁枚在《随园诗话》里记载说，金鉷将他的《铜鼓赋》刻于省志艺文类中，“今五十载矣，重得披览，恍若前生”。他在《随园诗话补遗》中又说：“余重游桂林，阅省志艺文一门，国朝首载此赋，且惊且感。”因而又题一绝：

> 五十年前铜鼓赋，自家披览自家怜。
> 不图滴水崇文日，竟冠熙朝第一篇。

对袁枚这篇《铜鼓赋》，后人有不同的评价。首先是嘉庆四年（公元1799年）广西巡抚谢启昆，他批评袁枚的《铜鼓赋》“枝辞无根失考据，妄谓铸自伏波营”。37年之后，道光十六年（公元1836年）的广西巡抚梁章钜却有不同看法，为袁枚抱不平，认为谢启昆痛诋袁枚赋之非，是“不知赋家体裁”，说赋“不主考据，非可深求，且此赋虽非极笔，而以伏波武侯对举，不下断词，正其用笔狡狯处，遂斥之枝辞无根，不已左乎”。后来诗人徐方同说：“辽阳中丞昔获此，有客作赋无与争。后来钱谢载酬唱，伟词健笔相抗衡。”这里所说的“辽阳中丞”即指谢启昆，“有客”即指袁枚，“钱谢”是指钱裴山和谢启昆，钱裴山是嘉庆广西学政，与巡抚谢启昆分别作了《铜鼓歌》，一唱一和。阮正惠则说：“韩苏石鼓自传世，莫笑袁生语不经”，总算打了圆场。

四、谢启昆建铜鼓楼

桂林市体育场西北工人文化宫附近，原是清代广西巡抚衙门的所在地。当年巡署的东南隅有一座铜鼓楼，是专门陈列铜鼓，供人观览的地方。这座铜鼓楼是清代嘉庆年间广西巡抚谢启昆创建的。

谢启昆，字蕴山，号苏潭，江西人。乾隆二十五年（公元1760年）进士，嘉庆四年（公元1799年）从浙江布政使升迁广西巡抚，年已花甲来桂任职。他早年曾供职史馆，史学根底深厚，很注重地方文献的搜集整理工作。

他到广西任职的第二年年初就动手筹划编修《广西通志》。他所编修的《广西通志》由于内容丰富，体例完善，远远超过以前修的通志，成为后世修志的楷模。

谢启昆作为巡抚兼学者，对铜鼓颇有研究。他在《广西通志》中撰写有《金石略》15 卷。后来将这部分内容抽出，由胡虔作序，以《粤西金石略》为书名，单刻流通。该书附有《铜鼓考》一篇，从 23 种文献中辑录出记载铜鼓的资料 30 条，抄录原文，并加考索，批驳前人的错误观点，开了铜鼓专题研究的先河。宋代范成大在《桂海虞衡志》一书中说：铜鼓，“相传为马伏波所遗”。谢启昆在辑录了范成大这条原文之后作按语说：“铜鼓为僚蛮所铸，马伏波前已有之……自石湖（即范成大）有‘伏波所遗’一语，后人遂误为伏波所制，且因伏波附会于诸葛，至谓大者为伏波，小者为诸葛亮鼓，真误中之误矣。”这话就说得很有见地。事实上，《后汉书·马援传》已明确记载，马援“于交趾得骆越铜鼓”，证明在马援之前已有铜鼓存在，不然，马援何能得之？故不能说铜鼓是马援创制的，更不用说比马援晚 200 年的诸葛亮了。

奔走冰沙僮瑶獠，超越笙笛铙镯钲。
南交合乐教子弟，胡卢竹管交纵横。
山魈夜避疟鬼畏，沙锣瓦缶难与争。
道元浦通记林邑，石湖器志讹虞衡。
鼓高尺五径三尺，六蟾蜍现纹工精。
形如坐墩空其腹，金钗银栉敲彭铿。
仿佛赫连及天庆，上无款识兼箴铭。
拔蜡虽非三代制，抚物颇验五溪清。
先生有鼓样差狭，大小扣之皆訇訇。
军府置此亦何用，聊佐笳吹节严更。
粤吏聋聩俗多玩，用代木铎谁其听。
或云军行奏哗扣，书生耳食安知兵。
方今圣人销划戟，刁斗夜息荆襄平。
玉烛调和鲜疵疠，吹豳击壤赓由庚。
搏拊天球曷贵此，瘴云蜒雨开晶莹。
才愧韩苏咏石鼓，黄钟大吕嗤寸莛。
铃阁倾尊示座客，聊备郡志添图经。

谢启昆的意见是正确的。

谢启昆不但作了《铜鼓考》，而且还写了《铜鼓歌》。《铜鼓歌》是一首长达 58 句的长诗，倾注了这位老学者对铜鼓的全部感情。他的《铜鼓歌》有如他的《铜鼓考》一样，也批驳了一些错误观点。如他批评早他 60 多年的袁枚写的《铜鼓赋》“枝辞无根失考据，妄谓铸自伏波营”。全诗都很精彩，兹录如下：

震雷呼呼春风鸣，戟门晨启铮有声。
有鼓范铜质浑噩，何年掘得陈前楹。
传闻辽阳金节使，百夫辇致来荒垧。
八桂林振动朱鹭，七星岩吼飞长鲸。
时有袁生客莲幕，授简作赋群僚惊。
枝辞无根失考据，妄谓铸自伏波营。
不读汉书竟奔雅，鸿制竟欲夸西京。
扣桐未遇张华识，好龙空博叶公名。
骆越家家宝此物，以禳灾眚祈神明。
新息聚之立马式，峙并铜柱高峥嵘。
唐宋以来代有作，罗获多从渔与耕。
磔犬卜鸡赛丛社，面具傩队驱边氓。

谢启昆之所以对铜鼓有所研究，除了得之于古代文献，主要是对铜鼓实体的详细观察。雍正年间从桂平铜鼓滩捞出一面大铜鼓，当时献给官府，奉送到桂林，被广西巡抚金鉷陈列在署院东侧。斗转星移，过了一个甲子，巡抚不知换了多少代，到谢启昆来桂任巡抚时，这面铜鼓仍然摆在原处。谢启昆在政事之余，不免对这面铜鼓反复摩挲吟咏，为了这面铜鼓，就在原址建起了一座铜鼓楼。

铜鼓楼里陈列着铜鼓，楼壁嵌刻着谢启昆的《铜鼓歌》和当时的学政钱裴山对《铜鼓歌》的和诗。铜鼓楼所处地势较高，登楼远眺，可览桂林青山碧水，是当时文人学士经常聚首的去处，也是他们面对铜鼓吟诗作文的好地方。广西籍诗人彭昱尧有《铜鼓楼晚眺》诗：

棨戟风云静，时清卧虎符。
银簪谁扣鼓，鸣镝已归胡。
瘴气千峰暝，炊烟万井孤。
始安高不报，遥控桂城隅。

五、李彦章盖铜鼓亭

李彦章，字则文，福建侯官（今福州市）人。嘉庆年间进士，先后任广西浔州府、思恩府、庆远府知府。道光六年（公元 1826 年）受命从浔州府到思恩府任职。当时的思恩府设在今武鸣府城乡的府城中学所在地。李彦章很注重文化教育事业，在他居住的地方精心修建了一座榕园，作为自己读书讲学的园地。这座榕园靠近河边，园中有玉笋池、雪浪斋、小蓬莱、石玉樽、铜鼓亭、意钓台、玉带桥、岚漪书屋、画里窗等。铜鼓亭中置放他到宾州（今宾阳）视察得到的一面铜鼓，让大家观赏。

壮族诗人韦丰华为此亭撰写了两副对联。一联曰："绿竹长松间桃李，玉簪罗带巧溪山。"另一联曰："七百卌载山川地宝重看铜鼓出，四十六碑文字师承须自石经来。"后联前句是说，宋元丰七年（公元 1084 年）十一月宾州曾出土过铜鼓，事载《宋史·五行志》，距此已 740 年；后句是说李彦章在思恩府任职期间撰写过大量碑文，他是一个书法家，书体学自汉代石经，沉稳苍劲。

图 121.《铜鼓联吟集》书影

韦丰华还写有一首《铜鼓亭》诗：

铜鼓摩挲蜡幔疏，小亭双影照蟾蜍。
印成月样团团好，玉镜金盘总不如。

李彦章离任后，将铜鼓带走，铜鼓亭成了一座空亭，后来无人管理，亭被毁弃。时人有诗颂其事：

太平太守擅风流，雪浪斋边胜日游。
酒满石樽流上巳，灯悬玉笋戏中秋。
荔枝花下敲铜鼓，菡萏香时荡钓舟。
今日驮江江畔过，画窗诗屋半烟丘。

六、梁章钜编《铜鼓联吟集》

清道光丙申年（公元 1836 年），广西又来了一位新巡抚，叫梁章钜。福建长乐人，字闳中，又字茝林，晚号退庵。清嘉庆七年（公元 1802 年）进士，曾任礼部主事，充军机章京，升用员外郎。道光年间，历官江苏、山东、江西按察使，江苏、甘肃、直隶布政使，后任广西巡抚。

在广西巡抚衙署东南隅的铜鼓楼已经荒废，但铜鼓楼内的铜鼓，墙壁上嵌砌着的谢启昆和钱裴山的《铜鼓歌》石刻依然留存。

从谢启昆到梁章钜，其间相隔 35 年，换了 16 任巡抚。这些巡抚老爷对铜鼓并无兴趣，"所惜谢钱后莫继，骚坛一席无人争"（梁章钜诗），再没有提起铜鼓的事，以致"楼渐剥蚀，楼上榛莽塞径，无过问者"。梁章钜做了一辈子的官，而且是一个很有学问的人，案牍之余，勤于著述。他初到广西巡抚上任时，还不知道"有所谓铜鼓者"，后来翻阅地方志书，才知道铜鼓楼的事。第二年（公元 1837 年）春，他将铜鼓移到怀清堂前，"涤其尘封，加之拂拭"。正好这时桂林知府许芍友也得一面铜鼓，呈献上来。于是将这两面铜鼓分列于庭之左右，让大家观览，并且拓取谢启昆、钱裴山的《铜鼓歌》，让同僚唱和。当时响应梁章钜为《铜鼓歌》和诗者多达 40 余人，其中包括广西布政使花杰、按察使宋其源、学政丁善庆，粤西古文大家吕璜、朱琦等。每一首诗都押谢、钱《铜鼓歌》的韵，洋洋洒洒 53 句 400 余言。这些诗歌多为借物咏志或应酬之作，但也有论及铜鼓的来源、形制、铜鼓的用途和神威的，对研究铜鼓有一定的参考价值。梁章钜将这些和诗搜集起来，加上金铁的《铜鼓记》、袁玫的《铜鼓赋》，以及谢启昆、钱裴山的《铜鼓歌》，汇编成集，由吕璜作序，并自撰一篇《后铜鼓记》记述此举的经过，将集子名为《铜鼓联吟集》。这次联吟活动，是迄今为止，最多文人参加的一次以铜鼓为题材的诗歌大赛，如果可以称之为铜鼓笔谈会的话，大概也是铜鼓研究史上空前壮观的一幕。《铜鼓联吟集》也就成了最大的铜鼓诗集。

梁章钜在《后铜鼓记》中指出，金铁《铜鼓记》记述的那面铜鼓"面有蟾蜍叠踞，大小各六，重之为数十二"，与道光年间存于铜鼓楼中的那面铜鼓并不完全相合，铜鼓楼所存铜鼓"实只六蟾，蟾各四足，不见有叠踞之迹"；而许芍友所献的铜鼓"亦六蟾"，但"各三足"。梁章钜还说："今粤西铜鼓，径尺余者颇多，而四旁有蟾者绝少，或出后来仿造。"可见他对铜鼓的观察是细致的。他对谢启昆批评袁玫的《铜鼓赋》也有不同的看法，他认为，写赋和写考据文章不同，不能对袁赋某些词句提出过苛要求。

从金铁《铜鼓记》和梁章钜《后铜鼓记》记述铜鼓楼中铜鼓前后的差别可知，在金铁至梁章钜的一个世纪间，铜鼓楼中的铜鼓曾被换过。

梁章钜编辑了《铜鼓联吟集》，并继谢启昆之后重新修复了铜鼓楼。在铜鼓楼前悬挂一副楹联，集黄山谷和苏东坡的诗句，正好情景相合。联曰：

全以山川为眼界，故应宾主尽诗人。

七、以铜鼓命名的书斋

清代不少文人雅士在获得铜鼓之后将自己的书斋命名为“铜鼓斋”，反映了对铜鼓的崇敬和珍重。如查礼的“铜鼓书堂”、张祥河的“四铜鼓斋”、吴大澂的“十铜鼓斋”等。

查礼“铜鼓书堂” 查礼，字恂叔，号俭堂，清朝大臣。35 岁到广西，在广西 8 年，先后任庆远（治所在今宜州）、平乐、浔州（治所在今桂平）、太平（治所在今崇左）等府知府，颇有政声。在广西创建考棚书院，探漓江源头，维修灵渠，所到之处都有记述性诗作。因购得一面绝妙古代铜鼓，就给自己的书房取名为“铜鼓书堂”。他搜集秦汉铜印 600 余方，按年代顺序排列成印谱，编纂成《铜鼓书堂藏印》。查礼死后，他的儿子查淳将他的遗稿编成书，名为《铜鼓书堂遗稿》，于乾隆五十三年（公元 1788 年）刊刻。也就是这一年，查淳出任平乐知府，后又调任桂林知府，后任盐法道，驻太平府处理边务。从《铜鼓书堂遗稿》中可以看到查礼多次提到铜鼓。他曾经见过瑶族青年打铜鼓，在离开广西后，遇到故人，十分高兴地回忆起这件事。查礼在诗中说：“观然忆昔说蛮乡，宛听瑶儿击铜鼓。”查礼在《诸葛铜弩歌》诗中称铜鼓为“小物”：“武侯固是天上人，留遗小物皆称神。铜鼓至今詟蛮夷，木牛当日通秦军。”他在浔州写了好几首有关铜鼓滩的诗。查礼《浔州府》诗说：“绕郭瑶人多种桂，近山蛮女半栽茶。断藤峡口西风急，铜鼓滩头夕阳斜。”浔州有清风楼，楼里曾放有从白石出土的铜鼓，他在《登清风楼》诗说：“山色思陵近，滩声铜鼓收。风清携满袖，岁暮独登楼。”查礼曾放舟铜鼓滩，写下《晓下铜鼓滩》诗：

晓出小北门，湿云掩山峰。
解缆登江船，浩浩江水涨。
旋下铜鼓滩，澎湃滩声壮。
狂波击石齿，雪卷奔涛沆。
传闻此滩内，铜鼓昔年葬。
至今打桨过，咚咚响其上。
滩师习水性，按柁破怒浪。
舟轻似剑飞，中流坐无恙。

张祥河“四铜鼓斋” 张祥河，字元卿，号诗舲，江苏娄县（今上海松江）人。嘉庆进士，道光二十四年（公元 1844 年）任广西布政使，曾得四面“伏波将军”铜鼓，为自己书斋取名“四铜鼓斋”。他家住松江府城东门外寿星桥旁，后来购得郡城西门外明代松风草堂作宅居。他将松风草堂加以改建，易名为“遂养堂”。遂养堂院内东西两侧有廊屋连贯南北厅堂，东廊墙壁镶嵌有“四铜鼓斋”藏石，院的北寓辟为“四铜鼓斋”，珍藏从广西得到的四面铜鼓，后来出一本书就叫《铜鼓斋论画集》。

吴大澂“十铜鼓斋” 吴大澂，原名大淳，因避同治皇帝讳改名大澂，江苏吴县人。同治十年（公元 1871 年）进士，授翰林院编修。官至广东巡抚和湖南巡抚。在广东任巡抚时，收集到铜鼓 10 面，自号“十铜鼓斋”，除曾将一面铜鼓转送给他的表弟汪鸣銮外，其他铜鼓都运回江苏老家。据郑师许《铜鼓考略》所载，20 世纪 30 年代收藏于上海博物馆的 8 面铜鼓，就是吴大澂在广东做官时搜集的。闻宥《古铜鼓图录》载其铜鼓两面：一面是北流型铜鼓，面有四小蛙，太阳纹 8 芒；另一面是冷水冲型铜鼓，面有四大蛙，间有两龟，太阳纹 12 芒，主晕是变形翔鹭纹和变形羽人纹。这两面铜鼓都可能来自广西。

图 122.“十铜鼓斋”印

八、壮族文人的铜鼓诗

铜鼓入诗，自唐代开始。但唐诗号称5万首，提到“铜鼓”2字的仅有7首，可以说是凤毛麟角。揆其原因，操之者一般来说都没有自己的民族文字，通识汉文的人也甚少，有关铜鼓的知识，只通过口传身授流传下来；汉族诗人进入使用铜鼓的民族地区的时代较晚，而铜鼓本身富有浓厚的神秘色彩，汉族诗人即使到了使用铜鼓的民族地区，也极难有见到铜鼓的机会，而当他们偶尔见到铜鼓时，又因语言隔阂和民族心理障碍，也难以捉摸到有关铜鼓的真情。

自明代以后，铜鼓渐渐流入私藏，汉族文人雅士开始搜罗、玩赏铜鼓，吟咏铜鼓的诗作才渐渐多起来。到清代中叶，形成了讴歌铜鼓的热潮，以至有广西巡抚梁章钜汇编《铜鼓联吟集》的鸿篇巨制问世。但是，这些吟咏铜鼓诗词多是汉族文人所作，真正使用铜鼓民族的诗人吟咏铜鼓的诗作仍然罕见，壮族文人的几首铜鼓诗词显得弥足珍贵。

最早在诗中提到铜鼓的壮族文人当推白山司（今属广西马山县）的第13代土司王言纪。王言纪字旨堂，号笏山，是清乾隆中期至道光初期人，《白山司志》的编纂者。他写有一首《岑公祠绝句》：

> 空城寂寞锁荒祠，手把村醪奠一卮。
> 铁马无声铜鼓静，晚风猎猎闪灵旗。

岑公祠是纪念明代永乐年间广西思恩州知州岑瑛的。岑瑛是广西平果旧城人，永乐十八年（公元1420年）袭思恩军民府职，正统年间奉调出征，累建功勋，晋升为州府秩，加都指挥使衔，成化十四年（公元1478年）卒，追赠骠骑将军。他在位约60年，筑城池，设儒学，政绩斐然，在广西右江地区享有很高的声誉。自清代以来，平果、马山、都安一带都有岑公祠，仅马山县境就有山心圩、甘桑村、那卷村、江州故城等多处。王言纪的诗没有注明是哪一处岑公祠，估计是在他的白山司之内或附近，当以江州故城的岑公祠可能性大。这一带自宋代以来都使用铜鼓，岑瑛所处的时代仍应使用铜鼓。从诗中可以看到，王言纪时代的岑公祠已近荒芜，祠里虽供奉着铜鼓，但已经没有战事，铜鼓只作为静物存在。诗人持着土酿米酒（村醪）祭奠，大有盛世难再之慨，同时也流露了诗人对英雄事迹的向往。

清末民初，龙州诗人黄敬椿在《龙州风土诗》中也提到铜鼓：

> 骆交铜鼓费摩挲，犹记银钗扣处和。
> 铸自伏波搜不尽，曾偕春杵葬山河。

《龙州风土诗》共12首，这是最末的一首。诗人曾留学日本，回国后一直在龙州当教师，读了不少书。清同治初年，龙州上龙司出土过一面铜鼓。据民国十六年（公元1927年）修《龙州县志》载，该铜鼓出土时“下承以坚木舂杵”。这面铜鼓后来被送入玄妙祠。光绪十六年（公元1890年）广西提督苏元春把它带到连城，民国八年（公元1919年）广西督军谭浩明的祖祠落成，又将这面铜鼓移入谭氏祖祠。民国十年（公元1921年）兵乱，铜鼓不知去向。估计黄敬椿看到过这面铜鼓，“曾偕春杵葬山河”就是指这面铜鼓。“犹记银钗扣处和”道出了作者对民族先人的赞叹之情。

真正以铜鼓为吟咏主题的诗作应是谢兰的《诸葛铜鼓》、黄焕中的《铜鼓赋》、曾鸿燊的《铜鼓歌》和曾昌霆的《赛鼓词》。

谢兰，字雨阶，广西崇善（今崇左市江州区）人。道光十年（公元1830年）生，同治九年（公元1870年）贡生，在村镇教书40年。著有《笔花吟馆诗抄》一卷，存诗200余首。其中，有光绪戊寅年（公元1878年）写的《诸葛铜鼓》七律五首：

> 云山万叠忽嵯峨，铜鼓声中唱凯歌。
> 安排石上风能言，处置溪边水欲磨。
> 巴客闻来秋雨时，蛮奴扩去夕阳过。
> 遗规不独传诸葛，东汉曾称马伏波。

> 大将长驱入蜀中，纶巾羽扇羡高风。
> 鸣山逸响原须石，制鼓良规只用铜。
> 金质半浸芳草绿，籀文斜影夕阳红。
> 渡泸留得疑兵计，不愧当年奏武功。

山中忽奏鼓咚咚，善作疑兵计最工。
响振遥传巴蜀地，凯旋端让武侯功。
纶巾羽扇形如见，大纛牙旗路偶通。
赢得鲸铿邀谷应，不须铁板唱江东。

此鼓传来属武侯，安排涧底傍泉流。
渊渊杂奏音无节，坎坎常鸣夜不收。
藓剥苔生非一日，风磨雨洗足千秋。
渡泸遗制今犹在，赛社巴童击未休。

蜀相才猷纪靖边，制为铜鼓亦奇然。
圆形已向炉中造，巧样还从石上悬。
羯奏传来流水地，鲸铿敲乱夕阳天。
疑兵善计谁能觉，只得长驱唱凯旋。[1]

从字里行间，我们可以看到作者对铜鼓的形制、纹饰有所观察，他写了铜鼓的材质（“只用铜”），铜鼓的颜色（“金质半浸芳草绿”），铜鼓的纹饰（“籀文斜影”），铜鼓的声响（“咚咚”“渊渊”“坎坎”）。19世纪70年代后半期，法国殖民者侵略越南，形势紧张。刘永福黑旗军驻守越北，多有桂南壮族子弟。际此之时，谢兰借鼓抒怀，“遗规不独传诸葛，东汉曾称马伏波”，借马援、诸葛亮曾将铜鼓埋于激流处，利用铜鼓声作疑兵之计的传说，欢呼良将保边关，抒发了自己炽热的爱国情怀。

黄焕中，又名玉田，字尧文，号其章，广西思乐（今属宁明县）人。清道光十二年（公元1832年）生，同治五年（公元1866年）贡生，光绪九年（公元1883年）投身黑旗军，追随刘永福20年。中日甲午战后退居钦州，将平生所写诗词400余首汇编成册，名为《天涯亭吟草》。所作《铜鼓赋》“以诸葛大名垂宇宙为韵”，将“诸葛大名垂宇宙”七字嵌入赋中，极尽铺陈之能事，使人读起来感到冗长、沉闷，但经仔细玩味，仍可察到作者对铜鼓的固有看法。“溯古物于汉末，瞻遗器于蜀初，声闻暨于南服，利用出于草庐……阅十二代而色已斑烂，留传今古，经千百年而音犹雄壮，久历居诸”，他和谢兰一样，也相信铜鼓创自马援和诸葛亮。“夫铜鼓何为而作也？忆自孟获披倡，南方侵夺，刁斗惊闻，兵戈震怛；惟先声始能夺人，而制敌原非击钵。山林险阻，吹递未充遥通；风雨晦明，击柝亦难远达……于是仿旧制于伏波，鸣新声于地籁……乃采铜山，不胜沙汰，熔偌炉中，裁成炭外”，将诸葛亮铸铜鼓的传说加以理想化，使其更加神乎其神。而所铸铜鼓的形制，“其腰微束，其面宽平，纹理缜密，色泽光明”。铜鼓的音响，“渊渊者有金石，缝缝者非蛙皮”。铜鼓的用途，“架上悬来，非若轩辕记里；阵前击去，可当孙子雄兵。七纵七擒，一鼓气振：八战八克，三鼓功成……闻声而奋，不顾令，而勇交驰”。[2] 虽然作者重复了当时对铜鼓起源和功用的传统说法，但作者以一文弱书生投笔从戎，追随刘永福20年，吃法战的烟尘，吞甲午之风云，他的诗作仅赞诸葛而已矣，没有更深远的寄托。

曾鸿燊，字子仪，号瓶山，别号此愚和尚，广西同正（今属扶绥县）人。清同治初年生，光绪十九年（公元1893年）中举，宣统三年（公元1911年）当选为广西省咨议局议员，两次主编《同正县志》，民国二十二年（公元1933年）去世。著有《瓶山诗集》三卷，《瓶山文集》一卷。道光二十五年（公元1845年），永康（今扶绥县中东）北五里的旧县村农民耕地得一铜鼓，完好无缺。曾鸿燊在修《同正县志》时，写了一篇《铜鼓考》，详细记述了这面铜鼓的形制、纹饰和尺寸，并引用文献作了考证。同时，又写下《铜鼓歌》，用诗的形式记述旧县村铜鼓的形制、纹饰、色泽和音响，与《铜鼓考》互为表里。“西南蛮俗铜造鼓，不识何时瘗林莽。旧县村农耕山麓，道光之季忽出土。”这面铜鼓的形制，“腰间束缩腹底空，兀若坐墩宛覆釜”。铜鼓的尺寸，“径围六尺高尺五”。铜鼓的装饰纹样，“四耳旁缀槌心滑，三十九环旋可数。圜面列踞六蟾蜍，二者负螺目瞪怒”，“雷纹回互疑籀篆，绿秀（锈）坚牢不苦窳”。铜鼓的声音，“声蓄镗鞳惊鸣蛙，铿应洛钟震激楚”。[3] 可以说，曾鸿燊是壮族诗人中观察铜鼓最仔细，也是最动脑筋思

①谢兰：《诸葛铜鼓》，转引自民国《崇善县志·诗词》。
②黄焕中：《铜鼓赋》。
③曾鸿燊：《铜鼓歌》，转引自《同正县志》卷三，民国二十二年。

考铜鼓的第一人。用现代考古学的眼光来看，他对铜鼓的描述基本上符合科学规范，有关铜鼓的几大要素（形制、大小、色泽、纹饰、音响）无一遗漏。根据这些描述，可以将这面铜鼓复原，可以判定这面铜鼓是属于当代铜鼓分类中的灵山型。鼓面有青蛙（蟾蜍）塑像六尊，其中两尊背负田螺，这种装饰是灵山型铜鼓中比较特殊的现象。青蛙背负田螺的铜鼓目前仅在博白、灵山各见到一例，曾鸿燊描述的这面铜鼓有力地补充了这方面的例证。南朝人裴渊《广州记》曰：“俚僚铸铜为鼓……初成，悬于庭。克晨置酒，招致同类，来者盈门；豪富子女，以金银为大钗，执以叩鼓，叩竟，留遗主人也。”曾鸿燊根据这一记载，在诗中演义铜鼓铸造过程：“想其洪炉煽石炭，火焰青红烛穹宇。须臾金光闪璀璨，圆月一轮碧海吐。椎结仡佬纷欢呼，招饮佳晨置庭庑。邻家富女夸奢豪，拔钗击罢赠其主。”《宋史·蛮夷列传》言：“溪峒夷僚疾病，击铜鼓、沙锣以祀神鬼。”唐诗有“铜鼓赛神来”“铜鼓赛江神”之说。据此，曾鸿燊把使用铜鼓的场面想象为：“巫觋祈禳赛神会，跳跃苗歌并巴舞。峒云连峰敲冬冬，徼外边风送岩户。”他认为，自从秦统一岭南后，中原文化南来，铜鼓的风习就渐渐消失了：“一自百粤归版籍……便同瘴疠洗烟雨。交趾伏波或偶得，已将铸马更立柱。”他又将《广西通志》所载明万历戊午年（公元 1618 年）在广西桂平的白石山和铜鼓滩同时各获一面铜鼓的史实加以发挥：“我观省志乾隆世，与明天启岁戊午。遥遥先后各为双，或见田野或江浒。可知荒服故所尚，要非作气佐军伍。”说明诗人所在的地区当时已不再使用铜鼓。这样推断铜鼓消失的过程也是符合历史实情的。曾鸿燊这首《铜鼓歌》句句都与铜鼓关联，很实在，有人称之为“铜鼓的小传”，实在不过分。但诗人也有疏忽之处，他把《广西通志》所载明代万历戊午年（公元 1618 年）出土铜鼓的事误记为明代“天启岁戊午”了。出此差错的原因该是他读乐明盛所撰《双获铜鼓记》，把乐明盛到浔州府任学政之年（天启乙丑）与乐明盛到所记出铜鼓之年（万历戊午）搞混了。

曾昌霆，广西隆山（今属马山县）林圩乡人。生活于清至民国间，生卒年未详。著有《三白山房诗集》三卷，是水平较高的壮族风土诗人。民国三十七年（公元 1948 年）修的《隆山县志》收入他一首《打春堂》、一首《赛鼓词》，都是典型的风俗诗。《赛鼓词》曰：

> 一炬销残百越铜，铸成金马立门中。
> 此地久翠为汉治，何来鼓声犹逢逢？
> 只因隔绝中州远，水土恶劣山高崇。
> 人民生来多嗜酒，陶情不识理丝桐。
> 千秋难脱旧积习，击鼓祈年邀神功。
> 铜山西倒代以皮，制成面面腹中通。
> 明月三更元宵节，竞赛不约人来同。
> 同祝大王降神雨，南蛇岭头禾黍丰。
> 徐徐擂来复疾疾，山鸣谷应耳都聋。
> 　我亦有所祝，不祝大王祝扶风。
> 进来薏苡明珠似，当年尊重矍铄翁。
> 但愿此物受成熟，害除民疾起疲癃。
> 冬冬冬，冬冬冬，鼓声有尽意无穷。[①]

据《隆山县志》载，县属中、西、南各乡街童子，每于残腊将尽，辄十数为群，敲锣打鼓，游行取乐，一若恭送旧年，欢迎新岁。至元旦后，则老少参加，作大规模的赛鼓会；或者本村自寻热闹，或者邀集数村，作集体比赛，这种场面，极为热烈壮观。曾昌霆的《赛鼓词》表明，春节期间赛铜鼓主要是“祈年邀神功”，祈祷天神降雨、禾稼丰收。说明马山一带在清末民初还有赛铜鼓祈年的习俗，这是一方面。另一方面，《赛鼓词》随地会心，寄托深远，一句“鼓声有尽意无穷”，不知作者是在写实还是意在言外？

如果说谢兰的《诸葛铜鼓》、黄焕中的《铜鼓赋》旨在借铜鼓言志，曾鸿燊的《铜鼓歌》是以诗描物而具有一定考古学意义的话，那曾昌霆的《赛鼓词》则直接记述使用铜鼓的习俗，具有重要的民俗学意义，又借鼓以抒怀。壮族诗人们从龙州、宁明、崇左到扶绥、马山，在广阔的地域上吟唱了铜鼓的古往今来，各以其感遇印之，展示了多彩的画卷。

①曾昌霆：《赛鼓词》，转引自《隆山县志》，民国三十七年。

第二节　当代学者的研究

铜鼓作为古老的历史文物和现实的民族文物，都有极珍贵的收藏价值。广西各级文物部门都很重视铜鼓的征集和研究。

唐宋以来，流寓南方边陲的文人学者，有的听到过铜鼓的传闻，有的见过铜鼓，出于猎奇，还把铜鼓写入诗文，但是他们只做客观描述，还谈不上什么研究。到清乾隆十四年（公元 1749 年）编纂《西清古鉴》大型文物图集时，才将 14 面铜鼓收进图集，并在第一面鼓之后提示“大抵两川所出为诸葛遗制，而流传于百粤群峒者则皆伏波为之”，多少有了一点分类的萌芽。乾隆五十八年（公元 1793 年）编纂《西清续鉴》甲、乙编，又收进铜鼓 9 面。这两部书，是铜鼓见于图录之始，也是中国学者真正研究铜鼓实体的开端。清嘉庆年间，广西巡抚谢启昆在编修《广西通志》时作《铜鼓考》，搜

此同时，德国德累斯顿枢密官迈尔博士也在留意铜鼓，于 1884 年在莱比锡出版《东印度群岛的古代文物》一书，将巴达维亚铜鼓的图片和留存欧洲的铜鼓一起发表，为以后欧洲兴起的铜鼓研究热开了先河。1898 年，迈尔和他的助手夫瓦合著《东南亚的青铜鼓》一书在德累斯顿问世。嗣后，德国汉学家夏德与荷兰汉学家狄葛乐就铜鼓问题展开激烈论战，狄葛乐广泛征引中国古代文献，对铜鼓来源提出了比较正确的看法，纠正了夏德认为铜鼓是马援或诸葛亮所创的意见，第一次证明铜鼓是中国南部少数民族的作品，而且认识到铜鼓是权力的象征（《东印度群岛及东南亚大陆铜鼓考》，1901 年）。黑格尔在不到 20 年时间内，为奥地利皇家博物馆搜集到 22 面铜鼓及大量的铜鼓拓本和照片，还依靠汉学家的帮助，研究了许多中国文献，其中包括著录了铜鼓图像的《西清古鉴》。1902 年，他完成了《东南亚古代金属鼓》一书的写作，用德文在莱比锡出版。这部著作分上下两册，上册是文字部分，共 8 章，245 页；下册是图集，共

集了大量铜鼓文献，进行综合研究。道光年间，罗士琳著《晋义熙铜鼓考》，对有“义熙”铭文的一面铜鼓进行了精辟的考释。也就在这时，有关铜鼓的诗词轰然而起，洋洋洒洒到处唱和。但这些诗词多为借物咏志之作，对铜鼓本身的问题并无多少学术见解。此期间，各地编纂的地方志也常有铜鼓的记载。

各地通志、府志、州志和县志，都很注意铜鼓资料的搜集和记录，不少修志者对当地的铜鼓做过细心观察，并将观察到的现象忠实记录下来，对有关传闻和文献广肆搜罗，认真辑录，保存了许多珍贵的资料，为以后研究铜鼓的分布、收藏和流传，留下许多宝贵资料。

直到 19 世纪末，中国学者还没有看到铜鼓在研究中国西南少数民族历史文化方面的重要性，没有把铜鼓作为一种历史文物来研究。恰在这时，由于西方资本主义势力东渐，一些本无铜鼓的国家有一部分研究东方文化的学者却对铜鼓发生了兴趣，其中以奥地利学者黑格尔为代表。他当时在奥地利皇家博物馆任职，1883 年，在维也纳奥地利艺术与工业博物馆青铜器展览会上展出的一面铜鼓吸引了他，此后开始注意搜集和研究铜鼓。在

45 幅，其中 8 幅是铜鼓照片，其余是鼓耳细部、塑像和各种纹饰展示图。黑格尔运用丰富的器物类型学知识，把当时所知的 165 面铜鼓，按形制、纹饰的演化，划分为四个基本类型和三个过渡类型，分别探讨了它们的分布地区、铸作年代和所反映的文化内涵。他对铜鼓实体的测量、花纹图案的传拓和临摹及金属成分的测定，都是开创性的工作。这部书是 20 世纪初西方学者研究铜鼓的代表作，具有划时代意义。此后近一个世纪以来，不少学者研究铜鼓都遵循他的观点，并用新的发现和新的成果不断充实和阐发他的观点。自黑格尔的著作问世以来，由于许多新的论著出现，丰富了我们对铜鼓的认识，一些为人所不知或很少知道的铜鼓不断得到详细的披露。有关铜鼓的起源、族属、功用，成为学者们的热门话题。

20 世纪 30 年代，正当西方学者在为铜鼓的起源、族属争议不休的时候，中国学者也开始了铜鼓的搜集和研究工作。1933 年，广西学者刘锡蕃深入苗山调查，《苗荒小记》第十八章和《岭表纪蛮》第十一章中记载了他在苗山考察铜鼓的情况。

20 世纪 40 年代，陈志良写成《铜鼓研究发凡》长

文，将当时所见广西各县的铜鼓文献全部抄录，条分缕析，对铜鼓有关问题进行了初步探讨。[①]当时在广西省立南宁博物馆工作的唐兆民，受到日本人鸟居龙藏所写《苗族调查报告》的启示，对馆藏的20多面铜鼓进行了仔细的研究，并请人实测绘图，摄影、传拓，做金属成分分析，准备编辑一本《广西铜鼓图录》。

这里特别要提到徐松石。他是广西容县人，是中国全面、系统研究铜鼓的先驱。从20世纪30年代开始，徐松石在研究华南民族史的同时重视铜鼓的研究，在1927年、1935年和1938年，他前后多次到广西各地考察，目验铜鼓50多面。他在1938年冬出版的《粤江流域人民史》一书第二十二章《铜鼓研究》中，对铜鼓的起源、创制铜鼓的民族、铜鼓的用途和铜鼓出土的情况，做了专门的论述，认为铜鼓是僮族（今壮族）的祖先骆越人在秦汉之间创造的。1947年，徐松石出版《泰族僮族粤族考》，专辟一节为“铜鼓与岭南僮族”，又在多处论述到铜鼓，坚持“铜鼓乃岭南僮族所创造”的观点。

“遥想有关岭南铜鼓的第二次国际学术讨论会不日就要开幕，鄙人不克回去参加，五衷深觉愧歉。因念铜鼓乃国际性的宝器，到会诸君子定有许多深刻的高论，增加祖国学术的光彩自不必少，谨此驰函致意，并祝此次胜会美满成功。”并随信附七言诗一首：

岭南铜鼓岁星移，记念羲娲禹迹奇。
故宇留芳怀胜会，中华文物惹人思。

国内不少学者研究铜鼓都是浅尝辄止，昙花一现，而徐松石先生研究铜鼓前后跨越半个多世纪，不断深入，是同辈学者中用功最勤，也是贡献最大者。

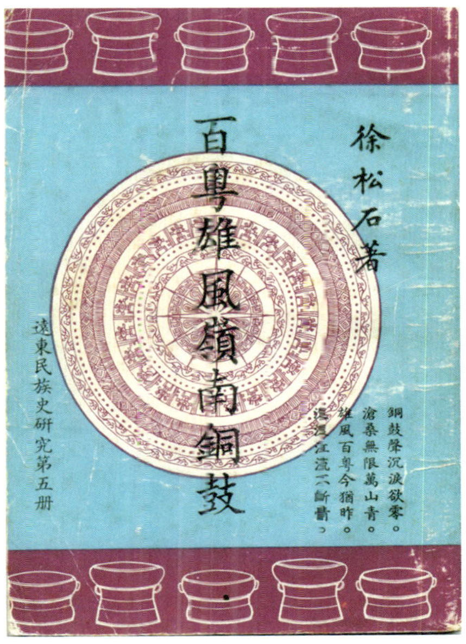

图 123.《百粤雄风岭南铜鼓》书影

他说，看铜鼓的铸造、铜鼓的使用和铜鼓的散布，可知岭南壮族迁徙情形。

1974年，徐松石先生又奋其余力，整理旧稿，写成《百粤雄风岭南铜鼓》专著，对岭南铜鼓的用途、各家对铜鼓创制的意见，都有详细的论述，再次论证岭南少数民族创铸铜鼓的观点。他在书中，把东南亚的铜鼓民族分为创鼓族、铸鼓族和用鼓族三大类，认为岭南俚僚是铜鼓的创制族，南中国的苗、瑶、壮、侗等土人，以及越南汰人和缅甸昔日的骠国人是铸鼓族，其余的是用鼓族，把铜鼓文化的研究推向一个新阶段。

徐松石先生晚年仍关心铜鼓研究，1987年著《禹迹华踪美洲怀古》一书，附题为“铜鼓圆峤奥秘”。1991年出版《华人发现美洲概论》，辟第十章为《岭南铜鼓的奇义》，他在书中仍认为铜鼓最初是在广西、广东创制的，并将岭南铜鼓鼓面上的纹饰和美洲印第安人礼仪用鼓鼓面纹饰进行比较，认为它们之间有一定渊源关系。1991年在南宁召开中国南方及东南亚地区古代铜鼓和青铜文化第二次国际学术讨论会时，他致信祝贺。信中说：

第三节 铜鼓文化的延续与弘扬

广西尚有壮、瑶、苗、彝等民族还在使用铜鼓，他们对于铜鼓文化情有独钟。随着现代化的进程，这种古老的传统文化不但没有随之消失，相反，得到了进一步的弘扬和发展。

一、铜鼓艺术团

河池是现存铜鼓最密集的地区，那里的壮、瑶、苗族群众，对铜鼓真可谓家喻户晓，孺幼皆知。为了传承铜鼓文化，河池市人民政府投资420万元，于2003年12月新建占地面积6800平方米的河池铜鼓广场，铜鼓塑像高达21米，重218吨，铜鼓直径约5米，在广场上共有380余面大小铜鼓图案。铜鼓记载着河池各族人

①桂林《旅行杂志》1943年第2期。

民辉煌的历史文化，寄寓着河池人民对辉煌灿烂之明天的希望。

在河池，20 世纪 80 年代产生过一个铜鼓艺术团，他们研制了成套的定音铜鼓，创制了适于演奏的微型铜鼓，获得文化部科研成果奖。

铜鼓艺术团原是河池地区民族歌舞团。团长张颖中、副团长黄仲裕都是乐手出身，有一定音乐造诣。黄仲裕是东兰县人，从小耳濡目染，对铜鼓相当熟悉。他感觉到，民间铜鼓音调单一，击打方式简单，难以提高发展，无法适应现代表演的需要，特别是难以按现代律制取音，无法演奏乐曲。要使铜鼓能适应现代表演的需要，就必须使铜鼓“现代化”，即十二平均律化，只有这样才能像现代乐队那样在舞台或广场上演奏，充分展现铜鼓所具有的魅力。他的这一想法得到团长张颖中的大力支持。张颖中毕业于广西艺术学院器乐专业，对铜鼓也很感兴趣。于是两人决定联手，研制一套定音铜鼓。

研制工作于 1984 年下半年开始进行。首先是鼓型的确定，根据民间使用铜鼓的习惯，他们决定选择麻江型铜鼓作为定音铜鼓的鼓型。其次是律制的确定，考虑到舞台演奏的实际需要，以及铜鼓音色的特点，他们将定音铜鼓的音域定在大字一组 G 至小字组的 c 共 18 面鼓，以构成一个民族乐队中的中低音型青铜乐器组，可以与编钟等乐器配套使用。

最后需要解决的是定音铜鼓的直径。根据常识，在铜鼓合金配比、壁厚完全一致的前提下，鼓径大小是决定其音高的唯一因素。因而他们计算不同音高铜鼓的直径，通过测音，在民间传世铜鼓中选取一面音高为 G 的铜鼓作为标准器，测量其直径，用 D 表示。然后将该鼓的尺寸按比例缩小，按缩小后的尺寸铸造出一面小铜鼓，并测量小铜鼓的音高（经测定其音高为 C_1）。小铜鼓直径用 d0 表示。

已知标准器铜鼓直径为 D，小铜鼓直径为 d0，二者之间半音的音级为 N，标准器铜鼓直径 D 为 51 厘米，小铜鼓直径 d0 为 31 厘米，它们之间半音音级 N 为 18，将这些数据代入公式后，经过计算，18 面定音铜鼓的音高及直径就测算了出来。

1985 年，黄仲裕怀揣着这些数据，带着一面作为标准器的民间传世铜鼓去苏州，找到了苏州乐器三厂，请求合作制造这组定音铜鼓。苏州乐器厂很高兴与他们合作，但几经反复，铜鼓铸造未能成功，最后不得不放弃试验。

一年之后，黄仲裕找到上海长江刻字厂，得到该厂的大力支持，厂长还专门为此在厂里开了动员大会。经过反复努力，取得了成功。到 1987 年年初，18 面定音铜鼓全部制造完成。

制造定音铜鼓的最大难处在于铜鼓壁厚，特别是鼓面厚度的掌握。实践证明，黄仲裕、张颖中计算方法是正确的，只要鼓面直径、鼓面厚度与设计的数据一致，音高就能达到设计的要求。但由于铸造技术上的原因，鼓面的厚度总是比要求的厚，影响了音高的准确。对于这些铜鼓，铸造出来后，技术人员还要在鼓面的背后采取铲刮的办法来调音，使之达到预定的音高。

1987 年 4 月，广西壮族自治区文化厅、自治区民族事务委员会、自治区科学技术委员会联合委托中国音乐家协会广西分会在南宁召开定音铜鼓（系列）研制成果鉴定会。中国音乐家协会广西分会聘请中国艺术研究所王湘教授、中央民族乐团首席指挥秦鹏章、上海音乐研究所讲师应有勤等专家对定音铜鼓作技术鉴定。鉴定结果认为：“定音铜鼓（系列）的铸造成功，在国内是首创。改良后的铜鼓从中已得出设计者所要求的 G、A、#A、B 等几个音，音高基本准确，音色比原始铜鼓更美，纹饰细腻、造型美观，很有舞台效果。能改到这一步很不容易，是民族乐器改良中的喜事。”到会专家认为铜鼓声音较好，鼓的直径按数学方法设计是合理的，研制基本成功，属于国内较好水平。今后要提高铜鼓系列化后的音准及制作工艺水平，建议投产并推广应用。

但是，这套定音铜鼓体积庞大，特别是它们属于中、低音范围，从音域上来说还不太完整，还不能完全满足在舞台上演奏的要求。为此，在鉴定会后不久，张颖中、黄仲裕又决定再研制一套微型定音铜鼓，使定音铜鼓成为一个完整的系列，可以独立在舞台上演奏。根据演奏的需要，他们决定微型定音铜鼓一套共 16 个，音高从 e2 到 a3，鼓面直径由 10 厘米至 13.5 厘米。出于舞台视觉效果的考虑，这套微型定音铜鼓（系列）在鼓型上采用石寨山型铜鼓的造型。这一次他们找的合作单位是苏州市留园古典乐艺社，由乐艺社负责铸造。由于有了第一套大型定音铜鼓的研制经验，这套微型定音铜鼓很快便研制出来。1988 年 8 月 18 日，广西壮族自治区文化厅在南宁召开微型定音铜鼓技术鉴定会。经鉴定，这套定音铜鼓音高误差仅为 ±5 音分，鼓面直径与理论值误差为 ±0.5 厘米，鉴定委员会给予了很高的评价：“微型定音铜鼓在我国是首次研制成功。根据鉴定、检测、试奏以及听录音，鉴定委员会认为该乐器有三大创新和优点：1. 把我国古代大型传统青铜乐器微型化，这在造型工艺和便于携带方面是一大创新；2. 改变古代铜鼓无固定律制，而研制成功具有现代十二平均律的乐器，能与现代乐队合作演奏旋律，这是第二大创新；3. 解决了金属乐器混响时间过长和音位的排列，而使铜鼓也能成为单击、连击、滚奏、转调、快慢等高难度技巧的乐器，这是第三大创新；4. 微型铜鼓工艺优良造型古雅，既能作乐器演奏，又能作工艺收藏品，而且重量较轻，成本较低，这将在社会效益和经济效益上产生良好效果。”到会专家一致认为，微型定音铜鼓的设计、制作、工艺、音色以及表现能力等在民族乐器改革中已达到国内先进水平，同意通过技术鉴定，并建议向国内外做广泛宣传，投入生产，扩大社会效益和经济效益。[①]

河池地区民族歌舞团排练了一台以铜鼓为乐器和以铜鼓为题材的大型歌舞节目《铜鼓乐舞》，在 1988 年广西春节电视晚会上，首次亮相，立即引起轰动。同年在广西第二届“三月三”歌舞节上，《铜鼓乐舞》获集体表演一等奖。同年 10 月，受中国南方及东南亚地区古代铜鼓学术讨论会邀请，以“广西铜鼓艺术团”名义专程前往云南昆明，为与会铜鼓研究家作专场演出。来自我国以及美国、法国、澳大利亚、新西兰、联邦德国、日本、马来西亚等国家从事古代铜鼓及青铜文化研究的专家、学者共 70 余人观赏了这场演出。同年 12 月，在南宁参加广西壮族自治区成立 30 周年文艺晚会首场演出。

1989 年 10 月，定音铜鼓系列被文化部授予科学技术进步三等奖。

1991 年，河池地区民族歌舞团被广西壮族自治区文化厅正式命名为“广西铜鼓艺术团”。同年 9 月，广西铜鼓艺术团受文化部、国家民委之邀，带着《铜鼓乐舞》赴京演出，引起轰动。全国人大常委会副委员长程思远先生为之题词：“愿铜鼓古乐之声飘出桂乡，传遍世界。”文化部代部长贺敬之亦题词：“民族艺术开新花。”

广西铜鼓艺术团的铜鼓乐舞节目分三大部分。第一部分是红水河畔的铜鼓之声，包括铜鼓乐合奏《欢腾的红水河》。第二部分是铜鼓梦，包括羽人舞、鹭舞、鹿舞、盾牌舞、铜鼓舞，前四个舞蹈都是根据铜鼓上羽人、翔鹭、跑鹿、武士持盾等写实图案生化出来的抒情舞蹈，表演细腻、热烈、粗犷，赞美大自然，歌颂勤劳、勇敢、善良，表现古代先民如诗如画的心愿，如痴如醉的豪情。第三部分是铜鼓节，有铜鼓合奏《打起铜鼓庆丰收》，有舞蹈《铜鼓上的蚂蜗》，有民歌联唱《铜鼓民族的歌》，有歌舞乐《铜鼓声声》。整个舞台充满壮乡瑶寨浓烈的乡土气息。

广西铜鼓艺术团还专门举办过《铜鼓之声》音乐会，演奏的乐曲有铜鼓乐《欢乐的酒歌》《铜鼓声声》，有铜鼓三章《羽人》《船从远方来》《蚂蜗祭》，有铜鼓吹打乐《喜迎春》。演奏这些乐曲，除了敲击各种定音铜鼓，还有羊角钮铜钟、琤尼、牛角胡、波咧、竹笛、芦笙、蜂鼓等传统民族乐器参与演奏。

1994 年 6 月 26 日至 8 月 3 日，广西铜鼓艺术团应邀赴法国演出。在法国的一个多月里，与五大洲 22 个国家艺术团体同台演出 57 场，使河池铜鼓之声实实在在地“飘出桂乡，传遍世界”。

1994 年 9 月，广西铜鼓艺术团的微型定音铜鼓被送至北京参加中国社会发展成就展览，并在展厅演奏。江泽民主席参观这一展览时在微型定音铜鼓展台前驻足长达 10 余分钟，对小铜鼓的演奏很感兴趣。

此后，该团的微型铜鼓多次随中央和自治区领导人出访，或随相关展览展演，先后到美国、法国、德国、加拿大、澳大利亚、新西兰、新加坡、泰国、日本、南斯拉夫等国家演出，铜鼓之声真的响遍了全世界。

①吴伟峰等：《河池铜鼓》，广西民族出版社，2009，第 258-261 页。

二、铜鼓山歌艺术节

为弘扬铜鼓文化，1999年始，河池地区举办了铜鼓山歌艺术节，各族群众敲响铜鼓，载歌载舞，欢庆升平。

1992年，东兰铜鼓艺术节，出动168面铜鼓，用钢架一层一层地摆放在烈士陵园正门的百级台阶上，壮观之极。除了集体演奏，还有铜鼓庆丰收、铜鼓竹竿舞、铜鼓青蛙舞等表演节目。

1999年7月正式确定，河池地区铜鼓山歌艺术节每年举行一次，由所属各县、市政府轮流承办。

第一届铜鼓山歌艺术节1999年9月在河池市金城江举行。在开幕式上，东兰县的方阵以铜鼓为主，前导的彩车上耸立一面直径2米多的铜鼓模型，演员们围着铜鼓跳蚂蜗舞，彩车后面跟随着16面铜鼓和16名手持长棍的舂榔舞演员，铜鼓声和着舂榔棍的撞击声，震天动地；南丹县方阵中有由12面铜鼓、48名白裤瑶男青年及20名白裤瑶女青年组成的白裤瑶铜鼓表演队；大化瑶族自治县方阵中有布努瑶铜鼓舞、竹筒鼓表演。

幕式大型演出主题为《太阳河欢歌》，表现了天峨县红水河畔壮族的传统文化。

第六届铜鼓山歌艺术节2004年11月于罗城仫佬族自治县举行，第七届铜鼓山歌艺术节2005年12月于都安瑶族自治县举行，第八届铜鼓山歌艺术节2006年11月于巴马瑶族自治县举行，第九届铜鼓山歌艺术节2007年11月于环江毛南族自治县举行，第十届铜鼓山歌艺术节2008年11月于凤山县举行。

河池铜鼓山歌艺术节的举办，完全动摇了这一地区千百年来关于铜鼓的传统观念。这里的少数民族祖祖辈辈一直认为，铜鼓是通神的灵物，只有在较隆重的场合才能使用，平时是不能随意提及，更不能随意动用的。有些地方（如部分白裤瑶及苗族聚居区）甚至认为，铜鼓只能用于丧葬，其他时候不能随便使用，否则将招至灾祸。铜鼓山歌艺术节的举办使这些传统得到了改变。每次铜鼓的使用，且不说其性质与传统不同，其时间、地点亦完全由各县政府确定，与传统的使用时间、场合往往大相径庭。然而，鼓主们却已逐渐适应了这一变化。

图124.公路上的铜鼓装饰

2000年10月，第二届铜鼓山歌艺术节由宜州市承办，开幕式在会仙山脚下的宜州市体育场举行，临时搭建的舞台以铜鼓造型设计：主舞台是一面直径为25米、高1.8米的巨大铜鼓；主舞台两旁及前面的副舞台由24面直径从5米至10余米不等的小铜鼓组成。由150面东兰壮族铜鼓、60面南丹白裤瑶铜鼓组成的铜鼓阵，呈"┌┐"形布置在舞台正前方，与舞台的铜鼓造型浑然一体。开幕式开始时，在210面铜鼓震撼山岳的轰鸣声中，四条祥龙与八堂雄狮翻腾跳跃，舞出了喜迎宾客的瑞气。210面民间传世铜鼓集中于一地同时表演，打破了东兰铜鼓艺术节一次出动铜鼓168面的记录，创造了一次使用古代铜鼓数量的"世界之最"。

第三届铜鼓山歌艺术节2001年12月在大化瑶族自治县举行，开幕式大型文艺表演的主题为"红水河之魂"，其中由201面铜鼓、400名鼓手组成的铜鼓队在演出序幕及尾声中构成了一条"铜鼓河"，强烈地凸显出红水河流域的铜鼓文化风情。

第四届铜鼓山歌艺术节2002年于南丹县举行，集中展示了南丹县以白裤瑶文化为代表的民族风情。

第五届铜鼓山歌艺术节于2003年在天峨县举行，开

每届铜鼓山歌艺术节所动用的铜鼓，少则数十面，多则几百面，无论需要哪个地方、哪个民族的铜鼓，鼓主们从不讲条件，不再去顾忌传统。如今，在河池一些原先铜鼓禁忌最为严格的地方，人们在参加了几次铜鼓山歌艺术节后，关于铜鼓使用方面的限制就在悄悄地解禁，这不能不说是艺术节的奇迹。

铜鼓山歌艺术节的举办，为河池民间传世铜鼓的使用拓展了一个全新的领域，使铜鼓的使用从形式到内容都发生了巨大变化。原先只是在村寨里、山坡上、田野里敲打的铜鼓，现在到了城市，到了专门建造的现代舞台上；原先各民族、各地方均有自己的固定鼓谱，如今几十面、几百面同时在一个地方敲击，各自的鼓谱全乱了套；原先各地方在各种场合的使用中，均有自己一套千百年来代代沿袭的固定仪式和程序，现在这些仪式、程序全部不起作用，全都得按导演制定的方案去表演……对于这些习惯了世代相传的老传统的铜鼓使用者来说，这一切都是他们原先不敢去想、更不敢去做的事情。

尤为重要的是，铜鼓山歌艺术节的举办，让人们对铜鼓产生了新的认识，燃起了新的希望。改革开放使人们的观念发生了变化，从而造成对铜鼓传统观念的冲击。

生活水平的提高、科学文化教育的普及，使人们逐渐认识到，铜鼓不是神赐之物，不是通灵神器，不能保佑平安。但是，铜鼓是什么？祖祖辈辈世代相传的传家之宝，它的价值何在？在20世纪末的一段时间内，一些地方的人们对此曾一度迷惘。以至有些人卖掉了祖传铜鼓，一些年轻人不愿意再打铜鼓，河池铜鼓文化的传承曾一度使人担忧。现在，当他们看到几十面、上百面铜鼓同时集聚于都市舞台，面对着成千上万的中外观众惊奇的目光的时候，当他们看到专业编导们根据他们的铜鼓舞蹈、铜鼓图案创作一个个优美的歌舞并与他们同台演出的时候，特别是当他们被一大群记者包围、拍摄、采访，并看到他们在电视、报纸上出现的时候，他们的心灵感受到一种从未有过的震撼，一种全新的愉悦感和自豪之情油然而生。的确，铜鼓不是什么神赐之物，但它却是祖先留下的珍贵文化遗产；铜鼓不是什么除妖避邪的利器，但它却是许多民族优秀传统文化的载体；铜鼓不能保佑我们平安兴旺，但博大精深的铜鼓文化却可以使我们奔向小康。这就是古老铜鼓的魅力，这就是民族文化的骄傲！

三、铜鼓元素遍八桂

与河池紧邻的百色，于20世纪末至21世纪初建成了一座占地面积18300平方米的铜鼓广场。广场入口处的花坛中雕塑了一面与真铜鼓一样的大理石铜鼓，广场中央地面用大理石漫铺成三大的铜鼓鼓面图案，正面建造了高5层的“世纪铜鼓楼”，在铜鼓楼的底层正中横挂着一面特大铜鼓，直径210厘米，高150厘米，重1500千克。2005年年初又在百色火车站进站大道广场修建一座高大的“句町铜鼓”塑像，用西林出土的汉代铜鼓原型放大，总体高15.3米，直径13.6米，重达24吨。在百色饭店正门通道左侧墙壁上嵌着两个铜鼓鼓面图案，在饭店内购物厅的左右门亭墙壁上也嵌砌着铜鼓鼓面图案，使人们很自然地回到铜鼓文化的氛围之中。

在自治区首府南宁，到处被浓厚的铜鼓文化所浸染。漫步街头，稍加留意，就可以看到铜鼓塑像及其纹饰图案的装饰，立交桥护栏、花窗装饰的是铜鼓上的翔鹭和羽人舞蹈图案，桥头护栏的滚石，雕刻成横卧的铜鼓雕

图125.广西民族文物苑内的铜鼓楼

河池铜鼓山歌艺术节极大地丰富了当地群众的精神文化生活，成为当地的一件盛事。对外来说，每届铜鼓山歌艺术节都吸引了广西区内外数十家媒体及无数中外宾客。河池铜鼓山歌艺术节已和南宁国际民歌艺术节、桂林国际山水旅游节并称“广西三大文化艺术节”，正越来越多地受到国内外的广泛关注，河池铜鼓文化正逐步冲出亚洲、走向世界！①

自1982年以来，广西少数民族传统体育运动会每年举行一次，几乎每次都有打铜鼓表演，河池地区的打铜鼓都获表演一等奖。1991年11月，第四届全国少数民族传统体育运动会在广西南宁举行，河池地区拿出一台重头戏《金鼓齐鸣》，由东兰县100面壮族铜鼓、南丹县40面瑶族铜鼓，与20把牛角号、20把长号、90面壮族蜂鼓组成方阵，出现在运动会的开幕式上。140面铜鼓同时擂响，震天动地，428名壮族、瑶族男女在铜鼓阵中欢呼跳跃，表现出壮瑶人民勤劳、勇敢、强悍的民族性格和欣欣向荣、奋发向上的壮志豪情。

像。南湖大桥护栏的望柱顶着铜鼓，电线杆的基座也是铜鼓模型。南湖公园有一个由12面直径1米左右的大铜鼓围成的“铜鼓阵”。走进青秀山公园，迎面耸立的是铜鼓歌台，台阶两侧栏杆柱上，雕着铜鼓上常见的青蛙，花坛的花草布置成铜鼓上常见的雷纹和回纹；铜鼓歌台的背景是面径4米多的大铜鼓石雕，顿时使人置身于铜鼓世界之中。

在广西博物馆的后院，即民族文物苑内，矗立着由4面大铜鼓组合而成、高达20多米的铜鼓楼。这是按4面典型铜鼓原型放大而精心设计的铜鼓群雕。主楼是一面正置的冷水冲型铜鼓，鼓面纹饰仿真，有4只青蛙塑像，青蛙之间还有乘骑、水鸟塑像，鼓胸饰变形船纹，鼓腰饰变形羽人纹，鼓足饰蕉叶纹，都是原有纹样的放大。鼓腔内隔成两层，可作为歌舞厅，也可作为学术报告厅。与主楼平排矗立的另一面是仿贵港罗泊湾汉墓大铜鼓设计的，鼓胸有龙舟竞渡纹，鼓腰有羽人舞蹈纹，与真铜鼓如出一模。另有两面侧置的铜鼓，一面仿灵山型铜鼓，太阳纹10芒，主晕是变形兽纹，边沿有4组三足青蛙塑像，

①吴伟峰等：《河池铜鼓》，广西民族出版社，2009，第260-267页。

其中两组为累蹲蛙；一面综合仿效田东锅盖岭战国墓铜鼓和贵港罗泊湾汉墓小铜鼓设计而成，纹饰比较简单，但仍很逼真。4 面铜鼓用铜鼓船纹的船尾装饰勾连起来，构成一个整体。这组铜鼓群雕既是民族文物苑大门后的屏风，遮挡着民族文物苑的内景，又是民族文物苑内的一个重要景观。自 1992 年 4 月建成后，成为南宁上镜率最高的纪念建筑，电影、电视经常把它收进镜头，外地游客也以在它跟前留影为荣。

作为一个城市文明的象征和标志，广西民族博物馆，外形主体是一大两小的 3 面铜鼓，大铜鼓高达 32 米，直径 44 米，用形象手法体现铜鼓这一传统文化理念，使传统和现代文明获得完美结合。

四、铜鼓形象入画图

使用铜鼓的习俗很早已进入画家的视野，在各种绘画作品中都有所反映。当代美术家也很乐于借助铜鼓题材反映少数民族的精神风貌。1988 年，在广西博物馆举办的《瑶山风情》画展，有《祖传瑰宝》《岁月》《铜鼓舞》等 5 幅作品出现铜鼓。1989 年 10 月在广西博物馆举办的《广西少数民族画大展》中又有《醉秋月》《绣球》等表现铜鼓的画。许多描绘铜鼓的作品给人以极大的震撼力，侗族画家吴崇基创作的《花山脚下铜鼓乐》《金鼓长鸣》等版画，以铜鼓为主要题材，将铜鼓上的人物、鸟兽活化，把古典纹样融入现代观念之中，加以锤炼和吸收，使铜鼓民族的心理素质、生活习俗、意识信仰、审美理想得到充分表现，因而获得美术界很高的评价，多次获奖，并选送出国展出。

五、铜鼓奖与铜鼓展演

广西壮族自治区人民政府设立的广西文艺创作最高奖名为“铜鼓奖”。1988 年首次评选出文学、音乐、美术、戏剧、电影、摄影、舞蹈、书法、曲艺、杂技、电视、广播剧及民间文学作品等 105 个，分别颁发给奖状和一面精制的铜鼓形奖杯。

在南宁举行大型集体活动，也常有铜鼓为之助兴。1988 年广西第二届“三月三”音乐舞蹈节的大型乐舞有《骆越神韵》《红水河图腾》，都是以铜鼓为题材的歌舞。1998 年庆祝广西壮族自治区成立 40 周年大型电视歌舞晚会长达 100 分钟，以《铜鼓壮山河》板块开场，气壮山河，声震四野。庆祝大会的游行队伍由 20 个方块队和 40 辆彩车组成，其中有一个方块是由 100 名来自大化瑶族自治县的瑶族同胞组成的铜鼓队，他们抬着 50 面铜鼓，鸣奏着丰收乐章，昂首阔步走在民族大道上。1999 年南宁国际民歌艺术节大型开幕式文艺晚会在广西体育场举行，舞台背景两边横卧着两面巨大的铜鼓，鼓面向着观众，熠熠生辉，两侧又各正放一面高约 5 米的大铜鼓，气度威严，为晚会大增光彩。2000 年 11 月，第九届中国金鸡百花电影节开幕式在南宁青秀山铜鼓歌台举行，开场的民族舞蹈组合中也有铜鼓舞。晚会结束时，又有 20 人的铜鼓队、70 人的芦笙队和 80 人的锣鼓队一起为演员们跳同乐舞伴奏。当时媒体报道形容其气氛是“长号芦笙动地响，对管铜鼓震天欢”。

南宁年年都有民歌节，每个节日的民歌必唱铜鼓。1992 年 10 月，中国首届金鸡百花电影节开幕式暨桂林国际山水旅游节在桂林举行，主办者邀请东兰县民间铜鼓 40 面到桂林，在桂林民族风情苑为中外宾客作了为期两个月的表演。1994 年，在深圳民俗村开业之际，有关方面邀请南丹白裤瑶携 4 面铜鼓前往表演；同年，广西电视台《欢乐大回旋》栏目邀请白裤瑶铜鼓 4 面前往南宁参与节目录制。1996 年元月，北京举行“万宝路贺年铜鼓大赛”，南丹县 22 面白裤瑶铜鼓应邀参加；同年 4 月，全国扶贫工作会在广西北海市举行，邀请东兰壮族铜鼓 20 面前去为会议演出。2000 年，广西壮族自治区文化厅组织广西民间艺术表演团赴法国参加某艺术节表演，南丹县白裤瑶 8 面铜鼓参加了此次表演活动；同年，江苏无锡举行“中华鼓王大赛”，东兰县 60 面壮族铜鼓应邀参加，在开幕式上表演。2000 年 9 月 23 日晚上，广西电视台特别节目“南疆花月夜”现场直播“铜鼓与山歌”专场，演出热情奔放的舞蹈《铜鼓魂》。

2001 年，北京举行“中国鼓舞大赛”，4 面白裤瑶铜鼓参加。2001 年，南丹白裤瑶铜鼓进北京参加了申奥

图 126. 铜鼓造型的广西民族博物馆

文化艺术表演，鼓声响彻长城脚下和中华世纪坛。

2002年，广西民族文物展览在西安举办，同时举行广西民族风情表演，南丹白裤瑶演员携铜鼓4面参加了这一表演；同年，由中国打击乐协会、上海东誉广告公司组织的“中华鼓宴”在上海市正大广场举行，16面东兰壮族铜鼓参与表演。

2003年，中央电视台12套社会与法频道《魅力12》栏目拍摄专题片《壮锦献给毛主席》，邀请东兰县12面铜鼓前往北京参加拍摄，并参加电视连续剧《中国有条红水河》拍摄活动。

2010年春节，国务院总理温家宝视察东兰期间，在卡桥村巴根屯与壮族群众共度佳节，欣然用音乐铜鼓敲奏一曲《新年好》，并题写“东兰音乐铜鼓”赠给制作者。2010年8月，天峨县龙滩水库庆典开幕式出动40面铜鼓，分两列铜鼓迎宾。主宾入场时，锣鼓喧天，铜鼓齐奏。

2010年上海世博会广西馆隆重播出东兰铜鼓演奏节目，受到海内外人士的高度赞赏。

2011年3月，东兰县举办了国际铜鼓文化旅游节。同年4月，在田阳县敢壮山举行布洛陀祭祀大典活动中，东兰铜鼓队30面铜鼓前去献演。

在民间传世铜鼓作为一位文化使者频频出访、向世人展示河池美轮美奂的民族传统文化的同时，河池的文化工作者也在积极地探寻着保护河池铜鼓文化、弘扬河池铜鼓文化的新路。

六、铜鼓保护受重视

20世纪以来，铜鼓文化遭到了许多冲击。目前，铜鼓使用地区已退缩到红水河流域的狭小范围。改革开放给红水河流域带来了经济的发展及文化的进步，同时也使人们的传统观念发生了变化。由于科学文化知识的提高，人们不再敬畏和崇拜铜鼓，只把它作为一种娱乐工具。而现在的娱乐，除了蚂蜗节、唱山歌、跳铜鼓舞，还有电影、电视等丰富多彩的文化生活形式，使人们对铜鼓艺术的依赖已逐渐减弱。这种传统观念的改变，给铜鼓文化的传承带来了空前的危机。如果再不抓紧时间采取相应的保护措施，红水河流域民族民间具有悠久历史、内涵丰富的原生态铜鼓文化将会很快消亡。

2003年年初，文化部启动了中国民族民间文化保护工程。这一工程由政府组织实施推动，是对我国具有历史、文化和科学价值的民族民间文化进行有效保护的一项系统工程。2003年9月，文化部决定在全国选择一批项目作为试点，红水河铜鼓艺术保护是广西首选。

在红水河流域，以东兰、天峨、南丹、巴马等地为中心的地区，是积淀铜鼓文化最多的地区。为配合文化部“广西红水河流域铜鼓艺术保护工程”的实施，2003年河池市文化文物部门再次对全市铜鼓现状进行了普查，得知全市铜鼓总数为1458面，红水河流域的壮、瑶、苗等少数民族在节庆、喜丧仪式、宗教祭祀和祈求神灵佑护活动中仍在使用铜鼓。因而，红水河流域铜鼓文化又是一种跨民族综合性文化现象，具有娱神、娱人以及权力和财富象征等文化功能，对于了解生活在红水河流域的壮族、水族、瑶族、苗族等民族之间历史的交融和文化的互动具有重要的价值，对于弘扬优秀传统文化、增强民族凝聚力和民族团结具有特别的现实意义。所以，选择红水河流域铜鼓艺术保护作为第一批项目。

图127. 第四届全国少数民族传统体育运动会上的白裤瑶打铜鼓表演

根据《广西壮族自治区民族民间传统文化保护条例》，以及《广西壮族自治区人民政府关于加强我区非物质文化遗产的保护工作意见》，为促进河池市红水河流域铜鼓文化以及与之相联系的物质和非物质文化遗产的保护与传承，有关部门编制了《河池市红水河流域铜鼓文化生态保护实验区规划纲要》，确定河池市红水河流域铜鼓文化生态保护实验区建设的指导思想、方针原则、保护范围对象、工作目标计划、保护措施办法和保障机制。该实验区以保护红水河流域铜鼓文化为核心，通过科学规划和制订保障性政策措施，将该区域内的文化遗产资源和文化生态环境实行动态的整体性保护。该实验区范围以河池市境内的天峨、东兰、巴马、都安、大化等六县（自治县）行政区域为保护范围，辖75个乡20个镇880个村委会，聚居着壮、汉、瑶、苗、水、侗、毛南等多个民族196万多人。该实验区内民族资源丰富，是铜鼓文化资源富集区，各民族在长期的历史进程中形成了相互依存、共同发展的关系，创造了以铜鼓文化为代表的包括歌谣文化、稻作文化、蚂蜗文化、奇石文化、纱纸文化、宣纸文化、长寿文化、红色文化等具有多元性、独特性的民族文化遗产，从而成为红水河流域的铜鼓文化孕育和发展的主要区域。其中有不可移动文物点572处，文物保护单位有国家级 1 处、自治区级 10 处，非物质文化遗产有 3 项列入国家级名录，9 项列入自治区级名录，22 项列入市级名录。铜鼓文化主要有：天峨纳洞壮族系列蚂蚜舞和都隆十二生肖铜鼓舞，南丹白裤瑶铜鼓舞，南丹中堡苗族葬礼习俗，东兰蚂蚜节习俗、壮族铜鼓习俗、瑶族猴鼓舞、壮族春榔舞、铜鼓竹杠舞，巴马瑶族祝著节、布努瑶密洛陀铜鼓背带歌和壮族布洛陀铜鼓山歌，都安瑶族祝著节、瑶族密洛陀祭祀，大化瑶族铜鼓舞、瑶族竹鼓舞、瑶族喊歌等。壮族蚂蚜节、壮族铜鼓习俗、白裤瑶服饰手工技艺入选国家级“非遗”名录，壮族蚂蚜舞、壮族春榔舞、瑶族铜鼓舞、瑶族祝著节、白裤瑶葬礼习俗入选自治区“非遗”名录。2003 年红水河流域铜鼓艺术列入国家首批民族民间传统文化保护工程十个试点项目之一。2004 年 5 月在河池市召开广西民族民间文化保护工作会议，公布了广西民族民间文化保护工程第一批试点项目，在南丹县里湖瑶族乡举行了广西第一个国家级试点保护项目——红水河流域铜鼓艺术保护工程启动仪式。2008 年 4 月，东兰县被中国民间文化遗产旅游示范区评审委员会评定为“中国铜鼓民俗文化旅游示范区”。2009 年 3 月，文化部授予东兰县为“中国民间铜鼓文化艺术之乡”。2009 年自治区文化厅完成铜鼓习俗申报联合国“人类非物质文化遗产代表作名录”项目工作。2010 年建成河池市红水河流域铜鼓文化生态保护区、百色壮族文化生态保护区。在东兰、南丹、天峨、巴马建立 11 个铜鼓艺术传习馆，在 10 所小学设立铜鼓艺术传习班，建立了东兰县长江乡兰阳村周乐屯和南丹县里湖瑶族乡蛮降屯、化桥屯、化图屯铜鼓艺术生态保护村。2013 年建立了国家级“铜鼓文化（河池）生态保护区”。

铜鼓文化的保护越来越受到政府的重视。在建立起铜鼓文化保护制度和保护体系的基础上，全社会形成自觉保护铜鼓文化的意识，实现铜鼓文化的科学化、规范化，传承 2000 多年的铜鼓文化必将发扬光大，万古长存！

图 128. 东兰“铜鼓之乡”城标 （蒋廷瑜 摄）

国家出版基金项目

NATIONAL PUBLICATION FOUNDATION

广西铜鼓

GUANGXI TONGGU

◎蒋廷瑜 主 编

◎王梦祥 执行主编

下卷

广西民族出版社

广西铜鼓

GUANGXI TONGGU

引述

假如有人问，广西古代最有代表性的文化遗物是什么？我们可以肯定地回答：是铜鼓！

铜鼓是一种富有传奇色彩的民族历史文物，产生于公元前7世纪左右，一直流传到现在，上下贯穿约2700年，分布于中国南方和东南亚地区，覆盖了一大片多民族、多语种的区域。

铜鼓是其铸造和使用民族的综合艺术品，从各个不同侧面反映了这些民族在冶金、铸造、音乐、美术、舞蹈、宗教、经济、科技和文化方面的成就，是研究这些民族历史的“百科全书”。

铜鼓作为一种民族民间乐器，随着民族的迁徙和民族间的文化交流，沿着大江大河流布到各地。广西是铜鼓最重要的分布地区，自东汉开始已有明确的历史文献记载。广西最早出土铜鼓的地点是唐代的龚州（今平南县）。龚州刺史组织修葺州城，挖出铜鼓，后来被带往湖北襄汉，留在延庆禅院，用代木鱼。到宋代，“广西土中铜鼓，耕者屡得之”。明代偶有铜鼓出土记录，清代关于铜鼓的出土记录则层出不穷。近现代铜鼓出土较多，尤以如下几次为重：

1955年春，在贵县高中一座土坑木椁墓出土一面铜鼓，同出的随葬品有铜壶、铜鉴、铜博山炉、铜戟、陶壶、五铢钱，可以确定墓葬年代为西汉晚期。1972年在西林县普驮屯出土4面互相套合的铜鼓，同时伴出鎏金铜骑俑、铜跪坐俑、六博棋盘、羊角钮钟，可确定墓葬年代为西汉时期。1976年在贵县（今属贵港市）罗泊湾一号墓出土完整的铜鼓两面和已改制成铜案的铜鼓一面，伴出器物1000多件，包括羊角钮铜钟、直筒形铜钟、附耳铜桶、汉式铜鼎、越式铜鼎、漆绘铜筒、漆绘铜盆、扶桑树形铜灯等，可以确定这座墓葬的年代为西汉前期。1977年在田东县祥周公社锅盖岭出土一面铜鼓，伴出有铜剑、铜戈、铜矛、铜斧，根据对这些文物的考察，可以推定这座墓葬的年代为战国时代。除此之外，广西境内有铜鼓出土的战国墓葬，还有1993年在田东县祥周镇发现的南哈坡战国墓、1994年在田东县林逢乡发现的大岭坡战国墓等。这些丰富的铜鼓出土信息，可与历史文献相印证，为广西铜鼓勾勒出一张可靠的分布地图与一条明晰的历史轨迹。

宋代始有广西少数民族首领向中央王朝贡献铜鼓的记录。

铜鼓，是权力重器，“有鼓者号为‘都老’，群情推服”，“得鼓二三，便可僭号称王”。南方的铜鼓有如中原地区的“国之重器”铜鼎。铜鼓也是祭祀用器，用来祭山、祭水、祭天地、祀祖先，祭祀后掩埋在荒郊野岭，或投入大江大河。自唐代起广西铜鼓就有从地下出土的记录，上山开荒，下水捕鱼，都有可能获得铜鼓，“罗获多从渔与耕”，都在不经意之间。铸造铜鼓要举行隆重的仪式。铜鼓铸成以后，主家将其悬挂在庭院中，并设宴招待来贺的亲朋好友。来者盈门，富豪子女以金银为大钗，用来敲击铜鼓，此钗名为“铜鼓钗”，留遗主人，作为贺礼。演奏铜鼓也有隆重的请鼓仪式。铜鼓不用时，一般掩埋山野或深藏神秘之处，使用时要进行祈祷，虔诚请出，认真擦拭，供上酒肉祭品。

广西现存铜鼓数量最多，全国各级文物管理部门收藏铜鼓总数约为1500面，广西占其一半以上，达774面。广西民族博物馆收藏铜鼓340多面，是中国乃至全世界收藏铜鼓最多的博物馆。从铜鼓类型来看，广西也最齐全。中国古代铜鼓研究会确定以铜鼓出土地点命名，将国内的铜鼓分成八个类型，广西都有出土和收藏。其中北流型、灵山型、冷水冲型三个类型的铜鼓都以广西出土铜鼓地点命名，广西也是这三大类型铜鼓分布的中心。广西因蕴藏铜鼓数量之众多、类型之齐全而被称为古代铜鼓的“大本营”。

本书的上卷，详细地记载了铜鼓的方方面面，而下卷则以兼顾学术性和艺术性为原则，精选了一批各博物馆馆藏广西铜鼓的精美照片，按类型呈现给广大读者，拟做成一座“流动的广西铜鼓博物馆”，使大家能直观、真切地与这种富有传奇色彩的民族历史文物对话，以阅读的方式欣赏铜鼓之美，对这种集音乐、美术、历史、文化价值于一体的广西文化符号有更多的了解。

蒋廷瑜

2014年10月

目录

第一章 万家坝型

万家坝型铜鼓，以云南省楚雄万家坝春秋战国时期墓葬出土的一批铜鼓为代表，是原始形态的铜鼓。鼓面特别小，鼓胸特别外凸，鼓腰极度收束，鼓足很矮，但足径大，足沿内有一周折边，胸腰间有四只小扁耳。花纹特点是简单、古朴，有一种稚拙味，给人以稳重感。鼓面的太阳纹有的仅有光体而无光芒，有的有光芒而芒数无定。鼓胸和鼓足都素面无纹，腰部也只是由几条纵线划分成几个空格。

田东大岭坡鼓

1994 年 6 月在田东县林逢乡和同村大岭坡出土。

战国早期。

面径 34 厘米，高 29 厘米。

鼓面太阳纹中心隆起，11 芒。胸腰间有两对小扁耳。腰上半部用绳索纹夹对角三角纹纵分成格，下半部分别饰倒 Y 形纹一道，雷纹、绳索纹各两道。

现藏田东县博物馆。

1

田东大岭坡鼓

1. 整鼓面貌
2. 鼓面俯拍图
3. 下部鼓足，可见倒 Y 形纹、雷纹和绳索纹
4. 胸腰间小扁耳

2

3

4

田东 南哈坡A鼓

1993年3月在田东县祥周镇联福村联合小学大门前南哈坡出土。

面径50厘米，高32厘米。

鼓面太阳纹中心隆起，周围有不规则太阳纹15芒。腰部由正、倒V形纹带纵分成空格。近足处有一周雷纹。

现藏田东县博物馆。

1

南哈坡战国墓简介

1993年3月17日，田东县祥周镇联福村村民在联合小学大门前10米处的南哈坡挖取石油钻探队遗留下来的角铁时，无意中发现一座战国墓。墓坑填灰色黏土，夹大颗粒砾石，经夯打结实。随葬品中有铜鼓两件、铜罍一件、铜錾钉六件，还有玉管、玉玦、玉钏。所出铜鼓是原始形态的铜鼓，鼓面小，鼓胸外凸，鼓腰极度收束，鼓足短矮，足径大，胸腰间的四只扁耳细小，鼓面、鼓身花纹简单粗犷，与云南楚雄万家坝等地出土的原始铜鼓类似。此前，广西从未发现过这类铜鼓，这两面铜鼓的出土，结束了万家坝型铜鼓还未在广西发现的历史，填补了广西铜鼓发展序列的空白。

该墓出土的铜罍，敞口、束颈、斜肩、长椭圆腹、圈足外撇，肩两侧装有兽首衔环耳，与中原地区春秋晚期的铜罍近似。

南哈坡A鼓

1. 整鼓面貌
2. 鼓面俯拍图
3. 鼓面局部
4. 胸腰间小扁耳
5. 腰部正、倒V形纹带，近足部雷纹一周

2

3

4

5

田东
南哈坡B鼓

1993年3月在田东县祥周镇联福村联合小学大门前南哈坡出土。

面径50厘米，高37厘米。

鼓面太阳纹隆起，有短小杂乱的太阳纹22芒，芒外有杂乱的晕圈，外围饰以绳索纹。腰部有绳索纹夹曲折纹分成纵向的界格，近足处有一周倒Y形纹、绳索纹夹雷纹。

现藏田东县博物馆。

1

南哈坡B鼓

1. 整鼓面貌
2. 鼓面纹饰
3. 鼓腰、鼓足纹饰，可见倒Y形纹、绳索纹夹雷纹

2

3

第二章 石寨山型

石寨山型铜鼓，以云南省晋宁石寨山汉代墓葬出土的一批铜鼓为代表，是成熟期铜鼓。这类铜鼓面部宽大，胸部突出，腰部呈梯形，足部短而直，布局对称，纹饰丰富华丽。鼓面中心饰太阳纹，光体与光芒浑然一体，三角光芒之间填以斜线，太阳纹之外是一道道宽窄不等的晕圈，宽晕是主晕，饰以旋转飞翔的鹭鸟；窄晕中饰锯齿纹、圆圈纹、点纹等构成的纹带。胸部饰以与面部相同的几何纹带，其主晕则是人物划船的写实画像。腰部除晕圈组成的纹带之外，还有由竖直纹带分隔成的方格，方格中饰以牛纹或用羽毛装饰的人跳舞的图像。此类铜鼓造型较雄伟，纹饰刻画细腻。

罗泊湾10号鼓

1976年在贵港罗泊湾一号墓出土。

西汉早期。

面径56.3厘米，高36.8厘米，胸径63.6厘米，腰径50.9厘米，足径67.4厘米。

鼓面中心饰太阳纹12芒，芒间填斜线。鼓面有12晕。第2—4晕为点纹夹同心圆纹，第5晕为变体勾连雷纹、绳纹，第6晕素，第7晕为10只翔鹭，第8—12晕和胸上部、腰下部均为点纹、锯齿纹夹同心圆纹。胸部饰6组船纹，每船6人。船间有鹭、鸟、龟。腰部纵分为10格，其中8格饰舞人2—3名。腰部有辫纹小扁耳两对。足部刻“百廿斤”三字。

现藏广西博物馆。

罗泊湾10号鼓

1. 整鼓面貌

1

组。自右向左数，第一组是三人一兽，右边两人皆穿大袖衣，下身穿短裤，面对一兽，此兽像野猪；第二组四人一马，一人四肢直伸，仆于马侧，像是刚从马上掉下来，马前一望，马后一人持长柄兵器大步追逐，更后一人弯腰下蹲，第三组五人，一人耸肩盘坐于正中，左前方有手持长柄兵器相趋，右前方有人腋下夹长柄兵器拱手而立，其后又有一个人抬手向后呼唤；第四组七人，一人盘坐在正中，右前方有柄兵器并排而立，左前方有一力士肩扛一小人迎面而来，其大步追赶。这些画面似述说着一段已经失传了的历史故事。

筒　高41.8厘米，盖径13.8厘米，底径13厘米。器身仿自竹筒，节。直腹，有盖，圈足，盖顶有环钮，腹上部有一对衔环铺梁。器表满身画漆彩，每节又分为两段，共四段，每段自成画面。画面内容有人物、禽兽、花木、山岭、云气，可能是第一段，像是两人观斗兽。第二段可分两组：一组是两人围对舞，另一组是一人荷矛牵犬前行，一人跪送。第三段可分组一人骑兽；第二组有三人，一人背负长矛袖手而立，一人膝长跪，一人为持杖而行的老者；第三组三人，以一高灯为一人侧面而立，灯右侧两人一前一后跪坐。第四段分三组：

4

拱手相向而立，似初见面打招呼；第二组两人，互相长跪组一人搏兽。这个画面，从下往上看，像是在进行某种带宗式。

壶　高42.8厘米，口径16.2厘米，底径18.6厘米。带盖，平口，圈足。盖面稍隆起，上立三只类鸟形钮。肩部有一对衔环有漆彩图案，颈部是蝉形垂叶纹，腹部是勾云纹。一级文物。物馆。

环铜匜　高18厘米，口径42.2厘米，底径24.2厘米。瓢形，微敛，有子口阶，一侧接长槽形流，流底平坦，腹部逐步大平底，腹部靠上部分的左、右、后三侧分别铸一铺首衔环，中部有一道凹弦纹。器底有三处补丁，修补材料为长方形薄沿周边铆定。铜匜为贵族用品，盥洗时以匜注水，以盘承水，二级文物。现藏广西博物馆。

羊角钮铜钟　合瓦式，两侧留有合范痕迹。钟体形状像半截橄榄或半个椭圆体，上小下大，中空，内壁光洁，顶部有竖长方形透穿孔，顶端歧出两片羊角形錾钮，底边平直。筒体敲击声音悦耳。这种器形流行于战国至西汉时期。分布地域主要在西江流域和红河流域。此钟正面铸有人面纹，人面的眼、鼻、口都隐约可见。一级文物。现藏广西博物馆。

汉式铜鼎　一般为圆形体，三足，两耳，也有长方体四足的。出土两件，造型相同，带盖，长方形附耳，子口内敛，圆腹，圜底，马蹄足。盖作半球形，面分布三环钮，钮顶突起一个圆瘤。

一件是“布析”铭铜鼎，盖顶一侧刻一“布”字。腹外壁中部起凸棱一周，凸棱上方刻“布”“析”二字，另一侧刻“析二斗一升”“二斗大半升”等字。鼎上的铭文为不同时刻，“析”字较模糊，似曾被磨过。“布”“析”应是该鼎使用地地名，“析”是“析县”，在今河南西峡县；“布”是“布山”（县）的省文，在今贵港市。容量数字中，“析二斗一升”应是铜鼎在析县测得的容量，“二斗大半升”大约是布山时的容量，实测结果，此鼎容量为1000毫升。按二斗一升折算，每升为190.5毫升；按二斗大半升折算，每升为193.6毫升。

另一件是“布析蕃”铭铜鼎，高20厘米，口径18厘米。盖面上一侧刻“析”字，另一侧刻“布”字。腹外壁中部铸凸棱一道，口沿至

5　6　7

凸棱之间一侧刻“蕃二斗二升”“析二斗大半升”等字，另一侧刻“一斗九升”，腹下部刻“布”字。足跟有长方形镶嵌孔眼一对，镶嵌物已失。器上刻铭中，“析”“布”“蕃”都是地名。“蕃”是“蕃禺”的省文，在今广州市。此鼎实测容量为4000毫升，按二斗二升折算，每升为118.8毫升，按二斗大半升折算，每升为193.6毫升，按一斗九升折算，每升为210.5毫升。可以看出各地量制的差异。

直筒形铜钟　出土两件，皆合模铸成。呈直筒形，平顶，顶端有实心半环钮，下端两侧对开长方形缺口。一件高31厘米，横径12厘米，纵径10.4厘米，鼓部正面篆刻“布八斤四两”五字，实测重2188克；另一件高29.8厘米，横径11厘米，纵径9.5厘米，鼓部正面篆刻“布七斤”三字，实测重1866克。“布”是汉代布山县的简称。一级文物。现藏广西博物馆。

附耳铜桶　贵港罗泊湾一号汉墓出土的四件铜桶形制相同，大小递减。酿酒、藏酒器。圆桶形，器身上口稍大，中腰以下微收缩，底部留出矮圈足。有的口部稍敛，中腰微鼓，底部略收缩。直口，腹上部有一对半环直耳，耳内又有竖形贯耳。口上覆盖，绝大部分是木盖。器身外表从上到下有三组几何图案花纹。每组由若干晕圈组成，常见的几何纹样有平行垂直的栉纹、复线菱形纹、圆圈纹、切线圆圈纹、勾连雷纹、锯齿纹、螺旋纹等，整个装饰风格与同时期的铜鼓相似。

勾连雷纹铜桶是其中最大的一件，高32.5厘米，口径30厘米，

贵港罗泊湾汉墓

1. 罗泊湾一号墓封土堆
2. 东器物坑
3. 西器物坑
4. 罗泊湾一号墓清理椁室的情景
5. 小铜鼓
6. 三足铜案
7. 漆绘铜盆

贵港罗泊湾汉墓简介

1976年6月下旬，贵城镇东北郊的贵县（今属贵港市）化肥厂在大坡岭前扩建机修厂，工人挖取土方时，无意中发现一些鎏金的铜车马器，遂引出了罗泊湾一号墓的发掘。罗泊湾一号墓是一座西汉前期的大型土坑木椁墓，椁室用木板分隔成前、中、后三室，前室和中室又分隔成三个部分，后室隔成六个部分。主室内有三具漆棺。在椁室底板下，有七个殉葬坑和两个器物坑。两个器物坑东西并列，其间相距1米，上面纵向平铺着一层木板，掀开木板，就可以看见叠放在里面的随葬品。在西坑内，一面大铜鼓倒放着，鼓腔内叠放着三件铜盆和一件铜盘，铜盘内又放着三件带木柄的铜勺，铜盆上面横放着杯形壶。坑的西北角竖放着竹节铜筒，坑的正中放着一面木制革鼓。在东坑内，两端各有一个铜盆覆盖着一件铜钵、一件铜匜、一件葫芦瓢、两件叠放的铜匜和一件带盖的铜桶。坑的中部也有一件带盖的铜桶和一件大陶瓿，坑的东部挤放着两件铜桶和一面小铜鼓，还有铜钫、铜壶、铜匜、铜鼎、扶桑树形铜灯、三足案，在三足案上放着一件漆绘铜盆，盆内放着直筒形钟和羊角钮钟。整座墓出土随葬品1000余件，包括陶、铜、铁、金、银、锡、玉石、玛瑙、玻璃、竹、木、漆、麻、丝等不同质料的生产工具、生活用具、车马器、乐器、兵器、木牍、木简和植物种实等。

小铜鼓　面径23.8厘米，高24.4厘米，足径37厘米。纹饰较简单，鼓面太阳纹10芒，芒间饰斜线纹，主晕空白，第2、4、5晕饰栉纹。鼓身6晕，鼓胸上方和鼓腰下方都饰栉纹，鼓胸下方有两组羽人划船纹，每船两人，皆裸体。第4晕由竖行栉纹纹带分隔成6格，格内空白。4只扁耳等距离地跨附在鼓胸、鼓腰之间，鼓耳下方饰网纹。鼓虽小，但完整无缺，灿然夺目，令人喜爱。

三足铜案　用铜鼓改制而成。即把一面铜鼓从胸部横向截断，在鼓面上焊3只蹄形足，翻过来就变成了一张铜案。原鼓鼓面不露边，鼓胸很大，鼓面中心太阳纹12芒，芒间夹套叠人字纹和圈点纹，太阳纹外8晕圈，主晕为4只逆时针旋转排列的翔鹭，第6、7晕都饰栉纹。这面铜鼓也是石寨山型的。

漆绘铜盆　高13.5厘米，口径50厘米，底径44.5厘米。平口，宽唇沿，直腹，下折成圜底。口沿上和腹壁内外都有精美的漆画：口沿上画菱形图案。腹内壁画龙、鱼和卷云，两条互相追逐的巨龙构成整个画面的主体；龙的口中含珠，珠恰成两个铺首背后内壁上的铆钉（此盆有四个衔环的铺首，其内壁就有四个铆钉。另两个铆钉则画成柿蒂形花朵，正好填补了空间）。一条龙的颈部弯曲处和另一条龙的尾摆处，又各填绘一条鲤鱼，构图巧妙，严谨自然。腹外壁画一组前后连贯的叙事画，以四个铺首为

界，划分为
桃领窄身上
马向前奔跑
人持杖回头
捡拾兵器；
的两人拱手
披发赤身的
三人手持钩
后又有一人

漆绘铜
分为上下两
首系活动提
一个完整的
神话题材。
绕一禽一兽
三组：第一
腋下挟剑双
中心，灯左

1

2

3

第一组两人
而揖；第三
教色彩的仪

漆绘铜
短颈，圆腹
铺首，器表
现藏广西博

铺首衔
器口椭圆形
下斜内收，
铺首鎏金，
铜片，用铜
盘匜合用。

2

3

罗泊湾 10 号鼓

2. 鼓面俯拍图
3. 鼓面中心太阳纹
4. 鼓身纹饰展示图

4

5

6

7

罗泊湾 10 号鼓

5. 鼓面临摹图
6. 翔鹭纹
7. 变体勾连雷纹

大致相等的五
字，少者仅2
字，第一、
画，表示正
际通行的带
种类繁多，

其中七孔在
孔处的青皮
孔各为一组
径0.3厘米。
合而成。剑
厘米，宽2.4

索形，便于
断面圆形，
号银针长9.3

重破坏，绝
夹纻胎以外，
为最普遍，
般比较厚实。
件漆奁。这
顶以三圈等
描绘花纹。
两周。盖壁
径13.5厘米。

14

15

16

17

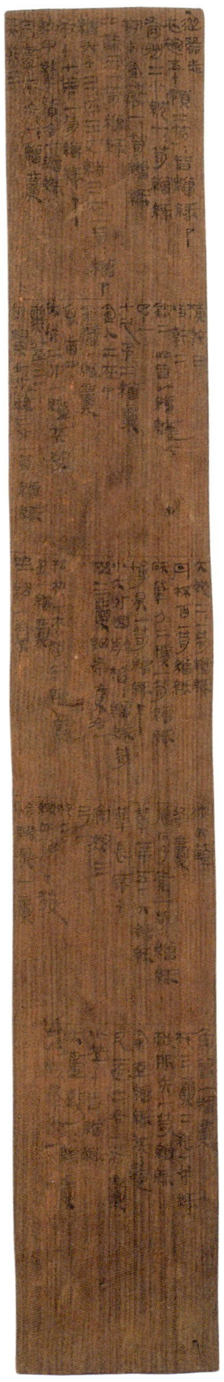

18

19

20

21

22

23

24

底径 27 厘米，出土时附有木盖。口沿下有一对半环附耳，附耳内又有竖形贯耳，器身饰三组几何纹：第一组在口沿下，是栉纹夹勾连雷纹纹带；第二组在腹中部，是点纹夹切纹同心圆纹纹带；第三组近圈足，是两道栉纹夹空白素带。“布”铭铜桶是同出四件中最小的一件，高 27.1 厘米，口径 26.2 厘米，底径 22.6 厘米。纹饰与勾连雷纹铜桶相同。上部是栉纹夹勾连雷纹带，中部是弦纹夹勾连雷纹带，下部是栉纹夹空白素带。其颈部的一侧刻有一个“布”字。这里的“布”是地名“布山”（县）的省文，今在贵港市。在一只耳的下方，刻有“十三斤”三字，是铜桶自身重量的记录，实测重 3405 克。

越式铜鼎 基本器形是竖耳，圆体，浅腹，足外撇。

“二斗二升”铭铜鼎，高 28 厘米，口径 23.8 厘米。绞索形附耳，盘口，扁腹，平底，直足，足部外侧起棱，着地部分稍外撇。口沿外卧刻“二斗二升”四字。实测容量为 4200 毫升，折合每升为 190.91 毫升。

“二斗少半”铭铜鼎，高 28.5 厘米，口径 23.8 厘米。盘口，扁腹，平底，直足，足外侧起棱，下端稍外撇。口沿内侧卧刻“二斗少半”四字。实测容量为 4200 毫升，折合每升为 199.68 毫升。

扶桑树形铜灯 主干上端为上细下粗的圆柱形，下端呈宝瓶形，底座覆盘形。主干上分三层向外伸出九条长短不一的枝杈，每条枝头各置

8. 漆绘铜筒
9. 漆绘铜壶
10. 铺首衔环铜匜
11. 羊角钮铜钟
12. “布析蕃”铭铜鼎
13. “布”铭铜桶
14. 直筒形铜钟
15. 越式铜鼎
16. 扶桑树形铜灯
17. 高足玉环
18.《从器志》木牍
19. 穿孔木尺
20. 八孔竹笛
21. 漆鞘铁剑
22. 绞股身银针
23. 漆奁
24. 梳篦盒

一只桑叶形灯盘，主干顶端平置一只展翅飞翔的金乌形灯盘。《山海经·海外东经》载：“汤谷上有扶桑，十日所浴……九日居下枝，一日居上枝。”此灯依此设计，九只桑叶形灯盘，象征“九日居下枝”，顶端一金乌，表示“一日居上枝”。如果将十只灯盘同时点燃，将会产生火树银花、光彩夺目的视觉效果。灯的底座、主干、九条枝杈、九只桑叶形灯盘和金乌形灯盘，都分别铸造，打磨光洁，刻有接合记号，通过预制的榫卯套扣，合成一体，不用时可以拆卸分装。

高足玉杯 承盘高足杯的部件，承盘已失。杯用整块浅蓝色半透明玉雕琢而成，呈圆筒形，平口，直深腹，腹下部内收，圜底，下连豆把形空心座足，腹部镂刻每两个乳钉为一组的谷纹，上下左右穿插排列，口沿和下腹各刻一周卷云纹，足柄素面。高 11.3 厘米，口径 4.5 厘米，底径 3.3 厘米。

穿孔木尺 用杉木削制而成，长条形，完整无损。表面平整光洁，正面刻十等分，每等分为一寸，在五寸处加刻十字交叉，刻槽内填红色，一端有小圆孔，便于穿绳系挂。长 23 厘米，宽 1.2 厘米，厚 0.2 厘米—0.25 厘米，每一寸刻度长 2.3 厘米。根据嘉量的实测结果，汉代一尺约为 23.09 厘米，此尺长度与中原地区同时期的量尺相等，应是秦统一岭南后在岭南市面上通行的标准尺。

《从器志》木牍 用杉木削成，长方形，完整无损。长 38 厘米，宽 5.7 厘米，中部厚 0.7 厘米，两端厚 0.2 厘米。墨书文字，清晰秀丽，自题为“从器志”。正背两面都有字，正面在书写之前用刀削横划出五栏，每栏自右至左书写 8—11 行，每行字数不等，多者 14 字。背面三栏，无刀削横划痕迹，相当于正面的第三、五栏和四栏各 8 行，第二栏仅 4 行。侧边书写一个“及”字及一竖背面的衔接。全牍共 372 个字、19 个符号，字体为秦汉之有篆书笔意的隶书，内容是开列随葬器物的清单，所列器物既有当地产品，也有中原产品。

八孔竹笛 用一段带有两个竹节的竹管制成。开八孔，同节内，只有一孔在头端的竹节之外，与其他七孔隔开。开被乱去，形成第一、二孔，第三、四、五孔，第六、七、八的平面。尾端竹节打通。通长 36.3 厘米，直径 2.2 厘米，孔径

漆鞘铁剑 剑鞘角质，底髹黑漆，表面由人字形角片胶身狭长，中起隆脊，刃薄而利，柄细长，呈方柱形。通长 130.2 厘米。

绞股身银针 一组三件。针体细长，上部为针柄，作绞运针；柄端穿小圆孔，以便穿绳系挂；下部为针身，光素，针尖尖锐。一号银针长 3.5 厘米，二号银针长 9.1 厘米，三号厘米。系古代“九针”中的毫针。

漆奁 罗泊湾汉墓随葬大量漆器。由于遭受盗墓者的严大多数都已残坏，只有在殉葬坑的几件完整。胎质除极个别是几乎都是木胎。木胎的制法主要是斫木和卷木两种，以斫木胎斫、凿痕迹隐约可见。耳杯、盘、盂、豆、桶等器为斫木胎，一卷木胎则见于奁、梳篦盒等少量器物。其中保存最好的是一件漆奁出于一号殉葬棺，卷木胎，圆筒形，盖、器相套。盖高线层层向中心高起，厚底略圜。器表髹光亮的黑漆，用红漆顶部中心是变形龙纹，并以旋涡纹填补龙身。外饰兆形图案与器身下腹部亦绘兆形图案，内壁全髹红漆。高 7 厘米，口径

8

9

10

罗泊湾10号鼓

8. 鼓腰三人舞蹈纹
9. 鼓腰羽人舞蹈纹
10. 羽人舞蹈纹临摹图
11. 鼓胸船纹
12. 胸腰间辫纹耳
13. 鼓足“百廿斤”铭文

11

12

13

贺州龙中鼓

1991年7月在贺县（今属贺州市）沙田镇龙中村红朱山岩洞葬出土。

战国时期。

面径36厘米，高26.6厘米。

鼓面中心饰太阳纹18芒，芒间饰斜线纹。芒外6晕圈，第2晕最宽，但空白；第3、5晕饰点纹；第4晕饰锯齿纹。鼓胸饰羽人划船纹4组，每船4人，皆裸体。胸腰之间隔以斜线纹带，腰部以羽纹纹带竖行分隔成10格，每格内饰一立牛像，牛颈后有凸峰。鼓足饰锯齿纹和点纹纹带。

现藏贺州博物馆。

1

贺州龙中鼓

1. 整鼓面貌
2. 鼓面俯拍图
3. 神兽尊
4. 神兽尊尊背
5. 蟠螭纹铜罍

2

贺州龙中岩洞葬简介

距贺州市沙田镇龙中村约50米的红朱山西南麓半山腰有一个山洞，高出附近地面约30米，洞口向南，被石块封堵着。有一位农民在山坡上种了一些花生。1991年7月，花生还没有完全成熟，狐狸来偷吃，花生地一片狼藉。农民决心捉拿这个祸首，带着猎枪接连三夜蹲在地边守候。在第三天天亮之前终于看到了这只狐狸。他正要瞄准射击的时候，狐狸发现了他，撒腿就往山上跑。农民一路追去，到山洞前不见了狐狸踪影。农民仔细察看，见一个只有20厘米的小洞，洞口光滑，估计狐狸就从这里钻进去了，他忙拿石头将洞口堵死，回村拿撬洞的工具，并邀集多人一起来围猎狐狸。他们将洞口撬开后，发现洞道很狭窄，只能容一人爬进去。亮着手电，看到洞室又窄又长，并且高低不平。进洞2米左右，洞往下斜，洞底有一层厚厚的淤泥，一眼望去，只见“小狐狸”蹲在那里，正想举起手中的木棍敲下去，却发现“小狐狸”一动也不动，靠近它仔细看，原来已“化”成一件青铜神兽尊。洞顶上滴水，石钟乳与它的右侧面胶结在一起。在这件神兽尊旁边还摆放着蟠螭纹铜罍、铜鼎、席纹陶罍、蟒纹青瓷擂钵等器物，铜鼓仰卧在其中。

神兽尊 尊体为四不像造型，昂首，张口露齿，圆目，以云纹勾出鼻梁，双角直立饰三角云纹，双耳上竖；粗颈，饰变形夔纹，颈背有环，系活链；背部开椭圆形口，有盖，盖的前端有耳，与颈背环钮以活链相连，盖面浮雕一蛇，盘旋而卧，蛇头翘起作为提钮；兽腹肥壮，饰变形夔纹，尾部攀附一龙；四足外圆内弧，饰变体兽面纹。整个尊体形象诡异，纹饰保留商周时代风格。

铜兽首盉 流为短曲状的兽头，与流相对应的另一侧有棱脊形的鋬，镂成空心蟠螭纹；龙头形提梁；盖面饰变体龙纹，盖顶有钮，系活链，应与提梁相连；广肩，扁圆腹，饰三道凸弦纹和两道蟠虺纹；圜底，下置三个兽形足，足的膝部饰带扉棱的内卷角形兽面纹。

蟠螭纹铜罍 直口，折沿，短颈，圆腹，假圈足。肩两侧各有两枚乳凸形耳，可能为提梁用；肩腹以凹弦纹为界，饰三道蟠螭纹带，中间那道还均匀分布八个凸圆饼纹，圆饼内也饰蟠螭纹。

3

4

5

6

7

8

贺州龙中鼓

6. 鼓胸船纹
7. 鼓腰牛纹
8. 胸腰间的辫纹扁耳

西林普驮280号鼓

1972年在西林县普驮粮站铜鼓墓出土。

西汉时期。

面径77.5厘米，高52厘米，胸径85.6厘米，腰径71厘米，足径90厘米。

鼓面13晕，太阳纹16芒，芒间填斜线。第2、4、6晕为勾连点纹带，第3晕素　第5晕为勾连云纹，第7晕饰20只翔鹭，第8—12晕为勾连点纹、锯齿纹夹勾连圆圈纹。胸上与腰下饰点纹、锯齿纹夹勾连圆圈纹。胸中部饰6组船纹，每船有8—11人，皆项髻。船间有鹭鸶和鱼。腰分12格，每格又分上下两层，上层饰鹿纹，下层饰羽人纹。

现藏广西博物馆。

1

西林普驮280号鼓

1. 整鼓面貌

2

西林普驮 280 号鼓

2. 鼓面俯拍图
3. 鼓面临摹图
4. 鼓面太阳纹
5. 鼓面勾连云纹与翔鹭纹

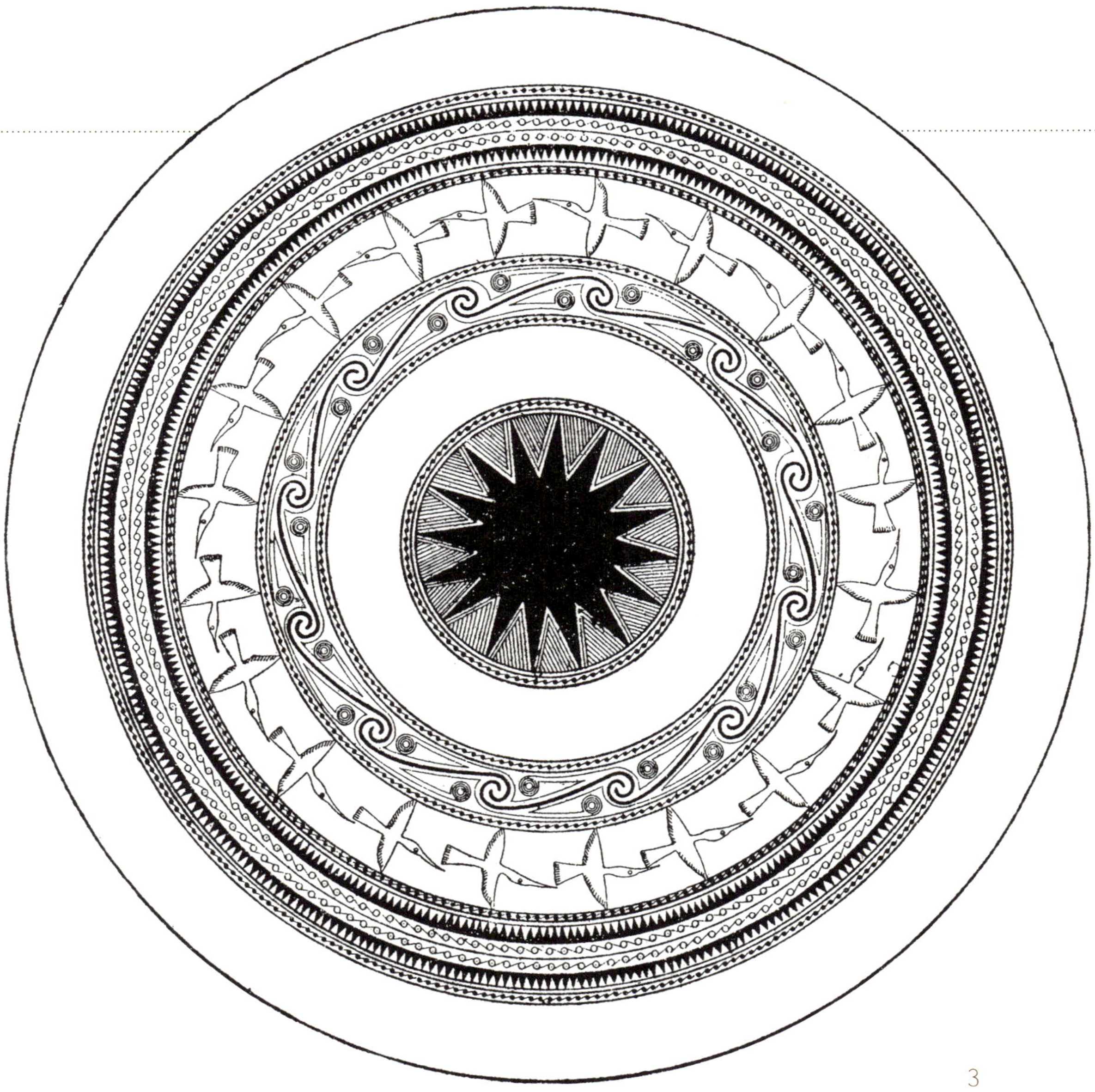

3

4

5

8

6

7

9

西林普驮 280 号鼓

6. 鼓胸船纹
7. 鼓身纹饰展示图
8. 鼓腰鹿纹与羽人纹（组图）
9. 鼓胸船纹局部

西林普驮 281 号鼓

1972 年在西林普驮粮站铜鼓墓出土。

西汉时期。

面径 72 厘米，高 49 厘米，足径 83.3 厘米。

鼓面纹饰已锈蚀，只见中心太阳纹 14 芒，芒间饰斜线角形纹。鼓身纹饰也已锈蚀，隐约可见胸部有船纹，腰部有翔鹭纹和羽人舞蹈纹，在胸的上下部和腰的分格间饰锯齿纹、同心圆纹或锯齿纹、羽状组成的纹带。

现藏中国国家博物馆。

1

2

3

西林普驮 281 号鼓

1. 鼓腰上的羽人舞蹈纹
2. 鼓胸船纹
3. 整鼓面貌

西林普驮 282 号鼓

1972 年在西林普驮粮站铜鼓墓出土。

西汉时期。

面径 52 厘米，高 41 厘米，足径 56 厘米。

鼓面中心饰太阳纹 10 芒，芒间饰斜线三角纹，双弦分晕，8 晕，主晕是翔鹭，次为大方形雷纹，另有勾连圆圈纹、栉纹。鼓面有精细的纺织品印痕和羽毛痕，并粘有小铜铃和大量排列整齐的细小串珠。

现藏广西博物馆。

1

2

西林普驮 282 号鼓

1. 整鼓面貌
2. 鼓面黏附的小串珠

1

2

3

4

西林普驮铜鼓墓葬

1. 鎏金铜骑俑
2. 铜六博棋盘及铜跽坐俑
3. 山羊纹铜牌饰（组图）
4. 兽面铜牌饰（组图）
5. 鎏金铜面具（组图）

西林普驮铜鼓墓葬

1972年7月3日，西林县普驮屯粮店开辟晒谷场时，挖出一座用4面铜鼓互相套合做葬具的古墓。墓室是一个椭圆形的土坑，直径1.5米—1.7米，距地表深约2米。墓口用圆形石板盖住，石板之下并排砌12块大小不等的石条，石条下面是4面互相套合的铜鼓。随葬品一部分散布在铜鼓周围，一部分放置在铜鼓之内。铜鼓最内层堆放着用玉管、玛瑙串珠、绿松石珠穿缀成的珠襦包裹的尸骨。随葬器物400余件。一眼看过去，这批东西大部分似曾相识——铜鼓、铜羊角钮钟、各种铜牌饰、玛瑙扣等像云南晋宁石寨山滇文化的，而铜骑俑、铜锔、铜耳杯、铜六博棋盘和车器等又像中原地区汉文化的。根据文献记载，西林县在汉代属句町国，墓主人应是句町族的首领。

羊角钮铜钟　出土一对，形制大小相同，器表粘有鸟的羽毛。合瓦式，两侧留有合范痕迹。其形状像半截橄榄或半个椭圆体，上小下大，中空，内壁光洁，顶部有竖长方形透穿孔，顶端歧出两片羊角形鋬钮，底边平直。敲击声音悦耳。

鎏金铜骑俑　包括马、鞍、骑士三个部分，通高59厘米，长61厘米。器表全部鎏金，明亮夺目。马为雄性，膘肥体壮，昂首而立，两耳直竖，似迎风嘶鸣。除马尾单独铸造外，整匹马为一次性浑铸而成，轮廓清晰，光洁圆润。鞍鞯方形，上隆下弧，覆在马背上。骑士也是一次性浑铸而成，头戴武冠，身穿袴褶，臂束韝，腿缚裤，脚蹬统靴，双腿跨坐鞍上，两手放置胸前，目光前视，做靮缰状。

铜六博棋盘　通高9厘米，长30厘米，宽29厘米。似案，面近正方形，边下折，四角下附高足。盘面光平，有清晰的六博棋局纹。

铜跽坐俑　一组四件，通高9厘米—9.5厘米。皆男俑，戴冠，着长袍，穿鞋，跽坐。姿势各不相同，其中一位左掌交举于耳际，右掌贴膝；一位右掌高举于右肩前，左掌贴膝；一位右掌心向下置于膝上，左掌贴膝；一位双手抚膝。与六博棋盘同出，是正在下棋的情景。

山羊纹铜牌饰　共两件，长13.1厘米，宽6.5厘米。鎏金，平面如肾形，折边，周边有细小钻眼，正面压印出凸起的山羊一只。山羊站立，举头回望，脚踏山峰，头顶云天，形态生动。

兽面铜牌饰　共三件，一件中空，把环状，宽5.5厘米；另两件背面有弓形钮，宽2厘米。

珠饰　在墓葬中，最小的那面铜鼓放在大铜鼓内，鼓面铺盖着珠襦，留下精细的纺织品印痕和羽毛印痕，粘有小铜铃和排列整齐的细如粟米的小串珠。大家原以为这些串珠是绿松石或玻璃串珠。1991年2月采集2粒，送到中国科学技术大学分析化验，是孔雀石和蓝铜矿。同年5月多采了一些样品，做X射线衍射分析，证实确是孔雀石和蓝铜矿，没有玻璃晶相痕迹，证明这些小珠是由铸铜鼓的含铜矿料制成的。这些串珠颗粒很小，中间有穿孔，是用这些材料研碎成粉后黏合，再烧结而成，中空圆珠外形酷像玻璃串珠。把这些小珠联缀在纺织品上形成高贵的珠襦，用来包裹尸骨，后留在了铜鼓面上。

鎏金铜面具　1969年西林县普合乡普驮粮站西汉铜棺墓出土。表面鎏金，整体近椭圆形，顶平，起边框，面内凹外凸，形似人面，睁眼，鼓鼻，闭口微怒状，眼、鼻部位无通孔，后部两侧无系绳穿孔。高21.5厘米，宽19.2厘米，厚0.3厘米。出土时镶嵌在铜棺的四周，是镇守墓主冥宅的神仙形象的神具。二级文物。现藏广西博物馆。

5

第三章 冷水冲型

冷水冲型铜鼓，以藤县濛江乡横村冷水冲出土的铜鼓为代表，是发展期铜鼓。这类铜鼓体型高大轻薄，面径63.5厘米—87.7厘米，身高43.7厘米—66.0厘米。鼓面宽大，但不出沿或稍稍出沿。鼓胸略大于面径或与面径相等，稍微膨胀，但不凸出，鼓腰上部略直，最小径在中部，鼓足较高，与胸部高度略等，鼓耳宽扁，饰辫纹，有的在四耳之外，还有半圆茎拱形小耳一对。这种鼓型纹饰总的特点是瑰丽而繁缛。鼓面中心太阳纹基本固定为12芒，芒间夹实心双翎眼坠形纹，鼓面边沿有立体青蛙，有的在青蛙之间再饰马、骑士、牛橇、水禽、龟、鱼等塑像，鼓面、鼓身遍布各种图案花纹。鼓面主晕为高度图案化的变形翔鹭纹，有一晕勾连雷纹及由此演变而来的复线交叉纹。鼓胸多有图案化的变形船纹。鼓腰有变形舞人图案和细方格纹。鼓足多有圆心垂叶纹。冷水冲型铜鼓以桂平、平南、藤县一带最为集中，分布于邕江—郁江—浔江—西江两岸，遍布大半个广西。这种鼓型流行年代为东汉晚期至隋唐，以两晋南朝时期最为繁盛。

象州罗汉村鼓

1976 年 12 月在象州县中平乡罗汉村南水田中出土。

面径 88 厘米，残高 55 厘米。

鼓面中心饰太阳纹 12 芒，边沿逆时针环列四蛙，蛙间饰有乘骑塑像与牛塑像。胸腰间有扁耳两对、半环耳一对。主要饰变形羽人纹、星点纹、水波纹等。

现存象州县文物管理所。

1

2

3

象州罗汉村鼓

1. 整鼓面貌
2. 鼓面俯拍图
3. 鼓面局部，自内向外有变形羽人纹、羽纹、定胜纹、同心圆圈纹、栉纹等

4

象州罗汉村鼓

4. 鼓面装饰塑像(组图)
5. 鼓面蛙塑像
6. 胸腰间的辫纹扁耳
7. 鼓身侧影

5

6

7

上林云聪1号鼓

1992年2月于上林县三里镇双罗村云聪屯出土。

面径80厘米，高61.6厘米，底径82厘米，重48.5千克。

鼓面中心饰太阳纹12芒，间以蝉纹。鼓面边沿逆时针环列四蛙，蛙间有一只屎壳郎小塑像。鼓面单弦或双弦分晕，晕间饰水波纹、同心圆圈纹、栉纹、复线交叉纹、变形羽人纹、变形翔鹭纹。胸腰间有两对扁耳。鼓胸饰水波纹、栉纹、同心圆圈纹、两两相背的船纹。腰部饰变形羽人纹、栉纹、同心圆圈纹、水波纹。足部饰叶脉纹、网纹、三角垂叶纹。

现藏上林县文物管理所。

1

2

上林云聪1号鼓

1. 鼓面蛙塑像
2. 鼓面局部
3. 整鼓面貌
4. 鼓面屎壳郎塑像
5. 鼓面俯拍图

4

3

5

上林 云聪4号鼓

1992年2月于上林县三里镇双罗村云聪屯出土。

面径75厘米，高54厘米，底径73厘米，重33千克。

鼓面中心饰太阳纹12芒，间以蝉纹。鼓面边沿逆时针环立四蛙，蛙间立一只龟，龟后拖一小孩。鼓面双弦分晕为主，晕间饰水波纹、席纹、栉纹、复线交叉纹、叶脉纹、变形羽人纹、变形翔鹭纹、眼纹。胸腰间有两对扁耳。鼓胸饰水波纹、栉纹、连钱纹、席纹、两两相背的船纹，每船中有一尾鱼。腰部饰变形羽人纹、栉纹、水波纹。足部饰栉纹、三角垂叶纹、水波纹、眼纹。

现藏上林县文物管理所。

1

上林云聪4号鼓

1. 整鼓面貌
2. 鼓面龟拖小童及蛙塑像（组图）
3. 鼓面俯拍图

2

3

贵港万新鼓

1978 年 7 月在贵县（今属贵港市）庆丰乡万新村西南出土。

面径 77.5 厘米，高 52.7 厘米，胸径 78 厘米，腰径 65.2 厘米，足径 75.3 厘米，重 40 千克。

鼓面中心饰太阳纹 13 芒。面沿逆时针环列四蛙，相对二蛙间一处有一乘骑，骑者背负小孩。胸腰间有辫纹扁耳两对、半环耳一对。鼓面饰波浪纹、羽状纹、复线交叉纹、变形羽人纹、变形翔鹭纹。胸部饰变形船纹等。

现藏贵港博物馆。

1

贵港万新鼓

1. 整鼓面貌
2. 鼓面俯拍图
3. 骑士背负小孩乘骑塑像
4. 蛙塑像
5. 鼓耳

2

3

4

5

桂平石鼓岭铜鼓

1

1972 年在桂平县石嘴镇石鼓岭村水田中出土。

面径 75 厘米，高 48 厘米。重 36.5 千克。

鼓面中心饰太阳纹 12 芒，芒间饰坠形纹。面沿逆时针环列四蛙，相对二蛙间有人骑牛拉橇塑像和三棵花树立体装饰。胸腰间有辫纹扁耳两对。主要纹饰有变形羽人纹和变形翔鹭纹等。

现藏桂平市博物馆。

桂平石鼓岭铜鼓

1. 鼓面人骑牛拉橇塑像
2. 整鼓面貌
3. 鼓面蛙塑像
4. 鼓面花树立体装饰

3

4

2

5

6

7

桂平石鼓岭铜鼓

5. 鼓胸纹饰
6. 鼓腰纹饰
7. 鼓足纹饰
8. 鼓面俯拍图
9. 鼓面局部

8

9

大新慢侣鼓

1993 年 10 月 22 日在大新县桃成镇大岭村慢侣屯出土。

面径 64 厘米，高 47 厘米，重 29 千克。

鼓面中心饰太阳纹 12 芒，边沿逆时针方向环列四蛙。鼓面饰圆圈纹、复线交叉纹、变形羽人纹、变形翔鹭纹。胸部有栉纹、同心圆圈纹、正覆船纹。腰部有变形羽人舞蹈纹。足部有细方格纹和蕉叶纹。

现藏大新县博物馆。

1

大新慢侣鼓

1. 整鼓面貌
2. 鼓面蛙塑像
3. 鼓面俯拍图

2

3

桂平鹤岭鼓

1980 年 6 月于桂平县西山乡福山村东屯鹤岭出土。

面径 81 厘米，高 58.5 厘米，重 43 千克。

鼓面中心饰太阳纹 12 芒。面沿环列四蛙，蛙背饰线带纹，蛙间另有一尊女童喂马塑像。胸腰间有扁耳两对。三弦分晕为主，饰复线交叉纹、变形羽人纹、变形翔鹭纹和两晕眼纹。鼓胸有正覆船纹。鼓腰有变形羽人舞蹈纹。鼓足有细方格纹、蕉叶纹和眼纹。

现藏桂平市博物馆。

1

桂平鹤岭鼓

1. 整鼓面貌
2. 鼓面俯拍图
3. 女童喂马塑像（组图）
4. 鼓面蛙塑像
5. 鼓面纹饰

3

4

2

5

桂平樟村铜鼓

又称“南木渡头鼓”。1972年在桂平县南木镇渡头村樟村屯出土。

面径85.7厘米，高61.5厘米，腰径70.3厘米，足径84.2厘米，重59千克。

鼓面中心饰太阳纹12芒，芒间饰翎眼纹。环绕周围的是复线交叉纹、变形羽人纹、变形翔鹭纹、眼纹，边沿逆时针环列四蛙，相对二蛙间各有龟立体装饰。胸腰间有扁耳两对。鼓胸饰两两相背的正覆船纹。鼓腰饰变形羽人舞蹈纹。鼓足饰细方格纹、眼纹夹蕉叶纹。

现藏桂平市博物馆。

1

2

桂平樟村铜鼓

1. 整鼓面貌
2. 鼓面装饰塑像（组图）
3. 鼓面俯拍图
4. 鼓面局部
5. 鼓胸正覆船纹
6. 胸腰间辫纹扁耳

3

4

5

6

桂平张凌彭鼓

1

1993 年 1 月在桂平县金田镇张凌彭村村民牛利田出土。

面径 74 厘米，高 49.5 厘米，足径 72.3 厘米，重 26.5 千克。

鼓面中心饰太阳纹 12 芒。面沿逆时针环列四蛙，两蛙间有一组孩童戏鸭立体装饰，与另两只蛙间的人牛播耕立体装饰相对。胸腰间有扁耳两对。鼓面纹饰以图案化羽人纹为主，次为羽纹交叉填线纹、变形翔鹭纹和同心圆眼状纹。鼓胸饰变形船纹。鼓腰饰变形羽人纹、细方格纹。

现藏桂平市博物馆。

2

桂平张凌彭鼓

1. 鼓面纹饰局部
2. 整鼓面貌
3. 鼓面俯拍图
4. 人牛耕播塑像
5. 孩童戏鸭塑像
6. 鼓面蛙塑像
7. 鼓腰上的变形羽人纹
8. 鼓胸上的变形船纹，船中有鱼

3

4

5

6

7

8

平南武多鼓

2003年10月23日在平南县同和镇武全村武多屯出土。

面径69厘米，高52厘米，重25千克。

鼓面中心饰太阳纹12芒，芒间饰坠形纹。最内一弦粗，其他多为三弦分晕，主晕饰变形翔鹭纹、变形羽人纹，其他为水波纹、栉纹、眼纹、复线交叉纹、羽状纹。边沿逆时针环列四只青蛙塑像，其间两处田螺塑像，一处两只并列，一处三只呈三足鼎立之势。鼓胸上部密集弦纹间同心圆纹，背向变形船纹。鼓腰主晕是变形羽人纹，其他为同心圆纹、栉纹、细方格纹。鼓足饰细方格纹、圆心垂叶纹、水波纹、眼纹。胸腰间附两对辫纹扁耳。

现藏平南县博物馆。

1

平南武乡鼓

1. 整鼓面貌
2. 鼓面纹饰
3. 胸腰间小耳
4. 鼓腰纹饰
5. 鼓面单蛙、三田螺塑像(组图)
6. 鼓面俯拍全貌

2

3

4

5

6

平南大岭鼓

1

1991 年 7 月在平南县安怀镇高荔村莲塘屯大岭出土。

面径 68 厘米，高 46.3 厘米，足径 66 厘米，重 32.5 千克。

鼓面中心饰太阳纹 12 芒。面沿逆时针环列四蛙，蛙间饰两组立鸟。胸腰间有扁耳两对、环耳一对。鼓面饰变形羽人纹、复线交叉纹和变形翔鹭纹。鼓胸饰变形相背划船纹。鼓腰饰变形羽人纹、网纹。

现藏平南县博物馆。

2

3

4

平南大岭鼓

1. 鼓面蛙塑像
2. 鼓面纹饰局部
3. 鼓面俯拍图
4. 鼓面鸟塑像
5. 整鼓面貌

5

平南白坟坪鼓

1979 年 3 月在平南县同和乡陈龙村白坟坪出土。

面径 69.3 厘米，高 48 厘米。

鼓面中心饰太阳纹 12 芒。面沿逆时针环列四蛙，相对二蛙间立一组 5 只鸟塑像和一组 3 头牛塑像，其中一头身上坐有牧人。胸腰间有扁耳两对、环耳一对。主要纹饰是波浪纹、复线交叉纹、变形羽人纹、变形翔鹭纹和栉纹夹同心圆纹，鼓胸有变形船纹等。

现藏平南县博物馆。

1

2

平南白坟坪鼓

1. 整鼓面貌
2. 鼓面三牛、五鸟、单蛙装饰塑像（组图）
3. 鼓面俯拍图
4. 鼓面纹饰局部
5. 鼓胸纹饰局部
6. 鼓足纹饰局部
7. 鼓面局部

3

4

5

6

7

平南深塘鼓

1

2

1981 年 11 月在平南县官城镇八宝村深塘屯出土。

面径 63.5 厘米，高 43.5 厘米。

鼓面中心饰太阳纹 12 芒。面沿逆时针环列四立蛙，蛙间饰有一牛塑像和一干栏式仓囷建筑塑像。鼓面主纹饰为变形羽人纹、变形翔鹭纹。鼓胸饰变形船纹。胸腰间有辫纹扁耳两对。

现藏平南县博物馆。

3

平南深塘鼓

1. 鼓面蛙塑像
2. 鼓面仓囷塑像
3. 整鼓面貌
4. 鼓面俯拍图
5. 鼓面牛塑像
6. 胸腰间辫纹扁耳
7. 鼓身侧影
8. 鼓面局部

4

5

6

7

8

蒙山高堆鼓

1

1990 年 9 月在蒙山县西河镇高堆村出土。

面径 70 厘米，高 47 厘米，足径 68.5 厘米。

鼓面中心饰太阳纹 10 芒。面沿逆时针环列四蛙，蛙间立乘骑塑像。芒间饰坠形纹，其余饰同心圆纹、羽纹、勾连雷纹、变形羽人纹、变形翔鹭纹、眼纹、水波纹、变形船纹等。胸腰间有扁耳两对、半环耳一对。

现藏蒙山县文物管理所。

2

蒙山高堆鼓

1. 鼓面青蛙、乘骑塑像（组图）
2. 整鼓面貌
3. 鼓面俯拍图
4. 胸腰间的辫纹扁耳与纹饰局部（组图）

3

4

藤县平福鼓

1974年在藤县平福乡四方村出土。

面径82.5厘米，高60厘米，重48千克。

鼓面中心饰太阳纹12芒。面沿逆时针环列四只蛙，蛙间有两只龟。胸腰间有扁耳两对、半环耳一对。足部内壁两侧有小钮四对。主要纹饰为变形羽人纹、变形翔鹭纹、两重变形船纹。

现藏藤县博物馆。

1

2

3

4

5

6

藤县平福鼓

1. 整鼓面貌
2. 鼓面青蛙、龟塑像（组图）
3. 鼓面俯拍图
4. 鼓面纹饰细部
5. 鼓足纹饰
6. 鼓腰纹饰细部

鹿寨广崖山鼓

1985 年在鹿寨县中渡镇西北广崖山山腰出土。

面径 68.7 厘米，残高 48 厘米。

鼓面中心饰太阳纹 12 芒。面沿逆时针环列四蛙，蛙间有乘骑塑像。胸腰间有辫纹扁耳两对、半环耳一对。芒间饰坠形纹，其余晕饰水波纹、栉纹、同心圆纹、复线交叉纹、羽纹、变形羽人纹等。

现藏鹿寨县文物管理所。

1

2

鹿寨广崖山鼓

1. 鼓面青蛙、乘骑塑像（组图）
2. 整鼓面貌
3. 鼓面局部
4. 鼓面俯拍图

3

4

藤县古竹乡鼓

20 世纪 50 年代在藤县和平镇古竹村出土。

面径 87.7 厘米，高 66.2 厘米。

鼓面中心饰太阳纹 12 芒，芒间饰坠形纹。边沿有四蛙逆时针环列，蛙间有双乘骑两处、单乘骑一处、双鸟一处的塑像。分 10 晕，主晕为变形羽人纹和变形翔鹭纹。胸腰间有两对辫纹扁耳与一对方茎半环耳。鼓胸饰两两相背的变形船纹，鼓腰饰变形羽人舞蹈纹。

现藏广西民族博物馆。

藤县古竹乡鼓

1. 整鼓面貌

1

2

3

藤县古竹乡鼓

2. 胸腰纹饰（组图）
3. 鼓面俯拍图

4

藤县古竹乡鼓

4. 鼓面青蛙塑像

5. 鼓面单乘骑、双鸟塑像（组图）

6. 鼓面双乘骑塑像

5

6

武鸣凤林村鼓

1

2014 年 6 月于武鸣县罗波镇凤林村出土。

面径 78.6 厘米—80 厘米，高 55 厘米。

鼓面中心饰太阳纹 12 芒，芒间夹翎眼纹。双弦分晕，从内向外，依次为素、栉纹、同心圆纹、复线交叉纹、变形羽人纹、翔鹭纹夹定胜纹。边沿环列四蛙，其中一蛙背上站立一对小鸟。鼓身分胸、腰、足三部分，饰栉纹和同心圆纹。胸腰间有两对叶脉纹扁耳。鼓足饰圆心垂叶纹。

现藏广西民族博物馆。

2

武鸣凤林村鼓

1. 鼓面蛙塑像
2. 整鼓面貌
3. 鼓面定胜纹
4. 鼓面变形羽人纹
5. 鼓腰纹饰局部
6. 鼓面俯拍图
7. 鼓面蛙负二鸟塑像

3

4

5

6

7

武宣车渡码头鼓

即柳州东汉观斗蛙饰变形羽人纹鼓。

1966 年在武宣县武宣乡武宣村东车渡码头出土。

面径 89.2 厘米，高 65.7 厘米。

鼓面中心饰太阳纹 12 芒，芒间饰坠形纹。面沿逆时针环列四蛙，蛙间有两座观蛙台模型（观蛙俑已失），台面有一个四方形浅池，内铸四蛙分踞四角相对而视，做争鸣状。胸腰间有辫纹扁耳两对。鼓面纹饰密布到边沿，鼓身纹饰从顶到底，层层叠叠，主要纹饰为变形羽人纹、变形翔鹭纹、正覆船纹和蕉叶纹等。

现藏柳州博物馆。

1

2

3

4

5

6

武宣车渡码头鼓

1. 整鼓面貌
2. 鼓面俯拍图
3. 鼓面局部
4. 胸腰间辫纹扁耳
5. 鼓面观蛙台模型（观蛙俑已失）
6. 鼓面青蛙塑像

民族宫 730715 号鼓

20 世纪 50 年代征集于广西藤县，由广西博物馆拨交。

面径 77.2 厘米，高 53 厘米，足径 78 厘米。

鼓面中心饰太阳纹 12 芒，芒间夹饰坠形纹。四蛙逆时针环列，蛙间有两组骑士，每组大马均带小驹，并列驰行。鼓面 15 晕，饰栉纹、同心圆纹、复线交叉纹、变形羽人纹、变形翔鹭纹。胸腰间有两对羽纹扁耳。鼓胸下部饰变形船纹，鼓腰部饰变形羽人纹，鼓足饰圆心垂叶纹、眼纹。

现藏北京的民族文化宫。

1

2

3

民族宫 730715 号鼓

1. 鼓面乘骑塑像（组图，骑士已失）
2. 鼓面骑士带驹塑像
3. 整鼓面貌
4. 鼓面蛙塑像
5. 鼓面俯拍图

4

5

6

7

8

民族宫 730715 号鼓

5、7、8. 鼓面纹饰局部（细图）

柳州飞鹅路鼓

1963年在柳州市飞鹅路出土。

面径69.5厘米，高46厘米。

鼓面中心饰太阳纹12芒。面沿逆时针环列四蛙。胸腰间有扁耳两对。鼓面、鼓身饰栉纹夹同心圆纹纹带、复线交叉纹、变形羽人纹、变形翔鹭纹等。

现藏柳州博物馆。

1

2

3

4

柳州飞鹅路鼓

1. 整鼓面貌
2. 鼓面俯拍图
3. 鼓面纹饰局部
4. 鼓面蛙塑像

藤县冷水冲鼓

1974年6月8日在藤县濛江镇横村冷水冲出土。

面径83.7厘米，高60.2厘米。

鼓面饰太阳纹12芒，芒间饰翎眼纹。面沿有逆时针环列线带纹大青蛙4只，蛙间有两组乘骑塑像。共17晕。晕圈直布到鼓边，一点空白都不留，其间有水波纹、同心圆纹、栉纹、羽纹、眼纹、复线交叉纹，主晕两道，分别饰图案化鸟形纹和变形翔鹭纹。鼓身从顶到底布满纹饰。鼓胸饰水波纹、同心圆纹、栉纹与两重变形船纹。鼓腰为变形羽人纹、羽纹、细方格纹、同心圆纹、波浪纹。鼓足饰羽纹、细方格纹、圆心垂叶纹与复线半圆纹、水波纹、眼纹等。有辫纹带孔大宽扁耳两对，在另两侧又有半圆茎环耳两只；鼓的胸足内壁两侧有小钮四对，是冷水冲型铜鼓的标准器。

现藏广西民族博物馆。

1

藤县冷水冲鼓

1. 整鼓面貌
2. 鼓面俯拍图
3. 鼓面局部

2

3

4

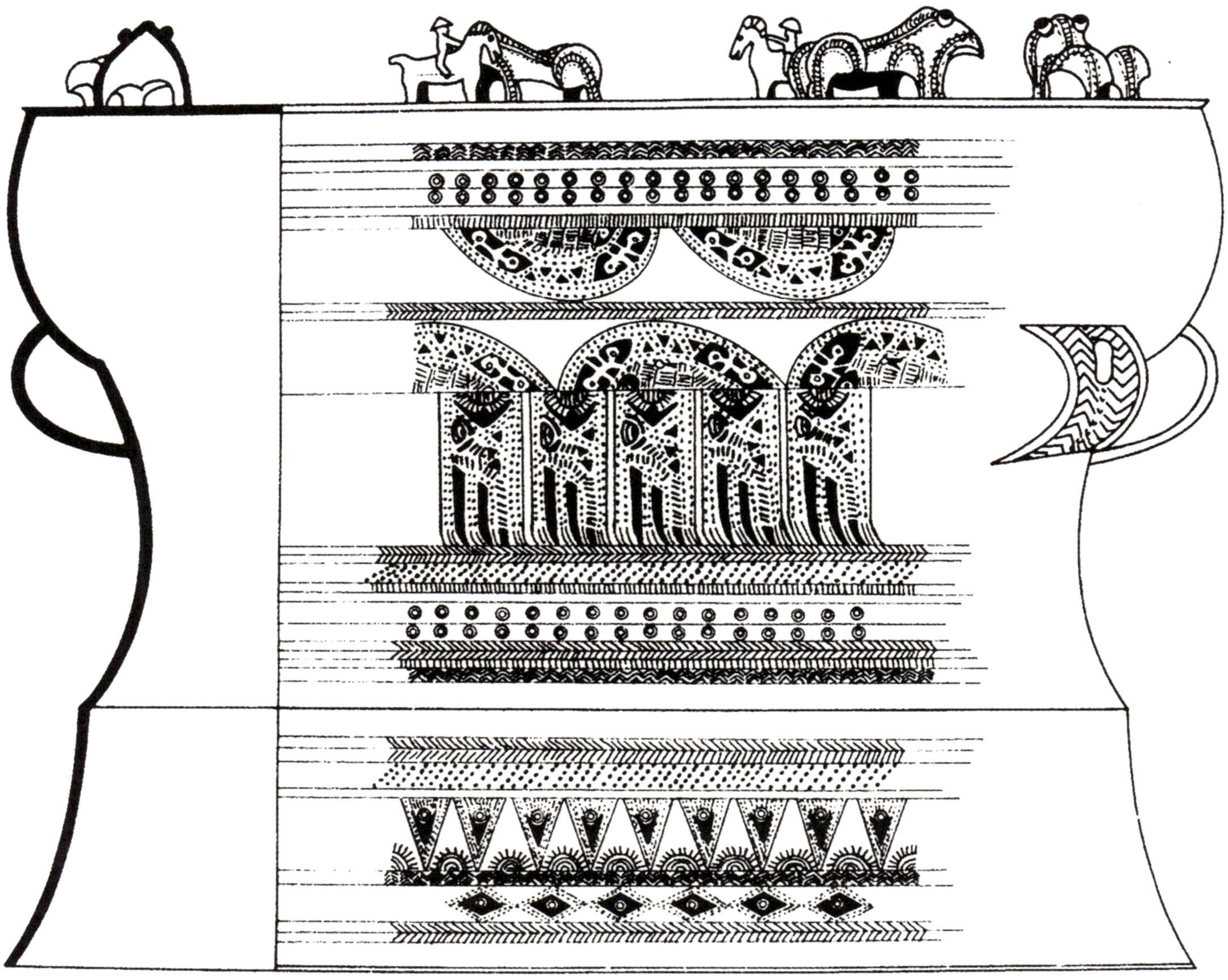

5

藤县冷水冲鼓

4. 鼓面单蛙、乘骑塑像（组图）
5. 鼓身纹饰临摹图
6. 鼓身侧影

6

第四章 北流型

北流型铜鼓，以出土于北流的铜鼓为代表。通体大而浑厚，鼓面都大于鼓胸，有的边缘下折成垂檐。鼓胸略直，胸的最大径偏下，鼓腰呈反弧形收缩，胸腰间斜度平缓，只有一道凹槽分界。鼓身多有圆茎环状耳。纹饰以三道弦纹组成晕圈，鼓面晕圈宽而疏朗，鼓身晕圈窄而密集。太阳纹一般是8芒。晕圈内以云雷纹为主体，因此，有人把这类鼓称为『云雷纹铜鼓』。有些鼓还装饰菱形纹、水波纹、席纹、方格纹、钱纹、四瓣花纹，纹饰精细而少变化。立体青蛙瘦小，蛙身无纹饰。

北流水埇庵鼓

这面铜鼓即大名鼎鼎的“铜鼓王”，1955 年征集于北流县水埇庵。面径 165 厘米，胸径 150 厘米，腰径 140 厘米。鼓足部残失。

鼓面三弦或四弦分晕，5 等晕，中心一晕有 8 芒太阳纹，其外晕间遍布云雷纹。胸腰间有缠丝纹圆茎环耳两对，每耳有脊线两道，耳根有三趾纹。鼓身环以层晕，晕窄而密，逐晕间饰云纹或雷纹。

现藏广西民族博物馆。

1

2

北流水埇庵鼓

1. 整鼓面貌

2. 鼓面俯拍图

北流六月坉岭鼓

1983年5月在北流县石窝镇煌炉村旺祖屯六月坉岭出土。面径112厘米，高59.5厘米，重112.5千克。

鼓面中心饰太阳纹8芒，面沿顺时针环列六蛙。胸腰间有缠丝环耳两对。鼓面、鼓身皆以三弦分晕，饰云纹、雷纹，逐层相间。

现藏北流市博物馆。

1

2

3

北流六月坉岭鼓

1. 整鼓面貌
2. 鼓面俯拍图
3. 鼓面蛙塑像

北流下浪湾鼓

1

1964 年在北流县白马镇大伦农场下浪湾山腰出土。

面径 74.4 厘米，高 43.4 厘米，胸径 68.9 厘米，腰径 63.5 厘米，重 62.25 千克。

鼓面中心饰太阳纹 8 芒。边沿逆时针环列小蛙 4 只。三弦分晕，鼓面 7 晕，晕间遍布小云纹。鼓身遍施小雷纹。胸腰间有缠丝纹圆茎环耳两对。鼓足部残损。

现藏广西民族博物馆。

2

3

北流下浪湾鼓

1. 鼓面青蛙塑像
2. 整鼓面貌
3. 鼓面俯拍图

北流南蛇岭鼓

1997年3月5日在北流市六麻镇大旺村南蛇岭出土。

面径77厘米，高46.3厘米，足径77.7厘米，重43千克。

鼓面中心饰太阳纹8芒，面饰云纹、雷纹相间，面沿逆时针环列四蛙。鼓身饰云纹、雷纹相间。胸腰间有环耳两对。

现藏北流市博物馆。

1

2

3

4

北流南蛇岭鼓

1. 鼓面蛙塑像
2. 鼓面局部
3. 鼓面俯拍图
4. 整鼓面貌

北流大屋鼓

1974 年 11 月在北流县六靖水冲村大屋屯出土。

面径 92 厘米，高 54.3 厘米，胸径 87 厘米，腰径 81 厘米，足径 92 厘米。

鼓面饰太阳纹 8 芒，三弦分晕，有 8 等晕。鼓面边沿环列 4 只小蛙，两两相对。胸腰际有缠丝纹环耳两对。鼓胸、鼓腰、鼓足各部上、下一晕为同心圆纹，余晕皆雷纹。

现藏北流市博物馆。

北流大屋鼓

1. 整鼓面貌
2. 鼓面蛙塑像（组图）
3. 鼓面俯拍图
4. 胸腰间缠丝纹环耳
5. 鼓面密布的云雷纹

1

2

3

4

5

北流大坡外鼓

1

1995 年 5 月 17 日在北流市大坡外镇大坡外村木鸡岭出土。

面径 104 厘米，高 56.5 厘米，重 83 千克。

鼓面中心饰太阳纹 12 芒，面沿顺时针环列四蛙。胸腰间有大圆茎纹环耳两对和小圆茎纹环耳一对。在一侧大圆茎纹环耳近足处有一只小虎塑像，塑像长 5 厘米，宽 1.7 厘米，高 2.5 厘米，头朝下，长尾下垂。鼓面、鼓身皆三弦分晕，饰云纹、雷纹相间。鼓面背面有调音铲痕。

现藏北流市博物馆。

2

3

4

5

北流大坡外鼓

1. 鼓足虎塑像平视
2. 鼓足虎塑像
3. 鼓面蛙塑像
4. 鼓身云纹和雷纹
5. 鼓面背面的调音铲痕
6. 鼓面俯拍图
7. 整鼓面貌

6

7

博白云雷纹鼓

1954 年在博白县征集。

面径 115.2 厘米，高 63.4 厘米，足径 118.2 厘米。

鼓面中心饰太阳纹 8 芒，三弦分晕，鼓面 18 晕，纹饰不清。面沿顺时针环列八蛙，边沿外突，有窄垂檐。胸部有两对头向上的青蛙、两对蛇纹环状实心耳。鼓身有菱形纹、网纹、席纹。

现藏广西民族博物馆。

1

博白云雷纹鼓

1. 整鼓面貌
2. 鼓面俯拍图
3. 鼓面蛙塑像（组图）
4. 胸部对蛙塑像、蛇纹环状耳

2

3

4

岑溪共青路鼓

又名“五铢钱铜鼓”。1953年在岑溪县岑城镇共青路出土。

面径90厘米，高53厘米，胸径85.6厘米，腰径72.6厘米，足径88厘米。

鼓面中心为太阳纹12芒。鼓面双弦或三弦分晕，共9晕。宽晕间施云纹，窄晕间饰水波纹和五铢钱纹。面沿环立六蛙，两两相对。鼓身双弦或三弦分晕，晕距相等，所饰花纹与鼓面相同。胸腰际有辫纹扁耳两对。

现藏中国国家博物馆。

岑溪共青路鼓

1.整鼓面貌

1

2

3

4

岑溪共青路鼓

2. 鼓面蛙塑像
3. 鼓身侧影（组图）
4. 鼓面纹饰临摹图
5. 鼓面纹饰局部

5

广西
铜鼓
GUANGXI
TONGGU

第五章 灵山型

灵山型铜鼓，以灵山县出土的铜鼓为代表。这类铜鼓形制接近北流型，通体凝重，形象精巧。鼓面平展，稍广于或等于鼓身，边沿伸出，但不下折。胸壁微凸，最大径居中。胸以下逐渐收缩成腰，胸腰间仅以细线为界。附于胸腰之际的鼓耳均为带状叶脉纹扁耳。鼓面所饰青蛙塑像都是后面两足并拢为一的三足蛙，蛙背上饰划线纹或圆涡纹，装饰华丽。有的青蛙背上有小青蛙，即成累蹲蛙，青蛙的数目一般为六组，有的六组全是累蹲蛙，但大多数为三只单体蛙与三组累蹲蛙相间，逆时针方向环列。鼓面中心太阳纹圆凸如饼，光芒细长如针，芒数不一，以10芒较普遍。

崇左布逻鼓

1973年10月2日在崇左左州镇陇合村布逻屯出土。

面径50.5厘米，高36.6厘米，重75千克。

鼓面中心太阳纹10芒，边沿相间环列3只单蛙和3组累蹲蛙，其他晕饰钱纹、四瓣花纹、席纹。

现藏崇左市博物馆。

1

2

3

4

5

崇左布逻鼓

1. 鼓面局部
2. 鼓身局部
3. 蛙塑像（组图）
4. 鼓足鸟塑像
5. 整鼓面貌
6. 鼓面俯拍图

6

宾阳新宁村鼓

1

1999 年 3 月在宾阳县甘棠镇新宁村出土。

面径 80 厘米，高 44.5 厘米，重 45 千克。

鼓面双弦分晕，鼓面饰鸟形纹、连钱纹、四叶花纹、席纹、蝉纹。边沿逆时针环列六蛙，3 组累蹲蛙间 3 只单蛙。鼓胸有羽纹扁耳两对。鼓足的一侧有鸟塑像。鼓面背部有扇形调音铲痕。

现藏宾阳县文物管理所。

2

宾阳新宁村鼓

1. 鼓面俯拍图
2. 整鼓面貌
3. 鼓面蛙塑像（组图）

3

兴业浪平鼓

1991 年 3 月 21 日在玉林市小平山乡（今属兴业县）小平山村浪平屯出土。

面径 124.5 厘米，高 66 厘米，足径 120 厘米，重 166.3 千克。

鼓面中心饰太阳纹 12 芒，面沿逆时针环列六蛙，一蛙前有一立鸟。鼓面沿有垂檐，面饰雷纹、连钱纹、小鸟纹、水波纹。鼓身饰席纹与细方格纹逐层相间。胸腰间有辫纹大环耳两对、小环耳一对。鼓面背面有扇形调音铲痕。

现藏玉林市博物馆。

1

2

兴业浪平鼓

1. 鼓面俯拍图
2. 整鼓面貌
3. 鼓面鸟、蛙塑像（组图）

3

横县圭壁鼓

1988 年在横县板路乡圭壁村西南出土。

面径 118 厘米，高 64 厘米，重 142.5 千克。

鼓面中心饰太阳纹 12 芒，边沿顺时针环列 4 只单蛙和两组累蹲蛙，晕圈饰“四出”钱纹、席纹、四瓣花纹、云雷纹。胸腰间有扁耳两对，耳边饰乳钉纹。最有特点的是足部有一怪兽，此兽似虎似鳄，两侧有翅，翅上各坐两人。

现藏横县博物馆。

1

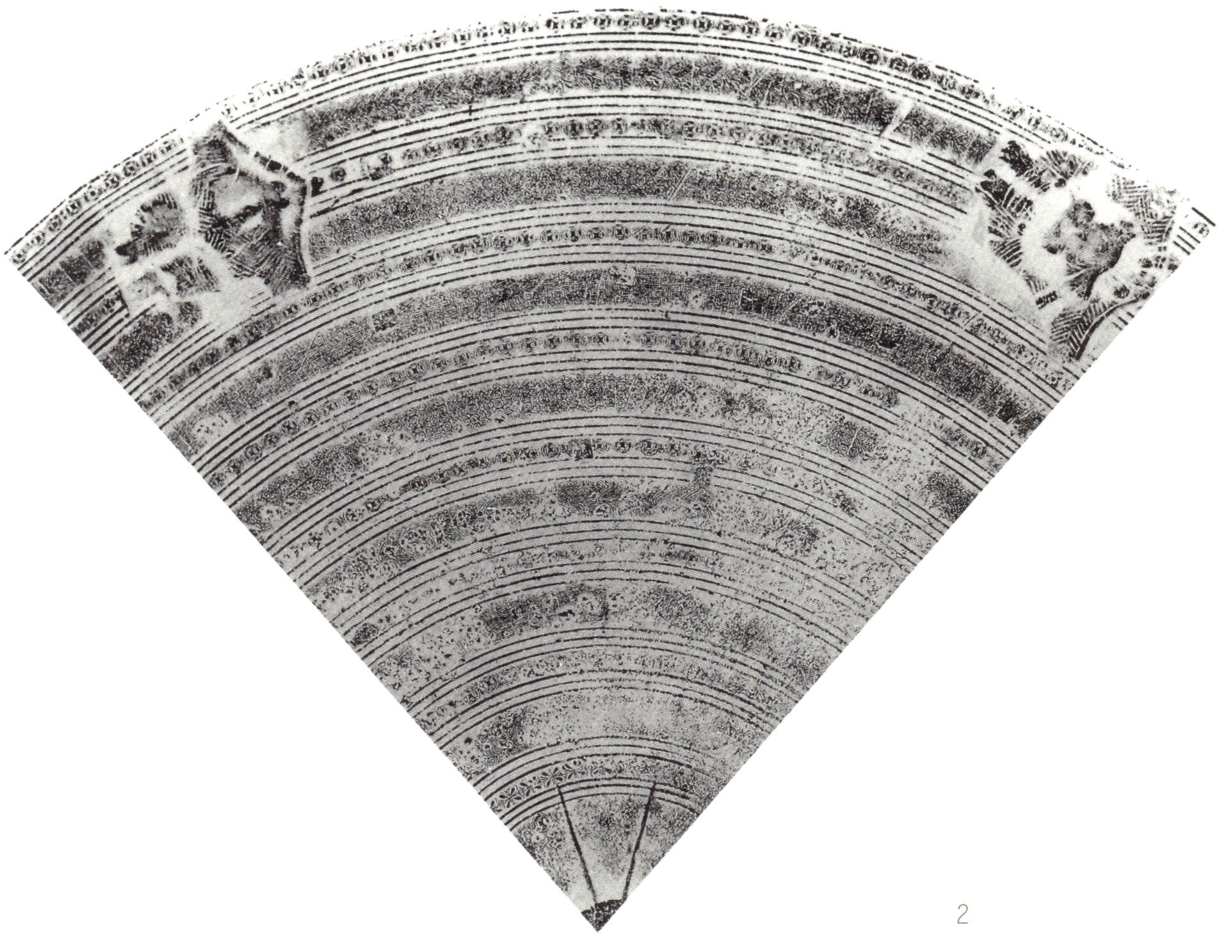

2

横县圭壁鼓

1. 整鼓面貌
2. 鼓面纹饰拓片局部
3. 鼓面蛙塑像
4. 鼓足上的怪兽塑像
5. 鼓身侧影局部（组图）

3

4

5

玉林 莲塘坪鼓

1993 年 2 月在玉林市沙田镇六龙村莲塘坪出土。

是灵山型铜鼓中最大者。鼓面非正圆，最大直径 133.5 厘米，高 73.4 厘米，重约 175 千克。

鼓面中心太阳纹 11 芒，双弦或三弦分晕，饰“四出”钱纹、云雷纹等。鼓身饰钱纹、云雷纹。鼓面边沿顺时针环列六蛙，其中四蛙背负小蛙，两蛙背负田螺。胸腰间有宽扁耳两对。在近鼓足处饰一虎，虎头朝下，尾上扬，虎长 9 厘米，宽 1.5 厘米，高 3.5 厘米。

现藏玉林市博物馆。

1

玉林莲塘坪鼓

1. 鼓面俯拍图
2. 整鼓面貌
3. 鼓面上的累蹲蛙及蛙负田螺塑像（组图）
4. 近鼓足处虎塑像
5. 鼓面纹饰局部

2

3

4

5

博白亚山鼓

1986 年 3 月在博白县亚山镇西农场出土。

面径 77 厘米，高 46.7 厘米。

鼓面中心饰太阳纹 10 芒，面沿逆时针环列 3 组累蹲蛙与 3 只单蛙，各背一小田螺。胸腰间有扁耳两对。近鼓足处并列小鸟一对。饰“四出”钱纹、蝉纹、鸟纹、席纹、兽形纹、虫纹。

现藏博白县博物馆。

1

2

3

4

5

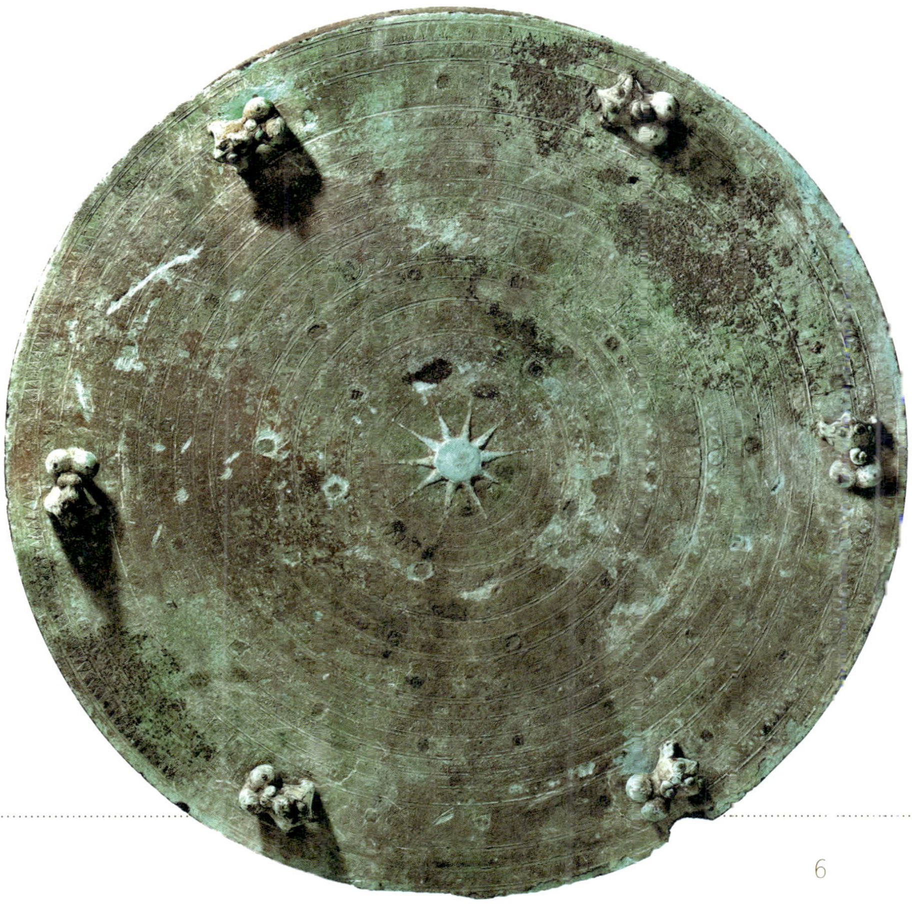

6

博白亚山鼓

1. 鼓面上的累蹲蛙塑像
2. 鼓面上的蛙负田螺塑像
3. 鼓足处的小鸟塑像（组图）
4. 鼓足纹饰
5. 胸腰纹饰
6. 鼓面俯拍图
7. 整鼓面貌

7

博白莫屋鼓

1

1982 年 11 月在博白县宁潭镇大车塘村莫屋屯出土。

面径 84.5 厘米，高 49.2 厘米。

鼓面中心饰太阳纹 8 芒，面沿逆时针环列四单蛙和两组累蹲蛙。胸腰间有扁耳两对。鼓身饰四瓣花纹、虫纹、鸟形纹、怪兽纹、“四出”钱纹。鼓胸内壁立蛙一对。

现藏博白县博物馆。

2

博白莫屋鼓

1. 鼓内壁对蛙塑像
2. 鼓面俯拍图
3. 整鼓面貌
4. 鼓面累蹲蛙塑像
5. 鼓面局部
6. 鼓面太阳纹
7. 胸腰间扁耳
8. 鼓身纹饰局部

3

4

5

6

7

8

贵港石卡鼓

1995 年 12 月在贵港市覃塘区石卡镇凤凰林场出土。

面径 118.5 厘米，高 66 厘米。

鼓面中心有双重太阳纹，小的太阳纹重叠在大的太阳纹上，好似凸起的两只圆饼。鼓面中心饰太阳纹 10 芒，并饰"四出"钱纹夹变形羽人纹带，另有蝉纹、席纹、虫纹、四瓣花纹、连钱纹、雷纹填线纹。鼓面边沿逆时针环列八蛙，单蛙和累蹲蛙相间，蛙身饰螺旋纹，肩、背有两条相交的绳纹。胸腰间有绳纹扁耳两对，一侧耳下方近足处有两只并排站立的小鸟。鼓身饰兽面纹和"四出"钱纹夹变形羽人纹带，余有连钱纹、蝉纹、席纹、虫纹、四瓣花纹。

现藏贵港博物馆。

1

2

3

4

贵港石卡鼓

1. 鼓身侧影
2. 鼓面蛙塑像（组图）
3. 鼓足双立鸟塑像
4. 鼓身纹饰局部
5. 鼓面俯拍图
6. 整鼓面貌

5

6

灵山石塘鼓

1

1982 年在灵山县石塘镇出土。

面径 79.4 厘米，高 44.2 厘米，足径 79.7 厘米。

三弦分晕，鼓面中心太阳纹 10 芒，“四出”钱纹与连钱纹相间。鼓面出沿，有 3 只单蛙和 3 组累蹲蛙顺时针相间环列。胸腰间有两对羽纹扁耳，耳边饰乳钉纹。足部一侧有二骑士，并列向下。鼓胸内壁有水牛一头。鼓身饰“四出”钱纹、连钱纹、圆孔钱纹、雷纹填线纹。鼓面背面有扇形调音铲痕。

现藏灵山县博物馆。

2

3

灵山石塘鼓

1. 鼓面蛙塑像
2. 整鼓面貌
3. 鼓面俯拍图
4. 鼓足双骑士塑像
5. 鼓胸内壁牛塑像
6. 胸腰间乳钉扁耳
7. 鼓面背面的调音铲痕
8. 鼓面局部

4

5

6

7

8

南宁邕卡岭鼓

1989年2月于南宁市吴圩镇康宁村敢渌屯西南邕卡岭出土。

面径91.5厘米，高55厘米。

鼓面中心饰太阳纹10芒，边沿逆时针环列三足蛙6只。鼓面饰“四出”钱纹、四瓣花纹、蝉纹、鸟纹、席纹、虫纹、兽纹、雷纹填线纹。鼓身饰“四出”钱纹、蝉纹、连线纹、四瓣花纹、骑兽纹。特殊的是，在一耳下腰部有一乘骑塑像。

现藏广西民族博物馆。

1

2

南宁邕卡岭鼓

1. 整鼓面貌
2. 鼓面俯拍图
3. 鼓面蛙塑像
4. 鼓腰乘骑塑像
5. 胸腰纹饰局部

3

4

5

灵山石基鼓

1984 年 4 月在灵山县平南镇石基村石基屯出土。

面径 89 厘米，高 52 厘米，足径 88.6 厘米。

鼓面中心太阳纹 10 芒，饰四瓣花纹、虫纹、变形羽人纹、“四出”钱纹、蝉纹，边沿逆时针环立累蹲蛙 6 只。胸腰间有扁耳两对，其中一耳下方立一鸟，与鸟相对内壁上方立一小牛，头向下。

现藏灵山博物馆。

灵山石基鼓

1. 鼓面俯拍图
2. 鼓身侧影局部（组图）
3. 内壁小牛塑像
4. 鼓立鸟塑像
5. 鼓面累蹲蛙塑像（组图）
6. 整鼓面貌

1

2

3

4

5

6

灵山大丰鼓

1

1986 年 6 月在灵山县丰塘镇大丰村大丰屯猫岭顶部出土。

面径 100 厘米，高 59.5 厘米，足径 102.3 厘米。

鼓面中心饰太阳纹 10 芒，边沿逆时针环立 6 组三足蛙，3 组累蹲蛙与 3 只单蛙相间。鼓面饰蝉纹、“四出”钱纹、鸟纹、席纹、虫纹等。胸腰间有扁耳两对，一耳下方有一孔，另一侧耳下方足部有立鸟一对。

现藏灵山博物馆。

2

灵山大丰鼓

1. 鼓面蛙塑像
2. 鼓面俯拍图
3. 整鼓面貌
4. 鼓面拓片局部
5. 鼓腰纹饰
6. 胸腰间扁耳
7. 鼓足双鸟塑像

3

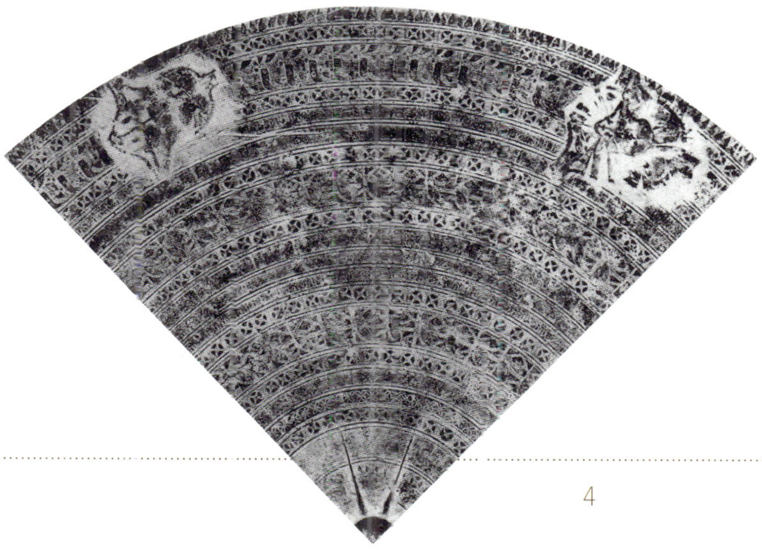
4

5

6

7

灵山 白木村鼓

1986年在灵山县三海乡白木村出土。

面径104.4厘米，高63.4厘米。

鼓面中心太阳纹10芒，面沿有3只单蛙和3组累蹲蛙相间，逆时针环列。双弦分晕，晕间饰兽形纹、鸟形纹、席纹、虫纹、蝉纹。胸腰间有辫纹扁耳两对，一侧耳下方足部有双羊塑像。

现藏灵山博物馆。

1

2

3

4

5

灵山白木村鼓

1. 鼓面蛙塑像（组图）
2. 鼓足双羊塑像
3. 鼓面俯拍图
4. 鼓面局部
5. 整鼓面貌

灵山乐彩鼓

1982年11月于灵山县石塘镇红星村乐彩屯出土。

面径87.8厘米，高52厘米，足径86厘米。

鼓面中心太阳纹12芒，边沿逆时针环立六蛙，3只单蛙与3组累蹲蛙相间。双弦分晕，晕间饰“四出”钱纹、蝉纹、虫纹、连钱纹、鸟纹、席纹、变形羽人纹。胸腰间有羽纹扁耳两对，一侧耳下方足部立鸟一只。胸内壁立一水牛。鼓面背部有扇形调音铲痕。

现藏广西民族博物馆。

1

2

3

4

5

灵山乐彩鼓

1. 鼓面蛙塑像（组图）
2. 内壁水牛塑像
3. 鼓足鸟塑像
4. 整鼓面貌
5. 鼓面俯拍图

灵山稔坡村鼓

在灵山县新圩乡稔坡村出土。

面径 69.6 厘米，高 42.1 厘米。

单弦或双弦分晕，太阳纹 12 芒，饰“四出”钱纹、鸟纹、蝉纹、连线纹、四瓣花纹、席纹。鼓面逆时针环列六蛙，3 只单蛙与 3 组累蹲蛙相间（其中一蛙已失）。胸腰间有辫纹扁耳两对。足部一侧有小鸟一对，头向下并列。鼓面背部有扇形调音铲痕。

现藏灵山博物馆。

1

2

3

4

5

灵山稔坡村鼓

1. 鼓面俯拍图
2. 鼓面蛙塑像（组图）
3. 鼓足双鸟塑像
4. 胸腰纹饰及辫纹扁耳（组图）
5. 整鼓面貌

1

2

3

横县滕山鼓

1976 年在横县良圻镇滕山村出土。

面径 95.5 厘米，高 55.9 厘米。

鼓面中心饰太阳纹 10 芒，面沿逆时针相间环列 3 只单蛙和 3 组累蹲蛙（其中一单蛙已失）。双弦分晕，晕间饰鸟形纹、变形羽人纹、鹭鸶含鱼纹、席纹、蝉纹、虫纹、“四出”钱纹、四瓣花纹。胸腰间有辫纹扁耳两对。鼓足部立一鸟。

现藏广西民族博物馆。

4

横县滕山鼓

1. 整鼓面貌
2. 鼓面蛙塑像（组图）
3. 鼓足立鸟塑像（组图）
4. 鼓面俯拍图

上思那凤鼓

1

1986 年 7 月在上思县在妙镇那凤村南修路时挖出。

面径 77 厘米，高 46.4 厘米，足径 78.6 厘米，重 25 千克。

鼓面中心饰太阳纹 10 芒，共 16 晕，边沿逆时针环列 6 组累蹲蛙。芒尖开叉，晕间饰变体连钱纹、“四出”钱纹、虫纹、鸟形纹、鸟纹、兽形纹、席纹。胸腰间有辫纹扁耳两对。

现藏广西民族博物馆。

2

3

上思那凤鼓

1. 鼓面累蹲蛙塑像
2. 鼓面俯拍图
3. 整鼓面貌
4. 鼓面局部
5. 胸腰纹饰及扁耳（组图）

4

5

第六章 遵义型

遵义型铜鼓，以贵州省遵义市南宋播州土司杨粲夫妇墓出土的铜鼓为代表。这类铜鼓的特点是：鼓面边沿略伸于鼓颈之外，面径、胸径、足径相差甚微；鼓胸、鼓腰、鼓足各部分的高度相当接近；鼓胸、鼓腰间缓慢收缩，无明显分界线，胸腰间附大跨度扁耳两对；鼓面边沿无青蛙塑像，但有蛙趾装饰。纹饰简单，几何纹由同心圆纹、连续角形图案、羽状纹、雷纹构成，主纹则是一种由一个圆圈缀两条飘动的带子组成的游旗纹。流行年代从唐代到宋代，延续了600年左右。

桂平蛙趾纹鼓

1960年在桂平县征集。

面径61厘米，高35厘米。

鼓面中心太阳纹12芒，面沿有蛙趾纹4组。有两晕主晕，一晕为斜阳图案，一晕是长尾鸟纹，11只长尾鸟逆时针方向行走，其间用S形云纹间隔。其他晕圈为圆圈圆点纹和栉纹。鼓身各晕主饰圆圈圆点纹和栉纹，一侧腰上部刻双勾铭文“第榜子子孙孙永宝”。

现藏广西民族博物馆。

1

桂平蛙趾纹鼓

1. 鼓面拓片
2. 鼓面局部
3. 鼓腰铭文
4. 鼓面纹饰细部
5. 鼓面长尾鸟纹
6. 鼓足纹饰
7. 整鼓面貌

2

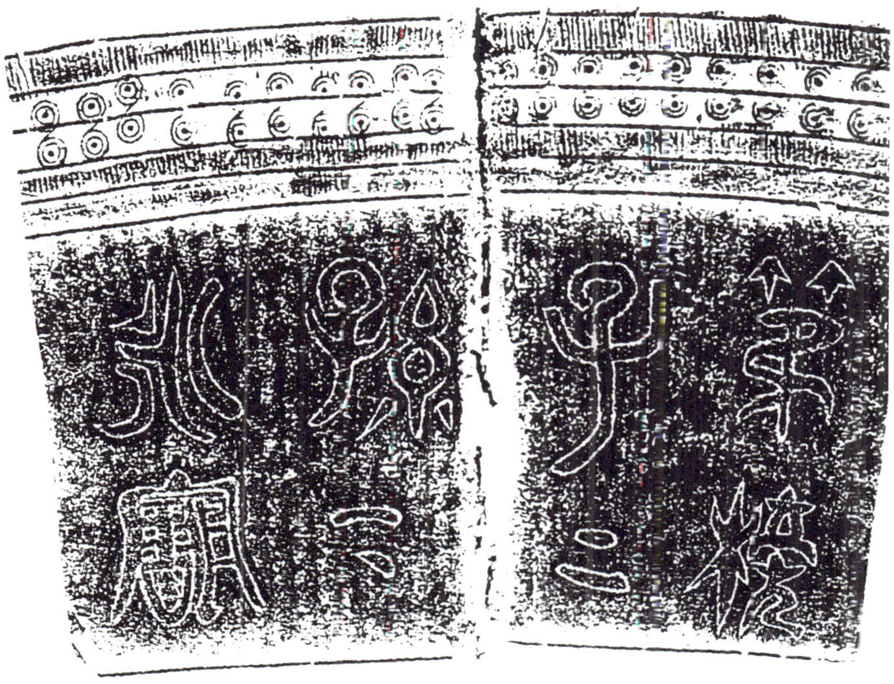

3

4

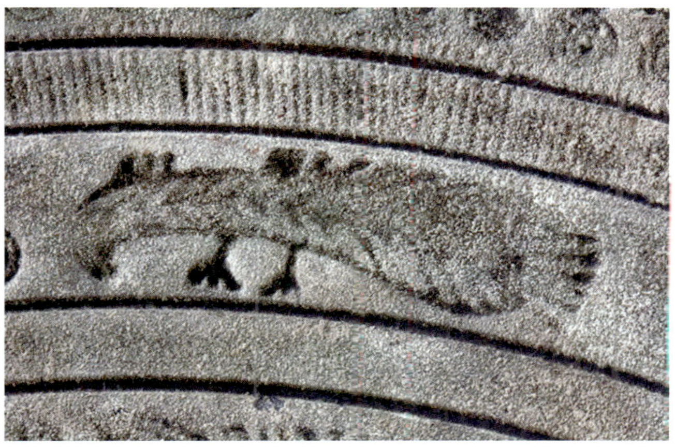

5

6

7

那坡下华鼓

1993 年在那坡县下华乡出土。

鼓面中心太阳纹 12 芒，有西字纹、游旗纹、同心圆纹，四道大面积同心圆纹十分罕见。鼓腰有竖道纹饰。有辫纹扁耳。腰足也是同心圆纹。

现藏那坡县博物馆。

1

2

那坡下华鼓

1. 鼓面同心圆纹局部
2. 鼓腰竖道纹饰
3. 鼓面俯拍图
4. 辫纹扁耳
5. 鼓足上的垂叶纹
6. 整鼓面貌

3

4

5

6

容县蛙趾纹鼓

征集于容县城厢镇。

面径 61.3 厘米，足部被锯缺失，原高不明。

鼓面边沿有四组蛙趾，中心太阳纹 12 芒。单弦分晕，主晕饰变形羽人纹、变形翔鹭纹，其他晕饰圆圈圆点纹、栉纹、对角菱形纹。鼓胸和鼓足也饰栉纹和圆圈圆点纹，腰部有竖道纹饰图案。

现藏广西民族博物馆。

1

容县蛙趾纹鼓

1. 胸腰间辫纹扁耳
2. 鼓面俯拍图
3. 整鼓面貌
4. 鼓胸纹饰局部
5. 鼓面局部

2

4

5

3

第七章 麻江型

麻江型铜鼓，以贵州省麻江县谷峒火车站一座古墓中出土的铜鼓为代表。这类铜鼓的特点是：体形小而扁矮，鼓面略小于鼓胸，面沿微出于颈外；鼓胸、鼓腰、鼓足间的曲线柔和，无分界标志；鼓腰中部有凸棱一道，将鼓身分为上下两部分；鼓胸有大跨度的扁耳两对；鼓面无青蛙塑像，太阳纹一般是12芒，似成定制。主体纹饰以游旗纹、符箓纹、十二生肖纹、鱼龙纹、汉字铭文、莲花纹、串枝花等为主，并和乳钉纹、栉纹并列组成的纹带相配合。麻江型铜鼓遍布广西西部与贵州东南、云南文山地区，在广西以河池红水河流域最为集中。麻江型铜鼓的铸造，从南宋到清代晚期，前后绵延了约800年。除极个别为地下出土者外，大都是仍在流传使用而没有入过土的传世铜鼓。

人物走兽纹鼓

1973 年从河池地区废旧物资公司收集。

面径 44.8 厘米，高 25 厘米，胸径 46.1 厘米，腰径 37.8 厘米，足径 45.9 厘米。

鼓面单弦分晕，共 12 晕。中心太阳纹 12 芒。芒间夹三角形纹，其外有西字纹、雷纹、乳钉纹、花朵纹。主晕第 6 晕饰双龙戏珠及人像、动物纹。人物两种，一种是荷耙人，一种徒手。动物纹饰有马、牛、羊、猪、犬、鹤，填满整个晕圈。鼓身另有钱纹、S 形云纹、复线角形纹。背面有双龙戏珠、压胜钱纹及风俗画。

现藏广西民族博物馆。

1

2

人物走兽纹鼓

1. 整鼓面貌
2. 鼓面俯拍图
3. 鼓面纹饰

八荷耙人纹鼓

1973年从河池地区征集。

面径45厘米，高26.4厘米，胸径46.8厘米，腰径39.2厘米，足径45.8厘米。

鼓面单弦分晕，共9晕。中心太阳纹12芒。第2晕模糊；第3晕为同心圆纹；第4、6、8晕为乳钉纹；第5晕是主晕，有荷耙人、宝珠纹、符篆纹、钱形雷纹；第7晕也是主晕，有鹤纹、寿字纹等。鼓身有乳钉纹、如意云纹、同心圆纹、宝珠纹和复线角形纹。有扁耳两对，耳边饰绳纹。

现藏广西民族博物馆。

1

八荷耙人纹鼓

1. 整鼓面貌
2. 鼓面俯拍图
3. 鼓面荷耙人纹与符篆纹
4. 鼓面鹤纹、钱形雷纹、荷耙人纹
5. 鼓足上的垂叶三角纹

2

3

4

5

双龙献宝纹鼓

1962年广西博物馆征集于柳州。

面径57厘米，高28厘米。

鼓面单弦分晕，共12晕。中心太阳纹12芒，芒向上拱。晕间分别饰酉字纹、S形勾头纹、乳钉纹、栉纹、兽形云纹、游旗纹。鼓边沿稍外凸，有四道坎痕，其间分饰四组双龙献宝图案。所谓宝，亦即圆珠周围有火焰，像一团火球。鼓身饰S形勾头纹、兽形云纹、回纹、垂叶三角纹等。

现藏广西民族博物馆。

1

双龙献宝纹鼓

1. 整鼓面貌
2. 鼓面俯拍图
3. 鼓面火珠纹
4. 鼓面游旗纹、栉纹、乳钉纹、S形勾头纹、酉字纹
5. 鼓面龙纹
6. 鼓胸纹饰
7. 鼓腰纹饰

2

3

4

5

6

7

西林 耕田奔马图鼓

1976 年从西林县征集。

面径 47.5 厘米，高 27 厘米，胸径 48.7 厘米，腰径 40.1 厘米，足径 47 厘米。

鼓面单弦、双弦或三弦分晕，共 8 晕。中心太阳纹 12 芒。其外有三晕乳钉纹，还有雷纹、串枝纹、波浪纹、四季花卉纹及马、牛、犬、鹿浮雕等纹饰。胸部有线纹扁耳两对，并饰有乳钉纹、耕田图和奔马图等。鼓腰、鼓足饰雷纹、波浪纹及复线角形纹等。

现藏右江民族博物馆。

1

2

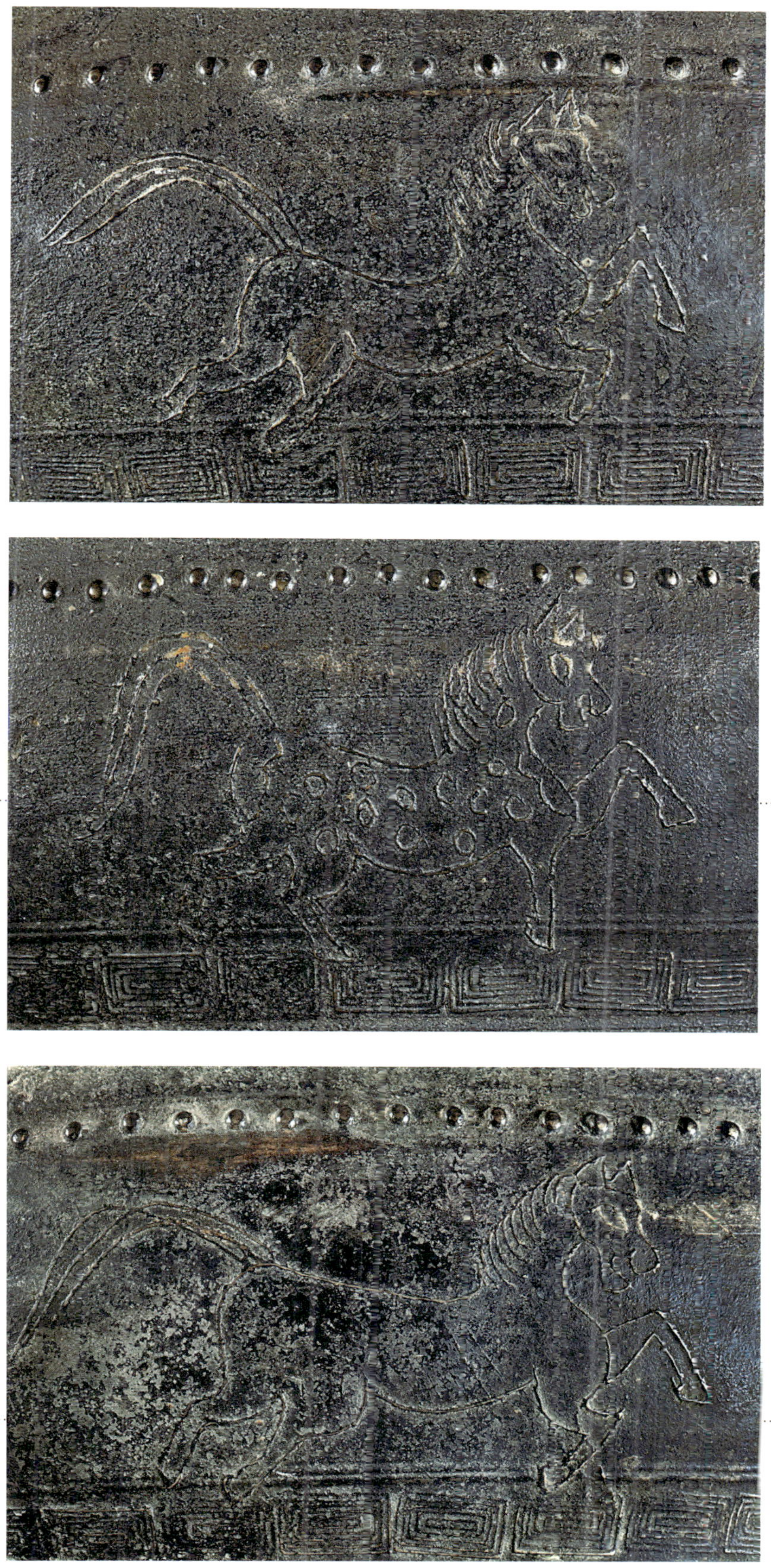

3

西林耕田奔马图鼓

1. 整鼓面貌
2. 鼓面俯拍图
3. 鼓胸上的奔马图（组图）
4. 鼓胸上的牛耕田图（组图）

4

隆林“盘古”铭文鼓

2004 年从隆林各族自治县征集。

鼓面单弦、双弦或三弦分晕，共 8 晕。中心太阳纹 12 芒。第 2、5、8 晕饰乳钉纹；第 3 晕饰绞索纹；第 4 晕是主晕，在波浪纹间夹 8 个圆圈，每个圆圈内各有一个汉字，连起来即“盘古至今人望财兴”；第 6 晕有雷纹；第 6 晕人面云纹；第 7 晕缠枝纹。鼓胸上有一晕乳钉纹，下面是一处梅花枝和一些逆时针排列的奔马图案，每匹马的姿态不一。鼓腰饰人面云纹和雷纹。鼓足饰翎眼垂叶纹。

现藏右江民族博物馆。

隆林“盘古”铭文鼓

1. 整鼓面貌
2. 鼓胸上的奔马图案（组图）
3. 鼓面俯拍图
4. 鼓面局部纹饰
5. 鼓身纹饰
6. 鼓胸上的梅花枝图案
7. 鼓胸上的马化龙图案

1

2

3

4

5

6

7

鱼纹八马纹鼓

1972年广西博物馆从南宁废品收购站征集。

面径46.8厘米，高27厘米。

鼓面单弦或双弦分晕，共8晕。中心太阳纹12芒。第2、5、8晕是乳钉纹；第3、6晕是三圈共一的螺旋云纹；第4晕是回形雷纹；第7晕是主晕，在波浪纹中有七处开光，各安排游鱼1尾。鼓胸上部是乳钉纹，下部是八匹奔马，姿态各异。鼓足饰波浪纹、雷纹和三角齿纹。

现藏广西民族博物馆。

1

2

鱼纹八马纹鼓

1. 整鼓面貌
2. 鼓面俯拍图
3. 鼓胸上的奔马图案
4. 鼓身纹饰展示图
5. 鼓面开光处的游鱼图案
6. 鼓腰图案

3

4

5

6

都安“天元孔明”鼓

1973 年从都安瑶族自治县收集。

面径 47.8 厘米，高 27.5 厘米，胸径 49 厘米，腰径 40.4 厘米，足径 48.3 厘米。

鼓面单弦、双弦或三弦分晕，共 10 晕。中心为 14 芒太阳纹，其间夹筒体翎眼纹。其外饰有西字纹、花朵纹、乳钉纹、带圈乳钉纹、羽纹与坎卦浮雕，还铸有“天元孔明”“进宝”“福寿”等铭文。鼓胸饰乳钉纹及阴弦纹，有绳纹扁耳两对。鼓腰、足部饰有三角形倒“主”字图案。内壁有弦纹数道。“天元”是元后主脱古思帖木儿的年号，铸造年代当为 1379 年至 1388 年之间。

现藏广西民族博物馆。

1

都安“天元孔明”鼓

1. 整鼓面貌
2. 鼓面纹饰整拓
3. 鼓面纹饰局部（组图）

2

3

『孔明将君』画像鼓

1973年从河池地区废旧物资公司征集。

鼓面内壁铸有人物、花草、建筑物、怪兽、鱼、骑士等，还有"孔明将君""万宝家财""孔明鼓"等汉字铭文。从自左至右刻写的"孔明将君"铭文处开始，四字下方，有一人骑马画像，骑者头戴尖顶宽檐帽，面向右方，手中执一长柄兵器，马昂头，做奔跑状。马前直书"孔明将君"反文四字。再右是一武士，头戴平顶宽檐帽，身穿长袍，左手握一长柄兵器，兵器上端呈梭形，下端顿地。武士之前有一矮小人，肩扛一柄偃月刀，似在前引路。矮人之右有一座路亭。亭顶平脊翘檐，网状纹瓦面，侧面可见二立柱。亭右方又有一骑马将军，骑者戴尖顶小帽，左手握缰绳，右手执偃月刀，马做慢步奔走状。马下方有三矮小人，左下边一个手执大刀，中间和右下的两个双手下垂，其间有一蛇形物。此马右上方有"万宝家财"反文四字。铭文上方有一个三重同心圆圈，每圈都有短芒，正中刻一反文"月"字。同心圆的右方有一人扛着似弓的东西往前行。此人下方是一株多枝的草叶，草叶间飞着小鸟。草叶左侧有三矮小人，呈三角形布列。右侧有二矮小人，一上一下，上方的矮小人似向左行，下方的矮小人双手下垂至膝。再右，有两骑自东向西而来。前面一骑，骑者戴尖顶小帽，左手拉缰，右手持偃月刀，座下有较宽的鞍鞯；后一骑，骑者似无帽，头发上飞，手中也有缰，所携兵器不是大刀，可能是戟。此骑上方铭刻"孔明鼓"反文三字，下方又有二矮小人。骑者右面又有一亭，亭平脊，斜坡顶，亭中有一人，亭顶上方有一星纹，亭下方有二矮小人。亭右又有一骑，骑者头戴尖顶帽，一手执缰，一手持长矛。此骑头顶也有一个多重同心圆圈，圈外刻一"日"字，代表太阳。再右又有一骑，骑者提缰，面向右侧。此骑之右有一矮小人迎面而来，矮小人之右有一四足动物，再右为一株蔓草，草间有鸟，上方有一四方池。池的下方有鱼一条。另外与"孔明将君"图像相背还有两条鱼龙，可见有鳞、有须、有爪。整个画面充满神秘色彩。

现藏广西民族博物馆。

1

"孔明将君"画像鼓

1. 整鼓面貌
2. 鼓面背面纹饰临摹图
3. 鼓面背面画像局部（组图）

2

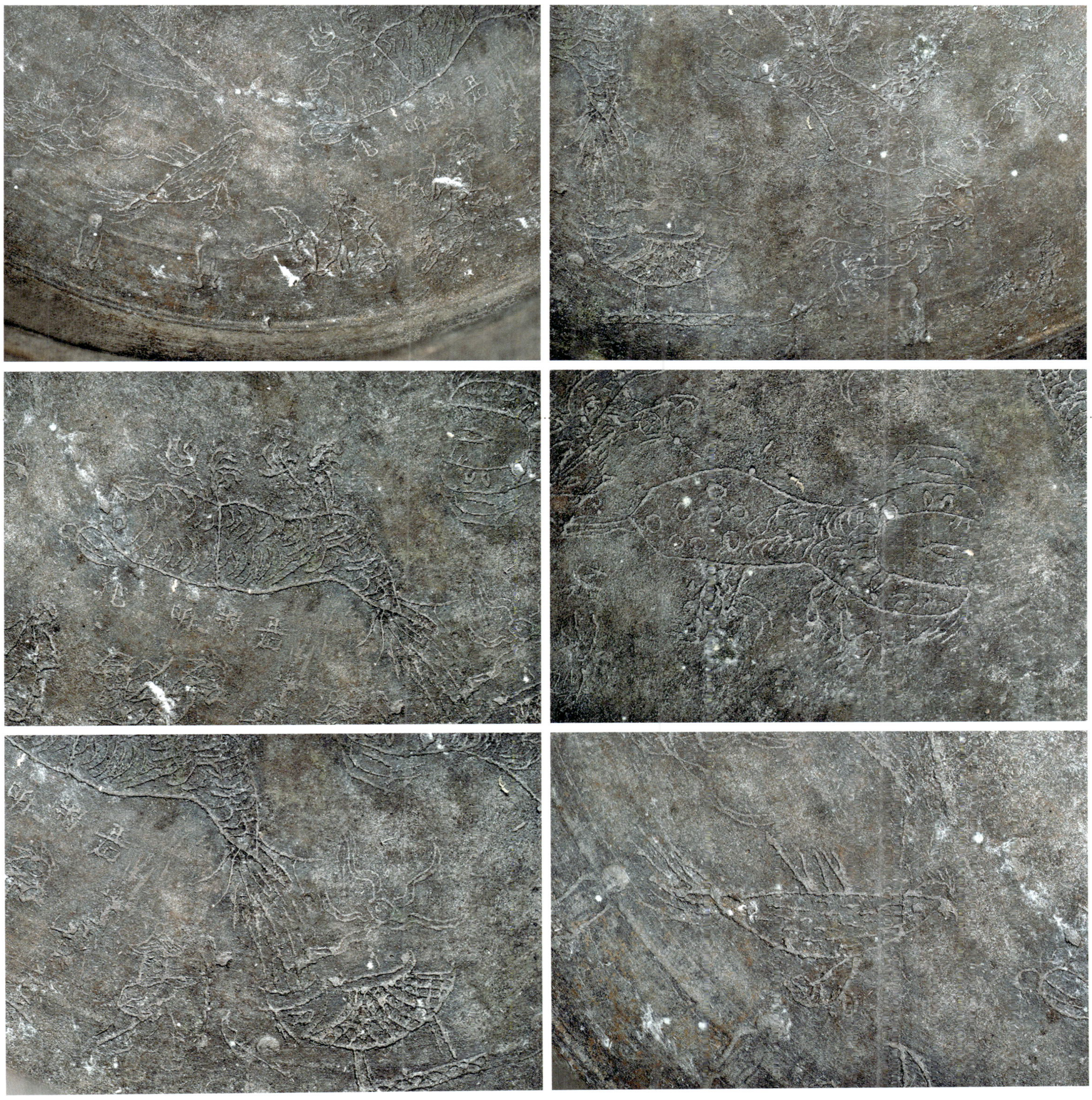

3

融水内有纹饰小鼓

20世纪90年代融水县志办公室移交。

面径32.4厘米，高19.2厘米。

鼓面单弦或双弦分晕，共11晕。中心太阳纹12芒，芒线突破到第4晕。第5、7、10晕为乳钉纹，主晕为游旗纹，另有如意云纹。鼓面边沿有4个大回形雷纹。鼓面背面有复杂的写实图案，有大屋顶式的凉亭，凉亭中并排而立两人；有高大的禾晾，禾晾前有犁耙；有圆顶高架粮仓。另饰有骑马人、骑牛人、游龙、鱼、鸟、蜘蛛等图案。

现藏融水苗族自治县民族博物馆。

1

融水内有纹饰小鼓

1. 整鼓面貌
2. 鼓面背面临摹图
3. 鼓面局部
4. 鼓面背面图像局部（组图）

2

3

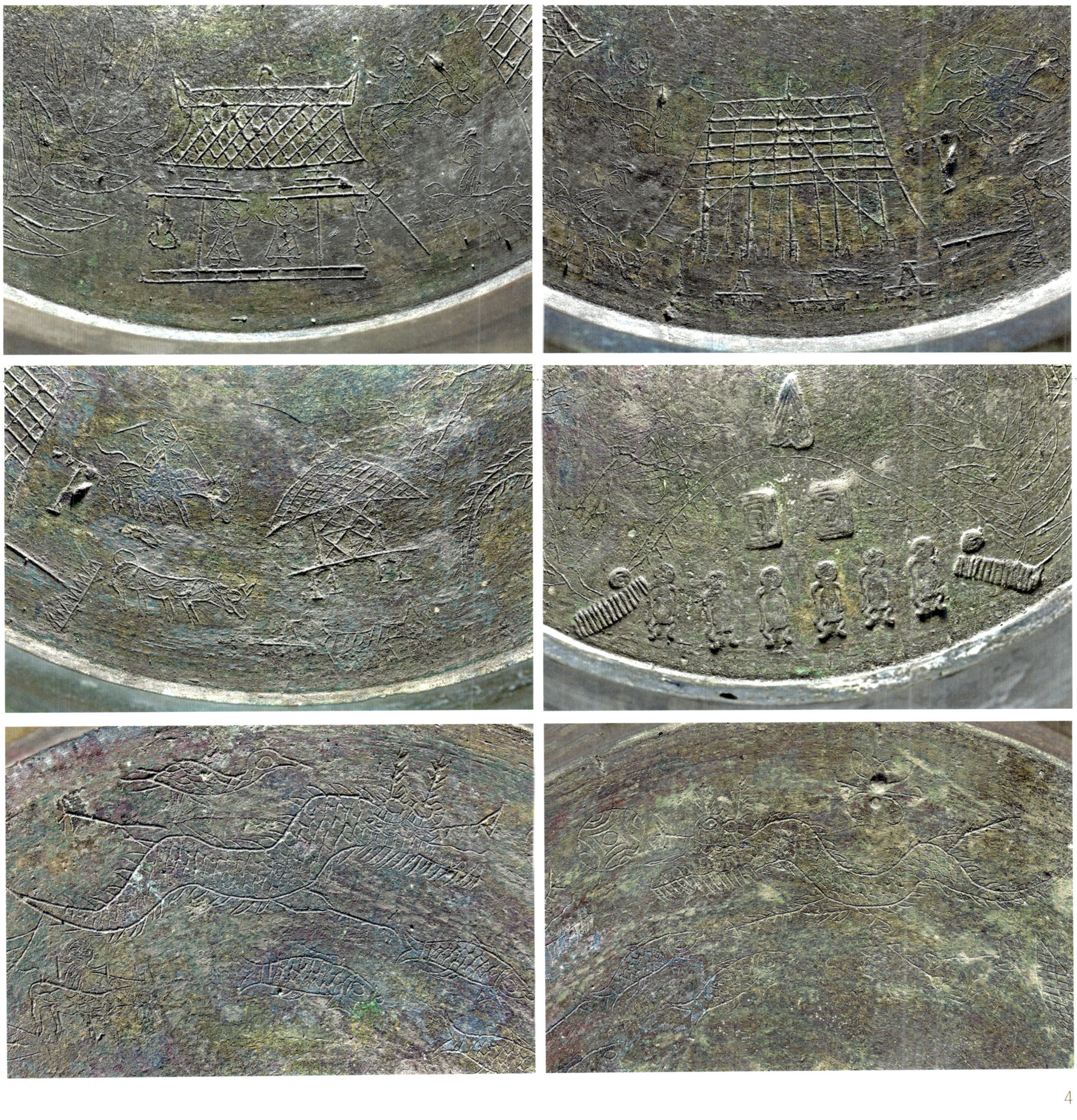

4

东兰民间画纹鼓

东兰县长江乡民间收藏。

太阳纹 12 芒。单弦分晕，共 12 晕，其中三晕饰乳钉纹，主晕是人形与桂鱼相间，其他晕饰变形游旗纹、同心圆圈纹、回形雷纹和如意云纹。边沿有双龙献圆球和方形雷纹。胸部有一对桥形扁耳，胸上部有稀疏乳钉纹，下部饰同心圆圈纹、回形雷纹、如意云纹。腰部也是如意云纹、同心圆纹和回形雷纹，足部饰角形纹。鼓面背面有复杂的写实图案，有大屋顶式凉亭，凉亭中一人手舞足蹈。亭外一行人：前面二人敲锣，跟着二人吹长号，后面二人扛旗。似青蛙节游行的部分写照。

现藏东兰县长江乡一农民家中。

1

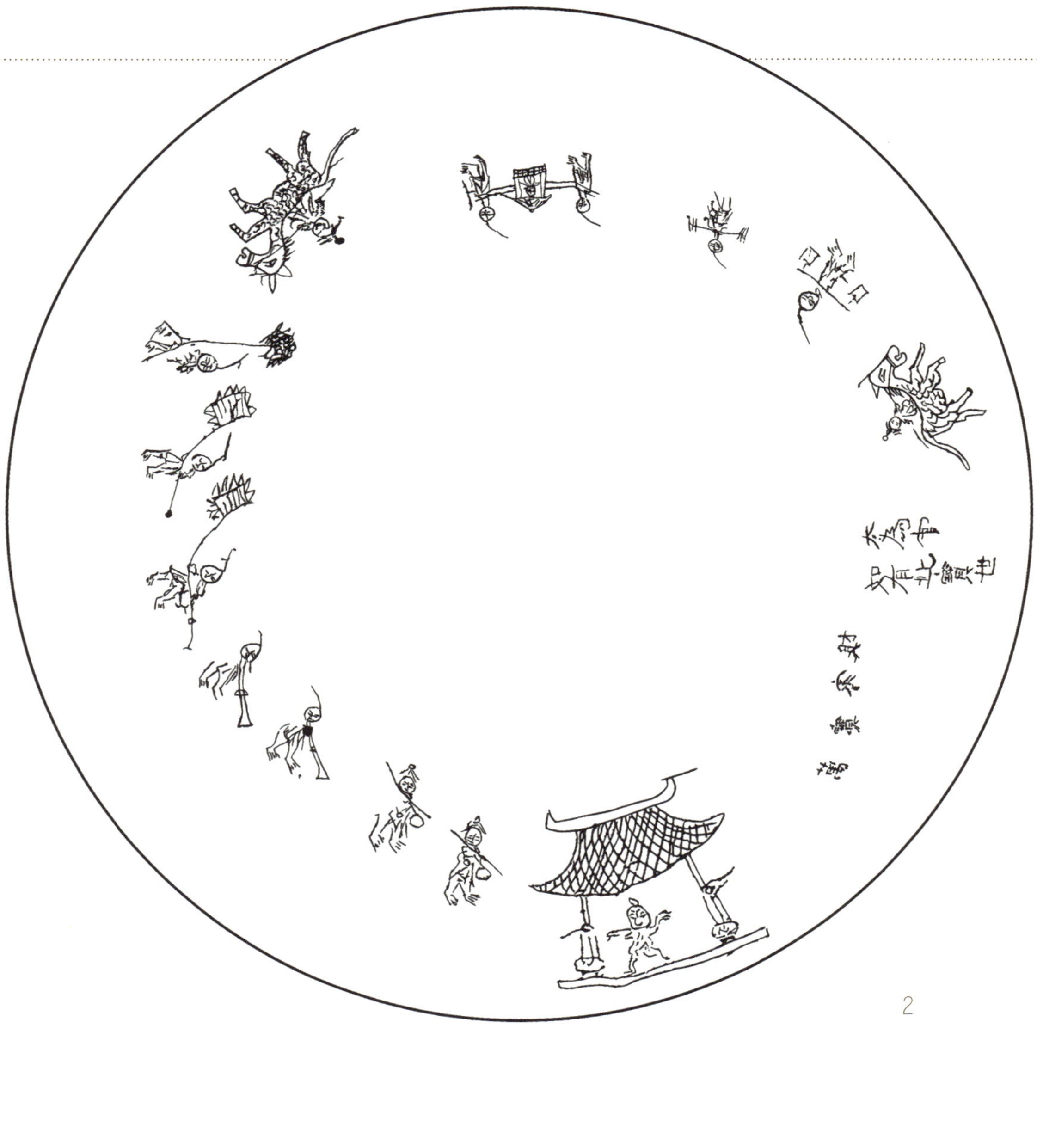

2

东兰民间画纹鼓

1. 整鼓面貌
2. 鼓面背面图案临摹图
3. 鼓面局部
4. 鼓腰局部
5. 鼓面背面图像局部（组图）

3

4

5

双龙献寿鼓

2007 年广西博物馆拨交。

面径 47 厘米，高 27 厘米，胸径 48.1 厘米，腰径 39.8 厘米，足径 46 厘米。

鼓面单弦或双弦分晕，共 10 晕。中心太阳纹 12 芒，芒间夹坠形纹。第 2 晕饰西字纹；第 3、6、8 晕饰乳钉纹；第 5 晕是主晕，饰两组双龙献团寿图案，其间夹“万代进宝”“永世家财”铭文联；第 7 晕也较宽，饰螺旋式云纹；第 9 晕为雷纹。鼓胸饰稀疏乳钉纹和雷纹、云纹。鼓腰上部有凸棱一道，下为云纹、雷纹。鼓足饰复线角形纹。鼓胸有扁耳两对，耳边饰绳索纹，耳面饰雷纹。

现藏广西民族博物馆。

双龙献寿鼓

1. 整鼓面貌
2. 鼓面俯拍图
3. 鼓面纹饰局部
4. 鼓腰局部
5. 鼓足纹饰局部

1

2

3

4

5

禽兽纹鼓

2007年广西博物馆拨交。

面径44.4厘米，高25厘米，胸径45.8厘米，腰径37.8厘米，足径46.2厘米。

鼓面单弦分晕，共12晕。中心太阳纹12芒，芒间夹复线角形纹。第2晕为西字纹；第3晕为栉纹；第4、8、10晕素；第5、7、11晕为乳钉纹；第6晕是主晕，饰畜、鹤、龙、鱼、虾；第9晕饰雷纹。鼓胸饰乳钉纹、同心圆纹、“四出”钱纹、雷纹、S形勾头纹。鼓腰上部有凸棱一道，下部为S形勾头纹、雷纹。鼓足饰复线角形纹。有辫纹扁耳两对。背面有压胜钱纹4个。

现藏广西民族博物馆。

1

禽兽纹鼓

1. 鼓面俯拍图
2. 鼓面纹饰局部（组图）
3. 辫纹扁耳
4. 整鼓面貌

2

3

4

『永世家财』铭文鼓

1963 年征集于柳州收购站。

面径 46 厘米，高 26.2 厘米，胸径 48.3 厘米，腰径 41.5 厘米，足径 47 厘米。

鼓面单弦分晕，共 12 晕。中心太阳纹 12 芒，芒尖穿至第 3 晕，芒间夹坠形纹。第 2 晕西字纹；第 3 晕 S 形云头纹；第 4、7、10 晕是乳钉纹；第 5 晕是主晕，饰两组双龙献团寿图案，其间印“万代进宝”“永世家财”对联；第 6 晕为兽形云纹；第 8 晕为缠枝纹；第 9 晕为云纹；第 11 晕为雷纹。鼓胸饰梅花点乳钉纹，其下为雷纹、对角菱形纹。鼓腰上部有凸棱一道，下部为雷纹、云纹。鼓足部为复线角形纹。有扁耳两对，耳边饰绳纹。

现藏广西民族博物馆。

1

2

3

4

5

“永世家财”铭文鼓

1. 鼓面俯拍图
2. 鼓面团寿图案
3. “万代进宝” “永世家财”铭文（组图）
4. 整鼓面貌
5. 鼓面局部

双龙献印鼓

面径 49.3 厘米，高 26.7 厘米，胸径 49.3 厘米，腰径 42.4 厘米，足径 48.2 厘米。

鼓面单弦、双弦分晕，共 12 晕。中心太阳纹 12 芒，芒间夹坠形纹。第 2 晕酉字纹，第 3、6 晕云纹；第 4、7、10 晕乳钉纹；第 5 晕是主晕，有两组双龙献印图案，印文为“红帘遮下”四个阳文篆字；第 8 晕素；第 9 晕雷纹；第 11 晕是缠枝花纹。鼓面边沿有逆时针环列的 4 对羊纹。鼓胸有稀疏的乳钉纹及雷纹、云纹。鼓腰上部有凸棱一道，下部为云纹、雷纹。鼓足饰复线角形纹。有扁耳两对，耳边饰绳纹，中有“百”字、卍形纹。

现藏广西民族博物馆。

1

2

3

4

双龙献印鼓

1. 整鼓面貌
2. 鼓胸纹饰
3. 鼓面纹饰（组图）
4. 鼓面俯拍图
5. 双龙献印图案

5

隆林九鲤纹鼓

1964 年购于隆林各族自治县废品站。

面径 42.8 厘米，高 25.5 厘米，足径 43.8 厘米。

鼓面单弦分晕，共 10 晕。中心太阳纹 12 芒。第 4、6、9 晕为乳钉纹；第 5 晕为主晕，逆时针环列鲤鱼 9 条，每两条鲤鱼间夹一人或两人。其他晕饰如意云纹。

现藏桂林博物馆。

1

隆林九鲤纹鼓

1. 鼓面俯拍图
2. 整鼓面貌

2

隆林杂宝纹鼓

1964 年购于隆林各族自治县。

面径 45.5 厘米，高 25.7 厘米，胸径 45.8 厘米，腰径 37.5 厘米，足径 44.5 厘米。

鼓面单弦、双弦、三弦分晕，共 9 晕。中心太阳纹 12 芒。第 1—6 晕间有一大块浇铸疤；第 2、5、8 晕饰乳钉纹；第 3 晕是主晕，饰四灵四宝纹；第 4 晕也是主晕，饰螃蟹、金钱、银锭、宝伞、法螺等八宝纹；第 6 晕仍是主晕，饰盆花；第 7 晕饰雷纹；第 9 晕饰同心圆圈纹。鼓胸有乳钉纹。鼓腰有雷纹、菱形纹。鼓足饰复线角形纹。

现藏桂林博物馆。

1

隆林杂宝纹鼓

1. 鼓面俯拍图
2. 整鼓面貌
3. 鼓面纹饰局部（组图）

2

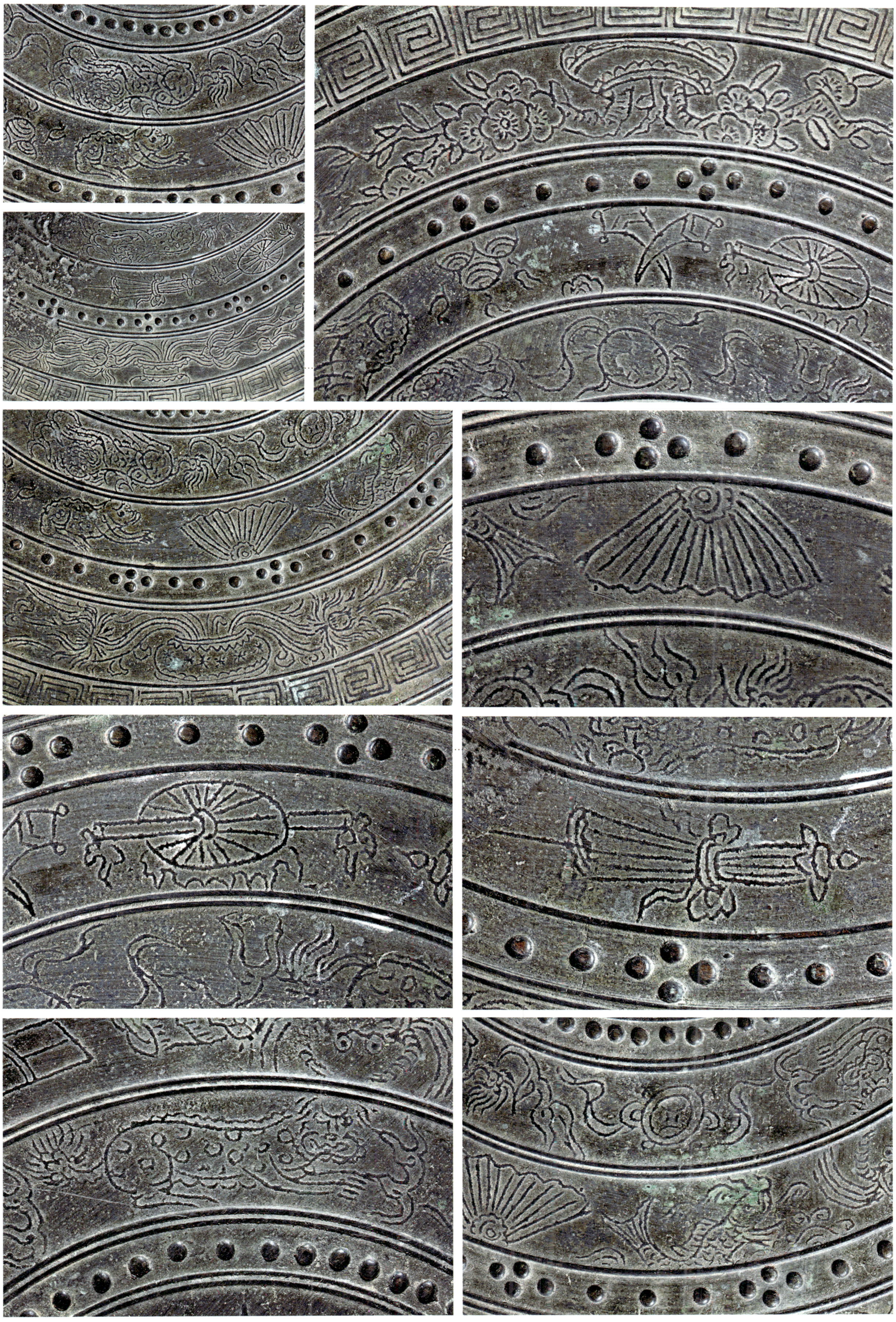

3

都安双龙献团寿纹鼓

鼓面单弦分晕，共 11 晕。中心太阳纹 12 芒，芒线突出到第 4 晕。第 2 晕是翎眼纹；第 3 晕是酉字纹；第 4、10 晕是雷纹；第 5、9 晕是乳钉纹；第 6 晕是主晕，饰两组对称的双龙献团寿图案，另饰荷耙人和牛、鹤，一处二牛二鹤，一处三牛二鹤；第 8 晕也是主晕，饰游旗纹。鼓胸上有稀疏乳钉，下为如意云纹、对角雷纹和长方雷纹。鼓腰下部饰对角雷纹、长方雷纹。鼓足饰三角形云纹。

现藏都安瑶族自治县博物馆。

1

2

3

都安双龙献团寿纹鼓

1. 鼓面局部
2. 鼓面纹饰局部（组图）
3. 鼓腰纹饰局部
4. 鼓面俯拍图
5. 整鼓面貌

4

5

隆林窗花纹鼓

1978年征集。

鼓面单弦、双弦或三弦分晕，共9晕。中心太阳纹12芒，芒间夹翎眼纹。第2、5、8晕为乳钉纹；第3晕为方框十字花纹；第4晕是主晕，饰游旗纹；第6晕为同心圆圈纹；第7晕也是主晕，饰窗花纹。鼓胸饰回形雷纹夹席纹和对角菱形纹。鼓腰、鼓足饰方框十字花纹和垂叶三角纹。

现藏隆林各族自治县博物馆。

隆林窗花纹鼓

1. 鼓面俯拍图
2. 鼓面局部
3. 整鼓面貌
4. 鼓胸扁耳
5. 鼓胸纹饰
6. 鼓腰、鼓足纹饰

1

2

3

4 5 6

东兰
鱼龙纹鼓

1977 年东兰钢精厂送南宁金属制品厂，广西博物馆征集。

面径 48.3 厘米，高 27.2 厘米。

鼓面双弦或三弦分晕，共 8 晕。中心太阳纹 12 芒。主晕饰鱼纹、龙纹、钱纹和波浪纹。有三晕乳钉纹。

现藏广西民族博物馆。

1

东兰鱼龙纹鼓

1. 整鼓面貌
2. 鼓面俯拍图
3. 鼓面纹饰局部（组图）

2

3

『道光八年』铭文鼓

1963年从河池地区废旧物资公司征集。

面径47厘米，高26.5厘米。

鼓面单弦或双弦分晕，共10晕。中心太阳纹12芒，芒间夹坠形纹。第2晕为西字纹；第3、6、8晕为乳钉纹；第4晕素；第5晕是一组双龙献寿图，右边直行“万代进宝”铭文，左边直行“永世家财”铭文，下方横书“道光八年建立”铭文，皆楷书，它们之间分别用两个凤字形符箓纹相隔；第7晕饰如意云纹，在与第5晕的双龙献寿图相对的一方也饰一组双龙献寿图。如果从这一角度看，“道光八年建立”铭文则在这一组双龙献寿图的下方，是正置。

现藏广西民族博物馆。

1

2

3

4

“道光八年”铭文鼓

1. 整鼓面貌
2. 鼓面纹饰局部
3. 鼓面上的“永世家财”“万代进宝”铭文（组图）
4. 鼓面俯拍图
5. 鼓面纹饰整拓

5

十二生肖纹鼓

从柳州市收集。

面径 50 厘米，高 27.9 厘米，胸径 52.3 厘米，腰径 44.4 厘米，足径 49 厘米。

鼓面单弦分晕，共 12 晕。中心太阳纹 12 芒，芒间饰复线翎眼纹。其外有西字纹、S 形纹、乳钉纹、栉纹、十二生肖纹、游旗纹与兽形云纹等。主晕饰十二生肖纹，十二生肖背向鼓心，间同游旗纹顺时针环列。鼓胸饰乳钉纹、如意云纹、兽形云纹、雷纹、杂云纹、栉纹，有绳纹边扁耳两对。鼓腰、鼓足有雷纹、如意云纹、复线角形纹。

现藏广西民族博物馆。

1

2

十二生肖纹鼓

1. 整鼓面貌
2. 鼓面俯拍图
3. 鼓面上的十二生肖图案（组图）
4. 鼓面纹饰局部
5. 鼓胸纹饰局部
6. 鼓足纹饰局部

3

4

5

6

双龙献团寿纹鼓

1973 年广西博物馆从河池废品收购公司征集，2007 年拨交。

面径 47 厘米，高 26.7 厘米。

鼓面单弦或双弦分晕，共 10 晕。中心太阳纹 12 芒，芒尖突破第 2 晕。第 2 晕是酉字纹；第 3 晕模糊；第 4、6、8 晕是乳钉纹；第 5 晕是主晕，有两组双龙献寿图案，其间是“万代进宝”“永世家财”铭文；第 7 晕是如意云纹；第 9 晕是回形雷纹。鼓面边沿光素，稍外凸。鼓胸饰梅花点乳钉，其下为多晕雷纹。鼓足饰雷纹、如意云纹，最下是三角垂叶纹。

现藏广西民族博物馆。

1

2

双龙献团寿纹鼓

1. 整鼓面貌
2. 鼓面俯拍图
3. 鼓面上的"永世家财""万代进宝"铭文（组图）

3

第八章
西盟型

西盟型铜鼓，以云南省西盟佤族地区仍在使用的铜鼓为代表。这类铜鼓器身轻薄，形体高瘦，鼓面宽大，边缘向外伸出，鼓身为上大下小的筒形，鼓胸、鼓腰没有分界线。鼓面太阳纹一般为8芒或12芒，晕圈多而密，纹饰多小鸟、鱼、圆形多瓣的团花、米粒纹。鼓面有立体青蛙塑像，常见二蛙或三蛙甚至四蛙叠踞。有的鼓身纵列立体的象、螺蛳、玉树等塑像。岭南这类铜鼓很少，仅在广西龙州、靖西出土过早期类型。主要分布于龙州、靖西等地，后来沿中越边境向西传播，在今缅甸境内发展成为真正的西盟型铜鼓。西盟型铜鼓的年代上限可至唐代，下限到现代。

龙州 龙江村鼓

1971 年在龙州县响水镇龙江村派浪出土。

面径 49.9 厘米，高 33.4 厘米，胸径 47 厘米，腰径 40 厘米，足径 44.6 厘米。

鼓面单弦或双弦分晕。中心太阳纹 7 芒，夹复线单眼纹。余晕为栉纹、雷纹填线纹、乳钉套圈纹、变形羽人纹、翔鹭与小鸟纹、飞鸟与团花菱形纹。面沿逆时针环立青蛙 4 只。鼓胸、鼓腰、鼓足饰栉纹夹同心圆纹纹带及三角纹。胸腰间有羽纹带孔扁耳两对。

现藏广西民族博物馆。

1

2

3

4

龙州龙江村鼓

1. 鼓面上的青蛙塑像
2. 胸腰间带孔扁耳
3. 鼓面局部
4. 鼓身局部
5. 鼓面俯拍图
6. 整鼓面貌

5

6

柳州直腰鼓

1

2008 年购藏。

面径 43 厘米，高 28.5 厘米。

鼓面宽大，边缘伸出鼓胸之外，鼓面四蛙较轻薄。胸部向内收，鼓腰、鼓足较直。形制和纹饰与龙州龙江村鼓近似。

现藏柳州博物馆。

2

柳州直腰鼓

1. 鼓面蛙塑像
2. 整鼓面貌
3. 鼓面俯拍图
4. 鼓身局部
5. 鼓面局部

3

4

5

铜鼓装饰集锦

后记

铜鼓是富有传奇色彩的文物，也是跨国的、多民族的文化现象，有着两千多年的历史，生命延续不断。

广西素来就是多民族地区，也是历史上铸造、使用铜鼓最集中的地区，不但出土铜鼓多，而且至今仍大量保留着与之相关的风俗。单就考察数据看，广西铜鼓拥有几项世界之最：1. 广西的国有文博单位收藏铜鼓数量为世界之最；2. 广西少数民族民间使用铜鼓数量为世界之最；3. 广西出土铜鼓品种之全为世界之最；4. 广西藏有世界上最大的铜鼓与最小的铜鼓；5. 西汉墓葬出土刻有铭文最完美的铜鼓出自广西；6. 鼓面青蛙数量最多的铜鼓也出自广西。铜鼓集冶铸、美术、音乐、舞蹈、民俗于一身，与广西本土文化互相融合，已成为广西历史文化重要的象征符号。新中国成立后，我国古代铜鼓的研究也从故纸堆和泥巴地里走出来，发展成为一个专业性很强的研究领域，相关著述不断，研究水平达世界前列。我们编写和出版这套书，就是想为这些年对广西区内铜鼓的研究做一个集成性的总结，并以图文并茂的形式，展现广西铜鼓的深沉之美。

本书的灵感，并非一时得来之物，而是早已萌芽、长期工作积累的结果。

1991 年，由广西博物馆编辑，由我担任摄影、总体设计的《广西铜鼓图录》在文物出版社出版。虽然此书出版后销售一空，但我总觉得那个年代的制版、印刷都不够理想。1997 年，我在南宁市园湖路花鸟市场的书摊上发现这本书。我问老板："这书卖多少钱？"他说："250 元。"我告诉他："这书的图片是我拍的，售价 76 元，你怎么卖那么贵？"老板说："这是绝版书。"我无言对答。此事虽小，却让我想了很多。我便暗下决心要出一本质量更高的关于广西铜鼓的图书。

我 2000 年退休，此后的 13 年里，广西又出土了大量铜鼓，我从未拍摄过，于是我向广西区文化厅、区文物局打报告申请补拍这批铜鼓，希望得到支持。广西区文物局不但批准了我的要求，还专门组建了一支专业的铜鼓调研队伍，由广西博物馆的蒋廷瑜、我、罗坤馨、蔡荭、张磊、李永春，广西民族博物馆的王頠、农学坚、梁燕理、陆秋燕、刘文毅等人组成。经过 9 个多月对全区各市、县国有文博单位保存的 758 面铜鼓的鼓面、鼓耳、鼓胸、鼓腰、鼓足等部位的装饰进行拍摄后，共获得照片 8000 余张，每面铜鼓均形成了测量数据记录和描述报告。

2013 年，广西民族出版社社长朱俊杰约我谈出版事宜，问我有什么好选题，我马上回答：出版《广西铜鼓》。于是，由铜鼓研究领域的顶尖专家蒋廷瑜同志提供文字稿，我提供图片，广西民族出版社进行初步编辑，并拟订出版选题计划报送国家新闻出版广电总局（原国家新闻出版总署）。不久，总局同意将《广西铜鼓》纳入国家出版基金资助项目。

经过 2013—2014 年两年时间的考据、论证、删修、磨合，书稿从雏形一步步趋于完善，此过程漫长、艰辛、曲折，但是充满使命感与成就感。

此书的出版，应是广西铜鼓这许多年研究的一个总结性成果，也了却了我作为一个深爱、关注广西民族文化的老摄影师的夙愿。在此，向对这项系统工程给予大力支持的广西区文化厅、区文物局，以及中国古代铜鼓研究会，广西博物馆，广西民族博物馆，各市县博物馆、文管所表示衷心的感谢，向参与这项工程的全体工作人员，以及为本书费尽心血的广西民族出版社的项目小组表示最崇高的敬意。特别需要感谢的是国家出版基金管理部门对本书的肯定和支持！我们将继续为研究、保护、传承和发展广西的本土文化及少数民族文化倾尽全力。

由于我们水平有限，疏漏在所难免，诚恳希望国内外同行和广大读者批评指正。

王梦祥

2015 年 1 月 1 日

图书在版编目（CIP）数据

广西铜鼓 / 蒋廷瑜主编. —南宁：广西民族出版社，2016.12
ISBN 978-7-5363-7090-6

Ⅰ.①广… Ⅱ.①蒋… Ⅲ.①铜鼓—研究—广西
Ⅳ.①K875.54

中国版本图书馆CIP数据核字（2016）第314429号

广西铜鼓
（上、下卷）
GUANGXI TONGGU

主　　编：蒋廷瑜
执行主编：王梦祥
总 策 划：朱俊杰
出版策划：蓝芝同

出 版 人：朱俊杰
项目组稿：覃琼送　赵学祥
特约编辑：蓝芝同
责任编辑：杜　洪
美术编辑：陈　凌　陈　卓
装帧设计：陈　凌
责任校对：黄一清　陆玉莲　郑季銮　宾伟贤
摄　　影：王梦祥
摄影助理：谭　欣　魏桂宁　张小宁　张　磊　刘文毅
责任印制：蓝　锋
出版发行：广西民族出版社
地址：广西南宁市青秀区桂春路3号　邮编：530028
电话：0771-5523243　传真：0771-5523225
制　　版：广西朗博文化发展有限公司
印　　刷：雅昌文化（集团）有限公司
规　　格：889毫米×1194毫米　1/8
印　　张：51
字　　数：450千
图　　片：988幅
版　　次：2016年12月第1版
印　　次：2016年12月第1次印刷
书　　号：ISBN 978-7-5363-7090-6
定　　价：1200.00元（上、下卷）